社 科 学 术 文 库
LIBRARY OF
ACADEMIC WORKS OF
SOCIAL SCIENCES

王亚南 ● 著

王亚南文选

(卷三)

中国社会科学出版社

中国半封建半殖民地经济形态研究

中国经济原论*（专著）

初版序言

现在拿来与读者见面的这部书——《中国经济原论》就写作与出版的过程说，都算是相当难产。

1940年我在中山大学担任高等经济学这一门课程；顾名思义，当然需要讲得高深一点。我于是选定李嘉图（David Ricardo）所著《经济学及赋税之原理》作为讲授的底本。但一半也许因为同学原来所学基础太差，一半也许因为我自己解说表达的能力不够，我发现同学对于这门课程感到十分兴趣的并不很多。就在同时，我还担任中国经济史、经济思想史这两门课程。读中国经济史的是四年级的同学，读高等经济学的亦是四年级的同学。就我平日研究的心得讲，我相信我讲李嘉图的经济学说，还应比讲中国经济史有较大的把握，但同学对后者表示的兴趣，却远较前者为大。我当时就感到，这原因，不当完全求之于李嘉图那部大著的难读难讲（以谦虚见称的李嘉图，当他把那部书拿去问世的时候，他竟表示：全英国是不会有25个人懂得），而更应追问到：中国一般研究经济学的青年学子，在作为一个中国的经济学研究者的限内，他是否有理解这样抽象的理论之必要，或者至少，他们所研究的抽象理论，是否能拿来同现实，特别是中国经济现实发生认识上的关联。由于这一种感想，我对于中国大学讲坛上，关于经济学以及一切有关经济学课程所采取的教材与教法，就感到大有改革之必要。我当时所写的，而放在本书后面作为附论的《政治经济学在中国》一文，正是那种意念的具体表现。

在1942年，我还是担任高等经济学，还是把李嘉图的经济学作为底本，不过，每讲一章，比如讲价值论或地租论，我就把那一章研究的结

---

* 本书解放后再版时改名为《中国半封建半殖民地经济形态研究》。

论，拿来说明中国的商品价值，中国的地租，如何非李嘉图所研究的范畴，或者李嘉图所研究的经济范畴，如何可以从反面来证示中国社会经济的非资本主义性。这个讲法，马上使一般同学发生兴趣了。研究经济学或者研究什么经济理论，本来是为了拿来作为理解或研究现实经济的手段，但一般却像行所无事的把这种意思弄错了。

在以后几年（1942—1944年）中，我不但在讲高等经济学的时候，丢开了李嘉图的那部大著，而直接由一般经济理论，再论到中国经济，即分别由价值论展开中国商品价值的研究，由利润利息论展开中国利润利息形态的研究，并还把经济学一门功课也担任起来，编出一个站在中国人立场来研究经济学的政治经济学教程纲要，在讲完每一篇每一章的一般经济形态之后，紧接着就讲到中国有关经济形态的相同相异点，以及时下流行的国人有关那种经济形态的不正确认识，并分别予以评正。

本来，在高等经济学讲述的过程中，为了这样的讲法，这样的研究法，是一种新的尝试，需要分别把它撰述出来，就正于海内的高明，所以，本书第二篇以下直至第八篇，曾分别发表于《中山文化季刊》、《广东省银行季刊》、《时代中国》等杂志。在1944年初，承桂林文化供应社主持人万民一、万仲文昆季的友谊与盛意，使这先后依照一定计划写成，但却是分别发表的诸论文，得有集印的机会，于是我曾就中国现代经济的全般发展情形，及中外学者对于中国经济本身认识的演变情形，写了一篇长达3万余言的绪论，作为第一篇，而全书则题称为《中国经济原论》。但事不凑巧，《中国经济原论》的纸版刚好打成，桂林被日寇侵陷了。在这以后不久，我亦由中山大学的所在地广东坪石播迁到福建来。永安东南出版社计划印行《大学学术丛书》，希望我把原来交给文化供应社印行，但却未出版的这部书稿，拿来再印，我当时曾函文化供应社的负责人商谈，但因交通阻隔，一直没有回响。我当时设想，为了文化的意义，另行在东南印行，一定能邀得朋友的谅解。况该书的纸版是否抢出还有问题，于是我决计整理旧稿，交由东南出版社印行。但在整理的开始，就发现作为绪论的第一篇原稿遗失了；不久，东南出版社突然因为一阵政治风波，把负责人吹得散佚无踪了。我曾一度把整理的工作停止。直等到有志于中国经济之科学研究的朋友们，组织了经济科学出版社，并希望我首先把这部书稿提供出来，我这才重新鼓起勇气，另成第一篇，且在可能范围内，对其他各篇予以部分的增订。

本书是尝试把中国经济全体，当作被若干重要经济法则所贯彻着的统一过程或统一运动。因而，各别经济形态相互间的内在因果关联，是我特别想努力分析的。本书的最后一篇或第八篇，虽是当作结论，当作一切基本法则作用最后必然归结到的后果，但由于资料的不充分和我个人研究能力的限制，我十分坦白的承认，这部书极有限，也许只能算是中国经济之科学的系统的研究之发端。

我深知道：如其是在10年以前，像我这样一部不完备的东西，也许根本就无法产生出来；如其是在10年以后，它的内容和体制，也许会更完备一些。我这样说，显然不是就我个人的造诣立论，而是就我们所在社会的学术界对于中国社会经济形态研究成果立论。这即是说，这部书稿用我的名义来问世，它实是近十数年来，大家分别由各种不同的视野，对中国社会性质，予以比较深入研究的结果。没有大家已有的这种研究作为基础，我就不但无法采行这样的研究方式，且也不会引起这样来研究中国经济的动机。不过，我这里所谓"大家"，实应包括有关这方面研究的国外学者，特别是苏联学者和日本学者在内。他们直接间接关于中国现代社会或一般前资本社会或残留有浓厚封建因素的资本社会的研究成果，实给予了我莫大的激励与启示。

在研究过程中，不时给予我以鼓舞，并使我的研究，不得不继续努力下去，是中山大学经济学系乃至全校有志于中国社会经济之科学研究的同仁与同学。他们每有机会，就提出有关方面的问题来同我商讨，这样，我便经常像是处在被考试者的地位。中国商品与商品价值的研究，刚刚研讨出一个头绪，他们又要求我依此说明中国的货币、资本……等等。不管我的考试是否及格，而我像经常地被安置在被考试者地位却是一个事实。我在这当中，才比较理解到所谓"教育者在不断被教育"的意义。

就个别给予我的帮助的朋友讲，中山大学法学院现任院长胡体乾先生，应当最先被数到的。他是一个极渊博的社会学者，我们在几年同事中，几乎每天有一次聚谈的机会；当我们彼此把讲述的问题交换意见的时候，他总能从正面或反面给予一些补充或提示。而对于资料的提供方面，他的助力尤多，有关中国经济研究的一些重要杂志，他都全部保存着；如《读书杂志》、《中国经济》、《食货》、《中国农村》等等，都是从他那辛苦积得而且在战时更辛苦搬移的个人书库中取得的。

其次应当提及的，是我的朋友郭大力先生。我们在战争的过程中，虽只有一两次短期的共处，我们分别的研究，虽大体达到了共同的结论。但不仅他的《我们的农村生产》那部精辟论著，是在我研究《中国经济原论》过程中出版，给予了我不少的启示，并且我的全部研究，直接间接所负于他的地方是很多的。这部书在出版前未得到他的全面校正，应是一个大的缺陷。

　　再次，现任中山大学经济学系主任梅龚彬先生，曾对本论全稿作了一次详审的鉴定，并提出了一些补充的意见，值得在此表示谢忱。福建省研究院社会科学研究所代理所长章振乾先生，始终是我一切研究努力方面的助成者和鞭策者。而这部书得从速与读者见面，则多亏了余志宏、张来仪两位先生。他们不仅为我担负起了印刷上的校订责任，且是多方鼓励我把这部书从速问世的策动者。

　　把"始生之物，其形必丑"的格言，用来形容这部书，是再妥当不过的，我现在以十二分的诚意，静候我们学术界的善意的和建设性的评判。

1946 年元旦于长汀厦门大学内仓颉村

1947 年新版序

我在初版序言中约略讲过，本书在内容上，在体裁上，在研究方法上，都近似一种大胆的"尝试"。一切尝试性的写作，显然更需要得到学术界的指教，到目前为止，国内论坛上直接评介到本书的文字，就我所见到的，已达十余篇，它们大体虽都侧重在介绍方面，并一致的给予我以过度的激励与赞扬，但我在感奋之余，却毋宁更注意他们所附带表示的希望性的评正。其中比较需要在这里综合加以解答的，约有以次两点：

第一点，他们（特别如吴大琨先生在《东南日报》上指出的，杨村先生在《文汇报》上提到的）都认定当作中国的经济原论看的著作，没有把战时沦陷区、解放区的特殊经济措施讲进去，是一个美中不足的地方。这一点我是意识到了的。但临到再版，亦尚不曾把这为大家所认定的"缺陷"补正过来，那主要并非是由于我在理论上的懒惰，而实是基于以次的理由：我在本书所要阐明的，是作为半封建的半殖民地的中国社会，该是由那些基本经济运动法则所体现着；那些法则的内部的相互关联如何；它们联同作用的后果如何。在这种意义上，作为我的研究对象，就显然是限定在迄今还在作为中国经济主体的方面，至若战时在陕甘宁边区及若干沦陷区乃至目前在中共控制区施行的新经济，那到此刻为止，在我的研究上，还只能看为是对于我们社会一般经济主体的"反动"，一般经济运动倾向中尚待成育的变革，我们诚然不能忽视它在各别实行地区的较大影响，但在另一方面，我们也不应过于夸大它在整个中国经济上发生的决定作用。因为如大家所知道的，所有那诸般变革，或是进行在极偏僻地区，而在其他区域，又或者是进行在被封锁状态下，或者是进行在战争的动乱的带有暂时性的过程中。也许就因此故，许涤新先生在《中国经济的道路》一书中，第二章论中国经济的结构，仍是把一般的经济作为对象，而对于推行了上述变革的经济，只是在同书第三章中国经济的道路中用"新的经济嫩芽"这个小子目来表识它，并认为，这"嫩芽"还只有在虽同样被包围被封锁，但较之其他解放地区却有了更安定和平局面的陕甘宁边区，才比较采行了确定的存在形态，才较多一些建设性的成果。这是极有分寸的极其客观的说法。至于材料搜集的困难，特别是对于可能搜集到断片材料之实际前因后果的说明的困难，自然更增加了我暂时仍只好把这一缺陷留到以后有机会再来弥补的信念。

第二点，他们（特别如前述杨村先生在《文汇报》，及陈守实先生在《昌言》杂志第六期中所指出的）都认定，我在本书中，似没有把中国经济演变或转化的前途，明确的正确的指示出来。这原是中国经济往何处去的问题。但如其说，中国未来经济发展的可能性，或者，未来新社会生产关系的物质条件，必得孕育在已有社会生产关系中，我在分析中国社会特质及其基本运动法则当中，至少，似当直接间接暗示或指证出那种转化的可能展望，能做到这一点，那或会予本书以更大的积极的意义。但我坦白承认，我对这一点是做得不够的。其所以做得不够的原因，一部分是受了本书研究性质的限制，同时也受了中国社会性质的限制。一个由诸种特殊基本经济运动法则所确定了的半封建的半殖民地的社会，它要脱除这半死不活的苦痛过渡阶段，在消极方面，反封建、反帝国主义，已经成为它命定的前途，这并已经成为中外一般进步人士共同的认识。我的研究，在这一方面，除了对大家已经讲得烂熟的半封建半殖民地的社会经济形态，企图给予以科学的系统的说明，并对大家当作历史使命来履行的反帝反封建号召，企图给予以科学的明确的依据外，我还有一点傻想法，希望藉此说服那些硬把中国经济混同或等同于一般资本主义商品经济的经济学者乃至自诩为革命家之流，使他们不要由认识上的错误，致妨碍上述那种历史使命的达成。至若我们社会脱离半封建状态，和同时脱离国际资本统治，而在积极方面所当采行的经济体制，究是资本主义的，抑是社会主义的，抑是其他性质的，我确实不曾明白表示出来，因为我认为，中国未来经济的形态或体制的问题，在世界社会经济日在变革过程中，且日益增加其密切交往关系的情形下，单凭现成的公式化了的历史发展理论，或者，单从中国已有经济本身出发去考虑，是稍嫌不够的。那须得在《中国经济原论》允许的范围以外，作许多说明。因此，我早计划在本书出版以后再写一部《中国社会经济改造论纲》，但书斋的生活，究不大适于这种写作的实现；而零碎的片段的提论，又容易引起误解。比如，在本书附论一《中国商业资本论》中，我提到由商业资本向着工业资本的转化，一定要打破现存土地所有关系，至若如何打破那种关系，我在战时，表示采行任何改良的步骤都行，只须做到"使非生产者不得购买土地，生产者不得丧失土地的地步"，而前述陈守实先生，在一篇题称为《中国封建社会发展法则中之寄生层》一文中，一方面给予我以过分的推奖，认定我是第一个对中国封建社会发展法则作科学的系统的说明者，但讲到最后，却针对着我前述的那一点，说还是"改良主义的说教"。可是陈先生假如有耐心看到本书附论三《中国公经济研究》，发见我那篇研究结论的两点，（一）"中国的公经济，应从土地的公有作起"；（二）"中国的公经济，只能在土地公有的基础上，才能有所成就。"不是要修正他的说法，而以"革命理论"目之么？然而，我并不以为这种误解，是由于陈先生没有通体看到我全书有关中国经济往何处去这方面的基本论点，而主要是由于我关于这一方面（如杨村先生所指出，并希望我在再版中明确表示的）始终就没有一个明确而统一的说明。我得坦白自承，直到此刻，我还不敢对今后中国经济改造的实行步骤，预先打出一个完整的图案，不过如我最近在一篇《我们需要怎样一种新的经济学说体系》中所指出的，今后中国经济不论采取如何的途径，它必得针对它当前表现的诸般恶劣倾向，遵循以次三个原则作去：第一，它是必须以生产为重心的；第二，它是必须采行民主的协作方式的；第三，它是必须进行在社会化的基础之上的。至若我们应把具有这三个原则的经济形态，定型化在怎样一种制度中，或者，大家应用什么样的名目或号召去实现，那不是我在这里所要论及的。

  此外，根据读者的来信和当面告知我的，这部书读起来，很有些吃力。这不是一部大家惯常习见的经济原理的书。它在写作时的理论上的依据，如我在第一篇最后一节中所讲到的，消化了经济学，有关广义经济学的诸般基本论点，经济史学和中国经济史。因此，如其关于这些方面的知识，多少有一点基础，读起来一定不会怎样困难，我们如果不希望对于中国经济的认识，还停留在已往的半不自觉的状态中，即有一些困难，在作者，在读者，都是值得去克服的。虽然我对于自己未能在说明程序与表现方法上，采取更通俗得多，更容易理解得多的方式，抱着莫大的内疚。

  本书以新版与读者见面，第一当感谢经济科学出版社的诸先生，他们站在学术第一的立场上，慨允把本书让给生活书店印行。生活书店的徐伯昕先生在印校上所给予的便利，是非常值得铭感的。孙越生君在溽暑中帮助我抄写增改的文稿，亦应在此附志谢意。

增订版序言

本书原名《中国经济原论》，于1946年1月初版，由中国经济科学出版社在福建发行。新版于1947年7月改由上海生活书店印行。解放后，由三联书店发行第三版，作为解放后的第一版。1951年4月又印解放后第二版。所以，就出版的全过程讲，现在这个版本，就算是第五版了。

第二版对第一版没有什么重要的变更，第三版对第二版，也止于在解放后新版序言中，就全书的内容，提出了三个需要自我批判揭露的缺点，但并不会把它纠正改造过来。这个版本，大体上可以说是对于那个认识的实践。虽然订正的地方能否完全补救原来的缺点，还是颇有问题的。

首先，我认为《中国经济原论》这个书名，对它所研究的对象或内容来说，是有些含糊笼统的。如其说在反动统治下出版的当时，不含糊笼统是不行的，今天就有必要顾名思义地明确限定它的范围。日文译本题称为《半殖民地经济论》。但半殖民地经济是把早在解体中的封建生产关系作为它的基础，而我们现代反帝反封建的历史斗争任务，也正好是针对着这种社会经济形态的。因此，我觉得，把书名改称为《中国半封建半殖民地经济形态研究》，就不但就内容上讲是妥当的，并且还在今天世界反殖民主义的高潮中，被赋予了新的现实意义。

其次，为了在尽可能范围内，改正我在解放后新版序言中提到的三个缺点，我把原书第一篇全面改写过了。原书最大的缺点之一，就是不曾把中国半封建半殖民地的整个轮廓，它的历史，它的特点，扼要地叙述出来，以为后面立论的张本，这是唯物史观地处理问题的基本要求，我在前没有这样作，现在在第一篇第一章中专讲中国半封建半殖民地经济的形成与发展，企图借此把原来表现在方法论上的缺点改正过来；原书的第二个大缺点，就是对于当时围绕着中国社会性质问题展开的论战，虽然隐约地触到了思想上的两条战线，可是第一，没有很明确地把那种论战和革命与反革命的斗争实践紧密结合起来考察；第二，没有把当时革命阵线方面的毛主席的指导理论，在适当的场合指明出来；第三，没有把买办经济学者们反对中国社会改革并 昧为封建买办官僚统治阶级辩护的各种谬论加以揭露；特别是第四，没有好好处理孙中山先生的主观社会主义思想，往往为了故意转移视线，对民生主义作了一些不妥当的渲染，这样，就不但有些混淆视听，并还把中山先生的本来面目弄模糊了。对于所有这些值得检点的错误，都分别有所改正。至于研究的体裁和方法，由于有的同志曾经直接间接表示过不同的意见，以为写中国半封建半殖民地社会经济形态，采用从商品开始的资本主义经济的论述程序，似乎不妥。但一方面因为我的学力限制，还想不出一个适合中国半封建半殖民地经济的研究体系，同时也因为在采用这个论述程序的过程中，并不曾怎样感到论点不易发展，所以，关于这一点，一时还不能有很好的交代。一个已经大体定型了的著作物，是极易叫作者安于现状的。

原书正文共八篇，讲到中国社会的经治恐慌形态为止；在解放之初，我又就抗战结束前后十来年间中国半封建半殖民地经济走上绝路的全运动过程，加以综合研究，写出"旧社会生产关系下的诸经济倾向的总考察"，作为解放后新版的一个附论。在这次整理校订当中，我觉得许多同志主张把这篇作为结论的意见，是值得采纳的。在第一篇导论中，讲述中国半封建半殖民地经济的形成发展过程及其研究上的两条阵线，而在最后第九篇结论中讲述"中国半封建半殖民地生产关系下的各种经济倾向的总考察"，这样，全书的结构，便像完整了一些。

全书的基本论点，是运用《资本论》中有关资本主义经济和前资本主义经济的原理和规律来展开说明的，但在解放以前，为了回避反动统治检查的麻烦，多半是分别用经济科学或伟大的经济科学家指示我们一类语法，来表明它们是出自《资本论》或卡尔·马克思的教导。关于这点，我觉得只须概括地指明一下就可以，不必要逐一改正过来。此外，有几处引用的材料，只提到某人在某书某杂志论文中如何讲法，没有把出版物的版本页数详注出来，一时又不易查出，这是准备随后查明补正的。

这个增订本在校订修正过程中，得到厦门大学陈可焜同志不少的助力，特此致谢。本书虽然经过这次修订，仍恐有不少错误缺点，我是竭诚希望得到专家同志们的教正的。

1955 年 11 月 22 日

日译本序言（节选）

一

这部书的主要目的，是企图把帝国主义支配下的中国半封建半殖民地经济整体作为对象，来揭露其内部的矛盾及其向着毁灭之路迈进的辩证发展规律。临到解放的前夜，作为帝国主义及买办官僚统治的基地的农村，已经依着那种辩证发展规律，演成了全面崩溃的破局。

中国新政权成立之始，即没收买办官僚资本归国家所有，没收封建地主土地归农民所有，而合法的私人商工业，则受到保护。新的经济条件和环境，使原来存在并作用于半封建半殖民地经济情况下的诸般倾向和规律，完全归于无效了。结局在这种限度内，《中国经济原论》这种性质的著作，就好像要成为旧时买办封建经济的"殉葬品"，虽然它在旧经济的研究上，在新旧经济思想斗争过程的钻研上，乃至使马克思主义政治经济学与中国经济相结合的方法论上，还具有一定的历史的现实的意义。

二

值得提到的是，这部书在写作过程中，是多少受了日本经济学界，特别是受了日本在第二次大战前，由劳农派与讲座派展开的关于日本资本主义性质论战的影响的，现在它获得了被介绍到日本的光荣，那除了增益我们两国文化交流的意义外，对于日本人民大众脱出当前被奴役的处境，（按：《中国半封建半殖民地经济形态研究》被译成日文时，日本作为战败国，尚处于美军占领之下。）也许多少可以提供有益于革命实践的若干看法。

第一，旧中国经济的半封建半殖民地的特点，是从它被帝国主义势力侵入的那天起，就逐渐形成的。帝国主义通过中国的封建买办官僚统治支配了，控制了社会政治经济活动的主要方面和主要过程，很快就把原有那些不利于它的因素，如有碍制品畅销的旧式手工业，家庭副业等，给排除分解掉，而使那些有利于它的因素，如供给原料半制品的旧型生产作业，旧的采购组织乃至旧金融机构，给改装变形地保留起来。就因为这个缘故，一个半封建半殖民地的特殊社会经济形态才能形成，它的特殊运动规

律才能为我们所研究和把握。然而，

第二，正由于各色帝国主义者是通过中国的封建卖办官僚对中国人民大众行使间接的统治，并且所有这些国内国外的统治阶层，又基本上只是靠着农村的封建榨取作为其寄生的营养，结局，存在于这种社会经济形态下的任何具有现代组织规模的商工业乃至金融业，都变质为带有前资本主义社会性质的东西，如其我们理解到：哪怕是同样规模的小生产组织或商业组织，在一个典型资本主义国家，那就比之在一个封建国家，带有更大资本主义的性格，反过来，则又会带有更大的前资本主义的性格。在我们原来的旧经济中，谁也承认有一些新的工业商业和金融业，但根据我们的经验和我在本书中的分析，它们都分别改形变质地捺上了半封建半殖民地的烙印。马克思主义教导我们：一个社会经济形态里面的各种经济范畴，只显示为它那个整体中的各个别侧面。

第三，为了更好地认识那个社会经济形态的性质，从历史上去探究那各个别经济范畴的面貌，原不是没有益处的，如大革命后的中国社会史论战，曾大有助于此后中国社会性质论战，但如没有好好把握着当面的现实的社会经济主体来探究其各别构成部门在那里面所显示的作用，而用过多的时间，纠缠在它原来的历史性格的究明上，那就显得不很实际，而且距离原来希望从历史上来探究我们当前社会性质的意图，就太远了。在过去，我们确曾走过这样的弯路，离开当面帝国主义统治我们的现实，离开整个封建农村破产的现实，而在所谓亚细亚生产方式特殊制以及小农经济等等方面的断断争论，费去了太多的时间，我的意思是说，如其帝国主义通过封建买办官僚来统治我们既已成为不可争辩的事实，我们就不妨多注意那种经济形态下的各种政治经济组织必然会发生的作用，而毋庸太斤斤于其历史性格可能引起的变化。这教训，也许有所益助于我们日本人民大众的思想战斗任务罢。

俄译本序言

——关于中国社会发展史上的若干关键性的问题

拙著《中国半封建半殖民地经济形态研究》被译成俄文，被介绍到苏联社会经济学界去，对我来说，是莫大光荣；同时也是我向我所敬爱的苏联同志们求教的好机会。我不能不对主持翻译这本书的机关和同志们表示衷心的感谢。

这本书是写在解放以前的对日抗战期中。当时我们国家的天灾人祸异常深重，绝大部分的国土仍处在蒋介石集团的黑暗统治下。买办阶级经济学者们盘踞大学讲坛，控制社会论坛，用反动透顶的、多方为帝国主义宣扬的经济理论，特别是奥地利学派的唯心主义经济理论，毒害青年学生；使他们看不清社会的本质，看不出革命的前景。作者当时在中国南方一个大学（即中山大学）讲授政治经济学，极力主张政治经济学中国化，要求学习政治经济学须结合中国实际，须运用最先进的马克思主义的社会经济理论，来解析中国半封建半殖民地经济实况，并指示反帝反封建斗争的必然归趋。这本书，就是依照这个愿望而边讲边写出来的产物。由于我的马克思主义理论水平的限制，加以搜集资料不易，明确表达实况也大有"禁忌"，就使这本书先天存在着许多缺点。解放后几次重印，虽然使我们有了不少改正缺点错误的机会，但是，已经完成的作品，总是容易叫作者受到惰性的支配的。应当修改而没有根本改变过来的地方仍旧不少。所以，我在这里，不得不十分抱歉地向我所敬爱的同志说：这个被提到你们面前的著作，实在有不少漏洞，殷切期待着你们的指教。

为了更好地争取苏联社会经济学界的同志们的帮助，我觉得把本书中的有关中国性质的某些论点，扼要地提出来是非常必要的。那些论点，有的是由我提出，有的是由他人提出而由我运用发挥的较多。但直到现在，都还没有在中国经济学界史学界得到一致的定论。也就是说，那都是需要进一步研究，并需要争取各方面来共同商讨的。那些论点，分别散见全书的各篇章中，按照不怎么严格的逻辑顺序列举出来，就是：

一、中国传统的封建制度，即有别于西欧各国领主型的那种地主型的封建制度，在19世纪中叶帝国主义侵入以前，已经处在逐渐蜕变解体过程中；资本主义的萌芽，正期待着解脱它并助长它的变革，但帝国主义势力的侵入，把这个历史道路歪曲了，它没有沿着应当发展的方面前进，而逐渐形成依属于帝国主义的半封建半殖地经济形态了。

二、西方帝国主义国家，首先是大英帝国侵入中国以后不久，就发现它要打交道的中国封建生产关系和社会政治组织，和它们自己原有的，乃至和它们在其他亚洲国家所遇到的那些封建的经济政治形态，颇不一样。如其说，许多西欧国家，以及有些亚洲国家的封建制度是领主经济型的，中国自秦代以后的典型封建制度，则可以称之为是地主经济型的。在领主经济型的封建制度下，作为基本生产资料的土地，是由分封取得，农民以半奴隶的身份，被束缚在贵族领主的领地上，为他们所奴役，没有人身的自由。在地方经济型的封建制度下，土地却基本上可自由买卖，因而在土地关系上，就出现三种不同的人：一是拥有土地者——地主或自耕农；一是租用土地者——佃农；一是为他人耕种土地者——雇农。这种制度在中国从来就是封建的，但却表现了一些近代西欧各国资本主义萌芽期的外观。"千年田地八年主"，任谁只要有了钱，就可取得土地，他是商人也好，高利贷业主也好，官吏也好，同时，官吏或贵介人物，只要他们自己不觉得面子过不去，法律也并不禁止他们做商贾和高利贷者，他们一般也是这么做的；至于作为直接生产者的雇农，尽管最贫困也最低贱，但他可以为自耕农劳动，可以为地主劳动，也可以为佃农劳动，至少在形式上像是"来往无牵绊"似的。在一定程度上，土地商品化了，劳动力商品了，加以大量的土地剩余劳动生产物，以租税的形式，提供国家，被投到市场，也商品化了，于是一种异常活跃的流通经济场面，一种"准市民"的生活形态，在其他国家是到了近代才有的现象，却很早就在中国历史上出现了。这曾经在中国大革命后的一段时间内，成为经济学界、历史学界掀起两大论战——主要以中国封建制度阶段的起讫时间问题为中心的"中国社会史论战"和主要以中国辛亥革命前后的社会，是属于封建的，还是属于资本主义的这个问题为中心的"中国社会性质问题论战"——的关键点或焦点。就是到了解放后，论坛上有关周代封建制度性质，有关最初资本主义萌芽……一类问题的论争，还因为有些学者没有把领主经济封建制度和地主经济封建制度的区别加以考虑，而陷入无休止的争辩中。但我这里要着重提到的，就是像我们这种具有极大流动性的封建体制，对于帝国主义在中国开商埠、办工厂、经营金融交通事业、争取廉价原料和劳动力，推销制品，是能够不大动手术，就可以很好地配合上来的。

三、如其说，帝国主义者对于我们的传统的封建生产关系，颇有兴趣，它们对于我们建立在那种经济基础上的专制官僚政治形态，就应更有好感。中国是一个土地大、人口多的国家，对于这个国家的统治，除了运用原有的社会经济组织外，还必须运用与其相配合的政治形式。在领主经济型的封建制的基础上，由于贵族领主是在各自领土上，统率农奴，形成一种经济自给的庄园，大小领主贵族诸侯们，就容易形成割据的分立的局面。而在地主经济型的封建制的基础上，情形就颇不一样，作为社会基本生产资料，同时也是基本生活依据的土地，无论归谁所有，都要向国家缴纳赋税（在形式的法律上，就是属于大贵族领有的土地也不例外）。国家在全国各地区分设官吏，征取税收，输供中央政府，中央政府则对大小官吏给予俸禄。结局，这种"设官而治，给俸而食"的制度，就比之"分田制禄"就地取给的制度，没有多少经济独立性，而形成中央集权专制官僚统治局面。这一上层建筑，又反过来从多方面影响那个封建生产关系或经济基础：（1）提供到国家或中央政府的大量贡纳品或土地剩余劳动生产物，变成商品，变成商业资本活动的重要对象，因而为官僚政治乃至士大夫商人化准备了物质前提；（2）官僚政客士大夫不仅插手商业，染指高利贷业，垄断侵渔土地，并以官家名义，统制对外贸易，把一切有利可图的工矿业，如铁业、盐业、纸业……等，都变成"官业"，使普通的商工业者无法问津。这是长期以来，中国社会的流通经济尽管相当活跃，却总是流转在土地买卖和商业高利贷业之间，不易向工业方面找到出路的原因，也可以说不易走上资本主义道路的原因。

四、帝国主义侵入后，它不但从经济上看出了中国传统的封建生产关系，不需要大改变，大编组，就可以很好地配合它的侵略活动，同时还从政治上看出我们那种专制官僚统治，如添组进去它所亲自培养的更信得过的大小买办的力量，就完全可以满足它对中国行使间接统治的要求。在中国大革命以后，特别是抗日战争发动以来，帝国主义者为防阻中国共产党领导下的反帝反封建的人民革命力量，不惜多方协助中国反动的蒋介石集团，加强野蛮的专制统治，并利用传统的搜刮掠夺方法，使天下的资源财富变成四大家族的私有财产。临到解放前夜，我们的半封建半殖民地经济形态及其政治配合物，已经很突出表现为买办官僚资本和买办官僚政治了。那虽然从德意法西斯那里借来了一些"统制经济"，"全体主义"……之类的遮羞名色，骨子里无非是所谓"亚细亚的"剥夺占有形态的扩大加强罢了。

五、可是，不论是帝国主义者抑是它在中国的代理人——蒋介石集团，都毕竟太不明了我们那种社会经济的发展规律，特别是不明了那种规律在新历史条件下展开的矛盾运动。中国地主经济型封建生产关系的支柱是农业和手工副业结合成的所谓农村共同体，是作为所谓亚细亚的高率地租（从而连带着高率利息和高率中间商业利润）的补充物而存在的。农民不拼命搞各种可能的副业，他们就不可能承担起高达生产物百分之七八十的地租。可是农业和手工副业结合起来，就要排斥商业，在一定程度内，排斥高利贷业，尤其是排斥帝国主义所殷切希望推销的制造品，特别是纺织品。结局，使用一切策略破坏中国农村的副业和手工业，就成了帝国主义者及其经济关系人首先要在中国完成的一大任务。当我们半官方及社会的农村调查报告，用非常惊人的数字，证明他们的破坏工作做得很彻底的时候，高利贷业者，土地侵渔者以及贪官污吏……很快地见机参加进来了，农民大批破产，背井离乡，我们社会特有的传统的经济恐慌，就在酝酿一次像我们历史上曾经出现过千百次的大规模的农民暴动。这一在中国每个王朝末期都像很有节奏地重复着的规律，蒋介石王朝是想借帝国主义力量来防阻它重演，有如满清王朝借帝国主义力量镇压太平天国革命一样，它的帝国主义主子也是打这样如意算盘的。然而，它们都算计错了。苏联十月革命后，一切落后国家的农民，都要在工人阶级及其政党——共产党领导下，成为有觉悟有组织的反帝反封建的革命队伍。中国共产党就是这样领导我们的广大农民运动，把工人和农民团结成为一支不可战胜的队伍，把帝国主义者及其走狗——蒋介石集团从根打垮，最后把中国几千年反复重演着的盛衰兴亡规律永远结束。

此外，我还想补充这样一点，中国农民的革命性，也许多少可以从中国地主经济型的封建体制中，去找到一点根源。我们伟大的领袖毛泽东主席不时教导我们，中国人民的革命冲天干劲，和他们的"一穷二白"有关，中国那种封建生产关系和专制官僚统治形态，自始就不允许社会的积累投到工矿生产业上，因为一切有利可图的这类事业，都贴上了各种"官办"的标签；在高率地租，高价土地，有土斯有社会势力的条件下，农民要从土地收入中有所积累，特别是要把可以挣到的积累，投用到土地生产上，是非常困难的。谁有了钱，不是买更多土地，就是拿去放高利贷或在商业上投机。帝国主义侵入后，这种历史发展方向并没有太大的改变。要说有变化，只不过是有更多的不事生产的投机勾当可干罢了。一般劳动人民（主要是农民）不但无机会谋利，甚且也无门路谋生。他们是太贫了，因而也就贫得太干净了，没有受到资产阶级社会个人自私自利的发财致富思想的腐蚀。我们解放前后的土地改革，进行得非常顺利，实行农业合作化，土地归集体所有，农民不但不留恋土地私有权，反而干劲冲天地加速实现了党所提出的农业发展纲要，以及其他新的创举，迅速地展开来。

真是坏事辩证地产生了好结果啰，但我决无意夸大中国社会史的特殊性，也不是要从历史上去找我们当前发展变化的原因。当前世界的有利于社会主义发展的总形势，把一切特殊的历史条件的作用，大大地减弱了，"条条道路通罗马"，无论是具有怎样特殊传统的封建体制或资本主义体制乃至严重的奴隶残余的国家，在今天的国际环境下，都可以找到走社会主义的道路。但这不等于说社会历史的研究是不必要的。

在这本书中，我已讲述了我们的半封建半殖民地经济形态，究竟保留下了多少过去传统的封建生产关系的因素，在最近将来，我还企图研究一下我们那种经济形态，究竟对我们已有的，或正在进行中的大变革，会发生哪些影响。

这一切，都殷切期待我们苏联社会经济学界的同志们的教正。

1958 年 9 月 8 日

导论——中国半封建半殖民地经济的形成发展过程及其研究上的两条战线

一 中国半封建半殖民地经济的形成与发展

（一）半封建半殖民地社会的特殊经济构成

从19世纪40年代的鸦片战争起，到20世纪40年代末的解放战争胜利结束止，这一百多年的历史过程，在一方面是帝国主义和封建买办官僚奴役压迫中国人民，把中国社会变成半封建半殖民地乃至殖民地的悲惨苦痛过程，同时，也是中国人民前仆后继地反帝国主义反封建主义反官僚资本主义的英勇斗争过程。中国的大地主阶级和买办官僚资产阶级靠着帝国主义的势力来延续和增强它们对于中国人民的血腥统治；帝国主义者则通过那些买办官僚阶级和大地主阶级把它们的侵略魔手伸展到中国社会的各个方面各个角落；帝国主义者和中国大地主阶级买办官僚阶级尽管各别的社会经济利益和他们侵渔掠夺的对象不尽相同，甚至相互抵触冲突，但毕竟在奴役剥削中国人民并防阻或镇压中国人民的反抗斗争上结成了一个阵线；事实上，中国的大地主阶级大买办官僚资产阶级的经济力量正好是在依靠帝国主义支援来不断发动内战的过程中开始壮大起来的。中国人民的反抗愈坚决，对它们的威胁愈大，国内敌人对国外敌人的勾结，就愈益采取了无所忌惮的公开卖国姿态，而对于人民的榨取和镇压，就愈益施行了灭绝人性的法西斯野蛮统治形式。在腐败的满清王朝，在冥顽无知的北洋军阀，还有所惮而不为的卖国的吃人的罪行，蒋介石王朝及其四大家族，却坦然为之而不以为意。这并不能单就所谓"世道衰微"来解释。在我们的社会逐渐沦落为半封建半殖民地乃至殖民地的过程中，作为这个社会的统治阶级，自始就只能把他们的政治经济利益寄托在出卖国家主权和劫夺奴役人民的两大"事业"方面。不过，当这样性质的社会，还没有发展到相当成熟的阶段，当建立在封建的原始积累基础上的买办官僚资本统治还没有达到全面支配的阶段，他们作恶的本钱或权力，还有所限制，正如像资本主义尚留在自由竞争阶段，平等自由博爱乃至功利主义，还有必要被利用来作为骗人的宣传号召工具，等到经济上的独占高度集中表现为法西斯的野蛮统治，就再也不需要表示软弱的道德符咒了，伊壁鸠鲁神蜕变为尼采神，功利主义发展为实用主义，他们的权力，像是无限的，他们的作恶与犯罪也就没有限制了。中国最后一个王朝——蒋介石王朝，为什么能作出并敢于作出那样大那样多的罪恶，那显然是不能从他们个人或家族的特点去解释，而必须从他们所支配的社会，所具备的经济条件去解释的。

从社会正常发展的历史条件看来，一个半封建半殖民地社会的经济构成是非常特殊的，但在一切为帝国主义势力侵入的落后国家，假使不是变成完全殖民地的话，就只能有这样的前途：原来的封建体制，在帝国主义国家的商品资本逐渐渗透进来的情形下，不可能不陷在动摇解体过程中，但同是帝国主义的商品和资本的侵入，又不允许它好好地向着资本主义制度转化。结局，一般地讲来，这个社会，就只能看它所受帝国主义势力的支配与影响的程度如何，把不利于那种势力扩展的封建因素破坏，把有利于它的封建因素保留下来；把妨碍它扩展的资本主义成分（民族资本主义成分）压倒，把依附它的资本主义成分（买办资本主义成分）扶植起来。因此，帝国主义对于落后社会的这种半封建半殖民地化运动，与其说是由他们直接进行的，毋宁是由他们依靠落后社会的统治阶级，封建官僚阶级，按照他们的意旨来进行的。结局，大地主阶级、买办资产阶级、官僚资产阶级就在帝国主义利益的统一要求下，变成了相互依存和三位一体的"通家"。而这种社会的经济，也只能采取一种把封建剥削做基础，而在这上面建立起买办官僚资本的特殊支配形态。

应该说，对于社会正常发展显得非常特殊的这种经济形态，在一切受着帝国主义间接统治的落后社会，毋宁是非常一般的，虽然其发展的程度和表现的形式，因各别社会的不同历史条件而不尽相同。

我们确有理由把中国这个半封建半殖民地社会的封建买办官僚经济，当作这种社会的一个发展得较为充分的典型，当作今日尚处在这种不死不活状态下的一切半封建半殖民地社会的未来形象而加以分析。但在进行分析以前，是需要就这种经济形态的形成和发展过程指出一个轮廓的。

（二）中国的传统封建制及其关系近代买办官僚资本形成的若干特点

在世界史上中国是一个相当长期停留在封建制度上的国家。

虽然有不少的中外历史学家，正在从各方面考证中国在西周时期，在东周时期，乃至在秦汉时期，甚而至于在比秦汉更晚的时期，还是处在奴隶制度阶段，而由此证示中国并不曾自外于世界史发展的轨迹；它由奴隶制转化到封建制,也不过是在耶稣纪元前后。但是,如果单因中国封建制经历时间不应太长了,企图找出各种理由将它缩短,那并不是唯物史观地处理历史问题的正确方法。我们不要以为近代资本主义制度在世界各地域各国家内,差不多是在同一世纪中前后出现,便认定古代中古各国的社会制度,不应有太大的悬殊,那显然是把唯物史观上的一个重要原则忽视了:愈往过去,社会生产力愈不发展,它克服自然障碍,打破地域限制,使各国道一风同,比肩前进的可能性也就相对愈小了。当然,我们的许多历史学家并不是为了满足这种时间距离长短适度的要求来进行考证的,但直到现在为止,由西周以至魏晋六朝五代乃至在元朝统治下,确曾分别考证出了不少数量的奴隶,这种考证对于那些朝代的社会生活的认识是有用的,但全面考察起来,被考证出来的奴隶,究竟是不是当时社会的主要生产者?他们在当时又是在怎样的劳动条件下,生产剥削阶级所占有的剩余生产物?似都没有明确的解答。要知道,作为主要生产者的奴隶,他们就必须像在希腊罗马那样,被集中在大农庄里,在果园里,在牧场里,在矿山里,在作坊里,用鞭棍和锁链强制他们劳动;若把他们分散在自己家屋里,用自己的简单生产工具,在奴隶主的田园里为他们劳作或耕作,那样"自觉""自动""自由"的奴隶,就有些匪夷所思了。但我在这里不能作更深入的说明,而顺便在这里提论到这个问题,也只是表示:"封建诸侯以屏藩王室"的西周,还不妨看为是中国封建制的起点;并且那种初期封建制由于是从不发达的奴隶制转变过来的,那就不但在它的社会构成里面包含有农村公社剩余下来的自由民,家族奴隶和种族奴隶,同时还因此限制了它向着欧洲中世纪那样的严峻的农奴制的发展,以致经历春秋战国兼弱攻昧的大动乱过程而转化为由秦汉开始的租佃制;结局,颁田制禄的领主封建制,就转变为佃田纳租纳税的地主封建制;适应着这种经济剥削形式的改变,分立的封建局面,也为中央集权的封建官僚统治所代替。由是作为中国的典型的地主封建制,就表现出以次这样一些影响到我们近代封建买办官僚制形成的特点:

1. 作为封建制度,基本当然是以自然经济为基础,以农业与手工业结合为基础。农民不仅自耕自食,并还在较大程度上使用自己所生产的手工业品,他们对地主贵族官僚阶级基本上也是提供布帛菽粟。但由于农民要把这些剩余劳动生产物,以租、税以及赋的名义,累献给官府,官府还要以薪俸或俸禄的名义分授各级官吏,由是就引起了农业剩余生产物商品化的要求,而愈到后来,为了避免漕运转移的繁累与损耗,这种要求就愈加迫切。而且随着农业生产力在较稳定局面下的发展,剥削阶级消费的胃口也逐渐不以农民所直接提供的实物为满足，致使商业的范围，商品的种类，从而，商业手工业都市，都不得不在封建自然经济的孔隙里扩大增多起来。事实上中央集权的封建统治局面，也确实比较其他封建社会或分立的领主型的封建社会，更有助于流通经济成分的发展。

2. 土地是社会权势与财富的标帜，这是一切封建社会的共同特征，但中国封建地主制度，允许土地在一定限制下的自由买卖，相应着，租耕土地的农民不被严格地束缚于特定土地上，他的劳动力得在一定限制下自由移转，那正是租佃制根本不同于严格农奴制的地方。可是我国土地占有上的这种融通性和流动性，并不曾改变以次两个基本事实：第一，在任何一个封建王朝统治下的直接生产者都只占有较少的并还是极坏的一点点土地，其余都是属于剥削阶级。第二，直接生产者所辛苦取得的一点点收获，绝大部分都当作贡物送给了剥削阶级。

3. 土地所有者不限于有身份的贵族、官僚、大贾和高利贷者都成；相应着，土地使用或租用者也不限定隶属于特定身份的地主。谁取得了致人死命的土地，谁就是他的主人，结局，土地变成了贵族、官僚、地主、大贾和高利贷者争相掠夺占取的目标，农民就变成了他们任何一种身份的人物都可榨取欺凌的对象。这样，尽管农民也有挣得土地的可能，那正好类似特定的个别工人在资本主义社会也有挣取得千万资财的可能一样，丝毫也不曾因此改变社会阶级压迫的本质。在我们的这种封建制度下，贵族、官僚、地主、商人和高利贷业者虽然彼此相互间也有矛盾，但在压迫剥削农民的立场上，他们却是站在一边，并且同一个人还不妨兼有其中若干身份，而成为通家。

4. 皇帝是最高最大的地主，大官僚、大贵族都是大地主，他们表面上像不与民争利，从事商业高利贷活动，但在实际，贵族官僚们不仅偷偷摸摸地做这种勾当，历代王朝差不多都通过他们的专制官僚统治机构来大规模地进行商业高利贷活动。从西汉起，各种最有利可图的经济垄断组织就建立起来了，许多大商人钻进了国家机构，窃踞较高的政治地位。此后历代的垄断性的官业，不论是属于工矿业的，还是属于商业的，差不多都是由贵族官僚地主以个人的或国家的名义，独占地经营着。这都是在贵族僧侣和商业高利贷业者间维持了严格的阶级身份距离的西欧封建制度所不容许的。

由秦汉以至近代鸦片战争以前，我们的社会就是这样一种封建社会。单从上面指出的这些封建制度的特点来说，已不仅足够指明我们较长期停留在封建阶段的原因，同时还可约略看出我们在制代封建买办官僚经济体制形成过程中所受传统封建因素的影响。本来，农业剩余生产物的租税化，商品化，土地在一定限制下的自由买卖，劳动力不被严格束缚于土地上，中央集权统治在货币交通市场方面所造出的便于农工业品流转的有利条件以及庞大官僚机构的巨大开支和贵族官僚的奢侈生活……似都有助于流动经济或商品货币经济的发展，事实上，这在唐宋诸王朝的中古时代，就表现了像是近代资本主义的一些萌芽。特别是土地和劳动力的有限制的自由转移以及相伴而产生的，严格封建身份制的比较欠缺，和相当大的城市的出现，格外容易给予我们这样的印象：即中国封建制的某些进步性，应当使它更快地走上资本主义的道路。然而这是一方面，它同时还有阻止它转变到资本主义制度的另一面。那就是，在土地及劳动力转移上的封建性的有限制的自由，已经造成了一种不需要近代初期欧洲各国解放农奴推翻封建制那种革命的错觉；加之，那样的资产阶级性质的革命，一般是由商工业者或市民阶级领导农民工人来和贵族僧侣阶级斗争，可是我们的市民阶级由于可以接近土地，热衷于土地，和贵族地主搞得怪有交情，变成了通家，这就在那种不需要什么革命的错觉上增加了一层社会的翳障；况且有利的商业，工矿业被把握垄断在官僚，贵族，地主手中的这一事实，也确实造成了一种局面，叫一般所谓市民阶级，没有足够的经济力量和劲头来发动反封建的斗争。

所有上述这几项阻碍着中国社会顺利转变到社会主义道路的历史事实，全都在我们近代封建买办官僚经济体制的形成中，不仅当作传统的惰性因素被利用着被包下来，并还从中发出了极大的助长作用。这是我紧接着要在下面提论到的。

（三）资本主义势力的侵入和在逐渐解体过程中的封建经济基础上形成的买办官僚资本形态

在18世纪乃至19世纪初期，中国社会的资本主义的萌芽，已因在比较长期安定局面下逐渐扩大的流通范围和逐渐增多的工场手工业，而显得比以前任何时期都更有生机。但中国地主型封建社会经济的运动规律照例是到了农业生产力有了一定的恢复和发展，流通经济显得有些活跃，就要因贵族官僚地主阶级的豪华浪费，加强聚敛榨取，再配合高利贷活动，土地吞并活动，而使黎民穷困，生产破坏，造成天下大乱的后果。在19世纪40年代前后，中国那个暴虐而顽固腐败的满清帝国统治，正好在从各方面加速制造它的没落的结局，但资本主义的侵入，把它的复亡过程弄得十分复杂了。

19世纪上半期，是资本主义在西欧各国迅速发展的时期。当时以英国为首的资本主义国家正好在向世界一切落后地域遂行它们的输出资本主义"文明"的使命。"由于一切生产工具的迅速改良，交通工具的飞跃进步，资产阶级终于将所有一切以至最野蛮的民族都卷入文明的漩涡了，它那种商品的低廉价格，便是它用以摧毁一切万里长城，并使极端排外的顽固野蛮人驯服的重炮。它强迫所有的民族在灭亡的恐怖下采取资产阶级的生产方式，它强迫所有的民族都施行所谓文明制度。"① 远在18世纪末期，对于中国这个封建帝国的大城堡，英国就曾带头用它的廉价商品，特别是纺织品作为大炮来做那种摧毁工作，但由于满清帝国在政治上采取了严格限制的对外贸易政策，把贸易地点限定在广州，使贸易经营业务，假手于当时设在广州的十三行，禁止自由通商，禁止"夷商来至内地"，禁止"夷人与汉人交通"，这一切做法，已经使廉价商品不大能发生重炮作用，加以中国工农结合的自给自足的并且非常节约的经济状态，更使"夷商"没有活动的余地，因此，英国试图用棉织品突破封锁的长期努力，都证明是得不偿失的。② 英国资产阶级对于遂行他们的历史的文明使命，是抱有极大决心的。当他们发现规规矩矩地贩运棉织品不能得手的时候，在19世纪20年代前后，就大力加强他们偷偷摸摸地非法贩运鸦片烟的活动，结果很快就证明那是一举数得的大好买卖。无论什么严密的关卡，用贿赂就可保护通行；无论怎样顽固排外的达官贵人，一接触到鸦片，便从他们思想上撤除了"夷夏之防"，尤其是无论怎样勤俭的老百姓，一旦变成了瘾君子，连倾家荡产也无所顾惜。鸦片在通都大邑穷乡僻壤不胫而走，结果就是"黑的进"，"白的出"，造成白银滚滚外流，招致财政金融的窘迫与混乱，造成人民生产与生活的威胁。这使满清帝国的基础发生根本动摇，以致如马克思所说的"……这个帝国终究为时势所迫，不得不进行拼死的决斗，在这个决斗中，旧世界的代表以道德思想来鼓舞勉励自己，而最新社会的代表，却争取那种以最贱的价格购买和以最贵的价格出卖的权利，③ 这是一场多么悲惨的情景啊！"④ 1840年的鸦片战争，

---

① 马克思、恩格斯：《共产党宣言》，人民出版社1954年版，第37页。

② 英国东印度贸易公司于1786年起，即尝试将英国各地棉织品运往中国销售，没有哪一次不受到损失，直到1827年才算找到一些门路，打下基础，有利可图。

③ 这里所谓以"最贱的价格购买和以最贵的价格出卖的权利"云云，乃指烟土产在印度，"每箱值银250元，至广东则值银600元，为利一倍"（参见三联版《中国近代史资料选辑》1954年版，第5页）。在鸦片战争发生前的1837年，英人由印度输入广东的鸦片，竟达四五万箱之巨。（同上书第4页）

④ 《马克思、恩格斯论中国》，人民出版社1953年版，第95页。

是所谓欧洲资本主义的文明和中国封建的野蛮第一次的搏斗。这次搏斗不仅证明了资本主义的重炮的作用,同时也证明了资本主义的鸦片的效果。中国在这次战役中的失败,宁当看为是欧洲资本主义对中国封建主义的开始胜利,同时也正是中国半封建半殖民地化的开端。

1842年南京条约所规定的割地,赔款,开辟通商口岸……等等条款,为此后一序列的丧权辱国条约提供了一个先例。到了由中日战争导来的马关条约(1895年),由庚子之役导来的辛丑和约(1901年)的签订和实行,中国已差不多大体完成了它的半殖民地化的过程,而其具体事实则表现在以次诸方面:

1. 由一序列的侵略中国的战役,帝国主义各国抢夺去了中国许多属国和领土,勒索去了大宗赔款;依种种借口和种种不平等条约,取得了在中国驻扎海陆军军权,并把全中国割分为它们的势力范围。

2. 帝国主义者根据条约控制了中国一切重要的通商口岸,并把许多通商口岸划出一部分土地作为它们直接管辖的租界。它们控制了中国的海关与对外贸易,控制了中国(海上、陆上、空中、内河)的交通事业,因此,它们便能使中国的农业生产服从于其需要。

3. 帝国主义者还在中国经营了许多轻工业和一些重工业的企业,以便直接利用中国的原料与廉价劳动力,并以此与中国的民族工业进行直接的竞争。

4. 帝国主义者通过借款给中国政府,和在中国开设的银行,垄断了中国的金融财政,扼住了中国经济的命脉和咽喉。

5. 帝国主义者由中国的通商都市直到穷乡僻壤,造成了一个买办和商业高利贷的剥削网,造成了为帝国主义服务的买办阶级和商业高利贷阶级,以便利其剥削广大的中国农民。

6. 为了帮助中国卖身投靠的统治者来镇压中国人民,帝国主义者曾经供给中国政府以大量的军火与大批的军事顾问,为了麻醉中国人民并使中国知识分子对它服务,帝国主义者便以传教,办学校,办报纸和通讯社以及吸引留学生等方式来实行其文化侵略政策。①

就在上面述及的这个大变化过程中,我们农村原来的面貌,显然是要改观的。为了服务于帝国主义,许多单纯提供到市场的经济作物,如棉花,菸草,甘蔗,大麻,茶叶等等相率成为耕作对象了,粮食也因都市人

---

① 上述各项,参见《中国革命与中国共产党》,《毛泽东选集》第2卷,人民出版社1952年版,第598—600页。

口的不断增加和商业高利贷业的深入活动，而有更多更大的比重，参加到流通过程中去；同时，原来和农业紧密结合着的家庭工业手工业，则在帝国主义商品的侵袭下，或者完全解体破产或者游离汇集到都市附近地区，成为附丽于现代资本主义工业的厂外组成部分。这一切说明了农村自然经济的深刻变动，它的封建生产关系当然是无法维持原状的。

但在另一方面，帝国主义列强的侵入，决不是要把中国变成资本主义的中国，恰好相反，它是要把中国变成半殖民地乃至殖民地。所以，它虽然在把中国变成原料和劳动力供给地，变成制品推销场所当中，连带把新的交通工具，新的金融机构，新的资本主义经营企业的方法输进来了，对中国民族资本主义的发生和促进提供了一定的刺激诱导作用；可是，中国民族资本的发展，就是意味着它们在中国的制造品市场的丧失，就是意味着它们取得中国廉价劳动力和原料的特殊权益的丧失，这是和它们作为帝国主义国家，需要输出商品，更需要输出资本的要求相抵触的，也是和它们要在中国取得交通金融控制权及工矿经营采掘权的目的相抵触的。因此，在帝国主义势力支配下的中国工业就在发展过程上采行了一个非常不正常的途径。由太平天国战争结束到中日战争结束的几十年间，由官僚买办借用外资外力兴办了一些便于血腥镇压人民反抗的军需工业，如1862年由李鸿章设立的"上海制炮局"，1865年将"上海制炮局"扩建为制造枪炮火药子弹的"江南制造总局"，1866年左宗棠在福州马尾设立制造军舰的"船政局"，翌年李鸿章又在南京设立金陵机器局等等。由于制造军火需要煤炭，1876年李鸿章就在开平试办煤矿，设立"开平矿务局"；就是在1872年成立的有关航运的"招商局"，原来无非是为了运煤，为了军运和漕运；至若1881年在天津成立的电信总局，其用途显然不在便利商工业而在适应对内对外的军事需要。① 而号称中国新式纺织业开山祖的"甘肃织呢总局"，那是左宗棠于1876年设立的，所有在这个时期由官僚创办的各种工矿交通事业，无论是用"图强"的名义，还是"挽回利权"的名义，都显然是为帝国主义所容许和支持的；也不论是失败了，还是成功了，都显然大有助于买办官僚资本的积累。一笔借款的成功，一种事业的创办，对经理其事的买办官僚来说，都是发财致富的大好机会；

---

① 1880年李鸿章在"请设南北洋电报片"中，把他们这一伙人物从事洋务运动的真正目的透露出来了，他说："用兵之道，必以神速为贵；是以泰西各国于讲求枪炮之外，水路则有快轮船，陆路则有火轮车，以此用兵，飞行绝迹，而数万里海洋颁军信，则又有电报之法"（见《李文忠公奏稿》卷38）。

应该说，那个时期的各种洋务的创办和经营过程，就是中国买办官僚资本的形成过程，也就是那种形态的资本结托依附帝国主义的过程。

但中国的民族资本经营，却都是在和帝国主义竞争并利用帝国主义列强相互火并的场合成长起来的。由签订马关条约的1895年到世界大战结束的1918年，可以说是中国民族资本相当活跃的一个时期。马关条约的丧权辱国条款，不仅包括割地偿金，断送内河航行权，并允许"日本臣民得在中国通商口岸城邑，任便从事各项工艺制造"，结局在有例可援和利益均沾的口实下，日人以外的其他外国商人，再也用不着冒用华商名义，而径自在中国开设工厂，并进而开采矿藏了。由是外资像洪水似地流入中国，继日本之后，英法美各国都分别中国开纺织、面粉、火柴……等工厂，它们的高额利润，和利权外溢的刺激，激发了民族商工业者集资创办纺织工厂及其他各种轻工业的热望，而由"图强"蒙受到中日战争及八国联军之役的惨败教训的清政府，也回过头来讲求"致富"了，对于所营事业采取种种奖励措施了，所以，当第一次世界大战促使许多帝国主义国家松弛了对于中国民族资本的压力的时候，以纺织业为主的中国民营工业就迅速成长起来。可是，世界大战甫告结束，帝国主义列强就竞相把中国当作它们恢复元气，取得滋养的角逐场所，它们享受各种特权和拥有雄厚资力的竞争力量，是中国新生而脆弱的民族资本所斗争不过的。而在中日战后通过买空卖办的金融活动（1897年中国第一个银行即中国通商银行开始设立），通过借用外资修筑铁道等假公济私勾当所增大的买办官僚资本，都在直接间接造成不利于民族资本发展的影响。至若帝国主义列强在其所属势力范围内勾结并扶植地方封建势力，导演军阀混战，对于新兴民族资本所发生的妨碍和破坏作用，那又是带有根本性质的。

然而，中国大买办官僚封建势力结托帝国主义，毒害民生，阻碍民族资本发展，是到了下一历史阶段才做到无所不为的穷凶极恶地步的。

（四）中国四大家族的买办官僚资本是在内战及抗日战争过程中迅速增长起来的

从第一次世界大战终了的1918年到解放战争大体结束的1949年，中国社会在经历着生育前的阵痛。三十多年间几乎无日无时没有战争。北伐以前，是军阀长期混战；宁汉分裂以后，是革命与反革命的战争，同时在反革命地区还未停止大小军阀间的混战；在抗日战争期间，蒋介石早已在准备并不时发动内战，抗日战争甫告结束，蒋介石所期待的大打出手的场面就开始了。

这一序列的战争，无论表现得如何千头万绪，千变万化，不可究诘，但都和帝国主义列强瓜分共管或独占中国并假手各色的军阀买办官僚来消灭中国人民反抗力量的阴谋紧密联系着；就因为这个缘故，这一序列的战争，无论如何残酷，如何彻底破坏了社会生产力并迫使广大人民倾家荡产，流血牺牲，但依托帝国主义势力的中国军阀官僚买办以及封建大地主，依旧不妨在这样的死亡与毁灭的大破局中积累起巨量的财富，这从中国历史上找不到前例，也从近代资产者社会中找不到类似的情形。这是亚细亚横暴专制君主的野蛮洗劫，加上晚近反动法西斯主义者们的毫无怜惜毫不知羞耻的欺瞒强夺，双管齐下的结果。蒋介石及其裙带关联的四大家族，就正是运用这两重手段积累起他们那样惊人数量的买办官僚资本的。下面我想就他们欺骗敲诈掠夺的重要过程，指出一个轮廓。

第一次帝国主义列强瓜分世界的战争，产生了两个大大影响中国政治经济生活的结果：其一是各帝国主义国家原来在华的势力，发生了变化，战败的德国暂时退出了，被战争大大削弱了的英国，失去了它过去侵略先锋的地位，暴发户日本开始代替它了，大发其战争财的美国，也在准备大显身手；同时，俄国由帝国主义国家一变而为社会主义国家，把马克思列宁主义传到了中国，鼓励教导中国人民进行反帝国主义反封建的斗争。1926年到1927年的反帝反封建的北伐战争，使一切帝国主义国家感到惊慌失措，使它们觉悟到分别诱致军阀混战的局面，适足以助长革命势力的抬头，除日本帝国主义另有打算外，英美帝国主义者都认定扶植一个大军阀来团结统一一切军阀的力量，是对付革命势力的最有效方法，蒋介石这个利用革命幌子发迹起来的反动头子，就被帝国主义看上了，江浙的买办官僚集团，也就由帝国主义者的授意和策动，竭力从财政金融上协助蒋介石来完成帝国主义在中国的统一大业了。尽管日本帝国抱着"独占"的野心，打乱了英美帝国主义者们策划共管的步伐，但在"九一八"事变以后，蒋介石终于利用江浙买办资本和英美帝国主义的支持，几乎把全国大小阀军都收买征服了，他差不多完成了统率一切军阀武力来对付革命势力的帝国主义使命。

在10年内战期中，帝国主义列强，特别是英美帝国主义者，多方协助以蒋介石为首的四大家族，在财政金融的全面控制上打下了基础，那同时当然也是为他们自己通过四大家族来对中国进行全面控制打下了基础。加强聚敛，增发纸币，发行公债，举借外债，原来是这个卖国殃民政权，维持军事财政最直截了当的方式方法，但混乱的币制，势将限制在这一切方面努力的效果；1933年的废两改元，特别是1935年的新币制的实施，其目的并非为了便利一般商品货币经济的流通周转，而是为了货币的集中发行和统一管理，这一来便可以无限制增加纸币的发行，便可以把白银尽量向美国输送，便可以大量发行一本万利的公债，便可以通过在国家银行增加商股和在私人银行参加官股的偷天换日的办法，使全国大小私立银行隶属于中、中、交、农四家银行变成四大家族的内府。由是，全国整个买办官僚的金融系统，不管是所谓南四行系统还是北四行系统，都被卷入四大家族的金融财政组织中，而和四大家族共同命运——虽然那同时又还是忍受四大家族支配和折磨的命运。因此，内战打得愈起劲，军火购买得愈多，白银输出得愈多，公债发行得愈多，纸币印刷得愈多，他们的财富就积累得愈快，他们的经济权力也愈加相应增大起来。他们为什么不对战争感到兴趣啊！

迨由内战转到抗日战争的时候，这个靠内战起家的大买办官僚资本家阶级，就掌握运用他们金融财政上的这张王牌，把中、中、交、农再组织为最高的寡头的四联总处，而由蒋介石自己担任主席，这样，政治，军事，金融的全面统制，就造成了完备的无所不能无所不为的法西斯的独裁条件了。不过，在这里得指明一点，现代的法西斯的独裁，虽然是金融寡头在政治上的反映，但那种金融寡头毕竟是工业技术高度发展，资本有机构成不断提高，因而更需要依靠银行投资，结果就形成了工业与银行结合或者工业受制于银行的那种特殊表现。正惟其如此，体现着金融寡头的政治军事权力的法西斯统治，对于工业乃至对于其他依靠银行支持的企业，就不能毫无顾惜地摧残，反之，为了更好服务于金融寡头，甚且要好好扶植帮助那些成为金融生命线的各种产业。在这一点上，我们的金融寡头，是显得非常特殊的，它一开始，就和中国的工业乃至其他生产事业或正当的流通业务，没有什么联系；反之，它一开始，就宁可说是在牺牲这一切的基础上，靠了帝国主义的支持建立起来的，就因为它有这种脱离生产，脱离一切正当社会事业的特性，它的权威的发挥，就无妨按照中国横暴野蛮的专制帝王的作风行事，就无妨按照帝国主义者对待落后民族的贪残掠夺的方式行事，四大家族在抗战期间乃至在抗战结束后再发动内战的短暂期内，确实是依照一序列的专横管制与无情剥夺的措施，把他们的财富膨大起来的。

是的，抗战一开始，就有很大一部分国土被日寇占领了；四大家族发迹的根据地江浙地区，特别是金融中心的上海，也很快沦陷了，接着那一带的傀儡政权也被建立起来了，但尽管如此，蒋王朝一离开了买办官僚资本集结的江浙一带，就在封建势力最浓厚的内地重建它的血腥统治；有一个短暂的期间，它的买办的性格，像为它的封建的性格所掩蔽了，但由于以蒋介石为首的四大家族是被迫同意抗战的，因而他们并不情愿同时也不敢动员全国人力物力来支持战争，却相反地是要在抗战的名义下，利用全国的人力物力来为他们增加财富。所以，到了大后方的西南不久，就很快在那里依靠军事的统制，建立起金融的统制，更进而把全国的商业，工矿业，农业都强制地纳入四大家族的魔掌。他们的做法，是利用滥发钞票引起的物价波动，引起的汇价变动，而在物价和外汇价格的官价与黑市之间，大做其假公济私投机操纵的勾当。对于黄金，时而禁止买卖，不久又可以买卖；对于外汇，一会严格管制，不久又予以开放，所有这些措施，无在不是为了他们那些大买办官僚资本家制造发财的机会。当物价激烈波动，商业资本异常活跃的时候，由四联总处所属的银行系统，不仅用它们各种附属机构的名义，实行囤积居奇，并还以高利贷的贷款形式，对一般商业加以控制。军事委员会所属的贸易调整委员会，在1938年改为贸易委员会，改隶在孔祥熙的财政部下面，把出口的丝，茶，桐油，猪鬃等土产品，全部用低价统购起来；从1942年起又用花纱布管制的名义，通过农本局的福生庄，对棉花，棉纱，棉布的采购与销售，全面加以控制；就在同一时期，盐，糖，纸烟，火柴实行专卖了。通过这几项措施，同时并通过四大家族系统在各省分别设立的半官半商的企业公司所属的商业组织，就把对内对外的全部商业归其垄断了。

　　商业的垄断，在规定产品产、运、销的过程上，一定要导向对于工矿交通事业的垄断。早在1937年无所不包的军事委员会下面就设有工矿调整委员会，一方面资助资本不足的所谓国营厂矿，一方面，采用合并银行的同一手法，在新旧厂矿中加入官股，不过，这个买办官僚资本家阶级，毕竟对于太多麻烦的生产事业，没有多大的兴趣。可是到了大后方，物价朝夕百变，不控制生产，就无法控制商业；加以军需工业的迫切需求和对帝国主义贡献稀有金属的特殊任务，就使得四大家族所属的资源委员会和兵工署两个机构，几乎把大后方的重要工矿业，全部纳入它们控制中了，而它们所用的方式方法，无非是借口加强管制和增资援助，这对于当时朝不保夕的厂矿，除了忍痛接受外，是没有其他道路可走的。在抗战快要结束的1944年，单是资源委员会所属的厂矿，就达到了105个单位，全部职工达18.2万人。

　　依据垄断商业必须连带垄断工矿业的同一理由，当时四大家族有必要把它们的触角伸到了农业方面，虽然这方面的任务，已内部分工给封建性较为浓厚的两陈兄弟了。四行中的农民银行早就被认定是他们兄弟的

"私产"。不过，小农经营是分散的，显然不能像厂矿或商业机构那样集中地加以控制。然则他们在这方面是怎样进行劫夺呢？除了举办蓄奴型的所谓垦殖公司外，就是通过田赋征实征借方式，加重地租的剥削，而由抢购物资，进而抢购土地的高潮，更把那种剥削提高到了可怕的程度。战时大后方各大都市周围的土地，都被大小官僚军阀抢购一空了，所有这些封建的王爷，殆莫不是同时兼营商业高利贷业或银行业的老板，四大家族就是通过这些人物以及他们的走狗，来对农民进行野蛮的掠夺诈取的。

日本帝国主义投降后，美帝国主义很快就代替了日本帝国主义奴役中国人民的地位。蒋管区到处都变成美国军事基地，通过所谓中美合作的中国航空公司，航空权全部断送了，通过所谓"平等"的中美通商条约，中国的内河航行权，全部断送了，因而在抗战结束后的较短期间内，由通都大邑到穷乡僻壤，都充斥了美国剩余物资；美国的顾问专家，美国的冒险家，流氓特务所在皆是，乌烟瘴气，和日伪统治时期，并没有什么多大的区别。所不同的，也许是一味依托美帝国主义的中国四大家族，一回到他们江浙一带的老巢以后，由于很快恢复旧有的财产，胡乱劫收敌伪的财产，再加以向美帝国主义出卖国家主权所源源借入的军需品和外汇，再加以把美国奢侈品，美国各种剩余物资充斥市场所赚取的高额商业利润，再加以贿赂公行的所得，财富像潮水般的膨胀着，但并没有填满他们的欲壑，反之，却正好为了使得既得的巨量财富受到极安全的保障和那些财富本身表现的不断增大再增大的要求，就使这个靠战争发迹的封建军事的买办官僚统治阶级，在它的主子美帝国主义策动之下，不惜更张大血口发动消灭人民革命势力的战争。当他们看到来势不佳，灭亡在即，最后还来一次法币变金元券的大骗局，来掠夺人民的黄金外汇，以为卷款潜逃做准备。社会全面破产，人民群众在死亡线上挣扎，而少数买办官僚大封建地主却靠着拍卖国家主权，靠着各种无廉耻的欺骗和聚敛的手段，大发其财，把他们的资产膨大到几百亿美元的巨额。这就是半封建半殖民地的经济发展到烂熟田地的最丑恶形象。

到了灭亡的前夜，临到达官贵人窃富而逃，只剩下田野空、府库资财空的残酷景象供人凭吊的时候，一向不肯正视这种经济本质的人，开始感到惊讶了："怎样糟到这个田地呢?!"他们不知道一个社会经济制度的内在发展，不但不征求我们一般人的同意，甚至也不服从那个制度的主宰者或支配阶段的调度。"行乎其所不行"，正好说明了那是和人们的意志相独立的。事实上，这个半封建半殖民地经济由形成发展以至灭亡的过程，始终贯彻着辩证的运动规律，那是需要我们从它的内部联系去揭露和分析的。

二 中国半封建半殖民地经济研究的三个阶段

(一) 经济理论研究上的两条阵线

中国的半封建半殖民地经济，虽然在鸦片战役结束以后，或者在资本主义势力正式侵入以后就开始发生了，但把这种经济作为对象，在理论上加以研究，那却是20世纪20年代的事。这有两个原因：其一是非常容易明白的，一种经济形态没有发展到相当成熟的程度，即没有发展到具有足够条件表现其内在运动规律的程度，是无从进行科学分析的；但还有一个较重要的原因，那就是，在马克思主义学说未被介绍到中国以前，谁也没有想到研究中国原有的经济形态有什么必要。不论是以前的洋务派，以后的维新派，乃至旧三民主义阶段的孙中山先生及其党人，都没有意想到改革也好，建设也好，都需要把原有的社会基础，社会经济关系弄个清楚，然后始能定出改革的方针，建设的途径。洋务派企图在旧有的政治制度和社会生产关系原封不动的基础上变法图强，事实上，他们的变法图强的如意算盘，就在维持既成的一切社会政治组织；维新派有些前进了，但也只是感到保守的顽固人物不从政治上清除，或者至多认为不实行开明一点的君主立宪制，就难得采取新的改革措施，至若作为那种政治形态的基础的社会生产关系或经济关系，他们根本就没有设想到那有什么关系。1905年，孙中山先生在《民报发刊词》中，首先提出民族、民权、民生三大主义；他不仅反对异族满清专制，反对帝国主义列强的侵略，并还高瞻远瞩地认为效法欧美资本主义，不能解决民生问题，所谓"欧美强矣，其民实困，……社会革命其将不远"，① 云云。已表示他对社会经济问题，有了进一步的认识。然则他对于社会经济问题，对于民生问题，考虑了怎样解决的方案呢？在中国国民党前身的同盟会于1906年发布的"军政府宣言"文告中，揭橥了"驱除鞑虏，恢复中华，建立民国，平均地权"四大纲领。他企图用"平均地权"来解决民生问题，而平均地权的办法，则是核定天下地价，现有地价，仍归原主，而因社会改良进步所增之地价，则归国家，为国民所共享。② 他企图以此实现根本解决民生问题的社会主义理想。他不但没有意识到这还是资产阶级的改良主义方案，更没有

---

① 《中国近代史资料选辑》，三联书店1954年版，第567—568页。
② 同上。

设想到封建社会的土地问题和资本主义社会的土地问题，有什么本质的差别。至于我们社会的封建土地关系，和帝国主义之间结成的联系，更是没有被意想到的。他的意图是善良的，想法则是完全主观的。从我们这里涉及的问题立论，就是孙中山先生及其党人，在当时对于中国社会经济性质的问题并没有什么理解。这是难怪的，依据社会经济性质来确定改革方案和步骤，是马克思主义的做法，而马克思主义则是在俄国十月革命以后方输入中国的。

因此，尽管中国的半封建半殖民地经济，在中日战争前后，就已显出了它大体确定的形象，可是直到十月革命送来了马克思主义，我们方开始来正视它。

可是，用马克思主义的科学方法，来研究中国经济，来揭露中国半封建半殖民地经济的本质，那就显然要碰触到帝国主义者、买办官僚资本家和封建军阀大地主的痛处，以致引起他们的利益的拥护者的反驳；特别是当着理论的斗争紧密地和实践斗争相联系，并成为实践斗争的前哨战的时候，这个科学的反科学的或者革命的反革命的思想战线，就会格外显得壁垒分明。当马克思列宁主义传入中国以后，中国人民的反帝国主义反封建的斗争，就逐渐改变了原来的自发的性质。1921年中国共产党正式成立，马克思列宁主义就和中国人民的反帝反封建运动慢慢结合起来。而科学地研究我们社会经济性质，就是那种结合的一种具体表现形式。革命运动不断地成曲线地向前进展，理论的斗争也相应或隐或显地展开起来。由大革命前后到抗日战争结束前后二十余年间，围绕着中国现代社会经济性质问题而展开的理论斗争，约略可以区分为三个阶段，即由大革命之前到"九一八"事变之后那段时间，抗日战争期间，以及抗日战争结束前后若干年内。这三个阶段对于中国现代社会经济的研究，都明确地分出两个阵线，并且，这两个阵线在三个不同研究阶段所采取的立场观点方法，彼此分别是一脉相承的。即在三个不同研究阶段都表现为是反帝国主义反封建买办官僚资本和拥护这些恶势力的斗争，都表现为是马克思主义和反马克思主义的斗争。

（二）第一个研究阶段的两种基本对立的见解

第一个研究阶段所指的是由大革命之前到"九一八"事变之后数年间，即由1924年至1932年。

这个期间何以特别会引起对于中国社会经济性质研究的要求呢？回顾一下大革命前后中国政治上的激剧变动和社会各阶级势力的消长变化，就不难想见当时思想界自五四运动以来完全失去了传统平衡的震荡情况。在民主与科学运动的高潮中，在反帝国主义，反卖国的买办官僚，反封建礼教道德的革新气氛中，以马克思主义武装的中国共产党成立了。接着，在中国共产党领导下，随着中国民族资本一度发展而增大起来的工人阶级队伍，很快就在京汉铁道大罢工等运动中，表现了他们的组织力量；接着，1924年在有共产党人参加的中国国民党第一次全国代表大会中，决定了联俄、联共、扶助工农三大政策，确定了打倒帝国主义，打倒军阀，耕者有其田等政纲，并还通过了全面触及中国社会本质的宣言，改组了中国国民党。这些革命措施及其宣言中表现的理论根据，很快就受到了国民党右派及最下流无耻的国家主义派的猛烈攻击。所以，毛主席在北伐那年，即1926年写的《中国社会各阶级的分析》中，就把中国的反革命派及其代言人的阶级本质和面貌，作了非常确切的描述："在经济落后的半殖民地的中国，地主阶级和买办阶级完全是国际资产阶级的附庸，其生存和发展，是附属于帝国主义的。这些阶级代表中国最落后和最反动的生产关系，阻碍中国生产力的发展。他们和中国革命的目的完全不相容。特别是大地主阶级和大买办阶级，他们始终站在帝国主义一边，是极端的反革命派。其政治代表是国家主义派和国民党右派。"① 毛主席在这篇论著中，还正确地分析了中国社会的其他各阶级及其政治倾向，中国社会的构成及其本质。1927年毛主席又对党中央提出《湖南农民运动考察报告》，进一步对他前一年度那篇科学分析，从实践上作了光辉的检证。这两篇论著在当时是没有传开的，但通过党的教育，通过党的政策的宣传，一直在作为此后对抗反革命的思想斗争的有力的指导原则。

国民革命势力伸展到武汉南京以后，由于蒋介石叛变，宁汉分裂，局势大变；革命遭受挫折，必然导来从理论检讨实践归宿的要求，这个要求，无疑是由中国共产党检讨总结革命失败的经验教训提出来的，但在前此北伐过程中，在五四运动展开过程中，依学术思想解放所接触到的虽然是有限得很的新兴社会科学知识，却显然大有助于那种要求的实现。于是，中国社会性质的问题被提出了，中国经济研究的问题被提出了；集中在《新思想》、《读书杂志》等刊物上的许多有关中国经济的论文，如王学文的《中国资本主义在中国经济中的地位其发展及其将来》，潘东周的《中国经济的性质》，以及主要由批判王、潘而引出的严灵峰的《中国经济问题研究》，任曙的《中国经济研究绪论》，乃至主要由批判严、任而

---

① 《毛泽东选集》第1卷，人民出版社1952年版，第3—4页。

发表的刘梦云的《中国经济之性质问题的研究》，伯虎的《中国经济的性质》，刘镜园的《评两本中国经济的著作》和《中国经济的分析及其前途之预测》，……差不多都是 1929 年到 1932 年这几年中发刊的。它们的中心论点在探讨中国经济具有何种性质。王、潘都主张"中国经济是帝国主义侵略下的半殖民地的封建经济"，认定"在中国经济中占优势的，占主要地位的，是半封建经济"而"所谓中国资本主义，所谓中国民族工业，仍处在资本主义初期轻工业的阶段"。这个讲法，当然对帝国主义及他们的附庸：大地主阶级大买办资产阶级没有光彩，或者很为不利，而前述国家主义派和国民党右派那一套辩护的理论，又太落后庸俗下流，不足以在进步的论坛上发生淆惑视听的作用，于是，中国的托派分子就起而援引马克思的个别辞句，以代替马克思主义的基本观点，硬说中国已经是资本主义社会，要对资本家革命。这一来，帝国主义也好，大地主阶级，买办资产阶级也好，就不是我们的革命对象了。这是王、潘的意见很快就引起托派分子严、任等反对的根本原因。严、任认定中国经济是资本主义的，作为其理论前提的论点，是把小商品生产与资本主义的商品生产一同看待，是把外人在华资本与中国民族资本一同看待；既然中国人的小企业，外国人的大企业，"仅仅存在数量的差别，而没有质量上的差别，两者都是代表资本主义的势力……"（严）；"既然在中国境内的华洋两种资本主义，是当作统一中国经济看待的，那么，帝国主义在华的银行、工厂、商店、矿山、轮船及铁道资本等，再加上土著资本主义银行、工厂、商店、矿山、轮船、铁道等，就足以压倒封建经济，而支配全国生活"（任），所以，"中国已达到了革命前俄国的经济基础。"刘镜园尽管大体上站在严、任同一的立场，但却觉得把中国经济遽以资本主义经济目之，似乎过火了一点，于是打一折扣，提出"落后资本主义"的名目来。中国经济性质的论争，虽不曾到此终结，但显然在这里告一段落，即结束了我所谓的第一个研究阶段。

在这一个阶段研究的最大收获，就社会实践上讲，已把革命的与反革命的政治目的，明白显露出来了，而在理论上讲，则与其说是解决了问题，毋宁说是提出了问题。探究中国经济的性质，这已经可以说是科学研究的起点。我们今日把那时有关中国经济的论文翻读一遍，无疑会发现出许多肤浅而不着边际的议论，就是当时提出了迄今还视为相当健全的命题的所谓新思潮派（何干之在《中国社会性质问题论战》一书中称王学文等为新思潮派）所强调的"中国经济是帝国主义侵略下的半殖民地的封建经济"等等，那同我们今日大家大体一致首肯的"半殖民地的半封建的经济",虽只不过是文字表现上略有区别。可是,站在理论研究的立场上,我在此着意的,毋宁是他们研究出他们那种命题,或支持他们的论点,所采取的方法。不论是他们抑是他们的反对者,都似乎只在"资本主义"、"民族资本"、"半殖民地"及"封建经济"一类名词上反复作注脚式的说明,分别撷拾一些中国经济上的表象,拿来与名词相比合。结局,大家彼此虽在要求研究中国经济的本质,而从他们的种种论断中显出来的,却不过是那种本质的极暧昧,极闪烁不定的片断;并且,他们的考察,还大体是局限在都市产业方面:或从消极观点,断定其尚是封建经济占优势的资本主义初期阶段;或从积极观点,断定其已发展扩大到支配全经济生活的资本主义阶段,至若作为都市产业依存基础的广大农村经济,是不大为他们所注意的,因为他们用以诠释中国经济性质的方法,还不允许他们把研究拓展深入到这个视野。

(三)第二个研究阶段的两种基本对立的见解

第二个研究阶段是指抗日战争发生前数年,即1933年到1937年这个期间。

这个研究阶段紧接着前一阶段把前一阶段提出的问题,或在前一阶段研究的基础上,作更进一步的探讨。如其说,前一阶段研究的视野,大体局限在都市经济方面,这一阶段研究的重点,就大体移到了农村经济方面。和前一阶段比较,这一阶段的研究,应当说是更接近了中国经济的本质,同时也更接近了中国经济本质研究的方法论。

为什么时间相隔不久,研究上就有这种进步呢?我们原不忽视"九一八"事变前后这些年间,正是新兴社会科学在中国学术界以快速步调传扬的期间,而苏联及日本社会科学者对于中国经济,中国社会性质的研究,更益以中外学术研究机关,和社会事业机关,如中央研究院、北平社会调查所、金陵大学、华洋义赈会等所作的种种农村经济调查,显然皆有助于我们在研究上采行更深入的步骤。较早的广东省农业调查报告,至1929年才全部出版;马扎尔(L. Madjar)的《中国农村经济研究大纲》亦是同年草成,于1931年译成中文;中央研究院和北平社会调查所的调查工作,系开始于1930年,而于此后数年中,连续发表其调查研究结果;布克(J. L. Buck)的《中国农业经济》亦系1930年出版。所有这些调查研究,以及社会科学理论研究著作的翻译介绍,都只能说是我们这一研究阶段的主观条件方面的准备工作,我这里还需要进一步说明当时的客观情势。

1929年战后世界大恐慌爆发以后,中国在事实上已变成了世界各资本主义国家采用倾销政策的理想园地,益以国内政情的动荡,战祸与天灾的频仍以及日本帝国主义侵略的一步一步地加紧,殖民地化范围的扩大,致使前此在第一次大战过程中因利乘便发展起来的一点民族工业,如纺织业、面粉业、火柴业等,相继陷于绝境;而当时由农村动乱,由金融集中到若干特殊大都市,所变态兴盛起来的银行资本,遂相率把它们的活动对象,由都市移到农村。"复兴农村"的口号是由此提出来的。由原始积累方法从农村汇集到都市的资金,俨然要由农村贷款的方式,回流到农村去。此即所谓"资金下乡"。这种"下乡运动"是1933年开始的。我们试一回忆当时正是处在10年内战过程中的情况,自然容易理解到资金下乡运动,还包含有借此缓和或阻遏农民全面起义的政治目的。农村在实践上被人们特别垂顾的时候,它在理论上也是必然会成为人们考察的对象的。

当时,对农村经济的研究,主要是集中在两个定期刊物上,其一是由邓飞黄主编的《中国经济》,其一是中国农村经济研究会发行的《中国农村》。集中在前一刊物中讨论农村经济问题的是王宜昌、王疑今、王景波、张志澄等,集中在后一刊物上讨论同一问题的是孙冶方、钱俊瑞、薛暮桥、陶直夫等。而在农村经济研究上表现了正确见解的陈翰笙,以及后来参加争论的千家驹都可算在他们一起。我们这里没有充分篇幅指出他们各别的题目与论点,在大体上,他们这两个壁垒,分别与前一研究阶段上呈现的两个壁垒,保有相当渊源上的联系,前一壁垒中的研究者,如王宜昌等,与上述严、任等是采取同一立场,即认定中国农村经济商品化的程度颇高,不但农产物,就连农村劳动力,也商品化得可观了,中国农村经济已大体是资本主义的了;后一个壁垒中的研究者如孙冶方等,却又在相当修正的立场上,接受了王、潘强调中国尚是封建主义占着优势的说法。他们相互的辩驳,不仅把理论拓展到了研究的方法论上,拓展到了规定一个社会性质的生产力与生产关系的研究上,并且就小农、就商品、就雇佣劳动、就原始市场等特定经济范畴,予以较深入的探究。应当说,这阶段的研究,仍是由站在反帝反封建立场的方面,在前一阶段研究基础上,引到较深入境地的。反对派方面的意见,为了反革命的实践,也就不能不亦步亦趋了。

所以,这一次论争的内容与方法,显然是进步多了。但美中不足的是,他们对于方法论的论难,仿佛是在所研究的对象的中国经济、中国农村经济以外来进行,而所论难的有关农业上的诸经济范畴,又仿佛各自孤立着，而没有全部系统的连贯起来。

我们对于中国经济的研究，需要再进一步，通过一种严密的方法论把由都市到农村的全般经济现象统合在一个体系之下，显示出其基本诸运动规律及发展倾向。

这是留待我们在中国经济研究第三个阶段应做的事。

（四）第三个研究阶段的两种基本对立的见解

第三个研究阶段，即由1937年"七七"抗战起到抗战结束后的若干年间，与前两个阶段的时期比较起来，宁是相当的长了。到眼下为止，主观上客观上便利我们这种研究的条件，确不算不了。如在主观条件方面，前两个阶段的研究成果，都可供我们进一步研究的参证。在客观条件方面，战争愈向前发展，我们原有的一点新式产业基础，愈无法保持；同时，一向被我们沿海都市方面的作者专家视为已经资本主义化了的大后方，又无所掩遮的暴露出了它的实相。而万分苦恼着我们的落后诸经济活动，如商业资本、高利贷资本及土地资本的活动，更逼着我们不再能获有否认封建传统经济成分占着优势的口实。尤其不再能获有帝国主义不是中国人民的死敌的口实，现实把认识变单纯了。我们在战时没有在中国经济研究的论坛上，发现前两研究阶段那样全面针锋相对的论争，但论争还是继续着，只是论争的方式和人物有些不一样了。是的，战时不利于中国经济研究的诸种因素，显然在极有力的作用着。比如，战时的研究工作因为受人力物力及其他种种限制的关系，一般是难得展开的。我们知道，战前许多关于中国经济研究有相当历史的刊物，如《中国农村》、《中国经济》、《食货》等等，都相继停刊了。然而，中国的事，毕竟有许多是不能一概而论的。一般有研究价值的刊物或出版物，尽管因了战时的限制，无法继续支持，但在另一方面，却又像有丝毫不受战时人力物力限制的出版情形存在着：战时有关经济研究的刊物，直如雨后春笋般丛生起来。每个有关经济的机关，如银行、财政、合作、税务、专卖、工矿、水利、农林、商业，殆莫不有它们的代表刊物，那些刊物包括《财政评论》、《经济汇报》、《金融知识》等在内，都有一个显而易见的共同特征，就是其中的有关中国财政经济的文字，不论是论述的，抑是提案的，一律在行所无事地把中国经济和现代其他先进国经济一视同仁加以处理。在这一点上，他们比之前两研究阶段的那些托派分子，还要显得坚决而彻底，因为托派分子还只是断断争辩着说中国是资本主义社会，他们这些资产阶级的经济学者，却干脆认为是不容置辩的事实了。是的，在前两个阶段，他们已经是这样作的，但当时的进步论坛没有触到他们，正如同他们没有触到进步论坛一样，彼此都有些隔膜。他们对于马克思主义学说完全无知，而马克思主义学说的研究者，也不习惯去理会他们所宗师的那一套没有一点历史观念庸俗而反动的奥地利学派的经济学说。不过，到了我们这里所指称的第三个研究阶段的抗战期间，情形有些异样了：一方面，日本帝国主义乃至后来美帝国主义把中国变为殖民地的露骨表现，和我们抗战期间愈到后方，愈益显得无可掩饰的大地主阶级和买办阶级的狼狈为奸的丑恶统治形态，已经使得论争中国社会是否半封建半殖民地经济支配的社会的问题，变得没有意义了；另一方面，前此把马克思主义作为幌子来为中国大地主阶级买办资产阶级乃至为帝国主义服务的托派分子，在革命与反革命的火热的实践斗争过程中，有的人已经由公开论坛取得了"政治资本"，相率到黑暗角落里去做文化特务了。在这样的情况下，在帝国主义和买办资产阶级为了对抗日益壮大的革命势力，为了防止危险思想蔓延渗透和弥缝政治漏洞，急需加强思想斗争的情况下，资产阶级经济学者只好自告奋勇了。但是，他们既没有托派分子那一套以马克思的词句来反对马克思主义论点的本领，而当前破碎支离百孔千疮的政治经济局面，也确实叫他们找不出多少理由多少证据来为这样的"资本主义经济形态"辩护了。资产阶级的经济学者毕竟是有"教养"的，他们由"急需产出智慧"，大家不约而同地在前述那些官方刊物上，不从正面来宣扬中国资本主义经济的"美点"，却从反面来论证中国资本主义经济的弱点，这一来，就不但可以遮羞和掩盖破绽百出的丑态，同时还可以借此抵制反帝反封建的立论依据。他们分别举述中国资本主义经济没有好好痛快发展起来的理由，我从那些官方半官方刊物上搜集归纳一下，有以下半打：

1. 从自然观点来说明我国经济的先天缺憾，那就是一反一向"地大物博"的宣传，转到"地大而物不博"的谬论，说是现代经济所需要的铁，煤，石油等矿藏，我们都付缺如，这就不但是受了当时日本帝国主义占领去了我们东北华北矿藏资源产地的影响，还中了"日本工业中国农业"宣传的毒，并还受了美帝国主义不乐意开发中国矿藏的骗。

2. 从技术观点来说明我国经济发展的方向，那就是强调中国技术条件差，技术条件不够，以为非从这方面努力，就不足以克服重重的经济难关。这是李鸿章张之洞那些洋务派的传统见解，但到了抗战前后期间，尽管当权的丑恶统治阶级在用各种对内对外的政策措施来妨阻技术改进，工业发展，他们却行所无事地大搞其国民经济建设运动，并从美帝国主义那里请来各种技术考察团，表示中国所需的就是技术革新，并不是什么社会生产关系改革。不少的学者政客这样高谈阔论着。

3. 从资本观点来说明我国经济没有好好发展的原因，那是沿着技术观点考虑必然要引出来的结论。如其技术被理解为机器，机器就要被理解为资本，更进一步，资本再被理解为赋税，公债，外债，结果，说资本不够或缺乏，就是意味着更多的聚敛勒索，更多的出卖国家权益的对外借款。所以，各种国民收入理论，用之于民就无妨取之于民的赋税理论，外债能亡国亦能救国的理论……就或隐或显地在表示四大家族的欲壑该是如何没有限制！他们的利益的代言者，该是如何没有一点经济常识或者没有起码的一点羞恶心！

4. 从人口观点来说明我国社会贫困和动乱的必然，这比前三说是还要动听，还要投合眼前对外对内战争频发的时景的。许多经济学者社会学者历史学者乃至自然科学者都对此发表了不少高论，但他们有一个共同点，就是根据马尔萨斯的原理，表示当前的抗战内战以及由战争引起的饥饿死亡，正好是为了要借此消灭去多余或过剩的人口，有的学者甚至还从此发现了积极意义，即是人口如死一半，剩下的人口的生活就要提高一倍，多么"精确"的统计啊！①

5. 从土地观点来说明我国经济必须改革的途径，这是抗战快要结束，特别是蒋王朝的统治快要结束的时候，从统治阶级内部发出的挽救危亡的呼声。自中山先生死后，他的平均地权，他的使耕者有其田的主张，就被视为具文，有谁要强调这方面的问题，便认为是替共产党宣传，等到各种好话讲尽了，依上面那些买办资产阶级学者的观点提出的药方和口实，都在铁的事实前面证明是无补时限的谰言了，一部分国民党人乃至附庸国民党的民社党徒，最后甚至青年党徒，也侃侃而谈土地问题，他们共同的目的，由民社党的机关刊物《再生周刊》和盘托出了："今天反抗者手头下的那张底牌，最大的点子，不过是'土地革命'而已；予反抗者以反抗，发行土地债券；实行累进地价税，没收超额土地，使之'国营或公营'，'忍受小牺牲，偷对手的拳头'，'失了一些，总比统统失尽好'。"这是三位一体的政党的如意算盘，只可惜打得太迟了一点，"对手的拳头"没有"偷着"，还是"统统失尽"了。

---

① 直到解放战争快在大陆全部结束的 1950 年，有的学者还高兴地引为骄傲地发现了中国也有马尔萨斯，并且中国马尔萨斯——清代的洪亮吉的有关人口理论的著作的发表，还比马尔萨斯的人口论（1798 年）早了 5 年，该是多么光荣啊！见罗尔纲撰《太平天国革命前的人口压迫问题》，见前《中央研究院社会科学研究所中国社会经济史集刊》。

6. 从"社会主义"的观点，来说明我国经济的革新之路，就在在朝诸政党也动员它们的代言者或机关刊物侈谈土地问题的当时，带几分天真傻气又还夹杂一些狡诈成分的学者政客们，更进一步，要"来一个社会主义竞赛"了。一时提出了各种社会主义名色："和平社会主义"，"自由社会主义"，"改良社会主义"，"中庸社会主义"，"和平民主社会主义"，"自由民主社会主义"，……到了1948年初，已经达到了社会主义声浪的最高潮，倡议的人，种种色色，记者，政论家，官僚，政客，军人，特别是大学教授。继中央政治大学的99教授的时局宣言之后，又是南京47教授的改革宣言，以是100教授的策进号召。究竟是时代进步"大家有些左倾了"，还是"鸟之将死其鸣也哀"呢!?

仔细剖析上面这半打高见，是今后社会经济思想史家要做的工作，我这里只须指出一点，就是它们都不过是在这一研究阶段，依不同具体情况，为维护封建买办官僚权益，为维护帝国主义权益，所作的一些辩解或自我嘲弄的谬论罢了。事实上，在这同一阶段，以蒋介石的名义发表的《中国之命运》和《中国国家经济学》，也无非就是糅杂着这样一些观点写成的货色。然而谁都知道那都是有的放矢的。

1939年冬毛主席在延安发表了《中国革命与中国共产党》；其中在"中国社会"部分，概括扼要地叙述了中国几千年来的社会性质以及现代殖民地半殖民地半封建的社会性质，而接着在"中国革命"部分，把百年来的革命运动过程，中国革命的对象、任务，及其动力，全面作了分析，中国革命的性质，是在革命对象、任务和动力都明确了之后，才科学地确定了的；那是要"完成中国资产阶级民主主义革命（新民主主义革命）并准备在一切必要条件具备的时候把它转变到社会主义革命阶段上去！这就是中国共产党光荣的伟大的全部革命任务。"① 而在这里明确提出的中国革命性质及其双重任务的观点，到了1941年1月写作的《新民主主义论》中更加全面透辟地发展了。这两部经典性的论著，大大地教育鼓舞了革命干部和全国人民，祛除了大家对于革命前途，革命往何处去的疑难瞻顾的情绪，明确了方向，增加了信心。特别是叫那些憎恨蒋王朝统治，有些向往革命，但却又惧怕自己没有前途的民族工商业者，在思想上找到了出路。和这种正面的宣传教育相配合，给统治阶级假面目全面彻底揭露的《中国四大家族》的一类论著的出现，就使得蒋介石的四大家族的王朝，有从各方面动员思想界来掩饰缺点破绽，转移视线，淆惑听闻

---

① 《毛泽东选集》第2卷，人民出版社1952年版，第622页。

的必要。什么讲法都可以，甚至强调土地问题，直至强调"社会主义"也在所不惜，只要箭头不针对着半封建半殖民地的大封建地主买办官僚和他们的主子美帝国主义。——这就是上面那半打中国社会经济观被先后提出的内情。

这个研究阶段的两条战线，不是像前两阶段那样，针锋相对地，集中地出现在一个论坛上；革命与反革命斗争的尖锐化，特别是革命势力的发展，已不容许过于露骨的反对的理论在官方统治的论坛上自由发表，但尽管如此，在全国范围内，两条战线的斗争，却是非常激越，壁垒非常分明，并和前两阶段的论争紧密联接着的。

三　中国半封建半殖民地经济之科学研究的重大历史意义及其研究方法

从上面的说明，我们很容易明了：中国半封建半殖民地经济的研究，愈来愈使我们对它有进一步的认识，但在研究的过程中，正面的认识，固然在逐渐明朗化，而反对方面的意见，亦相伴着实践上的诸般错综复杂关系，在有意无意的向着更深一层或更有烟幕性的境地展拓。这就是说，随着认识的增进，随着研究视野的开展，我们对于这种经济形态研究的意义，也仿佛觉得更加重要起来，因而就有必要好好明确一下它的研究方法。下面将从这两方面来分别说明。

（一）这种科学研究在理论和实践上的重大意义①
首先从理论方面来讲罢。

从19世纪末叶起，经济学的研究，已由狭义的，逐渐推移到广义的了，狭义的经济学是以现代资本主义社会的商品货币经济为研究对象，而所谓广义经济学，则是以包括资本制社会在内的一切社会的经济形态为研究对象。经过了半世纪以上的时间，虽然广义经济学已经有了不少的研究成果，但它全部的研究成果，还只能保证广义经济学这门新兴学问或新兴科学可能成立的根基，距离它的圆满完成，其间还有一个相当长、相当曲折的历程。这是为什么呢？说来是颇不简单的。

人类社会有许多历史时期。每个历史时期都有它不同于其他历史时期

---

① 编者按：本节内容与第1卷，政治经济学部分所收的《关于中国经济学建立之可能与必要的问题》一文的内容基本相同。

的社会经济基础；或者换一个说法，不同的历史时期，是由它们各别不同的社会经济制度或经济结构来区别的。目前最为一般人所公然主张或默认的诸历史时期，不是旧历史家用古代的、中世的、近代的，那一类时间上的形容词来表现的区划，那太含糊、笼统，不合科学的绳墨了。原始社会时代、奴隶社会时代、封建社会时代、资本制社会时代、社会主义时代，这个分法，虽然还有少数的社会经济学者，对其最初那个原始时代，乃至奴隶制与表现封建实质的农奴制间的关联，还有不大释然的地方，或者还提出了异议，但其他已为一般所公认。好了，人类社会发展的诸历史时期，既然大体不出上述这五个阶段，那么，以一切历史时期之社会经济为研究对象的广义经济学，就显然是要研究这各别历史时期之社会经济变动的基本规律，现在，我在这里不是要指明那些规律是什么，而是要指明与我这里研究有关的一件基本事实，那就是：各相续历史时期发展的总动向。第一显著的，当然是我们可以诉之常识而判断的，由简单到复杂，但我们还需要从那种发展历程中，找出有助于科学说明的一个论据，即人类社会在愈早的历史时代，他们为维持生存，克服自然所表现的社会劳动生产力，愈益薄弱。这种论断如其不太远于事实，那么，说人类社会愈在早期的阶段，他们的社会活动，愈会受制于自然条件，他们的社会，哪怕是处在同一历史阶段，愈会显示出各别的特殊性。反过来说，如其社会愈发达到现代这个历史阶段，它的社会劳动生产力，将愈来愈大，愈有力克服气候、地形、人种，以及其他种种自然因素的特殊性。根据这正反两面的推论，我们就似乎可以大胆作出这样的结论，说社会劳动生产力较大的甲国资本主义社会与乙国资本主义社会间所表现的差殊性，要比社会劳动生产力较小的甲国封建社会与乙国封建社会间所表现的差殊性为小，或者说，两资本主义社会的国家间所表现的一致性或一般性，要比两封建制国家间所表现的一致性或一般性为大。更具体的说，美国的资本主义与英国的资本主义，乃至与远东日本资本主义间的差殊性，是没有欧洲封建制与东方封建制间的差殊性那么大的。在另一方面，希腊、罗马社会的奴隶经济形态，依据我的推论，本质上，与东方奴隶经济形态的差殊性，是可能较之东、西封建经济形态间的差殊性更大的。这就是说，进步的生产力，缩小了诸社会或诸国家间的距离。资本主义的进步的生产力，曾经使世界的一致性增大。大家看了这段话，也许有些觉得新奇。但这并不是我个人的发明，我不过将现代经济史学者们关于这方面分别表示的零碎见解，加以系统的说明罢了。

然则，上面这个像是新的意见的提出，同我们这里研究的问题，究有什么关联呢？那首先叫我们明了：广义经济学，其所以不很容易完成，就因为它的研究，不仅以资本主义经济为研究对象，还以资本主义以前以后的诸种经济为研究对象。资本制以后的社会且不必说，资本制以前诸历史时代，既是愈向着过去，其各别民族国家，在同一社会史阶段所表现的差殊性愈大则资本制以前诸社会阶段的经济事象，虽然愈来愈简单，但因为要就这些愈来愈会在各不同地理环境或自然条件下表现着极大差殊性的同一历史阶段的诸社会经济事象，研究出其一般的共同的规律，是不免愈来愈觉困难的。比方说，全世界的封建制的包括最一般的若干基本命题、基本规律，虽然大体建立起来了；但单单那几个基本命题或规律，是还不够充实广义经济学有关这一历史时代之社会经济现实的说明的。中国的封建经济型，在世界一般的封建制中，显出了极大的特点，而况，这个型的封建经济，还在这样大的领土上，经历过这样长的悠久岁月。如把中国这种封建制的原型，及其在现代掺杂进的混合物，加以较详尽的研究，那对于广义经济学的贡献和充实，是有极大的意义的。"在落后的农业的半封建的中国，其客观条件是怎样呢？……封建制，一般都是以农业生活与自然经济为基础的。但中国农民之受封建榨取之源泉，却是一种复杂的形态。"（《列宁全集》卷20，参见吕著《中国原始社会史》第86页）对于这"复杂形态"的理解，我们可以从下面这一段话中，得到一些启示性的说明：

"由于历史条件不同，在商品经济不发达的国家中，发展的地方也颇不一致。这些未崩溃的封地，一旦与先进资本主义国家接触以后，立刻发生了市场的关系。于是以市场为目标的生产，就在力役劳动的复活中，在农奴制的再版中，生长起来。采用农奴制的封地，与早期资本主义关系相结合，并不是进步的表现。这种结合，只是证明了资本主义落后和农奴制再版的国家的经济生产的停滞性和落后性而已。（例如俄、德、波、罗）"这是苏联学者莱哈尔德在其所著《前资本主义社会史》中关于俄、德、波、罗诸国在十八九世纪开始接触资本主义以后所发生的复杂经济状态。但这种说明，虽可帮助我们理解中国经济的实质，却颇不够；虽可能大有助于所谓广义经济学的建立，但如其对中国经济作了系统的科学的研究，那就不但广义经济学，就是经济史学，亦将展开一个新的篇章。

本来，理论上每一度新的成果，都将大有助于整个世界经济的新的实践，但我们在这里却得鞭辟近里地看中国经济的科学研究，该是如何为我们经济改造实践所期待。

大家试想：中国讲"维新"，讲"改革"，讲"建设"，是同西欧资本主义国家势力接触不久以后就正式开始的。曾国藩、李鸿章们，一把太平天国的革命运动镇压之后，就于1862年仿照外国的方法，建立有关军需品的制造厂，中经张之洞一般人的提倡，到后来亦为一般所提倡。但经历一世纪四分之三的长期岁月，我们社会在外形上像是有些改变了，并且那些改变，似与"维新"、"改革"的要求无大关联，甚且是反乎那种要求的，结局，我们的社会在骨子里，还顽固的保持几千年的传统。这原因，将如何去分析呢？外力的束缚当然是大家可以不假思索而举出的答案。但我们稍读一点近代史，便知道除英、法这两个国家外，一切较后发达的近代国家，如像德、美、日、俄等等，它们向着现代的路上走，都曾受到外力的压制，所以，把这种维新无效，改革无成的责任，完全诿诸外力，似乎不尽切合事实。本来，叫压迫束缚我们的外力，多担当一点责任，并也不是一件怎样说不过去的事，但最可虑的是，这样一种想法或认识，会妨碍我们去反省去探究那种阻碍现代化进行的其他较基本的或与外力同样重要的原因。旁的我们暂且不说，从将近一个世纪以来的我们革新实践上，已不难想到我们国人无论在朝在野、在政论上、在学术论坛上，对于我们国家需要变革的途径，似乎都没有明确的把握着。自然，在这当中，我们应特别提出孙中山先生的平均地权和耕者有其田的民生主义原理，那确实比较正确地把那种途径指明了，并且那种原理及其政策的提出，特别是后来的联俄联共和扶助工农的三大政策的提出，已很明显的证示过去的维新，过去的变革，如以开设工厂修造铁路、建造轮船为内容的维新和变革，根本就未触到我们社会需要维新变革的痛处。然则孙中山先生的主张，已经提出了相当长久，为什么还不会脱却那种主张的阐扬的阶段呢？其中原因当然很多，但我这里却只须指明与我们所研究的问题有关的一点，那就是民生主义的提出，并没有把改革的主体和对象交代明白，并不是根据唯物史观的科学论据，并不曾科学地就中国封建制度的特点，来讲明其所以必须用这种主义主张来改革的道理，因此，在民生主义提出以前障碍着李鸿章、张之洞一流人物之革新意识的中国社会经济形态，恐怕在某种程度，也在民生主义提出以后，还障碍着那些政论家和经济建设论者们。换句话说，就是由于中国过去封建经济，对其他国家表现了极大的特殊，即其他国家的封建基础，是建立在领主经济之上，土地不得自由买卖，与土地相联系的劳力，不得自由移动，中国的封建基础，是建立在地主经济之上，土地大体得自由买卖，劳力大体亦得自由移转，土地与劳力或劳动力的自由变卖移转，是资本制的商品经济所要求的基本前提。因为在资本制的社会，一切人的因素，物的因素，是都要被要求着商品化的，假使其中任何一种因素，不论是物的，抑是人的，其买进卖出受着制度的限制，不能自由移转，那就不但从事任何产业经营，无法积累到大量的资金或大量的劳力，那种经营的产品，也就无法计算出价值，也因此故，无法计算出真正的利润，对于地租、工资等等，都无法成就现代的形态。每个现代国家在开始现代化的当时，殆莫不经历一种从封建解放土地，解放劳力的土地改革，并且，还依照它们各别改革土地的彻底程度，决定它们后来资本制发展的进步程度。在各国如此，其在中国，就有点使人想不通的蹊跷地方了。如前面所说，中国的土地与劳力，在中国的特殊封建制度下，既然一向是自由移转的，于是在理论逻辑上，中国要走上资本主义之路，就似乎无须乎经过他国所曾分别经过的土地改革。莫说中国人不懂得科学，不懂得理论逻辑，他们，李鸿章、张之洞以及其他后来大大小小的李鸿章、张之洞之流，就像很敏感的，依据这种想法，企图让中国旧社会制度原封不动，而在它的上面，建立起他们所期待的现代经济秩序来。中国托派分子及资产阶级经济学者强调中国半封建半殖民地经济为资本主义商品经济；把他们为帝国主义及买办官僚封建地主服务的反革命实践，暂置不论，那至少有一部分原因，是由于中国过去封建制的烟幕性太大，明明是封建的，却从土地及劳力的自由移转的外观上，显出现代资本制的姿态来，如其说客观存在的事实，不能为我们分担错误的责任，归根结底就要求我们对于中国社会经济作一些科学的研究，真正科学的研究，是不能凭外观的现象来下判断的。

中国封建制上的那种土地劳力自由，是中国封建制较特殊的地方，也是它比之其他各国的封建制，较为进步的地方。可是，它从这里所表现出的自由，不仅对资本制所要求的自由，有极大的距离，在本质上，甚且可以说不是资本制所要求的那种自由，就因此故，它的进步性，至多，也只是就封建制来说的，而绝不是就资本制来说的。惟其它虽较为进步，在本质上仍是封建的，它就在那种自由的外观下，隐蔽着许多妨阻资本制发生发展的实质。实质究何所指，后面是有机会谈到的，就资本主义侵入以后中国现代社会来说，那已大体体现在毛主席的《中国社会各阶级的分析》中。往后的《新民主主义论》以至解放之初发表的《人民民主专政》，显然是沿着科学的阶级分析来的。我们由此想到，假使像《中国社会各阶级的分析》以及《湖南农民运动考察报告》这类具体分析中国社会特质的科学论著，在大革命以后的那段时间，有了较广泛的传播机会，那就不仅我们前面提到的三个研究阶段的研究内容要发生极大的变化，恐怕这个期间的革命斗争实践，也另是一个面貌。

革命理论对于革命实践的指导作用，该是如何重要啊。

（二）这种科学研究应依据的几种科学及其应采用的研究方法

1. 先讲这种研究，所应依据的几种科学。

我在前面的说明，似乎已经多少暗示出了对于中国经济的研究，所应依据的那几门科学。本来，无论从事哪一方面的科学研究，都不免要直接间接涉及许许多多的科学知识的领域，可是我提出这个问题来研讨的意旨，如其仅只如此，那又变成了不十分必要的冗谈。

中国经济研究到了现阶段，按照晚近新兴科学给予我们的宝贵启示，按照我们社会实践上的紧迫要求，它是可能应该有较大的成就的。对于以往一切阻碍我们对于中国经济性质明确认识的诸般观念上的尘雾的清除，亦应该是有较大效果的。而现在我们的研究，其所以还在许多方面，许多场合，落在革命实践之后，那在肯定物质利害关系作祟之外，还得归因于一般人看轻了中国这种经济形态研究的准备工作。我现在且不忙解说研究中国这种经济形态，应有如何的准备，并如何去准备，且先就我个人认为在从事那种研究当中，至少应相当透彻了解的以次三种科学，分别来述说其究竟。

（1）政治经济学。我们研究中国这种经济形态应依据政治经济学，依据一般经济原则及其诸般研究结论，那差不多是不言而喻的事。在实际上，研究政治经济学，也就是通过政治经济学，来间接求得政治经济学上所体现着的诸般经济事象的理解。比如，我们研究亚当·斯密（Adam Smith）或李嘉图（D. Ricardo）的经济理论，同时正好是在研究他们那些理论所依以展开的英国十八九世纪之交的经济现实。不过，经济理论毕竟是由诸般具体经济事象抽象了的一般的概括，它尽管在如何贴切的反映着经济现实，我们主要还是拿它的研究结论或基本概念，去认识，或者去辨识有关的经济事象。

但这里会发生一个问题，即我们拿英国资本主义的规律或经济学，去解说或证验一般资本主义经济，那是有它的妥当性的。如像中国这样尚未完全资本主义化，或是尚保存着浓厚的前资本主义因素的经济形态，如其依上述资本主义的经济规律来说明，那不是凿枘不入么？是的，假如用资本主义经济学或经济规律来研究中国经济，即使不能全部适用，至少总有一部分或者资本主义化了的那一部分适用；即使不能完全从正面来确证其是什么，至少总可从反面来说明其不是些什么。这即是说，资本主义经济学，至少总可在某种限度，有助于我们对于中国经济的理解。

然而问题是不能这样机械地来求得解决的。

以资本主义为对象的经济学,亦并不是具有同一的内容。所谓至少一部分有助于中国经济理解的经济学,只能限于前期的资本意识形态。那时资本阶级还是站在生产者的立场,还是站在对传统封建求解放求自由的革新者的立场的;照应着这种事实,当时的经济理论,可能充分反映着资本主义的基本动态,并且也可能部分地用以说明我们中国这种处在资本发生期中的经济实质。然而过此以往的,在资本主义后期出现的所谓流俗的经济学,它就不但不能拿来证验或解析我们这种社会的复杂的经济形态,甚且不能成为它所因以产生的社会的经济事象的反映,反而成为掩盖其实质,其基本动态的烟幕。因为把资本社会的根本危机如实暴露出来,那不是现阶段的资本家所期待于他们经济学家的。

流俗经济学的集大成,是所谓奥地利学派的经济理论;而在晚近盛极一时的,在世界经济愈陷于困厄,陷于衰落,反而愈显得活跃而繁昌的,也是这个奥地利学派的经济理论。资本家世界,在本国需要利用这所谓有闲的消费的金利生活者的经济学,以掩饰其现实,在其所寄生托命的落后地带,尤需要利用这种经济学,一方面不让落后地带拆穿了它的西洋景,同时更不让落后地带看出自己困厄的症结。如其说,启蒙的古典的社会经济意识的输出,是先进资本社会在商品输出时代的"天真",则反动的极端保守的社会的经济的意识的输出,就是它在资本输出时代的"矫饰",我们社会所输入的经济学;恰好就是这种庸俗透顶的东西。随着半殖民地地位的加深,我们"买办的"经济学也愈来愈失去了前几十年的变法图富强的"火气",而像炉火纯青似的安于现状,不时仅哝出一些不着边际的建设语辞以敷衍场面了。这说明我们已深深的中了这所谓消费经济理论的毒,它在我们对于自己的经济认识上,仍在施放着浓密的烟雾。

但尽管如此,如前面所说,我们社会或经济界的另一视野,却又在不绝扫除那种烟雾,而增加对于中国经济的认识。这原因,单就经济学方面讲,就是我们研究中国这种经济形态,已经逐渐知道需要把带有进步性的批判性的经济学,去代替那种保守的缺乏历史性格的有闲阶级经济学了。

然则这种批判性的经济学,即马克思主义经济学为什么特别有助于中国这种经济形态的研究呢?那有以次几种原由:第一,我们知道,批判经济学本身,就在某种限度,继承有古典经济理论,后者不但包含着资本主义的基本经济规律,可以帮助我们理解资本主义经济本身,并还因其是建立在资本主义前期,又可以帮助我们理解资本主义所由成长的历程及其遭遇;第二,批判经济学是把资本主义发展的历史及其反映的经济学说,作为研究批判对象；资本主义临到转型期必然加强帝国主义侵略，且必然以落后地带人民为牺牲的诸般经济定律，是批判经济学最生动最富有警惕性的内容，应用它来究明我们中国经济的实质，那是决不会陷在文化侵略意识所设的迷阵中的；最后第三，批判经济学彻头彻尾贯透着新伦理学的神髓，新伦理学对于社会事象的发展演变，特别强调质变，强调否定的契机。即是说，有了这种哲学精神的批判经济学，它随时会指点我们：一个社会的旧的基本生产诸关系未经过质变，未被否定，任何革新的或者有进步意义的经济技术条件的"输入"，都不易生起根来。

不过，批判经济学对于中国经济的研究，虽有上述这种种启迪作用，但并不是如一般人所想象的，我们知道了若干批判经济学的概括公式或术语就行了。机械的公式主义者或机会主义者对于中国经济认识的隔膜，并不比流俗经济学者有很大的距离。如其说，后者尚是行所无事的把中国经济当作资本主义商品经济来处理，前者却引经据典的来说明我们已经是资本的商品经济社会。

批判经济学是比之资产阶级的经济学更高一级的东西，对于它的理解，特别是对于它在实际上的应用，是非经过更洗炼的消化不行的。

（2）经济史学。现代经济史学是在经济学成立之后许久才逐渐形成的，严格的讲，是由马克思主义的批判经济学所引出或推导来的。经济学研究对象的资本主义经济，是比较发达的经济形态，我们是在这种经济方面研究出了许多规律，才探知以前社会的经济形态，亦有其规律，并还探知由前一社会经济形态过渡到其次一社会经济形态，亦有其规律。现在许多人尚不曾意识到，或者至少是尚不曾解说到，经济史学与广义经济学的区别，假使我不妨在这里顺便作一解释，则广义经济学所着重的是原理，是各别历史社会的经济规律，而经济史学所着重的则宁是史实及各别历史社会相续转变的经济规律，但在经济史学甫经成立，而广义经济学更还在研究的初期阶段的当中，我们只认定两者有密切的关系，而在这里，只认定它们都有助于落后社会的经济形态之研究就行了，至于单提经济史学，乃是因为它已经成功为一种较完整科学的缘故。

本来，批判经济学就是根据经济的历史观来暴露资本主义经济的运动规律的。其着重点在说明资本主义往何处去，而并不在究明其从何处来；我们对于过渡期的中国经济的研究，却又似乎特别要注意后者，并要注意其前一社会即封建社会的往何处去。在这种要求下，我们的研究一开始，似不能不借鉴或借助于经济史学：第一，经济史学由其历史必然发展阶段的提示，使我们得认知中国经济是处在何种历史发展过程中，它必然具有那些根性；第二，它由其所论证了的一般历史规律，使我们得认知，处在我们这种发展状态或过程中的经济，该会受哪些规律所支配，即它该会向着怎样的必然途径开展；第三，它并还为我们说明：历史规律是如何没有历史现实表现得错杂而丰富，它向我们提供出了在同一经济基础上，在同一社会发展阶段上呈现着无限参差不同的经验事象的确证，它指点我们：任何一个社会经历由封建推移到资本的过渡阶段，都可因其当前所遭遇的不同的社会条件，而不必有划一的按图索骥的方式，但它对于我们主观努力的最大"善意"，也只表示经历历史必然发展阶段的时期和苦痛可以缩减，却不允许超越，却不承认旧社会未经否定或扬弃，就可以轻易的让新社会实现出来。

这诸种提示，显然是研究中国这种经济形态的人，最先就得从一般经济史学中体验出来的；而他至少也必须先有了这诸般的体验，才不致把中国经济看成完全可以由自己的意向去矫造，去化装的东西。

(3) 中国经济史。中国经济史无疑是由现代新兴经济史学所引出或导来的。它的研究历史还在幼稚期，但即使如此，近数十年来国内外学者努力的结果，却已使我们对中国经济的认识，得到了不知多少便利。本来，我们晚近对于中国社会经济史的研究，最初很可以说是为了满足确定现代中国社会性质的要求，中国社会性质问题的论争，曾导来了中国社会史性质的论争。而在中国社会史性质论争的过程中，就藉着一般经济史学之助，逐渐萌芽发育起来了中国经济史。

由中国社会经济史实与史的发展规律的研究，我们以前对于中国这种经济形态上许多想不到或者想不透的事象，现在都可以说明了。比如，有了资本社会外观的地主经济形态、雇佣劳动形态、商业资本形态，有了统制经济外观的各种官办事业的所谓国家经济形态，那对于中国经济的认识曾引起了不少的误解和障碍。自经我们在中国经济史研究过程中，依据一般经济史学所提示的诸种基本规律与概念，而确定那些在本质上都是中国封建经济的特殊性格的具体表现，或在现代资本主义经济影响或作用下的加强表现之后，以往中国经济本身所显示的一些叫人不易捉摸把握的幻象，都逐渐呈现出了本来面目。亦就因此之故，我们研究中国这种经济形态决不能忽视这尚在萌芽成长过程中的中国经济史所可能给予我们的直接间接的帮助。

2. 以次再来说明我们所应采用的几种研究方法。

说对中国这种半封建半殖民地经济研究所应依据的几种科学，事实上已暗示了，或者已限定了我们从事那种研究的方法论的基础，即是说，只有依据唯物辩证法才能把我们那种处在转变过程中的复杂的社会生产关系或经济关系弄个明白。因为唯物辩证法教导了我们一个最可靠的科学真理，就是不管所研究社会经济形态如何复杂如何具有引人入迷或发生错觉的表象，只要透过表象去看它的内部的联系，抓住它的本质，就有可能掌握它的来龙去脉或发展规律。在旧社会的封建生产关系没有根本改变的限内，资本主义的因素很难顺利地发展，而只能变成奇形异状的东西，李鸿章的世系，只能发展成为蒋介石的四大家族。如其说李鸿章是初期的封建买办官僚资本的人格化；蒋介石就只能是大大发展了的封建买办官僚资本的人格化；他们彼此只能是或多或少地依属于帝国主义的附庸，而不能是其他。

可是，我们的买办官僚资本主义，尽管是建立在逐渐解体的封建生产关系的基础之上，尽管是靠着野蛮残酷的原始积累而取得其迅速膨大的营养，但其剥削榨取过程和集中过程，如果仍在封建生产关系范围来说明它，是行不通的。这是关系我们的半封建半殖民地经济，应当安排在怎样一种体系中来研究的问题；对于资本主义经济，已经有马克思的《资本论》提供我们一个完整而科学的研究体系，但这个体系是不适用于封建社会经济形态的，因为在封建社会，有关地租或租佃的生产关系，是说明全部经济活动的出发点或基础，正如同利润在资本主义社会，是说明全部经济活动的出发点或基础一样。可是，到现在为止，以地租或租佃的生产关系为出发点为中心的有关封建社会经济的经济学体系，还没有建立起来，并且，就是建立起来了，也不能机械地应用它来说明中国现代的封建生产关系，因为我们现代的封建生产关系，毕竟已在解体过程中，毕竟只是作为原始积累的基础；大小封建地主，封建军阀，还不仅是大买办大官僚或四大家族的附庸，并还是帝国主义的爪牙。封建关系买办化了，买办资本活动也体现着封建剥削的特质。对于这样一种经济构成，该当怎样安排它的各种经济范畴的叙述次第呢？我觉得，透过各种带有资本主义外观的表象去把握它的本质，即是，大体依照资本主义的那个体系来分别论证它那些经济范畴规律的非资本主义性质，由它的不是什么而确定其是什么。确定其相互间的依属关系和发展演变规律；虽然迂回一些，毕竟还算是可循的途径。但采用这样的体系，就需要借助于比较的、全面的和发展的研究方法，才能把我们这种经济形态的特质及其特殊规律揭露出来。

（1）比较的研究法。这是普通一般在任何场合研究所采用的方法，但这里在运用上却赋予有比普通一般更深的意义。

对于中国经济的研究，或者，对于包含在中国经济中的各别形态的研究，我们为什么不直截了当的径行对它加以鉴定，加以说明，而必须绕一些圈子，先提出它的对极或反面或较进步的经济形态，释明之后，再论到它本身呢？对于这个问题简单的答复，当然说是为了说明的便利，但仔细考察起来，却又可以说是为了我们尚没有直截了当的来说明的便利。

为什么呢？

我们知道：研究现实经济一般是要从思想材料出发，是要利用已有的经济原理或基本观念的，如其我们对于某种经济现实，尚没有确立起基本规律，或没有大家共认的基本原则可资依据，那只好自行另起炉灶，用借喻或比照的方法，来确立其本身的规律。从那些与它同时并存着或先行存在着的其他已有共认规律可循的经济形态讲起。把那看作是统计上资以比较的基期。比如说，苏联的经济形态，是一种反乎资本主义性质的东西。我们如拿资本主义经济学上的任一基本概念或规律，如像货币、工资……的概念或其规律，去说明或体认苏联经济中的、使用同一名词所代表的具体形态，那是极其谬误的，但虽如此，我们要说明或确立苏联经济形态的基本概念或规律，却又必须，或者至少是最便于拿资本主义经济的类似概念或规律，来比较其差异，也许就因此故，晚近关于苏联的货币、信用、工资等等方面的研究，殆莫不是采用这种比较的方法。

如其说苏联经济是因为走在资本主义经济前面了，不能拿资本主义经济的原理和规律说明它，中国经济倒是落在资本主义经济后面了，亦同样不能拿资本主义原理规律说明它。苏联经济因为自身的原理规律，尚在发现与阐明过程中，需要借助于资本主义经济原理规律来作比较的考察，中国经济亦因为广义经济学、经济史学尚未达到成熟境地，其可资证验的原理规律，尚须自行摸索，亦同样需要就资本主义的原理规律来作比较的观察。不但如此，苏联经济中的资本主义因素，在逐渐被否定被扬弃，而且尚未完全清除；中国经济中的资本主义因素，在逐渐扩大其作用和影响，但同时又在不绝变质，把这两面的情形加入考虑，似乎把资本主义经济当作照观的比较的考察对象，又同样有其必要了。

（2）全面的研究法。全面的研究法，也如同上面述及的比较的研究法一样，它的运用，并不是停止在普通一般所直观理解那样，从全面来考察所研究的对象，即单纯打破孤立的看法。果其意义如此，那是用不着多所说明的。在整个世界经济中来考察中国经济，并在整个中国经济中来分析各部门或各种形态的经济，仿佛我们经济论坛上的许多学者专家，也优为之，并且他们在讨论中国经济问题时，确也在如此去做，但其研究讨论的结果，为什么总像是隔靴搔痒，摸不着中国经济的本质呢？比较主要的原因，也许就在他们只知道需要从全面的表象去理解局部的表象，而不知道表象后面的实质，还得同时采用上面所述的比较研究法，及后面待述及的发展研究法，去加以比证说明。

中国经济是随时在受着整个世界经济动态，特别是资本主义世界的经济动态的影响，这一表现的命题，谁都无法反对，就是反过来说，世界经济同时也在直接间接受着中国经济变动的影响，那同样也无法反对，但要使这种表现方式，免除笼统、含糊和不着边际的毛病，或能切近的体现着实际的经济交互关系，那么，全面的研究方法，就不是叫我们去平面的考察事物。而是要我们深入那整个交互关系里面，去发现其各别发生差别影响的具体事象来。比如，就影响着中国经济的世界资本主义经济这方面来说罢，我们把它当作整个来看，一定要对它的周期恐慌律，不平衡发展律，自由到独占的必然趋势，商品输出到资本输出的转化历程，开发殖民政策到封锁殖民政策的演变关节，有了明确的认识，才能理解其如何对我们的整个国民经济发生作用；同时，就我们遭受其影响或作用的中国经济本身来说，当作一个整体，它所由构成的各个部门或各种经济领域，会依其对国际资本的依赖程度不同，依其转入国际资本商品金融市场的范围不同，或者从另一个视野来看，依其所具传统社会基本组织的巩固程度不同，它们资本化现代化的范围和程度，就颇不一样。显言之，同是在国际资本影响之下，流通部门所受的改变影响，就比生产部门来得厉害，而生产部门中工业领域所受的改变影响，就比农业领域来得厉害，而农业领域中的农业市场农业金融诸方面所受的改变影响，又比同一领域的土地所有使用诸方面来得厉害。

全面研究法不能把这些关键指明出来，则所讨论的"整个"世界经济，"整个"中国经济，它们之间的"整个"交互关系等等，就不过是一些模糊空洞的概念而已。

（3）发展的研究法。发展的研究法的采用，特别是依据上述诸种科学来研究中国经济的必然要求。我们前面在批判经济学，在经济史学，在中国经济史项下所讲明的一切，似乎都可用作我们采用这种研究法的说明。不过我在这里还得加述两点：

第一，研究现代中国经济，在科学系统的说明上，往往要求涉及过去传统封建经济因素，自难免有人会觉得那是超出了研究的范围。或者觉得那是研究中国经济史。不错，我们一再讲过，过去传统的经济因素，如其像欧洲的封建经济一样，已经明白的得到一个大家公认的结论，我们在论究最近阶段的经济情形时，就无需在这些方面多费唇舌了；又，如其在我们的现代经济形态中,传统的封建成分,已只占有一个不重要的残余的地位,那么,就是我们对于传统经济过于没有理解,亦不会怎样妨碍我们的研究。然而在事实上,我们传统经济不但在我们所研究的对象中,占着一个非常重要的地位,而且它本身的历史特质,还在大家断断争辩中。这对转型期的中国来说,正是中国社会性质论争,其所以不得不转化为中国社会史论争的关键,而就另一转型期的世界讲,也就是一般经济学其所以必然要与经济史学结合起来研究的症结。

第二,科学要求研究对象的单纯,是一个事实,而我们现在中国经济这个研究对象,无法过于单纯,也是一个事实。所谓单纯,是从同一性质社会基础,或同一社会生产关系出发的。一个社会的诸般经济事象,如其一元化到了最高程度,即如就资本制性质的社会基础或社会生产关系来说,如其过去封建的乃至更古旧的经济因素,都逐渐归于消灭,而未来社会主义的经济因素,尚不曾脱却胚胎的阶段,则它这个社会普遍存在着的经济事象,哪怕发展得最充分,它们相互间的联系,哪怕表现得最复杂,但作为科学研究对象来看,却是单纯的,单一的,因为他们通是属于资本制的范畴。反之,如其一个社会,像中国在现代的这个社会一样,还是处在过渡时代,尽管它全社会的经济事象,比起上面所讲的那个一元化了的社会来,真不知要简单多少,但它那种经济事象里面,就不仅包括有以前各社会史时期,特别是封建社会时期的各种不同社会性质的因素,并且这诸种因素,还一直各别的,相互的,在作着排斥、抗拒,乃至苟合的活动。显言之,就是旧来的传统的经济成分在为资本主义的商品经济所分解,同时,它们对资本制经济成分,又一直在行着种种的限制。抗拒或适应。我们必须在它们这种相互制约相互适应的过程中,去看出它的特质和动态。因此我们在必要的场合,溯源的探究到封建体制的特质,并不仅是作为更明确理解中国现代经济的一个准备性的研究步骤,实因它本身,就是我们所研究对象的一个重要构成成分,我们是要在这包含有浓厚封建成分,以致无法成就资本主义发展的现代中国经济的演变过程中,在其新旧倾轧与交互消长的当中,去发现其究竟表现了哪一些规律,哪一些显明的倾向。自鸦片战役以来,中国经济现代化的历程,是充满了坎坷、曲折与波动的,但虽如此,从全般演变历程上去看,仍不难发现它其所以形成今日这般景象,与最近将来会往何处去的诸基本历史动向。

如其需要把上面抽象述及的论点,以一个较具体的例证,连贯综合解说出来,那么,在抗战过程中,最惹人注意的商业资本,是可供参证的。商业资本自我扩大的倾向,似在以万钧之力,压缩了社会各方面对它所加的责难与限制，并反过来以"触手成金"的魔术，使一切接近它的其他社会经济活动，都部分的或全体的转变为它的活动。生产事业商业化了，银行事业商业化了，合作救济事业商业化了，一切官业，许多官厅，都在直接间接当作商业自我扩大倾向或定律的体现物；四方八面呼出的制裁打击商业，甚至激烈喊叫诛戮非法商人的号召，都变成了带有讥嘲性的绝望无力的尾声。学者专家们同一般无经济知识的常人一样，对于中国商业的这种魔力，表示毫无理解；他们与那般无经济知识的常人唯一不同的地方，也许就在装着像是知道罢了。要研究他们对这种经济现实无理解的第一个原因，或许就在他们把中国当前商业，与它存在的社会基础，与它以往的历史传统关联，割裂开来研究，而不知道我们这种不受生产过程羁勒约束，不服于生产的商业形态，在战前，就已经用"搜集国内土产，统办全球制品"的买办性能，在社会各方面发生阻止现代化，阻止工业化的影响。而它对于官厅，对于公私信用机构，对于土地等等政治、经济诸方面发生的"同化"或腐蚀作用，正是其过去传统精神的扩大和延续。因此，单就当前商业现象本身作格物致知工夫，是愈格愈不能通的。亦就因此之故，把中国在封建体制下的特殊商业形态弄个明白，再看其带上买办标志以后的变化程度，它当前所以能显出如此大的魔力的真相，就不难理解了。由此我们知道，要彻底明确理解中国商业资本的性质及其作用，不但需要把它同资本社会的商业比照来看，还需要从它对全社会经济的关系，对以往历史传统的联系来看，这就是说，上述的三种研究方法，是需要联合采用的，研究商业资本如此，研究全中国经济，尤其是如此的。

中国社会的商品与商品价值形态

一 中国社会的商品形态

（一）商品是一个历史的经济形态

商品是由生产物发展过来的。不论怎样一件简单的生产物，如一探究它发展成为商品的全过程，或者，如从一个简单的商品交换现象中，去探究隐藏在它背后的本质，就知道商品是把一定的社会关系，作为它形成的现实基础。它体现着现实的社会关系；同时，还可由它形成的过程，测定一个社会的生产力的发达水准。

商品，由它最初的萌芽，由单纯的交换起，到它最高的形态止，曾经历许许多多的阶段。在每个阶段，它都具有不同的特质，体现着不同的社会生产关系。

在同一社会中，可以同时并存着经济发展各阶段的各种不同形态的商品，一个社会，如果在它的历史发展过程中，已经很显明的与其他历史阶段的社会相区别，即是说，如其它已经大体完成了它某一历史阶段的发展程序，叫人毫无疑义，也毫无争论的判定它是一个由什么生产方式所支配的社会，比如，在今日，说英国社会是资本主义社会，那么，它这一社会的商品生产或商品，就用不着考究，而知道它是采取哪种形态，或以某种形态，为其支配的形态。

但英国在十六七世纪的时候，即当它正由封建社会，向着资本主义社会过渡的时候，它的商品生产形态，就不但比现在复杂，且在杂然并存着的各种商品标本中，还不易使我们辨认何者具有压倒的优势，即何者取得了支配形态的地位。

多年以来，中国社会也正经验着同一的。但却复杂得多的事态。

（二）表识着中国社会的商品标本

一个社会的生产物，它被生产出来，不是为了供生产者自己消费，而是为了把它拿去贩卖；他贩卖的目的，可以是为了换回他所需要的别人的生产物，也可以是为了取得较大于他生产所费的货币额，无论其目的何在，它的生产物转了一个手，被投到流通界去，即使其物理的性质依旧，其社会的性质却改变了，它已不是当作生产物看，而是当作商品看了。女子拜见了公婆，取得了少妇的资格，便不再是少女了。

当生产物转化成了商品，贴上了商品的签标，它就与生产物是处于对立的地位。在自然经济状况下的社会，或者说，在极不发达的分工基础上，生产者只能而且必须生产他所需用的生产物。生产物差不多都是由生产者自己生产，自己使用的。往后，生产物渐渐变成了商品，那个社会，也就相应的，以同一程度，失去其自然经济的性质。但这个历程，是非常长久的，即如在资本主义经济已经成就了高度发达的社会，仍不免多少留下自然经济成分的残渣。而在中国这种社会，在广大农村中，特别在比较偏僻的落后地域中，我们虽然没有可资利用的统计，来确定中国自然经济成分和商品经济成分，各别占着如何的百分比；单从量上说，也许前者还要占着较大的比例吧。显然的，我们即使有精确的统计，来确定中国社会的生产物，只以较小的比例变为商品，其余都是自然经济成分，我们也不能据此断定中国还是自然经济社会，因为这中间不仅是"量"的问题，还有"质"的问题，还有何者能在全社会发生支配作用的问题。

事实上，关于今日中国社会的经济性质问题，已早不是商品化成分，对自然经济成分，是否占有优势的问题，而是一般占优势的商品本身，是采取前资本主义的小商品生产形态，抑是采取资本主义商品生产形态的问题。

同是被投在流通界的生产物，同是商品，可因它被投到流通界去的目的或动机不同，在其生产过程中，具有不同的条件，采取了不同的姿态，被附有不同的社会性质。如其它生产出来，有一大部分或全部，是单在分工的利益和必要上，为了换得那些由他人生产出来，而为自己所需要的生产物，那就是所谓"为买而卖的"，"为买而卖的"这种交换方式，正是适应着独立生产者，主要以自己的工具，自己的劳力，去从事生产的那种生产方式的。独立生产者即手工业者小农家的商品生产，因为受了他们那种生产关系的限制，受了他们那种简陋工具，零碎操作及低级科学技术所构成的生产力的限制，只能在狭隘的范围内，小规模的进行。所以，这种商品生产，称为简单的商品生产或小商品生产；又因为它是出现在资本主义社会以前，所以又称之为前资本主义社会的商品生产。

而与此种商品生产发展起来的，就是资本主义的商品生产。资本主义的商品生产，尽管是在小商品生产的基础上成长出来的，但却有了根本不同的特质。构成这种商品生产的主要条件之一，就是它所用以生产的各种要素，不管是属于物质的（如生产资料等），抑是属于人类生理的（如劳动力），都要当作商品而买进；它所生产出来的物品，不管是当作生产资料抑是当作生活资料，都要当作商品而卖出，它买进商品，是为了卖出商品。这是"为卖而买"了。这种"为卖而买"的交换方式，所适应的是这样一种生产关系，在那里，直接生产者由生产资料分离了，他无权过问他的生产物。而他自己，则是以被雇的形式，隶属于生产资料及生产物的所有者。

不过，这种商品生产，在本质上，虽与上述小商品生产有如此的差异，但它们之间，仍有一个极其基本的相同之点，就是彼此都是以生产资料的私有，作为其存在的前提。生产资料的所有者，同时就是生产物的所有者。正惟其它们有这样的共同点，尤其因为在过渡的社会中，这两种商品生产形态在错杂的并存着，不但在同一产业方面，甚至在同一企业，同一生产单位中并存着，于是许多人把它们混同起来，换言之，就是把小商品生产，看作资本主义的商品生产了。这种误解引用在中国社会性质的问题上，就引起了许多不必要的争论来。

小商品生产显然是有二重性的。在私有的形式上，它是资本主义的萌芽；在以自己的工具和自己的劳力来从事生产的形式上，它又具有反资本主义的性质。小商品生产如在前一意义上，被视为资本主义的商品生产，则中国现代经济（至少就晚近数十年说）中的资本主义成分，就确能占一个大的比重，但无奈小商品生产在后一意义上，一直都与封建的地方的自给的成分结托着，又加成就资本主义发展的许多历史条件（如资本积累、统一市场等等）的缺如，即使小商品生产不绝的破坏，却又不绝的变形的再生，至少是不曾因此就更能造出资本主义的经济成分来。

在这里，且不忙对此加以更深入的说明，先来具体分析一下中国社会的商品的特征吧。

（三）中国社会的商品的类型

普通为了被买被卖，以商品资格出现在市场或流通界的，最主要的，最基本的，当然是工业品与农产品。此外，就是特殊的商品，即带有自然性质的土地和属于人类的劳动力。我们这里论及的中国商品的类型，当然主要是就前两者而言，但为了说明的便利，我们把后两者也加入讨论中，这正是我在本文，要把中国社会的商品与商品价值分开来说明的理由之一。

从社会性质的意义上讲，当作商品的土地与劳动力，对基本的工农业品，颇有一些内在关联。大约土地买卖得频繁，就有促成劳动力买卖频繁的作用，而劳动力很普遍的被买被卖，就可以多少确定其农工业生产物的商品性质。不过，这种推论，还要看土地及劳动力被买被卖的条件如何，还要看劳动力转化为商品的一定社会条件如何，这所谓一定的社会条件没有形成，无论是土地商品化，抑是劳动力商品化，都将相反的引起农工业产品不具有资本主义性质的结果。中国社会的商品性质问题，就充分地说明了这一点。

1. 先从工业品方面说起。

一般的说来，资本主义的生产方式，首先是推行于工业生产领域，而渐次及于农业生产领域的。中国工业领域的出品，大约有四个产源（暂且把它们内在的联系抛开不说），即独立手工业的、家内工业的、工场手工业的、工厂工业的。我们且不忙在这里分析大工业或工厂工业出品之不纯的不完全的资本主义商品性，即不忙分析它的"质"，先假定它是标准资本主义商品，而考究它的"量"。谁都知道，中国现代性工业最发达的部门，是纺织业；1927年，全国棉织品消费总额中，百分之六五至百分之七五还是手工业制品，在手工业中，当作农村副业的家内工业，和散布在都市及各地市集的独立手工业，诚然有一部分，特别是存在或邻近于大都市的一部分手工业，已或多或少的改变了它们原初的传统的形态，甚至有的已被附上了新的性质，"已经变作工厂，制造厂或货栈的厂外部分了"。我们如把手工业对工场手工业的关联，或许多家内工业是为工场手工业所再组织，并构成工场手工业支体的关系，加以考察，工场手工业的产品，确实要在全工业品中，占一个相当大的比例。举凡草帽、席、扇、刺绣，各种编物、木器、瓷器、玩具、火柴、香烟的一部分镶嵌工作，乃至丝棉的缫纺，差不多大部分是在工场手工业指挥下的家内工业进行。惟其工场手工业有如此的重要性，我们须得对它本身有一明确认识，始能明了其制品的性质。

工场手工业"在量上，是手工业的扩大"，因为它的规模，虽较独立手工业为大，但却是"在旧的生产方式上，占有直接生产者的剩余劳动"。因此，它的性质，就是"小商品生产与大工业的连环"，而成为过渡社会之一典型的工业生产形态。在中国，这种协业形态，虽是古已有之，但至现代，特别是到了晚近，却格外显得发达。其所以发达的主要原因，只要把中国经济的落后性和其对外的依存性加以考虑，就可得到理解。比如第一，工场手工业所需要的资本，是小量的资本；其所使用的工具，是简单的工具，这在缺乏资本积累和缺乏生产资料生产的中国，是再好不过的一种工业生产形态，而且，由外货造出的大量剩余劳动力，对于在旧生产方式上使用较多劳动力的工场手工业，又是一个配合；第二，工场手工业这种协业的集中的形态，比较起旧式的独立手工业乃至家内工业，是更便于接受买办商业资本供给原料搜集制品的支配；第三，对于一个关税权、交通权、工业权都不完全，从而，其国内市场随时在受到国际资本的侵略的国家，固定资本支出较少的工场手工业，可以随时适应国际市场的变动，而不绝的分解与结合。因为这种种理由，有些学者遂认为工场手工业为最适于殖民地的工业形态。

这种工业形态所生产的产品，一方面因为它是用一个资本，结合多数劳动者在一个场所，从事工业劳动的结果，所以它具有非常浓厚的资本主义的性质；同时，又因为它依然是在旧的生产方式上，榨取直接生产者的剩余劳动的结果，即使我们在这里不忙分析其生产过程的雇佣劳动条件，也不难确断其具有非常浓厚的前资本主义的性质。自然，在大工业已经占着支配地位的社会，工场手工业是可能更有资本主义性质的，但在经济落后，大工业不发达的社会，工场手工业却是更可能具有非资本主义性质的。

我们从这里已可理解中国一般工业品中，小商品生产的前资本主义的成分，该占有如何大的比重。

2. 次就农业品方面来说吧。

在现代中国经济中，农业显然还对工业占着压倒的优势。在我们尚论农产品性质的限内，诚然不能单从量的方面考察，但如其在相对的意义上，说工业品有较大的商品性质，则农产品的商品化，就似乎更能给予我们以资本主义的外观。据一般统计的综合，中国农民的产品，仅有百分之五十以下留供自用，其余都须售出。甚至有些地区（特别在接近大城市地区）的农民，其所需粮食，有一部分是由市场购入，同时，其所生产的粮食，却又有一部分向市场投出。这原因，除了售出较优良较昂贵者，以便买入较劣较廉者外，就是迫于一些伴随商业高利贷活动，以及促成此等活动的经济外强制榨取而形成的急迫需要，致使贫农们不得不于收获将了，就将其应当留以自给的粮食，投入流通界中，往后再零碎的加倍破费的由流通界去取得供给。也许说，这种农产物商品化情形，是不够普遍的；一般生活将就过得来的农民，决不会采行这种太不合算的办法。但这里还有另一种加深农产物商品化的事实，即伴随着商业资本活动范围的扩大，农产物市场的推广，农业上已经在演着专门化的场面。在许多农业部门，特别是为供应国外市场之工业原料品需要之农业部门，就有大批的农民，在生产对于他们自己完全没有使用价值的东西。他们生产的一切，全都要投到市场去，他们需要的一切，也全都要由市场得到满足。也许说，他们投到市场上去的"卖出",正是为了由市场得到满足的"买进",从这一点来考察,就是商品化到了这种程度的农产品,似仍不易在它上面发现出资本主义的商品生产的迹象。

但最后一种像是最有根据的理由被提出了:一般投在市场上的农产品,特别是那些为专门化了的农业部门所产生的农产品,不有许多是用资本主义的生产条件生产出来的么?比如,在那些应用着新式技术来从事较大规模生产的农业部门不必说,就是一些仍然应用着旧的工具,旧的技术的小农经营上,也都在各种方式上,雇佣着劳动力。如其说,资本主义性质的商品生产的判定,不在它使用何种工具,而在看谁在使用生产工具,是直接生产者自己使用,还是直接生产者为他人使用,那我们似可振振有词的说:中国农村雇佣劳动存在的事实,就是中国农村资本主义商品生产存在的事实;而雇佣劳动存在的规模和数量,正可反映出中国农村资本主义商品生产的规模与数量了。这种逻辑应用的结果,无疑会把中国农村社会向着资本主义"高扬"起来。但其间有一个美中不足之点,即表识一个社会性质的生产,并不仅要问谁生产出来,还要问谁在什么条件下生产出来,谁用什么东西生产出来。旧式的雇佣条件,旧式的生产工具,理应只是前资本主义生产方式所据以存在的根基,而由那种生产方式所产出的农产物,就似很难得有附上资本主义标签的可能。而且,雇佣劳动虽是到了资本主义社会才当作一个重要社会经济形态而出现,却并不是到了资本主义社会才发生的。在没有资本家这个名色的古代社会封建社会,雇佣劳动也局部的零碎的存在着。自然,中国在晚近数十年来,应用新式机械和技术的农业,已在关外,在江浙等地,逐渐有一些增加。它们雇佣劳动的统计数字,即使不完全而且相对的太少了一点,总该可以显示出中国农村之资本主义生产的萌芽,但以次的事实,却连这一点萌芽,也需要审慎的予以斟酌;即,新式农具的使用,有许多(特别在江浙一带)竟是由租借得来。在这种场合,雇佣劳工者,并不一定是生产工具的所有者;当然,租有与自有的区别,并不曾阻止他们凭借生产工具,去从事榨取,从而,不曾因此改变资本主义的本质。但这种额外的剥削关系的存在,如其要由商业垄断,商人统制农业生产的事实来说明,那就完全两样了。

论到这里,我们对于中国农产品的商品性质,似应已有一个轮廓的理解。而下面关于劳动力与土地的买卖意义的说明,还会大有助于这种理解的。

3. 最后,就劳动力和土地这两种特殊商品来说吧。

劳动力作为商品来买卖,首先,须得劳动力的所有者即劳动者自身,已经取得了自由处分其劳动力的权利。这就是说，劳动力是属于他自己的了。在古代社会，奴隶是属于奴隶所有者的，他的劳动力，就不但不能由他自己买卖，也不能由他的主人即奴隶所有者买卖；因为当时的奴隶本身，奴隶的整个人格，变成了商业活动的对象，变成了商品，作为他全人格之一部分的劳动力，就无从转化为被买被卖的对象了。当社会直接生产者脱却了奴隶的枷锁，而开始捺上农奴的印记的时候，情形有了改变了，他对封建贵族领主的关系，在具有不同的自然条件及历史条件的各别国度或民族间，虽各有不同之处，但大体上是半隶属的，也勉强可以说是半自由的。在封建规制许可的一定时限内，他可能做自己要做的事。也像是说，他很可能对自己的劳动力，作自由的处理。可是，在实际上，只要封建制度还相当的能保持住它的传统与权势，他就不但不易实现购买他的劳动力的市场，且也无法取得那种便利，即拿他的劳动力去接近市场的便利。土地是他对领主维持半隶属关系的机键。只要他还需要把土地作为其生存的根据，同时，只要领主还可能把土地作为尊荣与幸福所寄托的根据，他就有方法利用那些专为他们便于统治榨取而设定的种种规制，把前者死死的束缚起来。这表明，劳动力活动的自由，是以劳动者由土地解放出来了这件事作为前提；也就是说，劳动力的自由买卖，是以封建义务的打破为前提，而在封建义务与土地关联的限内，又可说是以土地的自由买卖这件事作为前提。土地的商品化，一般是先于劳动力的商品化的。劳动者要自由得一无所有了，要对一切传统因袭的物质基础毫无牵挂了，他才会发现他的劳动力，可能作为他的生存的新根据。但舍弃旧的生存根据（土地），而诉之于新的生存根据（资本），那不是出于他自己的选择，至少也是客观社会条件这样准备好了，他不能不去作这种选择的。直到封建临近崩溃解体过程中，土地自由买卖的条件，始被产生出来，同时劳动力自由买卖的条件，也才相应的被产生出来了。

这是各国经济史发展的一般通路。

但在中国社会，土地自由买卖的事实，似乎就在统制土地分配最称严格的均田制度时代，亦并不曾绝迹。比如在历代均田制中，对于宽狭乡土地的调剂，就设定了可以买卖的变例。甚至在推行均田制度最严格的唐代，亦允许永业田乃至口分田的变卖。均田制崩溃以后，一般的庄园固不必说，就是当作封建王侯贵族僧道们直接榨取基础的皇庄、寺观庄院、官田、军功田等等，其最初的取得，虽或由于赠赐或强夺，其消失或解体，却有许多是由于拍卖。至若以种种形式存在于民间各地的所谓祭祀田或公产，原本经由一族或一姓誓约不许变卖的，后来代远年湮，终究由种种原因予以变卖处分了。这一切,表明土地当作商品来买卖,即使是通过许多限制来进行的,终归是由来已久,不自今始了。我们前面曾说,土地的自由买卖,是劳动力自由买卖的前提条件,那么,说中国历代有了相当程度的土地买卖自由,是否就可据此断定中国早已有了同一程度的劳动力买卖的自由呢?

事实是反对我们这种推论的。土地自由买卖,虽是劳动力自由买卖的前提条件,但不是唯一的条件。中国旧来最普遍的家内的手工业的工业形态,根本就不允许工资劳动者有何等活动范围。点缀于农村的"外出工资作业"——即指各种技匠们,肩担着简单劳动工具,挨户寻找工作,借以获取相当工作报酬的作业;与此相对称的"自宅工资作业",即盛行于欧洲封建社会的工业形态,那是技匠们,依着自己的设备经营,对顾客送来的原料,加工制作,而取得其工作报酬——正好说明当时的社会状况,还不曾造出足以容纳工资劳动者的任何机会。其在农业方面,由生产资料分离出来的农民(事实上,乃是由工农合体的经济单位分离出来的农民),只有一个可能的生路,就是所谓"依托强豪,以为私属,贷其种食,赁其田庐。"即转化为更有隶属性的农奴了。

要之,在中国社会史演变过程上,土地当作商品买卖的历史,是比劳动力当作商品买卖的历史,要古旧得多的。鸦片战役以后,土地自由买卖的传统拘束和法定规制,已更大大减轻作用了;同时,劳动力以商品姿态出现的事实,亦从脱去封建的行业束缚的消极方面和开拓有效市场的积极方面,得到了支持。舶来商品、大炮及各种现代意识,在从物质精神两方面促成中国旧社会的分解。于是在工业上,在农业上,就广泛的存在着雇佣劳动。土地自由买卖以外的社会条件被产生出来,劳动力就以商品的姿态而出现了。

工业农业生产物商品化了,土地早就商品化了,劳动力亦取得商品化的外观,这一切,自然可以保证中国社会之商品经济的性质,但却还不够保证中国社会之资本主义的商品生产的性质。因为,商品要成为资本主义的商品,并不是以它的如何频繁,如何大规模的出现于市场来决定,而是以它在如何条件下出现在市场来决定;换言之,资本主义的商品,是在资本关系下生产出来的商品,所谓资本关系,即生产资料所有者为一阶级,使用生产资料者为另一阶级的关系。

所以,我们接着要来考察中国的商品价值。

二　中国社会的商品价值形态

（一）商品、价值、价值规律

在前面，我们已经说明了，商品是一个历史的经济形态。生产物是到了历史发展的一定阶段，始转化为商品。当生产物转化为商品的时候，为生产它而支出了的劳动，始表现为该物的价值。

商品与价值的这种内在的不可分的密切关联，一直在保持着。商品的单纯价值形态，同时即是劳动生产物之单纯的商品形态，商品形态的发展，与价值形态的发展，是一致的。

现代资本主义的商品生产，是商品形态发展到最高阶段的表现，亦就因此之故，价值规律或价值律，乃是价值到了资本主义社会才达成的最高的发展形态——即价值规律是为社会发展中之一定阶段或商品生产阶段所特有。[①]

一个社会的生产物，是否能转化为资本主义的商品，就要看它通过生产过程，通过交换过程，是否都是依照价值规律，而这所谓价值规律的特征，大约可从商品生产的以次三种具体条件上表现出来：

第一，是如前面已经讲过的，它生产出来的东西，须当作商品，当作价值而卖出，它用以生产的东西，须当作商品，当作价值而买进。其买进正是为了卖出。

第二，它当作商品卖出时所获得价值，一定要，至少在当事者主观拟想上要比它当作买进时所获的价值大，这个价值差额，即利润的源泉，亦即所谓剩余价值。而这剩余价值的获得者，即是生产资料的所有者。

第三，它用以生产的诸商品，如劳动工具，劳动对象，特别是作为剩余价值之源泉的劳动力，都能依照竞争作用下展开的价值律而买进，它所生产出来的产品（工农业品），始能依照竞争作用下展开的价值律而卖出。

---

① 价值规律一词，这里系就其较广义方面立论；较狭义的价值规律概念，与生产价格规律有别，马克思曾明确指出（见《资本论》第3卷（中译本），人民出版社版1953年版，第201页）"商品是依照价值交换，或是近于依照价值交换，要求一个更低得多的阶段。要商品依照生产价格来交换，资本主义发展到一定高度就是必要的"，但紧接着，他又这样表示："无论各种商品的价格，最初是依何种方法来互相确定，互相规定，价值规律总支配着它们的运动。"我这里述及的价值规律或价值律，显然是指着最后支配着商品价格变动的价值规律而言，在这种意义上，生产价格规律，是当作它贯彻作用之一特殊的表现。

(二) 在价值律下显出的中国社会商品生产的不完备形态

"商品生产"这个语词，在当作一个社会形态的表识的限内，即作为资本主义生产来理解的限内，所谓"中国社会的商品生产"云云，主要是把"为买而卖"的小商品生产以外的，即具有资本主义生产之外观的那一部分的商品生产，作为考察的对象。这种商品生产是否纯粹，是否完备，是否够得上资本主义的条件，就看它对于价值律的运用，更确切的说，就看它体现上述价值规律，到如何的程度。现在，我们可以从以次这三个方面，来测验中国商品生产的性质，那三个方面就是：看中国商品的价值是怎样增殖的；看中国商品增殖的价值是怎样实现的；看中国商品所实现的增殖价值是怎样分割的。兹分别探究如次。

1. 中国社会商品价值的增殖过程。

商品生产的要件，是劳动工具，劳动对象和劳动力。对前两者所支出的货币额，称为不变资本，或不会增殖其原有价值的资本；对后者所支出的货币额，称为可变资本，或可能增殖其原有价值的资本。商品生产的资本主义性，就是系于在这生产上，由雇佣劳动者所生产的剩余价值。即是说，雇佣劳动的条件，可以大体决定着剩余价值产生的全过程。

中国在工业方面，即使是在新式大工业集中的地区，亦尚不曾形成一种允许劳动力，或要求劳动力自由竞争的市场。在最有现代经营精神的大工业工厂中，一些落后的劳动制度，还被采行着：如领工回家装作的血汗制，如由工头招工进行生产的包工制，如把农村逃落至都市，一时找不到工作的男女，包养到他们获得职业，再在一定期间内，完全占有或分有其报酬的养成工制，以及到农村招雇失业男女工人，以极低代价，勒令其终身劳作的包身工制等等，已算给人一幅非现代性雇佣劳动形态的图画了，但在事实上，特别是那些由外国人经营的大工业中，经济外的榨取、勒索、敲诈，真是无微不至。至于在我们前面已经解述过的工场手工业方面，其全面的劳动形态，差不多都是由亲属的、行帮的、学徒的、副业性的落后关系支配着。那里更不易找到自由竞争作用下的劳动力的公开市场。而且，就是在这样落后的雇佣劳动条件下活动的产业劳动者，依据最高的估计，亦还不到 400 万人，一般手工业上存在的雇佣劳动者人数，自然比这个数字大得多，但其不够现代雇佣条件的程度，也自然更大得多。①

---

① 在后面论及中国工资形态时将进一步予以分析。

那么，我们把考察对象移到农业方面去吧。仍是依据最高的估计，农业上的雇佣劳动者，将近3000万人。这3000万人赖以活动的劳动条件，当然比工业上还要落后得多。仆隶式的，亲属式的，临时季节性的，佃农义务劳动性的，乃至交换劳动式的（包括以劳动交换人力，交换畜力。及换得其他劳动工具等等样式）各种劳动形态，千奇百态的杂陈着。但把它们综括起来，大体可以显示出两个特征：其一是，所有的农业劳动者的雇佣劳动，除了极少的场合外，差不多都不是依托于农业资本，或投用在土地上的资本，而是依托于土地本身。在佃农是如此，在被雇于富农乃至被雇于半自耕农及佃农的劳动者，亦是如此。富农自耕农是把他自己的土地，作为榨取雇佣劳动者的工具；而佃农则是利用他租得的土地，作为榨取劳动者的工具。其次是，农业上雇佣劳动者，不是因为农业进步，不是因为农业上采用新式农具技术，反而是因为农业不进步，农业愈不进步，愈不改良农具，采行科学方法，就愈需要雇佣更多劳动者了。

总之，无论从工业方面讲，抑从农业方面讲，中国社会雇佣的劳动条件，还不曾脱却传统的封建惯例，还不曾把它的现代性，从公开劳动市场的自由竞争作用中表现出来。就令在某些场合，已经局部的或多或少的存在着这种事实，但因为大的环境还没有本质的改变，产业发达的条件，还没有具备，以至在某些方面可能现代化的雇佣关系，亦不会明朗化了。

不过，雇佣劳动条件的不曾现代化，或者，劳动力价格关系的不确定，并不妨碍剩余价值的形成，反之，这也许正是造出更多量剩余价值或超额利润的有利条件。雇佣劳工者利用劳动力价格关系的不确定，任意使工资低落在必要工资限度以下。但他们这样把工资压低在必要工资限度以下所造出的更多量剩余价值，除了把少数的场合，除了外人经办产业的场合，能实现为其超额利润外，其余几乎都不曾实现出来，这是需要进一步去说明的。

2. 中国社会商品增殖价值的实现过程。

商品在生产过程所增殖的价值，是要它被投到流通过程或交换过程才能实现的。在交换方式一直是与生产方式相照应着的限内，中国的商品市场，就必然要存在着一些妨碍剩余价值依照现代市场活动程序来实现的事实。

在交换过程上，大体是由两种经济运动形态支配着：一是商品运动，一是货币运动。商品运动的担当者是商品经营者即商人，而货币运动的担当者则是货币经营者即金钱业者。这两种人，在现代以前的社会中，其业务并未分得十分明显。现代分工发达，金融业者遂从商业分离出来，而担当其特殊任务了。在一个由资本主义生产方式行使支配的社会中，商人照例是为商品生产者或产业资本家，分担流通的任务。在社会分工的意义上，他对产业资本家是独立的；但他的资本即商业资本的活动，却随在受着产业资本的制约。在这种关系上，商业资本被认为是由产业资本所支配。同时，产业资本也要对商业资本立在主导的地位，商业资本始不致演着破坏生产的作用，现代资本主义的生产关系始得建立起来。①

事实告诉我们：在中国社会交换过程中，有以次两个隶属关系的系列在作用着。

外商洋行——买办商业——国粹商业资本——生产事业

外商银行——新式银行业——钱业——高利贷业

关于这两个隶属系列，各别单位依存的隶属的关系，以及这两系列相互间的关系，每个有中国社会常识的人，差不多都是能够体验出来的。除了若干地区的若干大新式企业而外，一切工业品乃至农业品之投到市场，都或多或少的是采取不正规的方式。大部分工场手工业的产品，似都带有"预定生产"的特质。企业者强半是应允把产品，按照预定条件让给商人的情形下，由商人那里取得他们所需要的原料，和用以更新劳动工具，购买劳动力的资金。农业上的产品，特别是那些专门化了的农业部门的产品，大抵都通过了高利贷，而在产品未成熟以前，就已经依"预卖""预买"的诸般方式，被处理了。此外，当然还有一部分未经上述方式被处理的产品，但因一般产品都是小规模经营的产物，又因农产品搬运上的困难，及不规则的捐税的妨阻，都不得不在未脱原始性的附近定期市集中将其脱售。这种原始市场之不利于生产者，和有利于一般搜购者囤积者的实况，是非常明白的。

至若各种落后特权在流通界造成的阻滞作用，以及凭恃特权在商品运动货币运动上引起的障碍，随在都可找到例证。而商人高利贷业者照例在原生产物及半制品收获期完成期压低价格，而在这以后乃高提价格的欺骗行为，则毋宁是司空见惯且视为合理的事了。

此外，在对外贸易关系上，由不完全的关税权、工业权及交通权，所给予产业上的困厄，当亦在交换过程上很明显的表现出来。

实例是不胜枚举的。但我们在这里只能原则的提到，且将中国商品流通的一般特征，综括为以次三点：

第一特征是，商业使生产物成为商品，而不是商品运动形成商业。这

---

① 关于产业资本和商业资本的关系，在本书第4篇还要进一步的全面说明。

就是说:"广搜各地物产,统办环球制品"的买办性商业,发挥了极大的贩运业的机能;它强制的逼着旧式的农工合体经济组织解体,促使工农业分工化,专业化,结局,一切产业上的分工和交换关系的促进,就像是在执行商业资本(国际的和国粹的)的命令和强求。这事实,不但说明生产不能把流通吸收进来,作为它的一个因素,且反而像是流通在御用生产,并且把生产制约在便于它行使支配的限度了。

第二特征是,全商品流通过程,在为不等价的交换关系所支配着。而这种不等价交换,可以从对内对外两方面来简括说明。就对外不等价关系讲,一个落后国家的劳动生产物,很显然的,要比一个先进国家的同一劳动生产物,包含着更多的劳动,即是说,具有更大的交换价值。但由于种种不平等条约的束缚,在结局上,我们所消费的外国制品,要支出更多劳动或更大价值的产物。我们向外购买,我们向外贩卖,都受了种种条约规定的限制,表面上虽然像是通过自由竞争的市场,其实是在诸种不平等条约下面,行着不等价的交换。至于在国内的市场上,工农业品间之不等价交换,亦是非常显然的。本来在许多现代国家中,农业上的资本有机构成,一般都较工业为低位,以工业品与农产品交换,也往往能换取较大量的劳动或较多的价值。但在中国,情形却较为特殊。中国工业在舶来制品压迫下,很需要把工业生产物中占有最重要成分的原料的价格,特别压低,借资补偿。而在工农业均受商业操纵的情形下,与商业有较密切联系的工业(就令把一切其他社会条件,即与农业相对待而言,有较多便利的社会条件抛开不讲),是不难多方牺牲农业的。

第三特征是,超额的较多量的剩余价值之实现,不是在价值规律下进行,而是在非价值规律下进行;不是由于各依生产价格来行使交换的自由竞争,而是由于贱买贵卖的欺骗,由于不合理不合法的强制,更本质的,是由于各种封建的劳动形态之保留。

3. 中国社会商品剩余价值的分割过程。

在资本主义的商品生产下,因为购买生产资料的价格是大体确定的,购买劳动力的价格亦是大体确定的;至少,作为商品的生产资料与劳动力的购入,和作为商品的它们的生产物的卖出,都有公开市场的竞争在作用着,可以由此测知商品的成本及其平均利润的限度。中国上述的生产方式及交换方式,因为掺杂着落后的,特权的,半殖民地的干涉作用,根本就不易确定生产价格,从而,就使其生产物的剩余价值,具有极大的任意的伸缩性。

不但此也,在商品生产下的商品,其剩余价值,一定要通过交换过程才能实现，剩余价值的获得者，亦是要在这个过程完结以后，才能确实得到其所应得的份额。但在中国不同，中国商品的剩余价值，不但在量上，可以随时任意伸缩，并且，那种可以任意伸缩的剩余价值的占有或分割，不仅会在交换过程中进行，甚且会在生产过程中进行。

在商业资本（国际的及国粹的）作为生产者间或生产者与消费者间之总枢纽而作用着的情形下，商品的剩余价值的产生及其实现，都不允许产业资本或生产者资本发生领导的作用，从而，产业（这里单就工业立论）资本利润如其存在着的话（事实上，不少生产事业，根本就没有利润，生产事业经营者，以利润名义获得的那一份报酬，实不过工资转化之结果罢了），那倒反而是由商业资本利润残留下来的。商业利润不是由产业利润分出，产业利润却竟是由商业利润分出，这种剩余价值分割方式，已经是够落后了，够特殊了，但如把考察移向农业领域，我们将发现更不现代化的事实。

资本主义的农业生产，因为农业资本有机构成对工业资本有机构成为落后，为低位的缘故，一般原是有平均利润以上的超额利润存在着的。但依照我们前面的分析，中国农村的土地，对于资本是处在绝对优越的地位，农业家对于他的经营，能否得到利润，不是取决于他的资本条件，而是取决于他的劳动条件，尤其是取决于他取得土地的条件。地租仍大体是剩余价值形态一般，利润不过是由地租那里分割出来的一个可怜的份额。要不然，就是从他的雇佣劳动者的极低工资中抽取出来的工资部分的变名而已。

因为投资在工业特别是制造业上，或者投资在农业生产上，都不易获得确定的可靠的利润，社会上的资金，就不容易诱致于生产事业方面，且反而会被吸收到不生产的事业方面，这是商业、高利贷特别跳梁活跃的原因，同时也是土地被看作商业扩大活动之对象的原因。工农生产事业因为不易张罗到生产资金，就不得不忍受商业高利贷的剥削，不得不忍受高率地租的剥削，反过来，正惟其它们遭受了多方的剥削，这才又造出了进一步被剥削的前提条件。在这里，我们已不难发现它们在从事商品生产时所造出的剩余价值，该是如何被分割着，并该是如何会在交换过程中，甚至在生产过程中，就被分割去了的症结所在了。

事实上，所有上面指出的这许多分割剩余价值的因素，并还不止分割到商品所增殖的价值部分，甚且往往侵蚀到了它原来垫支出的资本价值部分了。然而，我们在这里所要注意的，与其说是商品价值（包括垫支价值及增殖价值）在如何的程度被分割，却毋宁在注意其增殖的价值部分，在如何的被分割,并由谁所分割。

(三) 中国社会商品价值的一般特征

由上面的说明,我们已大体明了中国社会的商品及其价值之特质了。

中国社会的各种生产组织,以生产使用价值为主要目标的部分,虽大体解体变形了,且还正在不绝解体中,但直至今日为止,确仍有一大部分生产物,特别是农业上的原生产物,还是当作使用价值而生产出来。即生产者对于它们的生产,不是为了拿去交换,而是为了供自己使用,不是为了交换价值,而是为了使用价值。在这里,我们用不着比较:当作交换价值而生产出来的部分,是大于或小于当作使用价值而生产出来的部分。但我们可以在发展的观点上,这样断言:当作交换价值而生产出来的这一部分,愈到晚近,是愈形增加了;即使它在数量上,还不一定能对那一部分,即当作使用价值而生产的部分,持有绝对优势,但在其他一切方面占着优势的,已经是商品经济成分;现代国际资本早把我们转入了世界商品货币关系中,无论我们愿意不愿意,我们要生产,就不能不注意被生产出来的东西,具有如何的交换价值。

不过,中国社会的这种商品价值关系的促成,即使生产物,由使用价值生产,移向交换价值生产的这种转化关系的促成,主要是由于商业资本(国际的,买办的,国粹的)的作用,主要是由商人居间活动的结果,所以,在国内外市场上,使生产物之成本价格和市场价格相比较的事,并不是由生产者自己来做,而是由商人来做,这一来,商品价值的大小,就俨然不是以商品生产时所费的劳动量为依据,而是以商人的意兴或慷慨为依据了;对于生产者或产业经营者,商品的价值,自然是看他们能从商人那里换得多少货币,自然是有极浓厚的偶然的性质。而且这种事实,更由种种障碍商品流通的社会的政治的因素加强了。

在商业上,原是以"贱买贵卖"为支配法则。商人只懂得一种哲学,即欺骗哲学。在商业受着产业的制约的限内,即在流通过程被当作生产的一个因素的限内,那种法则的运用,那种哲学的发挥,是受到了限制的。但在相反的情形下,商业上并没有何等等价的关系存在,没有明确的价值规律存在。那里所有的价值概念,仅是由于被买被卖的诸商品,都是价值,都是社会劳动的体现。

不错,许多现代国家的商品生产,都曾经过商业资本行使支配的这个阶段,即是说,在它开始商品生产的初期,它的商品,也只是在被买被卖时看作价值,才表现出价值的概念。但等到它把商业资本依以活动的旧的生产关系逐渐突破了,产业资本代替商业资本立在主导地位了,商品的价值关系,就相应失去其偶然性,而在自由竞争的作用上表示出了运动的规律。

然而,中国依据种种社会的政治的理由,在将近一百年的现代化的过程中,始终不曾让产业资本对商业资本抬起头来;就我们这里所论及的问题说,即始终不曾让商品的生产,商品的运动,完全以价值规律为根据。

不但此也,由产业不发达所导来的价值形态,必然会因其内在的本质的关系,使它要把较大量的劳动,表现在较小量的同种商品中;把较大的交换价值,表现在较小的使用价值中。因为生产这种商品形态的社会,由产业不发达所引起的过剩劳动,所引起的廉价的过剩劳动,一定会阻碍着机械的使用,而使它的生产物,浪费去较大量的劳动,包含着较大量的价值。

在资本主义社会中,由赢利动机所支配的生产活动,使它不断应用新机械,不断改良技术,以图对同业竞争者,获得较为丰厚的利润;而在我们的社会中,由同样赢利动机所支配的生产活动,却使它选择相反的途径,就是它与其不易获取资金,和不易获取机械的限制下,采用机械,就宁不如采用随在可以找到,又可任意榨取的活的生产工具即劳动力。这一来,在他国的机械驱逐劳动力的倾向,在我们却变成了劳动力驱逐机械的倾向。这倾向,当然会使劳动生产力减低,使劳动者须以较大部分的时间,再生产维持他自己的生活资料或生活资料的价值。也就是说,只能以较小时间来生产剩余价值。结局,要维持同量的剩余价值,就须使用较多数的劳动者,或使他们过着更困难的生活;或者,以更少的生活资料的价值,更不照交换价值规律的工资,来维持其困难的生存。

要之,商品价值的关系,是一种社会的关系。特定的社会形态,当然有适应着它,配合着它的特定商品形态和价值形态。中国社会的商品运动,既然无法突破封建传统的及国际资本统治的诸种障碍,则在它的运动过程中,就不能不使它的价值关系,显出极不明确,极不完备的姿态来。如我在前面所说,中国社会的商品,大体上,不是当作商品生产出来,不是当作交换价值生产出来,而主要是由于从属于国际资本的我们的商业,以及与商业连同作用的高利贷业,多方促使我们那些原本是当作使用价值生产出来的土产物变为商品。所以,它们之被投到市场上来,就大抵不是由于生产者,不是由于产业资本家,为了追求成本价格以上的平均利润使然,倒反而是由于各种各色的商人(买办式的,兼为高利贷者的,兼为官的),利用一般独立手工业者农民乃至工场手工业者的不利地位,以便勒索高额利得使然。在这种情形下，中国社会的商品价值关系，尽管在长期的现代化历程中有了不少的改变，但在本质上，仍不免是前资本的，小生产的。前资本的，小生产的商品运动，就显然不是依着正常价值规律作用的结果。生产一般的不是由产业资本家所主动，剩余价值根本不能转化为统一的利润形态，商业利润，利息，乃至其他所得形态，更自无从由总产业利润分派出来；在一般的生产经营者兼为劳动者的场合，固不必说，就是在劳资显然起了分化的较大的企业经营上，一般领受工资的劳动者，尽管其工资所得，不够维持最低生活水准，而他们的企业主，却并不因此就能获有合理的利润，我们社会工资劳动者的最低工资，和企业主的合理利润，或者是劳动者兼企业主的起码利得，都为控制或操纵生产的商业资本，高利贷资本以及其他的原始收夺方式所侵蚀了。而在这里还得特别指出的，就是照应着我们这种落后的商品价值关系，在国际资本作用下，一定会依着通常殖民地对宗主国的经济交往或商品劳动移转过程，而使我们上述的商业，高利贷业，落后地权以及其他经济外榨取所得，都直接的，迂回的通过不平等的对外贸易，对外债务，对外存款等等方式，变成了国外资本的特殊利益。在这种意义上，中国社会的剩余生产物或剩余价值的最大的或最后的掠夺者，就宁是国际资本家，而我们的各种各色的商业者（官、地主、高利贷业者，在某种意义上，都是商业者的化身）倒反而是按照其对于国际资本的服务程度，而分取那种剩余价值的余额。如其说，商品价值的发展的程度及其表现的形态，可以决定一个社会的本质及其全般经济的特定范畴，那我们上面有关中国社会商品价值的阐述，就应当被视为理解中国全般经济中其他一切形态——如货币形态，资本形态，工资形态，利润形态等等——的锁钥。

中国社会的货币形态

一 关于货币的基本认识

要对中国货币形态加以科学的论究,先得以历史的观点,来说明科学的货币理论依据。因为我们这里当作对象来研究的中国社会的货币形态,主要是限定在此次抗战以前和鸦片战役以后,虽然有时为了说明的便利和必要,难免要涉论到这个时限以外;特别是在本文的最后,我还想就当前的货币问题,有所论列。

由鸦片战役到此次抗战,其间将近有 100 年,这 100 年间的中国货币形态,当然变动很多,若从一个固定的观点去论述,一定不能把握其全般演变的动态;而且,中国在这个期间的货币形态,就凭常识与经验事实去判断,亦不能理解它对典型的过去货币形态和现代货币形态,所具有的特点和距离。因之,要理解中国货币,若不明了货币本身的发展历程和转化趋势,也就无法进行讨论。

惟有发展的观察方法,始能研究发展的事实。

货币在它的发生发展过程上,经历过了三重的演化,它是由商品发展过来的;它的各种机能是相次的逐渐发生的结果;它的每一机能,皆在随着社会的改变而异其实质。现在且依照这个顺序,分作以次三点来说。

(一)货币与商品的历史发展关系

商品是由生产物发展来的,生产物变为商品,即生产物被生产出来,不是为供生产者自己消费,而是为供别人消费,那要通过一定的社会关系,要具备一定的社会条件。货币的出现,是生产物变为商品的结果,反过来又成为促成生产物变为商品的原因。

货币在它本身,又不但是一种生产物,且是由生产物转化成为商品,再转化成为货币的。在生产物需要货币来作为它的媒介,始变为商品的限内,生产物变为商品的时候,也就是商品变为货币的时候。

不过,在一切的条件下,一切生产物都可变为商品;在任何情形下,一切商品不能都变为货币。

在社会经济史发展的过程上,确有某一些财物,如谷物、家畜、皮、贝、干丁鱼等等,曾分别当作社会的偶然的窄狭范围内的交换等价物,而尽着货币的职能，但愈到后来，这一切的财货，都因着社会经济发展上的不可抗拒的理由，相率被淘汰去，而让货币独占着一般等价物的地位了。货币之取得这种地位，乃是因为我们今日一般所理解的货币即贵金属本身，具有特别宜于用作交换媒介物的诸种特殊功能，如它有不易磨损的硬度，有易于溶解的属性，有获得的困难，因而在小量中包含着较大价值的特质等等。① 它这种种特殊性能，都是在交换发展过程中，依客观需要而逐渐表现出来，或被逐渐发现出来的。

货币在诸种生产物中，在诸种商品中，既凭着上述诸特殊性能，取得了一般等价物的地位以后，它当作一般商品看的性质，就被隐蔽起来，它当作货币看的性质，就被发展起来。它愈是货币，就愈不是商品。货币与商品是在对立的情况下，发生关系。也许就因此之故，一般人，甚至一般经济学者，就把货币看得与商品没有何等本质的联系，以为货币是可以离开它现实的商品的基础，而观念的存在。所谓"货币国定说"的根据就在此。纸币更给予这种学说以有力的支援了。

其实，当作货币看的贵金属，已经在货币形态上，已经取得了社会一般等价物的地位以后，虽然像是把它原来的属性排除了，而与一般的商品处在对立的地位，但它之所以取得一般等价物的地位，却正好因为它原来就是商品，原来就具有内在价值，原来就是特定社会的劳动体现物，而纸币，它不过是商品经济发展到一定阶段，为了代表金属货币而产生出来的。它是贵金属的记号。它与商品价值的关系，实际可以说是间接的，商品的价值，观念地由金量银量表现，而此金量或银量，则象征地由纸币表现。不过，关于这点，以后还有谈到的机会，这里只须明了货币对商品保有极密切的关联。商品关系愈向前发展，货币也以同一程度发展。商品的发展史，从另一角度去看。也就是货币的发展史。

(二) 货币诸机能的演化过程

商品关系的发展，无疑受了货币的促进，但货币在当作货币看而表现的诸种机能，却显然是在商品发展过程上，逐渐被表现出来的。比如，今

---

① 对于这大体为亚当·斯密所指出的，且大体为属于自然的诸种特质，马克思更独特的从社会的见地，予以补充。他说："一般金属在直接的生产过程中的重大意义，与它们当作生产工具的作用有关。且不论金与银稀少，它们不仅比铁，甚至比铜也柔软，这种柔软性，已经使它们不能宜于这样来利用。……在直接生产过程中金银既没有用处，当作生活资料，当作消费对象，也不是非有不可，所以，不论把多少金银投入流通过程，也不致影响直接生产过程与流通过程。……"（马克思：《政治经济学批判》（中译本），人民出版社1955年版，第116页）

曰一言及货币，就是把它以次的五种机能，作为其观念构成的内容：即价值尺度及其相联属的价格标准机能，流通手段机能，贮藏手段机能，支付手段机能，最后，当作世界货币的机能，这五者，自然不是一有货币，就一齐随着发生的，它们是依客观的要求而逐渐发生的。

诸商品相互比较，相互体现其劳动价值，把货币来作为媒介，作为一般的等价物，这说明货币首先就得具有价值尺度的机能。但在它充作价值尺度时，是把许多商品的价值转化为价格，转化为想象的金量或银量，如说某物值若干镑，其他某物各值若干镑等等。但这若干镑究包含多少金或银呢？例如，包含有多少盎司或两呢？这时，就要求货币有一种价格标准的机能。货币当作价格标准，是以一种金量或银量，计量或测定种种金量或银量。如中国过去以七钱二分为单位来测定银元之类。价值尺度与价格标准，显然是两种不同的机能，但它们密切关联着，颇容易引起混乱。

当货币当作价值尺度与价格标准而作用着的时候，它必然同时要发生流通手段的机能。因为把一定量的金或银作为商品相互交换的等价，那些商品就已经要借货币把它转换一个所有者，即须由货币的媒介，而实行让渡于人；在这场合，货币便是当作购买手段或流通手段而作用着，它这种机能，必然是由前一机能所导出，而且是对于前一机能的完成。

货币既当作购买手段，既能由它取得一切其他商品，乃至取得商品以外的任何为人所欲得的东西，在它本身，就像从外面附加上了一种被爱护，被保存的特质了，这就是它的贮藏机能。

至于货币当作支付手段的机能，虽不一定完全是由它当作贮藏手段的机能而导出，但后一机能的发挥，却显然与前一机能有密切的关系。在流通界，因为买卖往往发生脱节现象：商品被投到市场，一时或不易找到买主；有了买主，也许一时不一定能全部付现，为了较迅速的促成商品流通，货币当作支付手段的机能就被发现了。商品就可以先行让渡，货价则是分期支付，或则是贮存到一定的额数，再行支付。迨商品生产发展到相当的程度和相当的范围以后，它这种当作支付手段的机能，就扩延到商品流通领域以外，而在普通契约上，在地租上，工资上，赋税上，表现出这种机能了。

上述这诸种机能，是货币使用在国内流通领域显示出来的。一旦离开了国境，它就会解除价格标准、铸币及价值记号的地方特征，而再还原为贵金属原来的条块形态。在这场合，金与银的本体，便和金与银的加工结果的铸币，立于对立的地位：后者是特殊国度内的流通手段，支付手段，而前者则成为世界的一般的流通手段，支付手段，和财富一般之绝对的社会的体化物。这种世界货币的机能，在诸民族诸国家并存着，凡有经济交往的一切时代，都曾表现过来，但它的发展，却显然是现代的事。

(三) 不同社会的不同货币机能

在前面，我们说明了货币诸机能发生演化的次第，但我们在这里所当注意的，却是货币在不同社会之同一名称下的不同性质的机能。因为货币虽如我们前面所说，是一种社会关系的表现；不同社会的货币，并不是在冶铸样式、花纹或它所含的成色或重量表示出来；过去许多国家的铸币，也许比它们现代的铸币，还要精致，还要考究。但在这些方面，实在体现不出何等本质的差别。不同社会之货币的真正的差别，却毋宁在其具有不同性质的机能。即是说，同是流通手段的机能，同是贮藏手段的机能，在各别历史时代，是具有不同性质的。

我们知道，以商品流通为其存在前提的货币诸机能，商品连同交换诸方式本身，都是受决定于当时的生产状况。不同社会的不同生产状况和生产关系，只能需要或允许货币对它表现出相适应的货币机能，由是构成不同的货币形态。

我们要把握住了这种机键，然后始能展开中国社会的货币形态的探讨。

二　中国社会的货币的特殊表象

在论究中国社会的货币机能以前，势不能不将中国货币的一般现象，或其对任何其他国家，其他历史时代之货币形态，所表现的不同特征，加以简括的解述。

(一) 银本位制所表识的落后性

在1935年货币改革以前，中国一直是采行银本位制。即在这次改革以后，虽然我们在形式上，对外采行了汇兑管理制，或准虚金本位制，但在国内，还是把银元作为一般流通与支付的价值尺度和价格单位。银本位币制的采行，为什么就在它本身，显示出了货币，乃至货币因以推行的商品经济的落后性呢？这不能单由中国货币的形态孤立的看出，而须从世界各国的币制发展演进史上去得到理解。

在19世纪中叶以前，世界各国差不多都是施行银本位制，而在同世纪末叶及在这个时期以后，各国却因以次的诸理由，都先后改用了金本位制：

第一，白银产量激增，其本身价值极不固定，由是相应减少了它作为价值尺度的功用。

第二，黄金采掘逐渐增多，已够应付国际间贸易债务结算之用。——这一点，似与前一理由相抵触，因为白银因产量激增而否定了它自己作为本位币的资格，黄金逐渐增多，不也会引起同一结果么？金量相对的少，用金作为本位币，还不致供过于求，当然算是一个解释。但最关重要的还是：

第三，黄金有比较大的价值，不仅较能适应日渐增大起来的商品流通规模，且大可减省结算找现的运费和保存的费用。①

惟其如此，各国遂因应其国内经济的发达，和对外的经济交往关系，相率放弃银本位制，其顺序如下：

英　　国——18 世纪末

美　　国——1873 年

德　　国——

罗马尼亚——1890 年

奥匈帝国——1892 年

保加利亚——1893 年

俄　　国——1897 年

日　　本——1898 年

法、意、瑞、比诸国，虽曾组织拉丁货币同盟，施行复本位制，然终归失败，在前次大战中，各国虽相继停止金本位制，但战争甫一结束，又先后予以恢复，（如英美为金块本位制，奥、匈、意、捷为金本位制，而德、瑞、比、智利等国，则实行虚金本位制。）至1927 年，连印度亦行金块本位制，1930 年，全世界只有三个用银国家，即墨西哥、西班牙、中国。

综观上述各国货币本位制变革的一般趋向，就知道它们脱离银本位制，大体与它们的商品经济的发展状况，保持了相当密切的关联。在主要诸资本主义国家中，英国最为先进，它采行金本位制也最早；俄、日等国较为落后，它们采行金本位制也较迟，今日中国还采行银本位制，这就是

---

① "随着流通中的商品价值总额的增加，各国总是觉得用银计算比较用铜方便，用金计算比较用银方便。国家富了，就使价值较低的金属变成辅币，使价值较高的金属变成货币。"（马克思：《政治经济学批判》，人民出版社 1955 年版，第 123 页）

表示中国的商品货币经济，还是留在不十分发达的阶段。

(二) 币制的不统一与不确定

与落后的银本位制相关联的，就是货币种类的凌杂，和各种货币单位的参差和不确定。经济落后才采行银本位制；也因为落后经济不能不转入国际商品经济漩涡，不能不引起新经济关系的冲突，致不克形成一个有系统的银本位制，而从以次几个方面显出混杂与矛盾。

1. 现代性货币与封建性货币的对立——这种对立，曾经明显的表现在银元与银两上。直至 1933 年废两改元止，银两还被一般有封建性的旧式金融业上，赋税上，乃至一般较大规模的传统性的交易上，作为核算标准。随着交换关系的发展，那种核算的不便，渐使新式银行方面发行的，以银元为单位的银行券，日益得到社会的支持。不过，在银元本身，已经杂有成色不同的各种洋钱在行使着。特别是通行于沿海各地的毫洋，它又对大洋异其成色，至于当作辅币用的铜币，全国各地几乎都有它们各别的类型。这种辅币的普遍存在，一方面当然是因为它适合于都市的，特别是在农村的劳苦大众的低微购买力，同时也因为各地方的封建势力者，特别愿意把这种轻易铸造的辅币，作为最有利可图的榨取工具。

2. 政府货币与私人货币的对立——这种对立，原可并合在前一项下说明，因为私人而有货币权，当然是属于封建性的东西。但这里主要是就纸币立论。本来现代性的纸币的发生，是由于商品经济发展到了一定阶段，为了流通上的便利，才以贵金属为基础而发行的，即是，纸币只是在一定的商品流通关系下才能作为代替金属的职能而产生。但"在信贷制度完全不发达的国家，如在中国，虚价纸币在很早以前就已经出现了。国家可以任意浪费，不加计较，因为它除了皮币和纸币以外，并不要花费，也不铸造什么其他的货币，……这些货币它要通行于全国，通行于各省。他不制造金币，也不制造银币，正如孟德维尔所推想的那样，他因此可以漫无限制的任意挥霍"。这表示，中国之有纸币，由来已久。那不是由于商品流通便利上的要求，而是由于国君或皇帝有了任意发行纸币的权力。但当国君或皇帝行使这种权力的时候，他的臣下，小诸侯们，乃至夤缘贵介的地方势力者，都仿样滥用起这种权力来。降及现代，甚至到了晚近，国家不但没有完整的造币权，且也没有统一的发券权，在政府方面，各省市，都有库券或官票之类的纸币通行。就是晚近颇通行的银行券，1935年币制统一之前，一切较大的新式银行，都取得有发券权。下焉者，甚至私人商号，三家村镇的小铺店，亦可漫无限制的发行铜元券。

3. 本国货币与外国货币的对立——照一般经济常识说来，代表金属的纸币，固不必说，就是铸币本身，一离本国，就只能当作金块银块行使。然而外国的货币，无论是铸币抑是纸币，都在中国有效的推行。如墨西哥洋，老早就在中国，同其他充当本位币的所谓银洋，同样流通着。而外国的纸币，较之本国较有信用的银行券还更为一般人所乐于接受。至于国内各别壤接各帝国主义国家的省份，如过去东三省、山东，乃至福建诸省之于日本纸币，广东、广西之于香港及大英帝国纸币，云南、广西之于法国纸币，新疆之于俄国纸币，反比对于本国较有信誉的银行券，乃至银元银宝，还有更大的信用，这种种外国纸币，不但行使于中国流通界，甚且被国人当作绝对财富本身，而予以贮藏。

（三）货币的种类数量及其演变消长关系

如上所述，中国的货币种类，可以说是至为繁多。但货币种类的多，并不能表示流通货币数量之多。恰恰相反，惟其种类多，惟其相互对立的限制和抵消，其总的额数，是无法增多的。而且，每种货币，既都有其地域的、封建的乃至帝国主义的背景，其通行的范围，自不得不受其背景的限制。所以，偌大的中国，直至1932年底，所有外商银行在中国发行的钞票，折合国币5.6亿余元；而中国主要新式银行至1934年，其纸币发行总额，尚只5.83亿余元，再加全国省市银行纸币发行，约计1亿至1.5亿元。此外，如商号小铺店之私票，因大体为铜元券，其总值额当不甚巨，恐怕最多也不会超过数千万元之数。当然，在这总和十数亿的纸币而外，还有大量的银币、铜币在流通着，但在劣币驱逐良币，或硬币在紊乱情形下，必会散藏在民间和集注到银行库存中的场合，出现流通界的铜币和银币的总额，就似乎不会很多。

把现实的商品经济发展的限度，或其对货币要求的限度抛开不讲，货币种类繁多，既然不免限制同种类货币发行的数量，反过来，货币种类的减少，就似乎大可引起同种类货币发行数量的扩增，近一二十年，中国货币已渐走上了单纯化的路。在第一次世界大战的过程中，中国国民经济已有了相当程度的发展；与这种情势适应着，中国的新式金融业务，不但对于国内封建的地方的货币，取得了优越地位，即对帝国主义的货币，亦渐有予以驱逐的趋势。比如，以全国货币金融集中的上海一地而言，清末外国银行纸币流通额，计达国币一亿数千万元，至1934年，仅及300万元。又在1910年前后的上海纸币流通额中，百分之七十为外国纸币，至1934年，则在全流通额3.23亿元中，中国银行券竟达百分之九十九，外国银行纸币仅达百分之一，此种消长关系，盖由于以次诸原因：

第一，一向仰外人鼻息的中国银行业，在第一次大战过程中，由于国民经济稍形发达，相应着，由于战后收回国权运动的昂扬，致使一般金融业者乃至企业者，都觉得非自主独立起来，不足以摆脱外人的控制，这种自觉要求，对于银行业的促进，有了莫大的效果。

第二，前次世界大战发生，许多外商银行倒闭，自是一向崇拜外人的有钱人，开始对它们的银行或纸币的信誉，发生了疑虑。

第三，国内银行渐趋稳固，信用日渐扩展。而一般旧式钱业，对较集中的，经营技术较新式的，资金较丰厚的金融业的竞争失败，也大可增加中国银行界对外斗争的声势。然而，

第四，在另一方面，到了帝国主义重又为经济大恐慌所苦恼的战后1930年前后，帝国主义者为了控制中国市场，并稳定其商品的经常出路，已感到非安定中国货币不可，已感到非改革危害商品流通的中国杂多货币现象，使其逐渐单纯化不可。"废两改元"的成功，新货币体制的实现，都可由此得到一部分或大部分的说明。

三　中国社会的货币的诸机能

我们已经确定的表述过：一种社会的货币形态，对他种社会的货币形态的区别，不在货币本身具有如何不同的样式，如何不同的内容，而在其具有如何不同的机能。所以，我们要透过上述诸表象，来考察中国货币的本质；最好是把中国货币的诸机能，分别加以分析，看它与资本主义国家的货币机能，具有怎样不同的性质，或者，看它们是否能成就资本主义的货币的任务。

（一）当作价值尺度与价格标准来看的中国货币机能

在商品生产社会，是把生产价格的腾落，当作生产者测知什么对社会需要，需要若干或不需要的唯一可能的测度规准。而要使此种规准发生效用，首先必须当作价值尺度与价格标准的货币，在它本身，有一个确定的，能成为一般社会都能据以交易，据以支付的准则。而上述的中国货币诸表象，显然不易或不曾成就此种机能。

中国的货币是多种多样的，而且它们各别的价格标准，又至不划一。不统一不确定的货币，首先就会给予商品生产者以成本计算上的妨阻。他要从较大市场的极其掺杂的货币关系中，去测知其需要的限度，也极其困

难。而且，特殊地方或特殊势力的货币权的控制者，很可能按照他们自己的有利打算，随时把货币的价格标准予以变更；事实上，他们确也常在变更。甚至有意的或有计划的把他们的货币，贬价到一文不值的地步。

自然，当作中国本位币的银元与银两，曾在较大的市场，较大的范围，较大的交易规模上，尽着价值尺度或价格标准的功用，但近五十年以来，世界银价的变动，是异常之大的。而特别在不产银而用银的中国，随时都在遭受世界银价变动的影响。不错，银价的涨落，对于以一定银量作为价格标准的这件事，应无大碍，换言之，就是那仅有碍于价值尺度机能的完成。但我们已经知道，中国一般零售的乡村的市场，都无异于把辅币作为本位币在使用，银价一变，银币对铜币的比价，即所谓洋价，（即以银币购买铜币的市价）就要发生搅扰的影响，使它不易有效执行价格标准和价值尺度的机能。

而且，世界银价的变动，并不尽由于银矿开采的难易，影响供需状态，同时还更掺杂着各帝国主义国家间之货币斗争的内情。把这种事实和它们各别对中国施行的货币政策（局部的操纵与全面的把持）权度起来，就知道中国即使采行所谓汇兑管理制，在它对外不曾取得经济的独立自主权的限内，它的货币的对内对外价值，是一直在波动着，一直难得成就需要有统一性与相当确定的价值尺度的任务的。

然而，像中国货币所表现的价值尺度与价格标准的这种机能，在一方面，尽管如前面所说，太不够配合资本主义的商品经济的要求，但在另一方面，却又正好是对于小商品生产的落后经济和对外依存性经济的配合。因为价值尺度与价格标准的不确定，不正好是各种特权借以施行经济及经济以外榨取的有效手段么？

（二）当作流通手段来看的中国货币机能

"推动一国商业所必需的货币，有一定的限度和比例。""多于此或少于此，都会阻碍商业，阻碍流通。"从这种事实当中得出了一个法则，即"流通手段的量，定于流通商品的价格总额，与同名称货币流通速度之比。"不过，这个法则的应用，有一个前提，就是当作流通手段的货币本身，要能有效的执行其当作价值尺度与价格标准的任务；否则这个法则在应用上，就需要修正。也就是说，这时货币当作流通手段的机能就难免受到其当作价值尺度与价格标准的不健全条件的影响，更根本的说，即难免受其不完备的商品生产形态的影响，而现出极大的特殊性来。

中国的经济，因为愈来愈益转入世界商品经济的关系中，即使大体还停留在单纯商品经济阶段,但除了自给的成分以外,其余流通起来,都是需要货币的。而中国货币的当作流通手段的机能,自然要从这种流通关系上表现出来。

中国商品经济成分,无疑在日益发展,其所需流通的货币额亦在以相当的比例增加。但如我们在前节所指明了的,直至1932年前后,中国流通界的全部货币额,除了十数亿纸币而外,就是估计与此纸币额相差不多的铸币,两者加计起来,不过二十余亿而已。以如此少量的货币,(与任何一个现代国家所发行的货币数量比较起来)周转中国偌大市场的商品流通,似乎要给人以纳罕的印象,但把中国社会的自然经济仍占着极大比例的情形一加考察,又毋宁觉得是当然的了。

我们知道,商品经济发展的主要原因之一,就是由于货币的促进。而中国货币的上述诸表象形态,如币制的不统一不确定,却又从多方面来阻止商品的货币化,和货币的商品化。结局,原本可能而且需要加入流通过程的生产物,和原本可能而且实行加入流通界的货币,当被货币本身条件的不健全所阻滞。以致助成整个农村的金融枯竭情形,以致助成正常交易歪曲化。如像"预买""预卖"的交换方式,如像以物还物的贷借方式,一方面正苦于货币的供给不够,同时又排斥货币,或大大减少买卖转手所需的货币额,这一来,原来可以促成生产物商品化,或商品加速周转的货币,却反过来,使许多商品化成分,逆转为自然经济成分。

自然,对于流通关系的促进,币制本身的健全,只是一个因素,要这种因素发生积极的作用,需要一个统一政权,在治安、交通、度量衡及国内自由市场诸方面的相应设施,为其前提的相辅而行的条件。而这些条件,直到此次抗战发生时止,虽然表面上已经相当进步了,但一般说来,这些方面对资本主义商品生产与商品流能所要求的限度,还有颇大的距离。因此,需要以这些方面的成就,为其流通活动前提条件或辅助条件的货币,就只能在它们的成就所允许的范围内,发挥其流通手段的机能了。也就是说,中国货币在作为流通手段而作用着的时候,它是不能不以中国社会的商品生产形态和流通形态的发展程度为其限界的。

(三)当作贮藏手段来看的中国货币机能

货币从它当作流通手段而发生作用以来,就相应发生了贮藏机能。这种机能,又是与它作为流通手段,乃至作为价值尺度的机能相适应的。

在商品流通极幼稚的阶段,仅有使用价值之剩余化为货币;在货币或金银已经成为富之社会表现的限内,那种剩余之卖者,就是货币贮藏者,这算是最素朴的货币贮藏形态。往后，商品流通推广，货币当作一般等价物的社会的权力增大，贪得货币的欲望也随着增加了，由是，以前以为金银贮藏的增加，即是价值的增加的想法，到这时，已经感到可以投出货币，通过流通，换回更多货币的重要了。接着，就认定：要向流通过程取出更多的货币，就非在生产过程生产出更多的商品不可。到了这一阶段，原来的货币贮藏机能，就为货币的不断投出所掩蔽；而更机心更狡黠的贮蓄货币的贪欲，就为"为社会服务"的大量投资所掩蔽，以致在这一阶段的货币贮藏，仅在要求积得一定生产规模所要求的额数，仅在要求积得一定期内，为了某种支付而需求的额数，在第一阶段，是前资本主义社会的货币贮藏机能；第二阶段，是现代初期货币贮藏机能；第三阶段，是现代初期以后的货币贮藏机能。

把以上这几种货币贮藏形态辨别清楚了，始可进而观察中国货币所表现的贮藏机能。

当作贮藏手段的机能来看，中国货币会给人以极不明确的观念。首先，在传统自给的生产方式，还占着支配地位的落后地方，一般人的固定的有限的欲望，使他们把使用价值之剩余换得的货币，（银元、元宝或铜币）从事素朴的贮藏。这趋势，由无信用的各种纸币的泛滥，益使人民相对的把硬币看得贵重。窖藏习惯，就这样直到最近还被保存下来。

在流通比较发达的地方，也就是到晚近来，银行券比较能通用的地方，留着硬币窖藏起来的习惯，是比较冲淡了。一般市民已渐知道把货币死藏，不如把货币活用，可以变成更多货币。但要活用货币，最好的办法，应当是把它变成生产资本；其次，就是变成商业资本。如前一种变法，感到麻烦，且由经验证示不一定有利可图，而同时，对于后一种变法，又认为不大适合个人的兴趣和社会地位，在这场合，旧式钱庄和新式银行，便用较高的利率，为他们解决活用资金的困难了。结局，钱庄及银行，特别是近十数年来的银行，便成了都市居民贮蓄起货币的大蓄水池。而这也正是晚近银行业颇为发达的主要原因之一。

至于一般特殊有钱的人，无论他们的钱，是用地租，用赋税，乃至用任何原始积累方式得来，他们除了也用钱庄银行，作为其一定期内贮蓄的场所外，那种贮积，虽然也在发挥货币的生息机能，但其最后目的，却反而是在为蓄积起一定的大额数，俾能达到外国银行存款要求的最低限额（如汇丰银行的汉口分行，有一个时期，便以 10 万元为最低标准）。最奇怪的是，外国银行的存款，有时不但没有利息，反而要缴纳一定的保险费。在这场合，货币就不仅表现出了最素朴的贮藏机能，且变态的表现出反贮藏机能。即是说，这种形态的贮藏，不是为了积累更多的货币，而增加其总价值，却是为了保存总价值，致不惜牺牲其中一部分的价值。（事实上，许多军阀政客们的外国银行存款，往往被借口全部没收去了。）与这种贮藏方式相关联的，就是国人在外国银行保险箱中所积存的大量外币。这种贮藏，更显然是要纳保险费的。

此外，还有一种被视为素朴贮藏之变种的货币贮藏法，那就是以种种色色的金银装饰品来保存货币的办法。这种贮藏，在一切落后的民族间，实行得非常普遍。他们有时竟是采取这种贮藏方式，来对抗币制上的金银国有的措施，在1935年新币制实施以后，国内这种贮藏方式，是随时可以见到的。

自然，在商品货币经济已经有了相当发展，商工业特别是商业已有了相当基础的情形下，货币至少有一部分是为了积得一定事业规模所要求的额数，而被贮藏的。但即使把这种事实的重要性强调起来，在大体上，亦只能证示中国货币的贮藏机能，还逗留在上述第一阶段和第二阶段，至第三阶段的货币贮藏机能，不过略具一些萌芽而已。

（四）当作支付手段来看的中国货币机能

货币当作支付手段而作用着，那不是始于现代，但到了现代，它这种机能，始特别发达起来。

在古代及中世，货币的支付机能，主要是表现于借贷关系中。虽然在某些场合，那种借贷关系，还是由商品流通关系或买卖关系所引起，但当时的商品经济发展程度，还不够使货币扩大它这种机能，即在流通界本身，亦不允许它具有发展它这种机能的机会和条件。所以，古代及中世的货币支付机能，主要是从当时表演得最激烈的债权者与债务者之间的斗争中，而得到理解：到了近代初期，商业活动推广了，一切支援商业的诸般条件（如治安、交通及货币本身）都渐渐改善，货币用作支付手段的机能，遂逐渐把重心，由借贷关系移向流通关系中了。降及商品生产发达的现代社会，一切生产出来的，都须卖出，一切用以生产的，都须买进。一方的买进，即他方的卖出。如卖出发生问题，买进亦生问题。而一般商品因为生产经历的时间有长短，生产依赖的季节各不相同，生产出来投出的市场有远近，于是就需要在卖出之前，能够买进，在购买之后，再行支付了。这样，货币的支付机能，乃随商品生产与流通的发展而益扩大；反过来，得到了货币这种机能促进的商品生产，可为流通领域以外的雇佣劳动关系及租税关系等等，造出货币化的前提来。至是，换物性乃至义务性的劳动、实物地租等等，始都可能转化为货币支付了。

中国的货币的支付机能，首先，从货币本身的不确定性上，就受到了妨阻。货币在作为价值尺度及价格标准的作用上，没有准确性，对于充当流通手段或购买手段，已感不便，而对于充当支付手段，就更加困难了。比如，以100元价格脱售的物品，假令在约定付款的3月后，银价跌落，卖主固应按照跌落的程度蒙受损失，若每元所含的银量，或银的成色又减少了，那个损失就可观，仅就这一点说，赊物到了一定期间后取偿货币，就不若取偿物品，对于出卖者有利。设我们把银价在近数十年来，一直在下跌；和那些货币操纵者，一直是以减轻本位币或辅币所含银量铜量为有利的事实，加入考虑，则信用出卖者排斥货币支付机能的可能性就愈大了。

然而，货币关系的发展程度，是与整个商品生产的发展相照应的。在商品生产的初期阶段，商人资本，即在中国的买办商业金融资本，还在演着支配的角色。商人为了便于垄断，在流通过程中，把高利贷业与商业结合起来，使买与卖的关系，颠倒的表现为债权者与债务者的关系。在这里，货币所表现的支付机能，不是在商品让渡后支付，而是在商品让渡前支付，购买者不是债务者，反而是债权者了。在生产受到这种约束的情形，即商人以"前定"或"预买"等方式控制着生产者的情形下，在流通界本身固不易发挥货币的支付机能，而在限制范围以外，在工资形态上，在地租形态上，甚至在本格的借贷形态上，亦都不免遭受限制。

我们知道，货币在工资上表现的支付机能，必须依雇佣劳动关系的发展情形而相应增大。而雇佣劳动的发展，又显然是以商品生产发达程度为转移的。中国的商品生产，显仍被滞阻在落后状态中。雇佣劳动在数量上固不易扩增，而在本质上亦非常变态。家属的，隶属性的固不必说，以物支付的，以劳动偿付的，以劳动换畜力的，以赊卖方式事先支偿的，种种色色的工资支付方式，都在排斥货币在工资支付上发挥其支付机能。

在工资上的这种情形，在地租上也是会碰到的。在中国这样一个佃农制发达的国家，如其地租用货币支付，自然会大大扩展货币的支付用途，但这是不可能的。"只有在生产基础上，更严格地说，只有在资本主义生产基础上，地租始能发展为货币地租。"——中国的资本主义生产，在工业上，特别在农业上，是还不曾脱出极幼稚的阶段的。

不错，我们的赋税的贡纳，早就采取了货币支付形态，这对于货币支付的用途，不啻开辟了另一个通路。事实上，中国的商品经济的形成，也许为缴纳赋税，（正规的乃至额外的）而不能不把原生产物投入流通界，是一大促进因素。在这种限度内，加重加繁赋税，似可相应的促进商品经济的发展。但在另一方面，通过赋税，通过其他相类似的经济外榨取在生产上造成的破局，却又不能不使中国的商品经济，从而，中国的货币支付机能，限定在极狭的范围内了。

（五）当作"世界货币"来看的中国货币机能

中国是用银国。当作本位币的银元，（以前是银两）一离开了本国，就要失去它的价格标准的机能。多少纯银构成1元，在世界商品市场上，没有计量的必要。对于世界市场上的任何商品，它是以原来的条块形态，原来具有的内在价值，来与它们对立。如银多少盎司，值一件大衣，值几磅铁之类。即使在实际的对外经济交往上，先要通过外汇市场，用多少元，换多少镑或多少马克，再拿去购买英国的大衣，德国的铁，则在这场合，元对镑或马克的比价，是就元中所含的银量，来与镑或马克中所含的金量来测定的，即是由银对金之相对价值的比例来决定的。在这里，银元是当作对外的价值尺度，而同时，在其对极的镑或马克，在其用以购换银元的限内，同样是当作对外的价值尺度。

中国货币在这里与外国货币没有什么不同，不过，其相同点，却以此为限了。

1933年美国开始提高银价以前，银对金的比价，差不多几十年中，一直在跌落。银价跌落，意在说明中国对外购买力的减退，可以在相应限度内，阻止输入，并增进输出，从而，可以在相应限度内，促进国内的生产。但在事实上，中国对外贸易上的入超，却并不曾因此减少，且续有增加；同时产业方面的情形，亦不曾因此好转。自美国1933年提高银价以后，用银国的购买力提高了，国人从乐观方面立论者，又以为如此将能廉价购买机器，得以较少银量，偿付对外赔款、债务及入超额，而大有助于经济的复兴。

其实，一国产业的发展，货币对外价值上的变动，仅占其中诸般促进的因素之一。而且，货币对外价值变动，是否有助于一国经济的繁荣，要看那种变动，是出之于主动或被动。如能把货币作为对外斗争武器，货币权操之在我，则其对外价值之涨或跌，均可于自己有利，否则在被动状态下。听人促弄摆布，其涨固不利，跌亦不利。

在现代对外的经济斗争上，关税权是第一个武器，货币权是第二个武器；在关税权没有保障的情形下，货币权的运用，已大受限制，而中国货币制本身的缺陷，特别是整个中国经济对外的依存关系，货币就不但不能进攻，且不够用以防卫，甚且还太阿倒持的被外人利用为破坏本国经济的手段了。

一个经济发达，对外有了信用的国家，货币对外并不是充作购买手段，而宁是充作支付手段，而其支付，又主要是为了应付贸易的差额，中国货币的对外支付，除了经常的大量入超外，还更重要的是为了政治性的赔款和债务。外人在中国的经营所得，服务所得，当然在对外支付上，是一个重压。至于国人在外国银行的大量存款，表面上像是可借以抵消对外的债务，但如我们前面所说，那大量资金的流出，却并不是为了对外从事长短期的放款，却是为了用作赔款保险费的贮藏，为了狂乱消费，为了供外人以在中国商品市场、汇兑市场，扩大投机榨取的资金。

照理，以一个经常入超，又有偌大债务关系及其他对外输贡关系的国家，每年是应有大量白银流出，以资弥缝的，但自1918年以来，中国的白银，常为入超，至1928年以后，入超额虽续有减少，降及1932年，甚且还有数千万元的出超。然以此比较上述诸般对外支付，却宁会给人奇异的感觉。事实是这样的：我们经常在借债还债，我们有大量的华侨汇款，此外，外人在中国由一切经济的非经济的榨取关系的所得，都按照他们把资金投用在最有利地方的原则，继续投用在中国了。在他们操纵中国金融，操纵中国外汇市场的情形下，中国货币对内对外的运用，都受到了歪曲和阻挠，我们在对外关系上，不但不能执行有利于本国经济发展的货币政策，反而要执行一些对于本国经济发展不利的货币政策了。

四　货币改革与特殊的货币运动倾向

上面表述的中国货币诸机能，显然是通过中国社会关系，通过中国社会的生产条件与交换条件而发生的。在商品经济的总的表象中，一方面是商品运动，另一方面就是货币运动。货币诸机能的发挥及其体现，并不是也不可能由商品生产及交换关系的外部投入或发生，而是从商品经济活动的内部表达出来的。因此，我们在某种限度内，尽管可以认定货币本身的不健全，成了商品经济发展的一个障碍，但却不应过分强调的说，我们商品经济关系的不发展，主要是由于我们的货币在促成商品流通，促成资本周转的圆滑进行上，没有尽着现代的机能。我们这样设想，很容易发生这样的错觉，以为货币本身一有改革，一切原有的货币机能，会从根改变，整个商品经济会跟着发展起来。这错觉一直支配着我们的经济学界，到现在，大家还有意无意的把社会经济上的改革，缩约在货币的"变革"的努力上。其实十余年来的现实经验，早把这种错觉，证示得明明白白了。现在且来考察一下货币改革以后，我们在十余年来的货币运动上，发现了怎样特异的倾向。

　　1935年所成立的新币制，在中国货币史上，总算开了一个新纪元。新币制的最大特点，无疑是把白银在国有方式下集中到政府手中，政府主要的用贮积的白银作为准备，发行流通券来流通。这种措施，把原来银本位的许多缺点，部分的改正过来了。以前杂多的货币，阻碍流通，阻碍发行，现在货币统一划一，流通的范围逐渐扩展。在全国较大都市及较便于交通的区域，固不必说，就是许多落后地带，一切封建性的地方性的，乃至私人性的铸币及纸币，都逐渐被中央的银行券及辅币所代替了，纸币发行权，铸币铸造权，已大体被统一于中央政府，于是我们的货币，至少已取得了现代型的外观。

　　我们是无须在这里详细分析这次货币变革其所以成功的国内国外的原因的，但沿着我们前面的论述程序，我得指出，货币如此的改革，在当时经济极度恐慌，和商工业异常不况的情形下，与其说是由于适应商品生产交换关系发展的要求，毋宁说是想借此改进财政金融乃至国内外商业的不况景象。这只要我们回忆一下当时白银大量输出，入超逐渐增加，和为经济恐慌长期困扰，希望借着稳定中国币制，以增进对中国输出的国外资本的如意打算，就可见一斑了。

　　惟其如此，不管大家怎样强调着，说币制改革后的长期抗战乃至抗战结束后的全面动乱如何把新币制促进生产发展的作用减少了，但这是一件不能证明的事。而事实为我们确定的证明了的，却是这种只在形式上取得了现代外观的货币，在十余年来的战乱过程中，似乎只发挥出了与它的外观颇不相称的本质。

　　它的第一个本质的表现，就是与中国历代传统政治有关的财政的性格。专制政治的权力，就通过货币发行在经济上表现出来财政发生困难用货币来弥补；所谓国家银行的增资，或国家银行对于私人银行的加股，也是靠发行货币，由于发行货币比较其他任何征敛方式容易，又进而不惜任意膨大财政的支出，为扩大买办官僚资本创造机会和条件，这样使货币的财政性格愈来愈明显了。在长期战乱的当中，大家很有理由感谢货币改革，说货币改革的结果，使我们借此渡过了种种财政的危局，但迄乎今日，我们又似乎已经深陷在这通货膨胀的泥淖中，而更有理由说，如其不是由于货币改革增大了通货任意发行的可能，当前的经济危机，也许不会演变到如此深刻而沉重的程度。尚不止此。

它的第二个本质的表现，就是与中国现代经济特质有关的商业的性格。我们已讲过，货币运动与商品运动原是互为表里。货币与商业的依存关系，是非常明白的。但现代货币对商品对商业周转的最后任务，乃在加速资本的周转，成就生产的功能。由货币资本转化为生产资本，再转化为商品资本，最后复转化为较大货币资本。在这种周转行程上，货币是作为引出生产扩大生产的环节。但在生产的其他社会前提条件不曾具备的情形下，货币实质上，仿佛只是为了对商业的服务。而因了财政要求，不绝大量发行，且依发行增大比例而不绝相对减低其价值的货币，一直都挤塞在流通界，加强商业资本的活动，结局，就更加强化了那种趋势。

货币服务财政，服务商业的上述特质，严格讲来，正好是一个现代商品生产不发达，仅在外表上改变了货币形式的必然结果。然而，由于货币的统一发行，货币流通范围的推广，却更明显的给我们认识到它的以次诸特殊运动倾向：

第一，货币的发行，愈是财政的，它照着其内部发展的趋势，便必然愈是商业的。一国的财政支出，主要依靠通货的发行来弥补，一方面，已说明它的一般国民经济的落后，生产的不发达，税源的缺乏；另一方面，又说明它的支出，是不生产的，是任意的，是毫无节制的浪费的，是在受着发行便利的鼓励。在生产不发达的基础上扩大消费，无论那消费是采行观兵用武的方式，抑是大兴土木讲究排场，讲究享乐的方式，都必然是增大武器与奢侈品的输入，又必然是以种种原始方式去勒索强购原料品半制品以资弥缝，因之，这样疯狂的膨大发行的货币，就仿佛只是用来分散舶来品和多方征购原产物，换言之，只是作着单纯流通上的契机，只是单纯服务于买办商业。

第二，货币愈是依上述的定律，挤塞在流通界，它原有的一切落后机能，便愈加会暴露出来，对于它形式上的统一，形式上的现代化，表现出尖锐的矛盾。照一般货币运动的法则来说。非流通界所需的货币或法币，会不停留的在流通界奔走，在继续贬价中的法币，是很少有用它来贮存的，而同时在支付上，亦必逐渐造出否定货币的事态。试想，我们的地租，即或原来有若干成分货币化了的，已早回头来实物化了，此外，如工资，如债务，如薪金，各地已在不同程度上采行实物支付的形态。在城市，外币黄金在或明或暗的代行着法币的职务，而在离城市不远的乡村，几乎通例是用旧来银元作为经济交往的价值尺度和价格标准。照现状发展下去，法币就连它单纯对商业服务的功能，也不易保持了。

第三，货币愈在流通过程中作着加强商业资本的不正常活动，社会一般商品（不管是舶来的抑是土产的）的流通买卖，就愈加不是由生产者依成本来作着价值价格的评定，而愈加是由商人特别是由拥有政治权力的特种商人，依他囤积居奇的本领和贪欲来任意升降，结局，生产者被商人，从而被高利贷者被特种官商收夺的倾向，便愈加明显，生产者要图自救，就只有自己整个的或部分的商人化，而社会资本的运动倾向，就大体由这种货币运动中，决定其命运了。这是我要在下一篇交代清楚的。

中国社会的资本形态

一 资本及有关资本发生发展的总概念

论及中国社会的资本,正如同我们论及中国社会的其他经济形态一样,首先须得对资本一般,对资本本身,及它的形成和发展,有一个清晰的概念。尽管我们所要说明的,是中国社会资本的特殊性,是它对一般先进国家的资本形态,有如何不同的特征,但正因为如此,我们就必须在"同中求异",就必须避免孤立考察法。疯子的变态,是在正常人的生理心理状态下显示出来的。

关于"资本"这个名词,几乎每一个经济学者都有它的解释。看以次几位权威经济学者的说明罢:

亚当·斯密(Adam Smith)——把一般资财中,用以获取利得的那一部分,定义为资本。

罗贝尔图(Rodbertus)——"资本(原料与工具)就是帮助再生产的生产品。"

庞巴维克(Böhm Bawerk)——"资本是各种以生利为目的的财货。"

他们的说明,大体会使我们得到这样的印象,好像他们关于资本的认识,并没有他们的立场,他们的学说整体,那样歧异。他们甚且是一致的不够充分,不够明确。

我们知道:资本可以在货币形态上存在,可以在生产资料消费资料的形态上存在,也可以在完成了的商品形态上存在。但货币也好,生产资料消费资料也好,乃至生产出来,准备拿去出卖的商品也好,不但不能孤立的成为资本,且都可以不是资本。因此,资本之较深一层的理解,竟可以说:"不是物件,而是以物为媒介的人与人的关系。"这样说,在一般非专精经济学的人看来,也许太抽象了,但在实际上,货币是要在贷者与借者间,结成了借贷关系,使贷者有权向借者索取利息,始成为资本;又如生产资料,要在它把资本家与劳动者结成了雇佣关系,使雇主有权向被雇者勒索利润,始成为资本。因此,我们不妨这样定义:"资本是在一定社会关系之下,使其价值增殖的物质手段。"

资本尽管如前所说,可以在货币形态上存在,亦可以在货币以外的其他当作商品,当作生产资料的物质形态上存在,但在货币作为一般等价物的限内，资本的具体表现，即其价值的增殖，却始终是把货币作为其全运动过程的经纬。资本关系是离不开货币关系的，正因此故，资本并不是可以突然在任何社会都可以发生的。如其说，资本必须透过货币而显现其作用，我们就不妨由货币关系来追溯它的起源。经济史学家告诉我们："在资本、银行、雇佣劳动等等存在之前，货币能够存在，而且史实上是存在着。"这原因，就是由于货币是简单商品流通的必然结果，而它在当作简单商品流通之必然结果产生以后许久，还一般是当作货币，而不曾取得资本的形态。货币发展成为资本，一定要货币本身，已渐具备了货币的条件，已渐从一般商品分离开，而具有它作为一般等价物的机能，也就是说，一定要商品流通，从而，商品生产，已达到了相当水准。

当作货币的货币，与当作资本的货币，是以商品流通形态来区别的。

为买而卖，即生产者把自己的生产物拿来出卖，再把出卖所得的货币用以购买自己所需的他人的生产物，在这场合，货币是当作货币用的，货币仅尽着媒介的机能。与这种为买而卖的流通形态相对立的，还有一种为卖而买的流通形态，那是货币所有者，用他的货币购买某种货品，但他购买商品，不是用以供他自己直接消费，而是为了转卖给他人，在这场合，他的货币，就不是当作货币使用，而是当作增殖价值的手段使用，即当作资本使用。

在社会经济发展的过程上，商品流通愈由"为买而卖"的形态，发展转化为"为卖而买"的形态，货币就相应着，愈加有不是当作货币使用的可能，即愈加可能当作资本使用，愈加会资本化。

不过，所谓资本，大体可以说是具有三个形态，一是生息资本形态，一是商业资本形态，一是产业资本形态。前两种资本形态，是所谓"洪水期前的"资本形态，单有了商品流通关系即可存在，所以，高利贷业及商业，曾在有了简单商品流通以后的各历史时代存在着。它们可以不通过生产领域，而在生产领域以外活动，从外部来加生产以压力或推动力。但所谓基本的资本形态（即产业资本），则与他们不同，它的每一个关节，都同生产关联着。生产的诸要素的形成与发展，就是它成立的前提和发展的限界。

自然，产业资本的全运动过程，也同商业资本或高利贷资本一样，是把货币作为它的起点，但货币所有者，要使他的货币，不当作商业资本或高利贷资本使用，而当作产业资本使用，只有了简单的乃至相当发展程度的一般商品的流通关系还不够，一定要在市场上，发现有以出卖自己的唯一商品即劳动力的自由劳动者。所以，自由劳动者的出现，是货币可能由商业用途，生息用途，移转向产业用途的最先决条件。所以，一个人即使有了"货币，生活资料及机具，如其缺乏劳动者，他就不成其为资本家了。"在现代产业革命的初期，特别是在开始资本主义化的殖民地，如美洲及澳洲，这个经验的事实，是普遍存在着的。而且，在事实上，就个别方面来看，一个人有了货币，有了生产资料生活资料，有时因为找不着劳动者，而不能变为资本家；但就社会全体来看，找不着劳动者，也就等于说，社会的生产资料及生活资料，还保留在一般劳动者手中，还不曾发展转化为资本。因为生产资料生活资料，在它为直接生产者所有的限内，不是资本，在它成为榨取劳动者的限内，才成为资本。劳动者由他自己的生产资料生活资料分离开，而去依赖他人的生产资料生活资料，这事实，不是他自己愿意做的，也不是旁人可以任意命令他做的，其中包含了一个社会关系变革的问题。即由封建制的社会关系变革到资本制社会关系的问题。

在一个已经完成了这种社会变革的社会，前面所述的"洪水期前的"即前资本主义的两个资本形态，都将改变它们的本质，改变它们的形态：商业资本将不复是在生产领域以外独立活动，它会成为总生产过程中，帮助产业资本周转运动的一个重要因素或关节，由产业资本活动形成的流通，便被吸收到总生产过程中，而由产业资本的规模和运动规律着制驭着；而在商业资本完成这种转变的过程中，生息资本同时亦逐渐扬弃了它的高利贷形态，而变质为银行资本形态，它由生产迫害者，一变而为生产的助成者了。它们在这种转变下所成就的，对于产业资本的关系，如其说前者即商业资本，是为产业经营商品流通的业务；后者即生息资本，就是为产业经营货币流通的业务了。

这种历史的转变，在任何社会，都不是一蹴可成的，但因为每个社会所特具的自然条件历史条件不同，它们就不但大体完成这种转变的时间有快有慢，其转变所取的方式，亦是极不一致的。关于这点，我们虽不能在本文许可范围内展开说明，但如其说，各别国家的前资本主义的资本形态，足为它们整个社会经济组织的表象，或者，从那种表象，不难窥知它们社会经济的全景；同时，又如其说，它们的前资本主义的资本形态，足以影响它们向着资本主义方面的发展，足以限制着它们转变的姿态和动态，则我们就有理由相信：一个社会不能爽快顺利的成就其历史的转变，它的前资本主义的资本形态，即它的高利贷资本和独立的商业资本的性质本身，实发生了很有决定性的作用；并且，一个社会，如其它不能让产业资本取得支配的地位，它的各种落后资本形态，就仍然要占着优势，产业资本不能革生息资本和商业资本的命，生息资本就无法脱去高利贷的实质，商业资本也无法脱去其独立化的野性，而反过来要革产业资本的命了。

一部世界的资本发展史，在这样昭示我们。

二 中国社会的各种资本形态之质与量的考察

（一）相存并在的各种资本形态

非现代的和现代的各种资本形态，在中国社会杂然并存着。

自然，任何一个高度发达的资本主义国家，它的经济发展，并不是平衡的，它无论如何，还不免残留下一些相对落后的部门或领域，让前期的非现代性的资本形态，仍有寄生的可能。但它的活动范围，是在不绝随着资本主义生产方式的扩大而缩小的。它不但失去了决定的作用，并早改变了原初的姿态。

若在中国则不同，我们已有了现代型的产业资本和银行资本，但我们的前资本主义的诸资本形态，不仅继续发挥决定作用，且还在阻挠产业资本，歪曲银行资本。这是毫不足怪的。前面已经讲过，资本是以商品货币经济的发展为前提，我们的商品，还未脱却小商品生产的阶段，而我们的货币，不但品类繁杂，其机能亦满具有落后的特质。单就这方面讲，中国社会的资本的多样性，已经是有它的存在依据的。

不过，在分别中国社会的各种资本形态的特质以前，有两点须得指明：第一，在中国资本的概称中，原包含有外人资本成分，但本节为了说明的便利，暂把外资舍象去了；其次，这里论及的各种资本，是就抗战以前说的，现阶段的资本问题，将在本文最后予以说明。

现在且来考察现存的各种资本形态的特质。

最先把惹人注意的商业资本加以分析罢。谁都不能否认中国的商业资本，在现代化过程中，附有新的特质。但要检点其新特质，首先不能不对它原有特质有一个概念。中国传统的商业资本，就与西欧各国的商业资本，具有不同的社会经济基础，后者，大体是把领主经济的封建制作为存在前提，而前者则大体是把地主经济的封建制作为存在前提。在领主经济下，土地是不能自由买卖，商业资本不能向土地转化，商人阶级就与领主，从而，商业就与地权，是采取对立的姿态。若在地主经济下，土地大抵可以自由移转，商人有了钱，就容易变成土地所有者，商人既容易变为土地所有者，土地所有者也就不妨或不难转变为商人了，商人同地主就变成了"通家"，虽然不一定就能消除商业资本与地权的根本对立，（如历代在某种场合曾采行重农抑商政策）但那种对立，不仅由此缓和，却还由此引起了商业资本对于其他方面的不同关系。对于高利贷业，它一般是利用来作为其兼并土地的帮手。国外贸易原是商业活动的范围，但一方面因为商人可能取得地权，把它们向外冒险活动的要求冲淡了。同时在同一地主经济基础上建立起来的专制王朝，又可能利用商人阶层因分散在地权上所造成的弱势，而对国外贸易给予了过于严格的限制。商人不易向海外活动，工业对于他，就不是有怎样直接联系的业作了，而况工场手工业形态的企业由官府统制，一般当作农村副业的手工业，更与农业结成自给体，根本妨阻商业的侵入。商人对于生产，似乎只应配合其集中在土地和土地生产物上的兴趣，而注意到土地改良，农业改良的。但在土地容易购得，土地愈多，愈足以表现其社会权势的情形下，他与其用钱去改良土地，就毋宁用钱去购置更多的土地了。

然而在中国现代化过程中，商业资本对于上述各方面的关系，从而，对于它的本质，起了一大变化，土地生产物，已经不是商业活动的唯一对象，地权已经不是很好的社会地位权势的表现，不是接近官场变为官吏的很好把柄了，不仅此也，在社会治安时有问题的情形下，那反而要变成一种危险的累赘。近几十年来，土地集中趋势，并不像过去（在历代王朝衰落期）那样严重，豪商巨贾念头不在此，当然是一个有力的说明，特商业资本对地权的这个关系的改变，是把它对外贸易关系的改变，作为前景。买办性的商业，是中国商业资本新附有的最明朗的性格，商业就不但有对生产事业保持密切联系的要求，而由对外贸易逐渐分解的农工业结合体，亦增大了商人居间活动的可能，在这一转变中，商业资本对高利贷业的关系也有变动了；它以前需要运用高利贷资本作为其兼并土地的手段，而此后则需要运用高利贷资本作为控制生产事业的手段。不但如此，以前对内贸易的规模小，范围狭，所需资金少，旧有高利贷业即可予以调剂，此后商业活动对象加多，范围加广，规模加大，所需资金数量，已非高利贷业所能供应了。这即是说，商业资本又在推动生息资本的变化了。

不过中国在现代化开始以后附加有买办性的商业，毕竟先天的限定了它的变质的限度，它对外做着附庸做着外国产业资本全运动过程中的一个环节，而在其完成买办商业任务的过程中，却不能对国内生产事业立在控制的地位。本来，商业资本愈向农村进出，愈使农业商业化，使农工业分离，由此分解开的自然经济诸因素，便依不可抗拒的理由，得在其他社会条件准备好了的场合，成为产业资本之人的与物的方面之原始积累。商业资本是在这种过渡中，逐渐扬弃它自己的独立的性格，逐渐让产业资本革它的命。但中国商业资本在为外国资本服务这件事本身，就在妨阻中国产业的成长，根本就谈不到为本国产业资本服务了。因此，它虽然在近数十年来改变了中国传统的古典的姿态，仍不能不保留下它前期的特质。而且，这种特质，一找到了机会，或者，一失去了外在的支援，就很容易故态复萌，把它对地权的关系，重又联系起来。

我们讲过，生息资本有两个类型，一是非现代的高利贷资本，一是现代的银行资本。在一个产业革命难产的过渡的社会，高利贷资本和银行资本是并存着的，并且，彼此还会掺杂有对方的性格。高利贷资本在适应新环境的场合，不能不求所以现代化，而银行资本在适应旧环境的场合，又不能不同时具备有与其本质相反的性能。中国的生息资本，也许是最能证验我们这种认识的。不过在述及中国生息资本的特质以前，先须了解高利贷资本与银行资本的不同作用和基础。

一般的说来，在生产领域内，高利贷是以小生产者或农家与独立手工业者为活动对手，对银行资本则主要是以大生产者或产业家为活动对手。作为高利贷资本的货币财产，是由高利贷业者个人自己蓄积得来，而银行资本则是利用社会的蓄积。高利贷活动，一般是在资金不充裕的落后社会，乘借款者的困厄而进行，故利息率高；反之，银行资本活动，则是在资金比较充裕的发达的社会，想借借款者的活力经验与才具而展开，故利息率低。唯其如此，与其说高利贷资本一般会与商业发生较密切的联系，银行资本就必然会与产业资本发生联系。总之，高利贷资本与银行资本，大体是处在对立的地位，而它们的对立，且还是以不同性质的社会经济（封建制的与资本制的）作为基础。一个社会的经济制度，如其已由资本制取得了支配地位，高利贷资本将相应的失去其存在的可能，反过来，一个社会的经济制度，如其还是由封建制占着优势，或者不允许资本制对封建制根本的发生代替的机能，那至少，就不但能使此两种生息资本形态相并的存在，且还可能使它们各别作二重的存在。

事实上，我们在中国银行资本与高利贷资本的对立过程中，已经发现了几个特征：第一，它们的对立，不是分野式的，而是密集式的。照我们上面的说明，只有高利贷资本，才在生产领域以内，以小生产者，独立的手工业者和小农家为活动对手，但在产业不发达的中国，大工业是极其有限的，就因此故，银行活动的对象，由都市到农村，都不得不以小生产者为它们的主顾了。第二，它们的对立，并不是壁垒分明的，而是相互交错，相互包容的，这主要是由于它们的活动对象既有些相同，它们之间的竞争，在某些场合，就不能不表现为同行同业间的竞争，表现为高利贷金融机关或银行业同帮间的竞争，一方面排斥，一方面利用。此种不明朗化的事态，由国际资本的从中操纵而益形显著。国际资本在对中国银行业的对立关系上，需要利用旧式金融业即钱业，但在感到旧式金融业不够完成其商业金融任务时，又采行排斥钱庄的立场，因此中国新旧金融业，在各别应付国际资本的压迫下，竟又造出一种协调的可能了。第三，它们的对立，不是全面的，而是局部的。本来全国银行业务的发展，是有待于全国产业的发展的。中国产业既不能顺利得到发展，高利贷资本就只有在它们不能应付的大场面下，在都市方面，受到排斥，其他广大的农村，甚至都市的落后部分，以及较落后地带的都市，在银行资本"到农村去"的口号未曾实现以前，都还是高利贷业活动的大地盘。

但这毕竟是问题全面中的一个侧面。高利贷资本尽管还保留着广大的活动地盘，在大都市，在商品货币经济较发达的地带，旧式金融的支配地位，已逐渐为银行资本所代替了，从高利贷资本方面说，它之所以失去其原来的支配地位，与其说是由于它不能适应产业发展的要求，毋宁是由于它的分散、零碎和极其浓厚的地方性，使它不够资格成就国际资本在中国行使控制的使命；其次，与其说，它的失势，是由于不能融合国民经济的改造过程，倒毋宁说是由于它的存在形态，不够满足国家在财政金融上的需要。比如，旧式金融业，在不统一的货币上，在银元银两的兑换上，可以大牟其利，但国家为了财政金融的理由，需要废两改元，需要实行货币改革，这一来，旧式金融业的存在依据，就不免有些动摇了；此外，还须特别指明一点，就是，高利贷之所以失去其优势，与其说是由于它的社会基础的丧失，就宁不如说是由于它自身在经营技术、组织及资本上，均不足以应付日益扩大、日益动荡的经济场面。

由上面的说明，可知高利贷资本在中国逐渐失去其传统优势地位的理由，就一般说来，就一般生息资本演变的社会历程说来，是很不正常的。从反面来看，银行资本在商品货币发达地区之取得支配地位，亦是很不正常的，这事实，根本显出了中国银行资本的几种特质。首先，中国银行资本在本质上，就很不易克服它所包容的高利贷性，因为，所谓高利贷，并不能单就高的利率这一个特征来概括，它有它活动的社会基础，活动的方式和动向，它是不能无缘无故的从历史上消失去的。如其它的存在基础还没有丧失，即代替它的银行业，如果没有大工业或现代产业作其存在的根据，它就不可避免的要变态的带有高利贷的特质。在中国开始受到世界恐慌的1930年以后的数年间，甚至在银行事业特别繁昌的江浙一带，我们就会经常从报章杂志上，听到旧式金融业的典当业，在大声疾呼的诉说银行及农业仓库，在变相的做着它们的业务的竞争。而中国银行在吸收存款的竞争上，为了对抗信用优越的外商银行，对抗旧式金融业者，乃至同业者，不得不提高存款利率，从而，不得不提高放款利率（许多小规模的新成立的银行，在战前，已把利率抬高到 1 分以上），而其贷出款项，又都是对于小生产者乃至消费者的短期信用，那就更容易给人以高利贷的印象了。这是中国银行资本的第一个特质。

中国银行资本的第二个特质，是由其财政的性格上表现出来。中国银行业是起源于 1897 年所设立的中国通商银行，至辛亥革命的 1911 年，尚只有 8 个银行，此后经过第一次世界大战，直至 1925 年，全国银行已达 141 个之多，这原因，当然可以从第一次世界大战及此后数年间的中国民族资本，特别是轻工业资本的蓬勃发达，得到理解，由是推知银行发展与产业发展的联系。但这至多只是一个说法，而且，这一说法，应用到此后的场合，就不能有效了。在 1925 年以后，直至"七七"抗战开始止，是中国产业的苦难期，前此勃兴起来的纺织业、火柴业、面粉业……几乎是全面的归于萎缩停闭或转让给外人，但这一时期的中国银行业，却并不曾随着崩溃，反之，不仅在数量上仍有所增加，各银行的阵容，其资力，似更形充实，更有规模了。在这里，使我们不期然而联想到近代初期各资本主义国家，以公债的形式，依存于所谓国民银行，而国民银行则借公债以资营养的事实。实际上，1929 年、1930 年、1931 年，是中国银行的旺产期，同时也正是政府公债的增发期。抗战发生前 3 年，是中国银行的调整期，同时也正是政府公债的整理期。银行资本之财政的性格，那也许是银行资本在其发展过程中必然要经历的一个阶段。不过这个阶段的时间久暂，各国是不尽相同的。

最后，中国银行资本还有第三个特质，那就是大家公认的商业的性格。不错，银行业本身就是一种特殊商业，它与一般商业的区别，也许就在这一点，即它所经营的是货币，而一般商业所经营的则是商品。但我们这里所说的商业性，却是在比较的相对的意义上，用以次几点事实来加以限界的：比如，第一点，中国银行资本因为被发展不健全的产业，限制了活动的范围，它对于商业特别是对于有关国外贸易的商业的联系，就较为密切。在 1934 年中国各银行投资的百分比，工业仅占百分之一三，商业上却占百分之二九，机关（公债在内）占百分之四一，由这个简单统计数字，可以看出中国银行资本的又一种商业的属性；大量公债券保留在库存中，是可能而且必然诱导它，把这些死的债券，相机活用在市场上，去同地产标金发生买卖关系的。此外，习惯了活动在生产过程外部的银行资本，还会进一步直接钻进流通过程，使货币的经营与商品的经营统一起来。这也许不仅是理论的逻辑，我们约略的可以由此证示中国银行资本的第三特质。

中国的商业资本及生息资本既分别具有上述的内容和实质，在每一种资本形态可以表识着一般资本性质的限内，在各别资本相互间保持有一定有机关联的限内，中国的产业资本，是大可由此暗示出它的特质来的。

首先，把产业资本当作一种特定的资本形态来理解，是须得探究它的来源的。中国产业资本的来源，根本就有了先天不足的毛病。在资本积累过程上，一般是先在商业资本上积累后在产业资本上积累的，换言之，商业资本上积累所得，是现代产业开始的最主要的本钱，中国商业资本对于地权的联系，在本质上，已限制了它的积累过程。而商业资本通过地权，与政治上的密切联系，使它在结局上不能不与各个王朝的兴衰同其命运。中国在现代化开始的时候，正是清王朝向着衰落历程迈进的时代。乾嘉时期的宫庭扩大浪费和豪商集中土地的情形，已由太平天国及其前后的农民大起义证示其后果。过去商业资本上的可能积累一再遭受极度的破坏了。这对于中国产业资本的形成，是一个失天的障碍。不错，在五口通商以后，即在中国商业资本变换其传统姿态以后，由商业促成农产物商品化，多少有所积累了。但由这种方式积累的商业资本，又因产业发展的诸般前提条件（如关税权、交通权、货币权、工业权等），愈来愈受破坏，愈来愈不完备，而不易转化为产业资本；而已经利用某种机会，或借着政府帮助，而相当树立了规模的产业，又因为没有自主而灵活的产业证券市场，不容易化为票面流动资金，不容易招收新股扩充资本。此外，如上面所说的中国银行资本的特质，虽然可以理解为产业不能正常发展的必然结果，但在其作用过程中，却更反过来加大了产业资本的桎梏。单就资本积累的关系上讲，银行投资条件，已使产业自身的扩大再生产受了限制。

社会既不曾为产业积累起可资运用的资财，对于仅有的资财，又不易有效的集中运用，而在运用中的有限产业资本，又复不易扩大再生产，这种从资本来源上看出的产业资本的特质，就必然要招致它第二个特质，即资本组织形态的落后了。关于这点，大概可就以次两种事实得到说明，那就是股份公司对独资合资所占比例甚小，官办及官督商办形式，始终占着极重要的地位。以前一点而论，在中国新式企业中，只有极少数的大规模企业采行股份公司的形式，其余不是独资，就是亲故的合资，此种情形，原系受了社会信用、交通及银行业不发达的限制，而清末奖励独资兴办实业的政策，（1906 年清代改商部为工农部，颁布奖励实业规程，办 1000 元以上之实业者，赐男爵，2000 元以上赐子爵）似亦不无关系，至于官办及官督商办形式，在中国产业发展的第二期（一般以太平天国革命动乱后的官办及官督商办期为第一期），即由中日战后（1895 年以后）开始的民营期，虽已有所改变，但一般较大的企业，如交通业、矿业乃至一部分的纺织业，仍系采行官督或官办方式。此种方式，在外表上，似与晚近各国的国家资本主义经营形态相仿佛，但其实质大相径庭。后者是建立在高度集中与高度技术化的基础上，而前者则恰好是因为资本无法集中，技术过于落后，始由国家直接从事监督或经营，借资倡导。姑无论企业形态是独资的抑是亲朋故旧合资的，其不可避免的缺陷，首先会表现在企业会计与家庭会计不分上面，表现在管理无方上面，此外，它还会同官办或官僚资本企业招致同一的致命的后果，那就是对于扩张资本，改进事业，都在其组织形态本身受了极大的限制。

  中国产业资本由上述两种特质导来的第三个特质，就是资本有机构成的低下。产业资本有机构成的高度，是必以它的资本的机械化或固定资本化的程度来测定的，而机械化或固定资本化的前提，首先就得有大量资本的集中。在中国民营轻工业极其畅旺的 1920 年，资本在 10 万元以下者，占绝对多数，在 20 万元以下者，占百分之七五，百万元者，仅占百分之九。以此小规模的资本数量，当然不难测知其资本构成的低下。而且，落后国家的产业，大抵开始是着重在轻工业或消费资料的生产上的，而其生产资料的供给，则照例是为先进国家所独占。轻工业或消费资料的生产企业本身，就已经限制了它的高度机械化的可能，而要由国外，由外人手中取得机械的供给，乃无异加上了一层取得其同意的限制，事实上，作为帝国主义政策之一重要部分的生产资料的独占，其作用恰好就在这里。除此以外，我们的产业有机构成的低下，实还有其他更本质的理由，一国的产业，如在对外对内关系上全无保障，它为适应动荡不定的环境，最好是采行"易合易分""可止则止"的游击式工场手工业形态。工场手工业是只需在机具上使用极小量资本的。这是中国工场手工业特别发达，10 万元以下的资本经营特别繁多的基本原因之一。在工业上如此，在农业上尤属如此，工业高度化机械化的障碍，农业同样会经验到。不过，农业还有它独特的困难；中国迄今还未变革过来的传统的地权关系或土地所有形态，使农民或农业家要为土地的所有权或使用权花费它全部资本或农业生产费用的最大额数，以致固定资本在全资本额中所占比例，只达到百分之二到百分之四的可怜程度。

（二）由质到量的考察

在上面我们已把中国社会的各种资本形态的特质，分别指明了，它们分别具有的特质，在相互间，宁可视为一种有机的配合，更可视为是一个具有特质的总资本之质的分割。依据社会科学的分析，一切社会事象之质与量间，是有着极密切的函数关系的。中国商业资本、生息资本及产业资本所分别具有的那些特质，事实上，已可暗示出它们各别在总资本中所占的比例之量的规定。

一个社会的财富，究以多大的比例转化为资本，究以如何的比例，分割为各别的资本，那是颇不容易明确判定的，那取决于许多社会条件，并且时时刻刻都在流转变化。不过，我们所需要的，如其不是在静态经济状况之下的固定数字，而是为了借着一定的可能提供的比例数字来说明一般演变趋势，上述的困难就比较缓和多了。社会科学告诉我们，在产业发达和产业不发达的社会间，各种资本所占比例，是显然不同的，在后一种社会，资本是在商业上乃至在高利贷业上积累，由于和社会形态相适应的社会信用及交通的不发达，商人资本周转极其缓慢，由是，在总货币资本中，当作商人资本用的部分就极大了。生产越不发达，则与其投在流通中的商品总数比例而言，商人资本的总额必定会越大。所以，一位经济科学者曾这样表示："在生产不发展的情形下，一个社会的真正货币资本，必有最大一部分在商人手中。"其实，在这种社会，不论是采取商业形态，抑是采取与商业有密切联系的高利贷形态，差不多是以货币资本为资本一般，因为当作它们的社会基础的小商品生产，其所有生产费用，还不是采取资本的形态。反之，在一个产业发达的社会，不仅一般资本是在产业上积累；且与产业发展一同展开的社会信用和各种新式交通，又复相对的缩减了用以经营商业的货币资本的数字。因之，也相对的改变了商业资本在全社会资本中所占的比例，它的以货币来表现的资本数量，已不复能超越于产业资本之上，却须随着产业发展的程度而成反比例的落在产业资本之后了。

这是理解上述中国各种资本形态之量的比例的前提认识，同时，中国各种资本形态之现实的量的比例分割，也大可加强我们对于此种认识的信念。

在前面分析各种资本的特质时，我们是由商业资本起，在这里，检讨各种资本的数量，却反过来，从产业资本起。在中国产业发展刚由繁荣期走向下坡的1924年，全国565个注册工厂的总资本，是2.2414亿元。其中，交通业及矿业的投资，不在此限，外人的产业投资，亦不曾计算在里面。作为中国最重要交通部门的铁路总投资，在1930年，约为5.2亿元，而同时，煤矿业、金属矿业及航业上的投资加算起来，中国在战前属于民族资本部分的产业资本，就将近达到10万万元的数量。这个概数，与谷春帆氏的统计没有大的出入，他认定抗战以前的新式产业资本，共约38.0781亿元，其中，外资占28亿元，达金额百分之七四，本国资本仅占9.87亿元。

与产业资本不相配称的，是生息资本的数量。1925年，中国141家银行的总资本，合计1.5816亿元，到1932年，150家银行的总资本为2.667亿元。至于旧式金融业的钱庄，在1935年合计有1347家，其总资额不过5000万元，两下加算起来，约达3亿余万元。但此系就实收资本而言，设把银行实收资本、公积金、存款及发钞等的总资力合共计算，则在1931年为26亿元，而同时拥有5.16亿元实收资本之外国银行的总资力，则达84亿元。

至于最易转变，而又不断在转变的商业资本，自然很不易作确切的估计。但我们可以由以次两重事实，得到一个轮廓的推算。五口通商以后的中国商业，其对外的重要性，远超过其对内的重要性。而且对内商业的发展，或者，农工业品的商业化商品化，倒宁是由于对外贸易的要求。在1864年，中国对外贸易输出入总额尚不足1亿两，1914年，达9.2亿两，1924年，差不多达到18亿之巨。单就这每年十数亿元对外贸易来说，已可概见周转它的商人资本，达到了如何大的数量，设把社会信用及交通均不发达的诸因素加入考虑，则总货币资本中由商人掌握着的数额，就大得可观了。1931年，雷麦（C. F. Remer）算定外人在中国的投资，计达32.425亿美元，其中商业投资占25.319亿美元，政府借款占7.1亿美元。设将美元按战前汇率换算为华币，外人总投资额130亿元中，除去大约32亿元的政治借款，其余将近100亿元，就都是商业投资。特这里所谓商业投资，那是指着一切用企业形式去谋利的资本，即上述银行资本和产业资本都包含在内。设把这两项资本即银行资本16亿元（为实收资本、公积金、发钞各项之总计，由上列总资力84亿元中减去存款68亿元所得之数），产业资本28亿元，从总商业投资百亿元中扣除下来，剩余的56亿元，大体可以说是8000家洋行，大大小小的外国商店旅馆乃至各种娱乐场所各种交易所所拥有的商业资本。①

---

① 雷麦：《外人在华投资论》（蒋学楷等译），商务印书馆1959年版。

由上面提出的各种数字，很显然的说明：在中国各种资本（无论是包括外资，抑排出外资）中，产业资本只是占着一个很小的比例，同时，如把接近商业且在实际上是做着商业经营的银行资本，加算在商业资本方面，则商业资本在数量上的压倒优势，就大可测知中国产业资本落后的程度了。

(三) 由量到质的再考察

依照我们在前面的分析，中国各种资本量的分割，本质上就受到了它们各别的质的规定。产业的落后形态，即仅点缀着有限的新式经营，而仍以前资本主义的小商品生产占着压倒优势的产业形态，当然只好让商业资本大肆其独立活动。这中间，早由世界资本运动史实所提示的法则在作用着："商人资本的独立发展，与资本主义生产发展程度成反比例。"

这个法则不仅说明了商业资本与产业资本，由质到量的变化关系，还说明了它们由量到质的变化关系。

独立发展的商业，既然不受产业的规制，它就不可避免的要规制着产业。它将是由牺牲产业而取得自己的营养。中国的商业资本的数量的增大，一直是把它对于新式的旧式的产业的无情榨取作为基础。这种不利于产业发展的局面，不但使可能转化到产业上的资本受到妨阻，并会使已经投用到产业上的资本，改变用途。产业在量上愈加处在劣势的地位，它就愈没有力量转变它不利的前途，使它原来具有的诸般特质，更形加强起来。

然而这不单是理论的逻辑，事实是比理论表现得更有力的。且看下文罢。

三　中国资本积累、集中、分散的总运动

在前面，我已把中国资本的形态的特质，其数量，其质与量的相互关联，作了一个分析性的考察。这种考察，虽然已对各种形态的资本的内在联系，有所说明，但从综合的观点，把它们当作一个总体来看；从总运动过程中，去观察它们所以不能不形成那诸般特质的究竟，并由是看出它们全般发展的趋势，那却是需要在这里加以研究的。

不过，直到此刻为止，我提论到的中国资本，都把在中国的外国资本或国际资本，抛在一边。除了极少的必要场合，我几乎是把在中国的外资，甚至外资的作用。都当作是不存在的，至少，是把它当作从外部来给

予中国资本以压力或阻力的。——这都是为了说明的便利。我们现在研究中国资本的总体运动，再不能忽视外资在中国资本运动上的作用了，反之，我们将会证明：在中国资本的全运动过程中，外资实际在起着左右一切的决定的影响。

因此，在论及中国资本之积累、集中、分散的运动以前，须得把外资何以能在其中发生决定作用的事实揭明出来。

（一）国际资本对中国资本运动的作用

也许说，在中国境内的国际资本与中国本土的资本，实际上是很不易明确区分开的。许多中国经济问题的研究者，就曾这样强调着。但它们间的联系，不论如何密切，比如，不论中国买办商人，如何通过外资赚得一宗货币，这货币又当作存款，存入外国银行，外国银行又可能利用这宗存款，在中国经营某种企业，而这企业的赢利，更可能用以参加中国民族资本经营的工矿业。……如此辗转下去，好像谁也不容易把外资从中国资本或中国资本运动中划然区分出来，但这种问题的研究，决不能随着零碎枝节的现象兜圈子，我们这里特别需要运用抽象力，从掺杂错综的现象中，去理解它们各别在一定场合在一定主体下所表演的作用，否则我们就不但无法把中国资本与外资区分开，即在中国资本中，亦无法把产业资本与其他和产业资本交互发生流通关系的各种形态的资本区分开。而我们这里所要究明的资本总运动，并不是也不能笼统的混同的予以讨论，却反而是要把它们各别在那种运动中作用着的范围与限界，认清了之后，才能讨论的。

讲到外资对于中国资本运动所起的作用，有若干认识上的前提问题，须先予以处理。其一是外资主体或外资所有者的意志，是否统一，即它们对于中国资本运动的作用，是否向着一个方向；其二是外资所有者即使对中国资本发展问题能统一其意向，它们是否就能在实际活动上，贯彻其意向？

关于前一问题，我们可以这样理解：帝国主义各国对于任何落后国家的经济要求或展望，因其各别所具的自然条件及其对该落后国家的历史关系不同，原可大异其趣，因而对于其帝国主义政策的执行，不尽能采取同一的步骤，甚且可能在某些场合采行相反的步骤。但在它们同为帝国主义的国家，帝国主义终有其相同的基本要求的限内，我们仍不难在其暂时的局部的或参差的冲突中，看出其对落后中国经济或中国资本可能采行的共同对策；而且，我们往往只注意到不同的要求所引起的冲突，而不知多方的冲突所造出的一致或平衡。近百年来的外资侵略史，已充分为我们指证了这种事实。

关于后一问题，国内论坛上已不时讨论到。最容易说服我们的意见，似乎是说：各资本主义国家对于中国资本主义或资本的发展，虽然在它自身的各不同发展阶段，可以采行不同的政策（如在帝国主义阶段以前，它还不妨开明点，虽使各落后地带的封建生产方式为资本主义生产方式所代替，一到帝国主义阶段，它需要保留或带着落后地带之封建生产方式的志望，就比较来得显明）。但依不同的志望采取不同的政策为一事，是否能使其主观志望，依一定政策予以达成为又一事。这种说法是聪明的。但似未想到帝国主义者执行某种政策的志向，就已经是把现实的客观条件作为前提，现在且从这方面来展开我们的研究罢。

在研究程序上，我们应把帝国主义对于中国经济发展的态度，转注到它们对中国产业资本发展的态度上面。上面述过的中国近百年来产业资本发展的成果，也许可以说是"外铄"的作用居多，——虽然任何外铄的作用，须得通过已有的社会经济基础而表现出来——同时，中国产业资本在发展过程中所遭遇的坎坷与挫折，亦似大体可以由此得到说明。

首先，帝国主义各国不允许或不希望落后的中国发展产业，无疑是恐怕因此影响它们的制造品市场，影响它们的原料供给要求，乃至影响它们的资本出路。前两者在今日已可凭常识去理解，而后者则需要予以原理的补充，因为，照我们将在后面解明的，一国产业能顺利发展，能不绝扩大再生产，它就可以逐渐大量积累资本，使各国剩余资本的输出发生障碍。

其次，它们让中国民族的产业顺利发展，固有上述的障碍，它们代中国或在中国发展产业资本，不是于尽量利用中国廉价劳动力及原料之外，更可有利的把握市场，并连带解决其过剩资本问题么？它们确曾在打这样的如意算盘，然已在实践中经验到了此路仍是不通的结论：因为，它们在中国多一个产业的单位，其国内同种类的产业，就要在输出上受到排挤，对本国产业的竞争问题，是它们不能在中国任意扩展产业的第一道难关；它们在中国发展产业，即使除极少场合以外，不会受到中国民族资本的竞争，它们相互间的倾轧竞争，却是不易避免的，比如，日本纵然可以把对中国输出的纺织业，全搬到中国来，但它不但会遭受英国在华纺织业的排挤，且会受到英国兰开夏纺织业的排挤。中国既不能防卫保护自己的产业，也当然不能为其他任何国家防卫保护其产业。这是他们不能在中国任意扩展产业的第二道难关；加之，每一个帝国主义国家，虽然都有它在中国的特定势力圈，它比较可能在势力圈内畅所欲为，但这种由分割所得到的利便，却又为分割引起的劳力原料及贩卖市场不易如意控制的不利所抵消；况且愈到晚近，每个帝国主义者的势力范围，都在因他们之间的激烈斗争而受到动摇，这是它们不能在中国任意扩展产业的第三道难关。最后，由中国产业不发达所保留下的落后生产关系，及由此引起的治安、交通、货币乃至购买力上的诸般困难，虽然反过来会给予中国产业发展的妨碍，也同样会妨碍列强产业在中国的发展，这是第四道难关。

列强在这不能促进中国产业发展，也不能代中国发展产业的客观形势下，自然而然的会依实际利益的指导，利用其可能利用的特权，使中国经济或中国资本的运动，向着它期望的方向走去。

一国的财政金融，对于全资本运动，是有着决定的作用的。它们由赔款及外债支借程序的控制，由标金、公债及外汇市场的控制，已使整个中国的财政金融受其支配。资金向着产业方面运用，既有上述的障碍，它们只有极必要而且极有利的场合，才由金融市场证券市场的控制，使他们的资本参加到中国产业方面，以为合并买收的准备，或诱使中国资本参加到它们产业方面，以增大其扩展与合并的资力，除此以外，它们就依照其不利于发展中国产业资本的程度，而要求加强中国的商业资本活动，事实上，中外商业资本的分工合作，是达到了非常"协和"的程度的。比如，以原料品为主的输出贸易，强半由国人经营，但以达到通商口岸为止，过此则依托于外人，而同时以制造品为主的输入贸易，则主要由外人经营，但大体亦以到达通商口岸为止，过此则委之于国人，这种买办性的商业，在外人控制着中国财政金融的条件下，是更易滋养起来的。配合这种商业资本发展的诸社会条件，更要求配合它们的其他社会条件，层层相因，在一般情调下，特别是在一种压倒的优越的外力，在全面经济上发生领导作用的情形下，很可能造成一种限制中国资本全运动或全发展过程的局面。这是研究中国资本运动，所须预先理解的要键。

（二）中国社会的资本的积累过程

在资本的全运动中，首先要知道它是如何积累起来，并在如何积累着。资本的积累，是资本运动中的最基本关节。中国资本的本质，我们实际是只有在它积累运动过程中才最容易暴露出来的。

特关于中国资本积累问题的理解，需要把一般人最易混淆的两个积累形态，简括加以说明。资本的积累，有资本主义式的，有前资本式或原始式的，两者是判然各别。资本主义式的积累形态，是以产业劳动者的剩余生产物，为其积累的基础。此剩余劳动生产物转化为剩余价值，而资本化，而连同原资本一同投入再生产过程，就形成扩大再生产过程。在自由竞争局面下，每个产业资本家，为了以精美廉价商品去竞胜其同业者，都力图采用新式多费的机械，从而，都力图减少消费，使其剩余生产物或剩余价值，尽可能的转化为资本。产业自身扩大的要求，使变为强制积累的要求，不过像这种积累方式，并非一开始就是如此的，要追溯产业资本的最初来源，就使我们不能不述及另一种积累方式，或即所谓原始积累的方式。这种方式的积累，恰与前者相反，而是以独立小生产者的剩余生产物或剩余价值物，为其主要的积累基础。在此种积累基础上，立即就引起了与它相适应的商业资本与高利贷资本的活动。它们的活动愈形加深和扩大，那种剩余生产物或剩余价值物，就愈不易资本化，甚或使它原有的资本，更严密的说，即使它原有生产诸要素，愈益缩减其规模。当然，在这种情形下，再生产规模也可能有所扩大，也可能维持原状，但在这种基础上的任何资本积累，显然不是由于产业自身的扩大要求，不是经济内部的强制，而是在产业过程外部，借着政府公债、赋税、商业政策，以及近代型的银行政策等来进行的。

我们关于资本积累有了这种基本概念，乃可研究到中国资本积累的性质及其基本形态。

中国产业资本，曾在上次帝国主义战争时期，即在它们压力稍弛的场合，在若干轻工业部门，有过相当的发展，但战争甫经结束，那种压力重又加紧，前此发达起来的若干部门的薄弱产业基础，又复归于萎缩。外资的产业，诚有若干方面在中国民族产业的废墟上或被吞并的基础上，显示出了变态的繁昌，但根据前面的说明，那终归是有限的。而且，就是这有限的资本主义式的积累，亦还是靠着经济外的特权，靠着原始积累方式来予以支持。这一点，不独外资是如此，就是一部分民族产业上仅有的资本积累，依旧要靠着原始方式的协助。因为一个社会的资本主义生产方式如其没有占着优势地位，或者，如其全般的说来，还是对旧的生产方式占着劣势地位，则资本主义式的积累，可能要借助于原始的积累方法。事实上，现代初期的各国资本主义经营的利得殆无一不是通过政府的保育政策，通过政府用原始方式吸收资金，来间接成就的。

中国就是到了目前，还未曾脱出上述前期阶段。它的资本积累的最主要形态，还是原始的，还是以独立小生产者的剩余劳动生产物作为基础，亦就因此之故，它那一部分在资本主义形式上积累起来的资本，我们有理由断定它是叨光于原始积累的庇荫。虽然那不一定是由于政府的保育政策，而宁是由于帝国主义对封建的特权关系。

惟其我们的资本积累，主要是原始的。故资本积累的程度，其规模，不能也不易直接由生产规模上表现出来却反而是间接的表现于买办的商业资本、新型的高利贷资本及与其相适应的变态的财政资本的规模上。

我们在前面已经概略的提到了中国各种形态的资本的统计数字，那些数字，虽然大体可以表明中国资本积累的规模，但其间有几个问题须得予以分释。

第一，从那些资本规模上，我们不应只注意其积累的一面，即我们已讲过，作为中国资本积累基础的独立小生产者的生产规模，虽有极少部分可能在扩大，不少部分可能在维持单纯再生产原状，实还有极大一部分在缩小或全盘停顿。这缩小去了或完全停顿了的生产部分，显然不但无所积累，且把已有的积累也被销毁去了。不幸的是：在资本主义式的积累中，一般生产规模的扩大或缩小，大体可以看出资本是否真正有所积累，而在中国这种原始式的积累中要从表现那种积累的其他形态的资本中，去测度我们一般生产规模究在扩大或缩小，就颇为不易了。这是深刻的破产现象，并不能引起一般人甚至一般经济学者注意的最重要原因之一。

第二，除了产业资本外，其他各种资本形态，如商业资本，农业上的土地资本，新旧式金融资本等等，都比较缺乏定着性，它们之间的流转是很迅速的。就地租来说，它是农村资本积累的一个基本方式，中国地租的非现代化，不仅包括进了利润工资的成分，而且把农村副业的收入，农民正常生活费用，也给囊括了去。就土地所有者的浪费，及依种种方式扩大集中地权的关系言，地租竟直接间接作了商业资本与高利贷资本或高利贷性资本的活动根据，虽然商业及高利贷本身，亦各有它们独特的积累方法。此种流转或伙同活动，在中国社会是极自然的，因为中国社会经济基础给它们配置着诸种适合条件。同时，在上述各种资本，它们更可借信用掩蔽，使自己茫无涯际的膨大起来，因此，要从它们的统计数字，来说明一个社会的财富或资本的确实积累程度，那是极无把握的。而我们许多经济学者，每每就像天真无邪的从中国银行资本的扩大上，来反证中国经济的发达，好像社会资本的积累，可以不通过产业，而戏剧般的在银行金库中或会计簿上变出来似的。

第三，如其说，资本积累表现在商业上、农业上、金融上不易察知其底蕴，则它表现在财政上，在财政政策所支配的公债、赋税及通货上，就更加使人摸不着头脑了。而像中国这种没有现代产业基础的国家，私经济范围内的商业与金融的利得或资本积累，经常无可避免的要同政府的财政政策，特别要同帝国主义在中国的商业金融发生极密切的联系。就前者而论，中国商业和金融上的资本积累，是必需经济以外的强力，从外部来予以支撑或补充的。商业和高利贷业或银行业在赋税与公债上所贡献给财政上的助力愈大，而它们就更好把赋税，把公债乃至把通货作为加倍转嫁或向独立小生产者索取较高代价的口实或工具。比如，近三十年来最显然膨大起来的银行资本，论其积累过程，应当不忽视政府所给予他们的特别恩惠，政府以公债的方式向银行贷款，公债票面价格和政府实际借入款项之间，有一个大大的差额。除此差额的利得之外，还有较高的利率，还可把公债当作资本运用，且还可把公债券作为发行钞票的准备。银行就把它其他方面的业务活动的赢利抛开不讲，单是这种借贷关系，就能给予它以四重的利益，银行资本是这样积累起来的。财政上为了保障债权人的权利，当然不能完全依赖借债还债，而必需以赋税方式来予以弥补，结局，经济外的强制，就成了资本积累的杠杆。中国商业资本的积累，虽然没有银行资本那样显然的依靠经济外的强制方式，但我们略一分析其借助于多重不等价交换的内容，分析其利得与官场的联系，更分析愈闭塞愈落后地域，就愈可不计较成本，不计较市况，而任意抑价勒买，抬价额销的事实，就知道商业资本能有现在这样积累的成果，并不是偶然的。

显然的，我们并不以中国资本的这种积累方式而感到失望，而宁愿使这种积累方式合理化，因为借原始积累来促进来助成现代型的积累，那正是现代初期各资本主义国家共同经验过来的现实道路。所可惜的是，我们踯躅在这条路的时间太长了，这原因，本须关联到上述中国商业金融资本积累，与帝国主义在中国的商业与金融保有内在联系一点上面去，但关于这点，我想把它留在下面来加以说明。

（三）中国社会的资本的集中过程

资本的积累形态，是由一定的社会经济条件规制着，资本的集中形态，亦是如此。我们很可以说，资本的集中形态．是由资本的积累形态所决定。

资本主义式的资本积累，我们已经知道是在资本主义经济组织内部自我强制的进行。每个企业组织或生产单位，如其要求自存，要求不为与它同时竞存的其他企业组织或生产单位所击败，它就必须在技术上讲求改进，在设备上讲求充实，即是说，它必须多方讲求再生产规模的扩大。扩大变成了图存的一个致命的前提。所以，资本集中，成了资本主义商品生产的基本法则。一切有关资本主义的经营，无疑有这个法则在其中作用着，资本主义的商业与金融业，自不能例外。但不论哪种企业上的集中，都须把产业或生产事业上的集中作为它的依据或基础。如像托拉斯、加特尔一类组织，虽然包容了广泛的交换过程，关系商业资本活动，但却是把产业作为它的重心，商业只演着附庸的角色。就是现代庞大的金融资本，如抽去了集中起来的产业，它立即就显示为一种虚浮的存在。

反之，在原始积累形态上的集中，就完全把它的集中运动移到产业或生产领域以外了。特别是移到交换领域了，我们已经知道：在一个产业落后的社会，尽管它只存在着分散的零碎的独立小生产规模，但却并未因此就妨碍它的商业资本的扩大。经济科学告诉我们：独立的商业资本，可能与产业依相反比例而发展。引言之，即产业资本上的不集中，在某种场合，正可成就商业资本上的集中。

这是中国资本集中形态的实话。

早在开始现代化程序以前，中国的商业资本，就对当时的产业，表现了极不相称的规模。资本所以容易在商业上集中起来，在极多的原因之中，第一要数到商人在落后社会的优越经济地位。他们利用独立生产者的无知与分散，自然成了单纯商品买卖价格的决定人，一部商业哲学，是由贱买贵卖的原则一以贯之的。他们"因利乘便"的地方，已够多了，又如在必然的社会联系上，高利贷业，甚至初期新式的金融业，都在作他们的帮手。设推开论点，把我们前面已经解述过的中国土地资本与商业资本伙同活动的关系，加入考虑，更就商人传统的接近官场，且容易变为官人的事实，关联起来，社会资本很快就容易集中在商人手中的事实，是不难理解的。

但商业资本集中到一定的量，理应可能改变它的质，这个论点，得从两个方面予以说明，其一，关系到资本分散的问题，将在次节讨论；其一，则是在中国现代商业资本集中里面包含了它对帝国主义的商业与金融的关系。我在前面已讲到中外贸易的联系方式。那种方式，表明中国的国外贸易，全由外人操纵，而依属在国外贸易下的国内贸易，则显示为对外人服务。本来对外贸易也和对内贸易一样，一极的商品向其对极方面运动，对极方面的货币则向着这一极方面运动。在这里，工业品同农业品本身，并不能表示什么轩轾。但因大体上，主要输出以工业品为代表的社会，和主要输出以农产品为代表的社会，在国际经济政治关系上是处在不平等的地位，它们的商品，就处在不平等的地位而要求，而被强制，以较大价值的农产品，（或半制品）去交换较小价值的工业品（乃至一部分农产品）了。这种不等价交换本身，必然一步进一步的诱致中国经济国际化，诱使中国商品货币经济与国际商品金融发生更有隶属性别的联系，结果，在中国对外的商品往复运动与货币往复运动中，就形成一种很异样的资本集中运动。由1864年到1934年这70年中间，只有很少几年是出超，其余都是入超。仅由1871年到1928年的入超总额，就已达到了5390万两，这大量入超所需支付的货币额，是以中国社会资金，由农村流向都市，流向本国金融机关，流向外国银行，其中一部分再行外流，这一集中过程来体现着的。自然，集中到这任一阶段的资金，并不是无所保留，就一直向前运动，同时也并不是全不回流。事实上，帝国主义者在中国累积到了32.4200亿万美元（1934年）的投资总额，大体就是这样集中起来的。而中国现代商业金融资本的集中形态，亦不妨说是叨托这种大集中运动的余荫而逐渐形成，同时反过来说，也正是那种大集中运动所由形成的基础。

但在这当中，我们应肯定一件事实，即商业金融方面的破产没落现象，并不因那种集中运动而减少，且反因那种集中运动愈益强化而加多。一部分或最大一部分的破产没落，就为另一部分或另一极小部分集中化膨大化的基础。这是中国新旧产业连续破产，而新旧商业金融，也并非一律欣欣向荣的症结所在。至若在商业金融方面其所以有的能够扩大，有的不免于衰落的原因，在我们现在论及的场合来说，那与其说是看谁有没有取得帝国主义的或封建的特权关系，宁是看谁有没有运用那种特权关系的资格和本钱。帝国主义在中国的势力或其投资力愈益加大，它所要求为它服务的中国商业与金融，就愈需要有像样的规模或较能集中的资力了。

（四）中国社会的资本的分散过程

从表面上看，分散恰好是集中的反面，但资本的分散形态，却为其集中形态所制约，所规定了。资本能在产业上集中，它向产业以外的商业金融方面活动，也是为了适应产业的要求；反之，资本如其主要是集中在商业方面，商业按照它独力活动的法则，就只有在很特殊的场合，才肯向产业上分散，否则它一定会以扩大自身的活动，扩大与自身活动最相类似和最有密切关系方面即金融方面的活动，为更有利益。

惟其如此，中外商业金融业所大量集中起来的资金，虽然有较小的一部分，为了要购取中国农村的原料和半制品，而不得不分散到农村去，但这需要较长周转时间，且不免为治安交通等条件所限制的买卖，即使能运用各种方式的特权，以加大不等价交换的有利差额，那亦只是在特别需要原料品或半制品，以便成就其他更大利益的场合，才能为中外商业金融业所注意到。他们念兹在兹的，毋宁是那些转手即可获取大利的交易对象，所以，在商业金融上集中的资本，几乎连正规的严格意义的商业，即包括有货币商品运动在内的商业，也"敬而远之"，而一味向那些离开生产过程更远的标金市场、外汇市场、公债市场以及各种方式的交易所去讨生活了。此外，地产经营，也是逐利者非常中意的投机目标之一。

中国资本的这种分散形态，延到此次抗战爆发前数年间，几乎发达到了极点。当时国内国外正为经济危机乃至政治危机所侵袭着。一切正常的贸易关系，都有脱节的趋势，因而更加强了上述的投机活动。但用投机方式迅速分散去的资金，不转瞬间，又依投机方式迅速集中起来，由是黄金流来流去的水池里，很容易发生漫溢现象。甚嚣尘上的所谓游资过剩，就在这里不易分散开的分散运动过程中，当作一种严重病态表现出来。

不错，我们是不能忘记中国商业上集中的资本，还有一种传统的分散方式的，中国商人赚得的钱，一向除了进一步扩充商业外，就是拿去购买土地，而中国的特殊封建经济关系，又大抵允许商人自由购买土地，这是我们一再讲过了的。这种向土地分散资本的方式，原可理解为把土地当作商业活动的特殊对象物，同时，土地上的收入，确也照例成为商业积累的一个特殊方式，但我不想在这里进一步分析，我们只须表明：这种分散方式，在五口通商以后，因为商业有了广大活动范围和有了杂多轻而易举的活动对象物，就慢慢在商业比较发达的地方，为一般商业经营者所不注意了，他们甚且把都市及其附近以外地方的土地，看为是累赘。自然，在比较落后的地区，情形是不尽相同的，但在现代商品货币经济日益扩大其范围与影响的情况下，我们仍不妨说：那种分散资本的方式，已渐不重要了。不过，这是指着战前说的。

如其说，把商业上积累的资本，用来购置土地，在战前已成了很不时髦的投资方法，而与这相关联的传统的高利贷活动，亦同样逐渐减少了它对资本的吸收性。破产的广大农村，无疑仍是高利贷活动的舞台，但当资本能找到其他有利出路时，它并不会怎样恋恋于这变乱无常的地盘。这是上述资本由农村集中到都市的一个有力的注脚。

自然，这一切的演变推移，都是逐渐的不平衡的展开的。在我们的社会经济基础，不曾经过全面改革以前，商业上的资本积累与集中，自不免还有依靠土地投资及高利贷活动为其支助的地方，在同一限度内，它的资本的分散，也必然会"饮水思源"的流用到这些方面。但当它的资本的积累与集中，与其说是关联于封建的特权，却宁是关联于帝国主义在中国不平等的特殊利益，则它的资本分散，就无法遵循古典的通路，而不得不强制着，使原有的土地投资，逐渐变形为都市地产投资，使旧来的高利贷活动，变形为银行资本活动，并且，有如过去土地投资与高利贷结托一样，地产上的投机也同样有高利贷性的新式银行资本活动联系起来。这有关资本分散的引论，重又回到我们的出发点了。上述游资过剩现象，一直肿胀在资本分散运动当中。

直到抗战爆发前若干年，泛滥在都市，在银行中的大量游资，始逼着所谓民族资本家，把注意转向农村方面，自是而后，"农贷"变成了资本分散运动中的一个新的节目。但把资金分散到农村，一定不仅是为了想借此宣泄一个痛快，而是为了那可能帮助它有进一步的积累与集中。农村的生产事业，原应是有利可图的，但造成农业生产有利可图的其他社会条件，还不曾产出，结局，农贷就不但因此限制了它的性质，也相应限制了它的数量。按照现代农村贷款的正常程序，理应是由长期而至短期。因为在刚走上现代化旅途的社会，土地差不多要占农业生产费的全部，必须依长期贷款使农民从土地的负累中解脱出来，他们才可能利用中、短期信用，来改良土地和调剂其年垫资本。但我们的农贷一开始就是短期的，因而，就不能是生产的，而是青苗钱式的，这原因，一般人讲的很多，当然以我们农村社会生产关系，还不曾造出运用长期贷款的社会条件之说，最有根据，但我还须在这里指明一点：我们在都市过剩的资金，在量上，在质上，都不够也不能有效而合理的分散到广大农村去。这是我们随后要说明的。

（五）在资本运动全过程中表现出来的总趋势

我们由上面的研究，得知中国资本的全运动过程，不论是积累，是集中，抑是分散，基本上都捺上了商业或商业性的印记，而不是产业的。由商业性活动所积累与集中的，大抵是货币财产，我们已讲过的，由农村到都市，到中外银行，再流到外国的资本集中运动，也无非是这种货币财产的运动。论到这里，读者定然会发生这种反问：商业活动既包括了货币运动与商品运动，则在上述的一列当作资本的货币集中运动过程中，也一定会伴以当作资本的商品反向运动，就对外贸易关系来说：一定有与外流资金相应的大量物资的流入。这里且不用涉及不等价交换的故事，单是输入物资的品质，即可解答我们的疑问。中国物资的输入，不是为了满足产业扩展的需要，而是为了满足扩大了的商业的需要，即是说，不是为了生产，而是为了消费——为了享乐的不生产的消费。全国各大都市的时髦享受，主要都是从国外供应的。这一来，即使没有不等价的交换关系存在，我们依入超付出的大量资金，亦只在国内诱致了不必要的、于现实资本无所裨益的浪费。所以,输入或入超尽管年复一年的增加,商业规模尽管不绝扩大,那种量的扩大,却不能引起质的变更,因为浪费一直在相应的扩大着。

但问题还有比这更严重的。由大量入超应当引起的资金外流,大体是三个方式予以弥补:一是逐年的华侨汇款,一是外人在华的投资,(包括政治性投资或外债)一是金银条块的输出。许多人往往奇怪:中国天灾、内战、破产,成了家常便饭,而全国各大都市的浪费享受还有增无已,仿佛浪费是可依魔术来达成似的。我们即使再达观的假定:中国社会一般的生产,特别是农村生产,平均的能保持单纯的再生产规模,那亦无法解释各地继续扩大的各种方式的浪费。不错,大多数人民的生活是更苦了,但"更苦"所挣出来的物质要素,单就国内立论,也许可以用为抵偿"更多浪费"所需增加的物质要素;甚且就国外贸易说,可用国内人民"更苦"生活所挤出来的更多物资,去换取更多的浪费材料。但我们的论点,是填补入超,是填补已经由多方增进输出而尚不够抵偿的输入。因此,国内人民更苦的享受,不过事前因此缓和了或降低了入超额,而在一定的场合,实无关于已经形成的入超额的填补。填补既经形成的入超,除了华侨汇款,外人投资以外,仍旧要落到金银条块的外运上。我们没有确切的统计,证明金银外运究达到了如何程度,但在抗战开始前后数年间,外运的数量确是可观的。许多许多年以来,当作社会蓄积而散留在民间的金银,当作社会绝对财富体现物而看为国宝的金银,是在前述资本集中运动过程中,通过国内外银行,集中到外国了。

但金银乃至我们社会的物资,尽管不绝被抽取去,被吸收去,而以货币来测量我们的商业金融业资本,却仍旧在扩大着,并表现得分外充斥,这个"谜"是比较容易猜透的。我们在前面资本分散的论点下,已经讲到中国商业.金融业越到后来,越是把公债、地产、标金、外汇,……作为其活动的主要对象,事实上,在这些场合活动的资本额的增大,仅只是价值记号的增大,比如,就公债说吧,我们的大资本家大银行家,有大量转化为国债的信用货币在手里,在他们由此按期获得一定额利息时,那宗信用财产虽然被看作是资本,被看作是生息资本,但其实它只在生息这一点上,还对贷款者是资本,它早经不是当作资本而支消了,早经不存在了,至少,亦不过是在观念上存在的虚拟资本罢了。所以,像这种性质的债权的增大,如其关说到资本,无非是虚拟资本的增大罢了。

更就地产的投资来说罢,对于同一物质对象物即地产的货币价格的增减,例如,全上海地皮由10万万元价格变为50万万元的价格,再由50

万万元的价格变为 25 万万元的价格，这种变动，如其没有地产上的现实投资在其间发生作用，则因投机操纵造出来的价值记号的加减，实在很难说有资本膨大或缩小的意义。尽管当上海地皮由 10 万万元价格膨大到 50 万万元价格的年头，地产的所有者，确因此按比例膨大了它的资产，但其唯一结果，却不过是使他在资产登记簿上多写一些阿拉伯的或罗马的数目字，弄出更多的数目符号而已。在其他物价相应增加的限内，那用英国休谟（Hume）的话说，就是"使他为了衣服，器具和马车，支付更多数量的金属货币。"

不过，在中国金属货币大量外流的场合，不论是商业性的或金融性的资产价值额的增大，都不是也不能表现为更多数量的金属货币。也许一大部分是为了适应这种不寻常的情形，或解决资产价值增大而金属货币却不绝外流的矛盾现象（其实是不矛盾的），才发现统一货币的发行是非常切要的。货币改革在这里竟变成了中国资本运动到了战前那种吃紧阶段的必然结果。

货币改革实现以后，中国商业性的金融资本在表象上的资力是更容易膨大了，但这已经是临近抗战前夕的事，在这种意义上膨大资力的结果，却是到抗战过程中才尽量表露出来的。

四 战时及战后表现的资本运动规律

资本的运动，是由其本质所规定了的。由战时到战后十余年间，我们显然没有任何理由，说中国资本在这个动乱的过程中，从根改变了它的本质。即使说，整个中国经济，在战时乃至战后，它的表象，是改变了许多了，相应着，我们的资本活动，亦自不免有了许多特异的表现。然而，"万变不离其宗"，在近十余年来的资本运动中，虽然加入了不少的前所未有的新的因素，如战时经济，如所谓公营事业，如敌伪物资，如国外借款，如大规模救济品等等，但那些因素的加入，事实上，即使在某些场合，某种程度上，极其错综的把原有资本运动复杂多样化了。我们如从事物的内部去观察，仍不难体认出，那在本质上，依旧是已有资本运动的继续和强化。兹特简括的从以次几个显著方面来予以说明。

（一）由产业资本向着商业资本的转化

关于这一方面的考察，我们需要弄清楚一个前提认识，即产业资本向着商业资本转化的倾向的存在，首先须产业资本的存在。产业资本继续不断的转化为商业资本，一定要产业资本继续在增加或在扩大，否则，那种转化，如何可能变为一个经常化的运动倾向呢？

对于这个疑问，我的解答是这样的。在整个现代化过程中，我们都在多方设法发展产业，在整个抗战的过程中，我们更为了支持抗战，曾竭尽所能的建立一点工业基础；在战争结束以后，我们又接收了不少的敌伪工厂，但迄乎今日，所有这些方面的努力成果，有的已经荡然无存，有的则在迅速崩解中，虽然我们还可在发展产业上继续努力，但我相信，在一般社会生产关系未改变之前，那种努力定会遭到同样的命运。这原因，大家也许颇注意于内外战争的破坏，但我觉得，最关重要的，还是产业资本向着商业资本转化倾向存在，使这种倾向当作一个不易抗拒的压力的客观条件的存在。

在前面，我已分别分析了我们社会各种资本的特性。与国际资本有血肉关系的中国商业，中国商人，在社会经济上既处在优越地位，并利用落后的传统的种种剥削方式，占在生产圈外来操纵侵渔生产者，那已命定了产业的前途。而由抗战以至现在，日益增加其严重性的通货膨胀，更使已经不利地位的产业，愈形不利，已经有利地位的商业，（买办官僚化了的商业）愈加有利。在恶性通货膨胀的影响下，就把我们商业原有的优越地位抛开不讲，对于适应市场比较缺乏机动性，对于流通周转比较需要更长时间的工业，已经是困难万分的，而近年来用外国物资，外国廉价商品来压低国内物价的对外贸易政策，更不啻给予那些抬不起头，喘不过气来的大小工业，以火上添油的煎迫。结局，"以商养工"或"化工为商"，就成了一般工业家挣脱灭亡命运的一个有效方法。

（二）由国民资本向着官僚资本的转化

本来，在内外战争中，在困厄中挣扎的大小工业，除了上述的"以商养工""化工为商"的下策，借图自救外，它们还曾不绝的请求政府救济，请求政府贷款援助。而在财政万分困难，主要靠印刷机来维持支出的政府，它用什么来救助它们呢？显然的，还是凭了印钞票的印刷机：通货膨胀会增重生产事业的苦难，加多生产事业的援助，又会增大通货膨胀的程度，这像是一个苦痛的循环，然而这循环并不是单纯的重复。其间经常的必然的会伸出改变生产事业原来的所有与使用关系的魔手。许多事业在这循环过程中被统制，被合并，且被操纵捉弄。或者在国有国营的大名义下，化私为公；或者在优先补贴及其他特殊便利的诱惑下，化民有为官有，不论采取哪一种方式，或兼采两者的混合方式，原来是国民的产业，都直接间接全部的或者部分的变为官有了。

事实上，当战乱在经济上使干涉统制成为必要时，受到上述迫害宰割的，并不单是工业，就在有利可图的商业，亦是不能幸免的。政府在交通、信用、外汇、课税以及其他种种方面，都可给予商业以困扰和限制。囤积居奇是干犯禁令的，偷关漏税是干犯禁令的。结局，假使商业要在法令范围内规规矩矩的作去，它并不能比工业好多少。在这种认识上，我们就知道抗战以来的商业的特殊利得，是由商业特殊化了，获得了违法反禁的保障，是得到了权势者的默许，奥援或支持，由是，"以商养工""化工为商"的倾向的存在，就是由于"以官济商""化官为商"的事实摆在前面，这一来，不但工业资本官僚资本化了，就是商业资本也官僚资本化了。

直到现在，一般国民资本，还在继续转化为特殊国民——官僚的资本，这转化，已成为大家都能体认到的一种倾向，一个具有不可抗御力量的运动规律。

（三）由民族资本向着国际资本的转化

在上述两种资本运动倾向连同作用下，定然会促成第三种资本运动，即民族资本向着国际资本转化。事实上，这种运动已经在非常强烈的表现着。而它的形成，是把以次这些事实作为内容的。

一国生产衰颓而商业却能变相繁荣，那已说明它的那种商业，主要是做着贩运并分散外国货物的商业，就当前讲，是经营美国货的商业。这种商业专为外国产业服务，它的买办性是非常明白的。而在"以商养工"或"化工为商"的情形下，已不啻使一部分民族资本，变为以国人名义经营的外国资本。不错，某些外货的输入，也可能有助于民族工业。但通货膨胀及其他种种不利于生产的条件，使国外输入的货物，更不可能是有建设性的生产资料而更可能是有破坏性的消费资料，我们不用看官方的海关公布的物品数字和种类，试走到任何一个市场，都可触目惊心的碰到外国人特别是美国人为我们备办的烟、酒、化妆品、钟表、自来水笔以及其他"不用也行"的日常适用品和便利品。输入品愈不是生产资料就愈是消费资料或奢侈品，这样相互影响会造成一个倾向，使我们社会只会存在一种买办商业资本，以及配合买办商业的其他资本形态。不仅此也，在某种限度内，可视为买办商业金融作用之结果的战乱，和与战乱相伴而生的恶性通货膨胀，使我们在敌伪产业基础上新生起来的若干生产事业以及依各种形式保存着的社会资财，都直接间接或明或暗的向外国逃避了。而官僚与买办的苟合,更不啻为此逃避开了一个方便之门。因此,官方不管怎样叫穷叫苦,请外国帮助,而我们国内的资财、外汇、黄金、土产,却源源不绝的在向我们希望从它得到援救的国家输送。这种矛盾得极其可笑的现象,正在我们面前表演着,而我在此所要注意的,却是这逃往外国的资本,并不是一去不回的,它们为贪取国内的较高利得和权势,一有机会,还会回头"眷顾"这可怜的祖国,不过,待到它们回过头来时,那已不是,也决不会是当作民族资本在国内生根,而是当作国际资本,或连同真正的国际资本,从外部投向中国经济角逐舞台罢了。

从上面所说的这几种倾向看来,抗战以后的中国社会资本运动,虽然同战前比照起来,增添进去了不少新的因素,并作了比较错综曲折得多的表现,但在实质上,毋宁是一贯下来的。为了要透过现象去看本质,去看资本运动所由左右的内在关键,我们得进一步去分析我们社会的利润与利息形态。

中国社会的利息形态与利润形态

一 利息利润及其相关联的诸规律

在上面一篇中，我曾讲到，在中国资本总运动过程中，利息同利润在其间发生了极大的制约的作用。但除了极必要的场合外，我还不曾正式论述到这两个经济范畴。为的是需要另作专门的系统的讨论。

对于这两个经济范畴，原来是打算分别讨论的，但在讨论过程中，我发觉把它们分别独立起来，它们相互关联的许多重要论点，仍非合在一起讨论不可，所以索性采取这个研究方式。事实上，这样的把它们合一起来研究的方式，也许对于我们有许多认识上的方便；因为我们将会知道：利息和利润的各别独立形态，是要在它们相关联的发展全过程上去明确理解的，而中国这种对于一般资本主义的利息利润，具有极大特殊性的利息形态与利润形态，尤须从利息利润一般历史发展过程中得到说明。

我们需要在利息利润演进全史中，去显现去发现中国利息利润的形象。

我们今日一说起利息及利润来，好像它们清楚明白的是两个判然各别的范畴。如其说，经济对象认识的发展过程，和经济对象发展的过程，保有相当密切的关联，我们就很可由利息利润之认识上的演变，而测知它们在现代以前，并不曾怎样明确的，由各别的独立形态，表示出彼此间的为我们今日所理解的内在关系。

直到现代初期，利息还被认为是利得一般，利得正体。"利润"这个名目，还不大见诸经传，重农学派的领导者魁奈（Quesnay）在1758年印行他的杰作《经济表》，表中分资本为原垫支与年垫支，对于前者的补偿或报酬，被称之为固定资本利息，而不称之为利润。自然，他所指的利息，也许就是我们今日所说的利润，但他显然对利润没有一个清晰的概念。斯图亚特（Stuart）在1767年出版的《政治经济学之原理研究》，曾把他这个书名，附题为《论自由国家之国内政策，特别着意于人口、农业、贸易、工业、铸币、利息、流通、银行、交换、公债及赋税》。这个特致的标题，几乎把一切主要的经济名目都提到了，但不提及利润。（虽然也未谈到地租）在他，利润是由利息来代表的。

不错，在这些"准现代"作家以前，就是经院派学者们，也并非意识到两者的差别。安东尼努（Antoninus）所谓"货币本身无利益，商人把它使用起来才有利益"，用借者贷者两受其利的可能，来使利息合理化，言外已暗示着利润的合理存在了。不过，明确把利润由利息区分开，还是后期重农学者杜阁（Turgot）的业绩，他认定资本有五个用途，即购买土地，制造企业上的垫支，农业上的垫支，商业上的垫支，再加行息的贷金。每种用途，都须得到利益。利息不过其中之一罢了。

但使利润由利息独立起来，仍未脱初期的认识阶段。现代资本主义的利息，反过来，是从同性质的利润去取得它的存在的。此中症结，在1750年，即由马希（Massie）所著的《自然利息率论》中，最初予以揭破，他说：人们为要使用他们借来的东西，必须支付利息，这种利息，便是他所能生产的利润的一部分。亚当·斯密在1776年出版的《国富论》中，明确表示：使用货币一般所能支付的利息，必须受支配于使用货币一般所能取得的利润。此后，居尔巴特（Gilbert）复于1834年在所著《银行业的历史与原理》中表明：为图利润而借钱的人，应以利润的一部分给贷者，那是一个自明的自然正义的原则。

对于利息与利润关系的这种认识的演变，显然不能用智慧或天才的高低来说明，那有现实发展作为它的基础，在以前，利息其所以被视为利得一般，就因为贷出货币被看为是资本一般，资本正体。《圣经》上特别责难利息，利息问题障蔽了商业利润问题的提出，因为当时的商业经营者，是惯把高利贷者的利得要求，拿来掩饰他们的利得要求。到后来。特别是到了近代初期，商业产业特别发达起来，机能资本在社会的比重，亦逐渐大于生息资本。生息资本活动的主要对象，已不是借债维持生活或借债享乐的人，而是借债从事商工业的人，高利贷业者对后者的诛求，就不能像他过去对前者那样酷刻，因为商工业者自己不能获利或亏本，他们显然是不会继续借款的。然而利息被压低下来，还有其他更基本的原因。在商工业发展过程中，社会资本的积累，会相应增加待放的生息资本，结局，生息资本所能期待的利息，就不能不相应低减了。生息资本利息低微，小量的放款，或凭了个人蓄积的放款，不但不易维持放款者的生活，也不够供应日益扩展的生产事业规模，由是，生息资本中的高利贷业，就为适应新兴生产事业要求而发生的银行业所代替。而同时，得到了银行业支持而益能扩大其规模，增加其积累的生产资本，就开始对商业资本立于支配地位。一向不容易辨识其来源的商业资本利润乃至生息资本利息，至是始明显表现出它们是从产业资本利润中分派来的。

在上述历史性的客观演变中，经济科学为我们指证出了利息与利润相关联的几个基本法则：

第一，在资本主义以前的社会，是利息率决定利润率；而在资本主义社会，则是利润率决定利息率。——这个法则的定立，不但需要透过一些极易蒙混的现象，且应就这法则作用的范围加以限界。显然的，在任何一个社会，其利息率大致是固定的，已知的，而利润则是不易确定的，就在资本主义社会的平均利润，亦是如此。这种表象，很容易给人以利润率是受支配于利息率的印象。但事实恰好相反。在一定场合一定时间内的资本主义的确定利息率，正是把当地这时以前先行的利润率作为基准。不过，这作为基准的利润率，不是特殊的额外的利润率，而是一般的利润率。

第二，一国利息率的高低，在利息率的差别，实际表示利润率的差别的限内，是与产业发展的程度成反比例——就在一个经济发达的社会，它的发展也不是平衡的；农村的比较落后的地带，其利息率一般都比较交通发达的都市方面为高。这法则活用起来，似不妨由利息的高低，测知一个社会发达的程度。

第三，与产业资本比较来说，商人资本越大，产业资本的利润率就越是小，反之产业资本的利润率就越是大，——就同一社会的诸发展阶段说，抑就不同发达程度的各社会说，这法则是均有其妥当性的。

有了上面所结论出来的诸基本法则，我们对于中国社会的利息形态与利润形态的说明，就算有了认识上的准备和依据了。

二　中国社会的利息形态

上面的说明，已暗示我们的研究，须得从利息形态开始。

贷款要求在一定期间以后，给予母金或原本以外的报偿，即所谓利息，这是任何社会相同的。不过旧日欧洲社会受耶稣诫律的影响，一般谴责乃至禁止贷款取息。而在实际禁令施行的地方，取息往往还比较高，为的是贷款者违反禁令的可能损失，照例是要预先向借债人摊嫁的。这即是说，限禁利息政策，从来不曾收到预期的效果。在中国不同，中国历代王朝对于"坐列贩卖，操其奇赢"的商贾，尽管三令五申的禁抑（其禁抑商贾的结果，也大抵和欧洲限禁利息的结果同），对于高利贷业，却像不曾特别注意到似的。这原因，当然不能由中国圣人之徒，不曾对高利贷业表示特别憎恶来解释；反之，却可由中国历代作为圣人之徒的士大夫阶层，强半是土地所有者兼高利贷业者的这一事实来解释。不错，他们也是会兼营商业的，但商业毕竟另需要一个排场，在身份上不无形格势禁的地方，兼作高利贷业不必名号大召，可在暗中进行，却就无伤大雅了。

利息竟像是在名教的"遮羞"作用下受到了特别的纵容。

但何以遭受禁抑的商业极易猖獗起来，而比较纵容了的高利贷业，却竟不曾在历史上有过何等煊赫的表现呢？这里需要更深一层的理解。

在中国作为利息来源的高利贷资本，尽管与所谓土地资本及商业资本，结成了"三位一体"似的不解之缘。但高利贷业往往是当作扩大商业与集中土地的手段而活动，高利贷业上一有所积累，就当作商业资本，特别是当作土地资本来支出了，就因此故，在中国历史上的许多社会变动中，我们就只看到商业与地权造成的祸害，而高利贷业反不与焉，其实推源"祸"始，高利贷业，不但是商人用以控制独立小生产者或小土地所有者，并由是增其奇赢，集中土地的有效手段，事实上，高利贷业者对于借款者所处的地位，比之商人对于其货物买卖者，比之需要土地者对于其被需要土地的所有者的地位，是更加有利或有势力得多。土地的出卖者以及货物的买卖者，却较能选择其交手的对象，但借债者，特别是为了维持生活的贫困者，他能选择的范围，就极狭了，因此之故，予取予求的高利息率，就在无形中成了商业利润率和土地地租率的指标——虽然后两者在特别有利条件下的异常高率，又可能促使这个指标抬高水准。

与现代资本主义接触后，情形一直在变化着。我们知道。商业资本早经改变了它的古典形态。地权亦沿着商业资本对它发生的新变化，而改变了或和缓了它在这一方面原来会诱致的集中趋势。不过，大的变动，大体是在沿海都市及交通比较发达的地带进行，广大的农村，一般只不过在单纯商品货币关系扩大的范围内，在旧式农业手工业因此引起分离，引起全面破产的范围内，变换其姿态。而高利贷业，则不但仍旧在维系其对地权的传统关系，甚且在广泛破产与社会资金被吸收到都市的场面下，益形猖獗起来。

同时，在其他方面，因为前述产业资本不易得到正常发展，国人例皆视生产事业为畏途的事实，又敦促都市方面的许多新暴发户自适其适的专门从事金融活动。新式金融业，与其说主要是为了适应新商工业扩展的要求而产生，毋宁是为了配合众多的各色各样的金利生活者的要求而产生。但无论如何，这种金利活动的对象，已不是农村的破产者，而在一方面是被意外收入肿胀着需要好好宣泄的人，同时在其他方面，则是一部分商工业者、政府和专操投机事业的分子，像这种活动的对象，当然不能应用农村高利贷业的利息水准。

此外，我们还需要提到第三个金融活动圈，那是由国际金融资本所设定的。它们在中国是做的太上金融事业，它们金融活动的对象是它们的商工业者，中国的金融业者，这已用得着另外一种利息水准；若就它们金融机关最合算的买卖，是吸收中国人的存款一点来说，那就更有此必要了。

在中国境内，我们大体就有三个利息基准在行使着作用着。

第一是外人在华银行的利息基准，在经验上的变动限界，一般在百分之四与百分之八之间。在这限界内，有几点形成其差率的事实需要指出：外人银行利率，各与其本国一般利率，金融状况乃至对华资本政策保有密切联系。比如，英国一般金融状况较日本为好，英国国内银行利率，较日本为低，其在对华人方面信用亦较日本为优，日本在华银行照应其国内水准，其利率已经要高一些。若在吸收存款方面，同英国竞争，它的银行存款利率，从而，放款利率，就更不能不相应提高，但虽然如此，英国银行的一般利率，总很少低到百分之四以下，同时，过此限度，它将失掉控制金融的机能，日本银行的一般利率，亦很少高到百分之八以上，过此限度，它将因为过于接近中国银行利率的水准，使它失去其对中国银行保有相当距离的优越地位。这是第一点。其次，外商银行对于华人和外国人的贷款，乃至对于华人和外国人的存款，其待遇是有差别的，特别是当着战乱时候，华人在外行的存款，不独没有利息，往往还须付纳保险费。不过，这种差别待遇，也多少要受它们各别对华资本政策的限制。这是第二点。此外，银行对于外汇标金及证券市场的操纵关系，又随时会强制着它们的利率，发生变动。

第二是中国银行与钱业的利息基准，它在经验上的变动限界，一般在百分之九与百分之二十之间。在这限界内，亦有几点形成其差率的事实需要指出：首先，新式银行与旧式钱庄本身，就会暗示出它们利率的差异，虽然较小银行利率比之较大钱庄利率还高，但我们一研究银行和钱庄各别活动的金融对象，就知道银行利率一般是较低的。钱庄往往是向银行通融资金，而钱庄的主顾，则不外是小工商业者和较典型的高利贷业者；其次，中国金融业因为主要是同商业发生联系，商业活动的性质，其周转的速度，其冒险性的大小，益足以影响其利润率的高低，由是相当的范围着利息率的变动；再次是，当银行对外商银行发生业务竞争时，它颇需要把利率降低下来。但一旦受到较旧式的钱业的竞争，它又得提高它的利率。像这样在多方面受到竞争和牵制的金融业务，自然很不容易使它的利率固定在一个水准上面，无怪中国银行有的虽已具有现代的外观，有的却还保留下了浓厚的高利贷特质。

第三是中国一般旧式高利贷业的利息基准，它在经验上的变动限界，一般在百分之二四到百分之三百之间。在这限界内,其差率形成很显而易见的原因之一,当为愈接近都市,其利率将愈为都市通行的利率所吸引,而在愈僻远的地带,其利率就愈像无限制了。这情形,似乎同样会发生于商业方面,但商业上即使再无行市,农民如其有钱在手,毕竟还有多少参酌的行情表示犹豫的可能,自然,为了生活或者为了维持生产过程中的生活,致不得不预卖乃至预买,那是又当别论了。但那种方式,与其说是由商业进行,毋宁说是由高利贷业进行。高利贷业在十分有利的场合,虽可乘人之危,多方勒索,把它的利率抬高到最高限——百分之三百,乃至不照惯例,任意漫无限制的勒取。但反过来,即使在最不利的场合,它的利率,亦不会低到百分之二四的限界以下。因为高利贷资本是习惯了把它的积累,见机投用到商业上或地权上的。即使商业利润带有几分不确定性,特别在动荡的社会,很难得把当前已经获得的利润率拿来测定今后的利润率,但地租率却是比较固定在那里的。事实上,如我们已经讲过的,大多数从事高利贷业活动的人,本来就是在地租上有所积累的人,他们看到高利贷上的利息率,可能大大高过地租率,固然暂时乐得把资本移用到高利贷业方面,一旦高利贷业的利得降落到与地租率相等或接近地租率的程度,高利贷资本是会回流到土地上来的。在这里,我们是把地租率理解为一定土地年租额对于该土地价格的比率,即土地上地租率的大小,是就土地价格对年租额的倍数而言的。年租额如其被确定了,则土地价格高,就表示地租率低,土地价格低,就表示地租率高。据估计,中国土地价格,大约为其年租额的 10 倍,而由此推算的地租率,只是占百分之十了。照此理解,我们农村的利息率,似乎要低到百分之十的限度,才有使资本由高利贷上移用来购买土地的可能。但在这里,我们须明了地租是最确实可靠的;地租即使一年因为水旱不收,当做其原资本体现物的土地,却安然无恙,而在贷借的场合,就不但子金难有把握,即其原本,亦往往不免有完全丧失的可能。所以,把利害相权起来,在利息率低到地租率水准,即百分之十的限度以前好远,资金就会转投到土地的购买上面。这是农村通行最低利率,被局限在百分之二四的主因。

由上面的说明,中国同时存在有三个利息的基准了。这是事实。我们须从这既成事实中,去发现它的特征:

首先,中国的利息率,综合起来讲,是在极大范围内显示其差异与变动,由百分之四到百分之三百,这是任何国家所没有的现象。本来,就在资本主义极度发达的国家,亦并不能把它的经济发展的参差性,即把其国内某一地域某一部门的比较落后性,一斩平的拭去,而这种不平衡的发展，就是其国内生息资本利率，不易划一的一个主要原因。但它们的利率差异及其变动，很少能越出百分之一到百分之十的范围。如其说金融市场的稳定，利率水准的划一，是一国产业发展的必要条件，则我们这种利息形态之妨碍产业发展，就十分显然了。

其次，利息在过于扩大范围内表示其差异与变动，要使其均衡化或一般化，已不可能，而况前述三个基准，又各有其特殊的分野与基础，更把它的一般化均衡化的障碍加大了。一个社会的资金，不绝由利息率较低的用途转向利息率较高的用途，等到利息率较高的用途，集注有这个用途的容量以上的资金，利息率又降落下来，使资金向着原来由利息率较低引起资金缺乏，更由资金缺乏引起利息率提高的那种方面或用途上去，这种趋于平衡的倾向，就是利息率一般的前提，中国社会显然不曾具备资金自由流通所需的诸般条件。它就不但无法形成一个全般的均衡化的利息率。即使是在那三个基准所由形成的各别金融活动圈内，其一般化均衡化的程度，亦大有参差；大约外国银行的利息率，一般化的可能性极大，虽然其间仍难免各国相互设下资金流通的障碍；中国金融界的利息率，就它所作用的范围，大体是限于商品货币化关系比较发达的都市方面来说，无疑是保留有相当均衡化的余地的，但各都市及环绕着各都市之社会关系的极端的差异，使各都市金融之点与点间的正常联系，亦颇不易建立起来。至于活动在广大农村的高利贷的利息率，那是更谈不到均衡化的。

又其次，中国利息率均衡化一般化虽为事实所不许可，但不能据此就断定各种基准的利息率之间，没有相互牵引规制作用存乎其间。在表象上，外人银行利息率由百分之四到百分之八，中国银钱业的利息率由百分之九到百分之二十，农村高利贷的利息率由百分之二四到百分之三百，这已提示我们：中国银钱业的最低利息率，与外人最高利息率衔接，而其最高利息率则与高利贷的最低利息率衔接。它们这种大体衔接的事实，就说明其间有一种互为影响的可能。而在现实上，也许这正是帝国主义资本政策，能在中国全社会发生支配作用的一个不可忽视的连锁。但说也奇怪，中国的利息率，尽管是由农村到都市到外国银行方面，愈来愈低，而中国的社会资金，却不向利息率高的地方集中，竟向着利息率低的地方集中，这种反常的现象，似乎需要把资金要求高利息，但却更要求确定稳当来说明，资金愈怕留在农村乃至留在城市的中国人手里，太无保障，于是在农村的资金愈感贫乏，愈要求高率利息了。单从这个角度来讲，不是高利率把资金赶跑了，而是资金在帝国主义资本政策下被吸收去了，被集中去了，农村金融过于枯竭，才益使利息率提高起来。

此外，还须指明一点，中国的利息率，我们虽只指出三个不同的基准，其借贷的方式，却是极其多种多样的。大约愈在利息率低的场合，其借贷手续比较单纯，愈比较现代化，愈是以货币为借偿的依据，而在利息率最高的农村，则有许多原始的信用方式在通行着。借钱还物，借物还钱，母物子钱，母钱子物，乃至母子均采实物借偿形态，种类繁多，不一而足，究其原因，不但是由于农村资金缺乏，货币关系未曾普遍确立起来，同时也因为高利贷业者，愈是采行花样多的借偿形态，就愈易找到勒索的机会。农村高利率，有许多是借着借偿的繁复手段来进行的。

三　中国社会的利息形态对于利润的规制作用

上述这种形态的利息，对于利润，该有如何的影响呢？

如其把这里待论及的利润，暂以产业利润为限，那需要我们回顾前面关于利息利润相联系的诸般问题。我们将由是明了：中国的利润，迄未从那种利息形态解脱出来。

在现社会，生息资本利息对于产业利润的关系，是从生息资本对于产业资本的关系中去理解的，现代产业不但一开始就需要大宗资金，并且随时还得有大宗资金周转，就是作为商品生产或交换价值生产必然会换回的货币，那比以前独立小生产所能挣得的额数，是大得多，多得多的。正因此故，一个产业资本家要使它的产业资本无滞碍的尽可能迅速的完成其周转，他就不仅需要为他经营商品的商业家，同时还需要为他经营货币的金融家，在一旁协助，结局，他生产的最后成果中，就得分别按照常规给予商业家以利润，给予金融家以利息。在这限度内，如其他不怕麻烦，不计分工的利益，自己兼营商业，兼营金融，那就不论其最后成果将由此受到如何影响，其全部将成为他的收入。不过，在分工发达的现社会，即使他能如此兼营下去，他的纯收入中，仍须分成三个部分，即产业利润、商业利润及生息资本利息。在这里，如其把商业利润搁在一边，产业利润和生息资本利息间的关系，已是非常明了的。产业资本家不论他是独营产业，抑是兼营其产业所需范围内的金融，他一定要由他的产业，获得其所投资本的普通利润或平均利润。此外，还须多少有可充用为利息的部分，否则他借来或移用来的资金所要求的利息，将从他的普通利润或平均利润项下扣除下来。可是，这里却存在着问题的症结；如其为了借入或移用来的资金的利息，碍及他的经营产业的普通利润或平均利润的实现，他就会终止其产业经营。要在这样的情形下，利润才算是由利息解脱出来了。

我们的产业利润，却不是如此，它始终没有摆脱利息的桎梏。利息与利润的现代关系，并不是也不能由它们本身任意建立起来，那有许多社会条件在纲维着。就中国广大的农村说，那里正实行着百分之二四到百分之三百的利息基准。（德人瓦格涅尔分析山东农民的高利贷负担，说他们为要生存，常付出百分之二百乃至百分之三百的高利息，马扎尔也认为是依据这个基准。）这种骇人听闻的高利息率，用农村太缺乏资金来解释，是颇不充分的。其基本关键，宁在借贷者不是为了从事生产经营，而是为了维持生活上的支出。农村一般独立生产者的开支，无疑会有一部分可以视为是生产上的开支，至少维持他在生产过程中的那一部分生活费用，就是如此，但如其他是无所事事的农村流浪者，他就根本没有借贷的资格。他借贷，如其他生活无虞，纯是为了维持生产支出，为了更新农具，购置肥料，雇用人力畜力，他就一定会盘算到他由此增加的收入，是否能抵偿借入资本利息而尚有余剩，在一般利润率尚不曾建立起来的情形下，他也许暂以些少余剩利益而满足，但如连这点利益亦没有，他就会尽可能在生产上因陋就简，不肯去借贷了。在这场合，他对利息率的高低，还有表示选择的余地。换一个表现方式：就是生息资本的所有者，如不愿他的资金呆放着，他就不能完全不顾及借贷者的赢益。把地租及商业利润暂置不论，利息在这时还不能把产业利得全部吞蚀。

如其这位生产者，对于上述各种生产要素，如农具、畜力、种子、肥料，都能勉强供应，只对于支持到收获以前的日数必需生活费发生问题，则在这种情形下，它对太高利息率，还保留有一些对抗的可能，那就是用生活资料压迫生产资料的方式，把肥料、畜力、种子甚至农具，分途典质变卖为生活费用，必要时的劳力的雇用也予以中止。真有这种躲闪余力的借贷者，他说不定还能期望放款的人降低其利率标准，利息率果然降低了，他由借贷把生活费用张罗到了，这时，他也许能叨自然的恩惠，在生产成本以外，还可挣到弥补其借贷利息的剩余，在这场合，如其利息率再低一点，那剩余中间有一部分，也许可以称之为利润。

一旦，这生产者农民，遭到了极寻常的天灾疾病或其他人祸，把极简陋的生产资料大体处分了，而尚无以为生，他的借贷条件是低到无已复加了，这时能让他选择的，要就是立即死亡，或者就是威胁他日后生存的高利息率。这里早没有一点利润的影子发生作用。把话倒过来说，利润在这种场合的缺如，与其说是由于利息率太高，宁是由于当作利润之存在依据的资本本来就不存在。农民穷到了几乎单凭劳动力与自然力支持生产场面，高利息率就不是当作原因，说有了它，利润就无法成立，而实是当作原因的原因，说有了它，利润成立的前提条件无法产生。

尽管农村贷款关系的成立，有无限错杂的因子在作用着，且不限于上述几个例子，但把那看作是有关农民贷借景象的基本型，而由是理解农村利息率所以那样高，那样参差，那样妨碍着利润的实现，那也许不是怎样远于事实的。当然，就在我们农村，也并不是绝对没有对雇佣劳力资金，支付利息，建立起了现代关系的利润形态，我们上面所说的，为了充实生产资料而挪债的农民，他所付的利息，就比较可能使贷借者降低到农村利率最低限，而由是允许若干充作利润的剩余存在。但我们在这里，还只看到问题的一个面，现代型的利润的成立，同时须得把农民的劳动条件——地租加入考虑。

也许说，现代资本主义诸社会关系的建立，是从都市慢慢延伸到农村的。我们都市方面的利息基准由百分之九到百分之二十，比农村一般的利息基准低了那么多，如其说农村的最低利息率可能容允些许利润萌芽的存在，其最高限利率亦还低于农村最低限利率的都市方面的贷款，该是不会怎样限制利润产生的，而现实又是怎样呢？

首先，我们得明了，有关借贷条件的都市居民的性质及其生活方式，是与农民两样的，特别是在新兴都市里，他们是从四面八方凑集起来，极没有定着性，他们多半没有血缘社会关系，没有自己的居所，特别是没有定着的土地——不论是自己的，抑是租得的——给他们以范围和拘束。像这种人，大体可归类为两个成分，一是找工作做或已在工作中的无产劳动者，一是多少拥有各种形态资财的商工业者。论到借款，前者一般是没有资格，至少亦不曾形成都市贷款的主要对象。在商工业者中，这里是暂时需要把商人撇开的，从事工业经营的人，有独立手工业者，工场手工业者及现代型的工业家。都市的独立手工业者及很少一部分雇佣劳动者，也许是农村高利贷活动，还多少存在都市方面的现实依据。其余一大部分的工场手工业家及工业家，他们要有所经营，当然不是为了谋生，而是为了谋利。有利可图，即他们的生产经营能给予他们以相当的利得或利润，他们是乐于从事。一旦利润无着，而其原因又被发现是由于利息率过高，他们显然会由停止借贷来停止其事业经营，而把他手中控制着的作为借贷之依据的资财，也转向为比较不费气力坐享其成的金融业的本钱。

另一方面，在农村由地租由高利贷及其他原始方式积累的资金，无疑还希图用一种方式，继续增大其积累，但因鉴于农村动乱堪虞，自不免相率集中都市。可是由这种方式获得，并由这种趋势集中到都市的资金，在本质上，已把其所有者运用它的意向局限了。地租是坐享其成的收入，利息亦是坐享其成的收入。坐享惯了的人，要他到不大熟识的都市，去从事不大理解不大习惯的生产经营，自然是太强人所难了。最适合于他的生活方式，当然是金利生活者的生活方式。

有钱的人，不肯从事生产经营，而以从事金融业较合脾味，有资格借钱的人，如再顾虑利息率太高，无所获利，而也宁愿转到金融业上去活动，结局，金融的供给超过需要，利息率是理应降低的。事实上，与农村比较，都市金融业的利息率，已算低得可观了，不过，这已降低的利息水准，仍无大补于中国产业利润的形成。

由百分之九到百分之二十的利息率，比之我们的农村，诚然是够低了，但比之外国，乃至比之外人在华银行的利息率，不仍是太高了吗？这里有几点须得弄清楚的：首先，我们金融界的利息率，为什么不能再压下到接近外人在华银行的利息水准呢？这需要我们回顾前面的买办性商业及参酌我们下节要说明的商业高额利润。集注到都市金融界的资金，如其除了从事金利活动，就只有投用到产业方面一个出路，它的利息，一定要注意到产业的利润。如其它除了金融和产业以外，还有商业可供其运用资金的选择；依前述资金来源及其集中过程，它在本质上，就宁愿倾向商业，而商业依着种种特殊条件所能挣得的利润，更加会促使它对于利息的考虑，不以产业利润为准，而以商业利润为准。因此之故，我们的生息资本的利息，就无法再降低了。

其次，一国新式产业即使没有外在的破坏力，它在开始时，亦会感到它对旧式产业的诸种有利优点，会因它的社会优势尚未形成，各种需要的社会条件——如技术、资本、市场——不曾具备，而不能发挥。所以，在近代初期，各国产业能通过各种落后关系的障碍而挣得利润，那利润有许多宁是由国家直接间接扶助促成的结果。在各种保育方式中，有关利息的项目有三：一是低利通融资金，一是无利且无须还本的奖助金，一是借中央银行左右利率市场，统一金融步骤，使资金能顺序的走向产业方面。我们过去奖助产业的办法是施行过的，但不普遍且不切实，不曾使最需要最值得受奖助的企业，得到实惠。至于低利通融资金的办法，直到近十数年来施行工业贷款，始有一个端绪。此外，关于统一金融市场的步骤，我们根本没有具备有效的条件，那将在下面予以说明。

因此，中国的新式产业，即使没有外来的障碍，它除了像在前次大战过程中那样特别有利的场合，是决不能由它的那种利息基准得到何等合理利润的。

而况在高利息率限制着合理利润产生的过程中，低利息率同时又在发挥破坏作用，外人在华银行以百分之四到百分之八的利息率，对他们在华产业通融资金，而在同一市面上，在同一部门的国人产业，则须以百分之十以上的利息通融资金，在其他一切没有差别的情形下，单是这个不平等的利息负担，尚只令国人在产业利润上遭受相应的损失，但若把外人产业尚有种种特权，国人产业却在为种种特权所束缚，同时，再把技术、资本、经营方法诸方面的差别条件加算起来，这项不平等利息负担所引起的不利结果与损失，就更形严重了。

不仅此也，因为社会政治各方面的原由，外人在华银行吸收大宗存款，并不是以高利息为饵，反之，却有许多是用低利息为饵。他们凭各种特权，在中国有钱阶级间造出一种变态的社会心理，以为利息率愈高，可靠性愈足怀疑；反之，利息率愈低，低到零，甚至需要纳保险费，其安全性就愈大。结果，国人最大一部分社会资金，就被幻化为外国银行存款簿上的阿拉伯数字。如其说，资金的充溢，是利息率降低的一个有力条件，则外人依此资本政策，不绝吸去中国在一切可能有利条件下，借助于原始方式所积累的资本，那就会永续使中国银行利息率不易降低下来。不错，在这种观察下，中国银行不也可以用低利政策同外国银行竞争么？但这是行不通的。低利息率反而容易吸收大宗存款，那不能单从利息本身说明，那有一列特殊权利在作用着。中国银行界终能把握住相当额数的存款，却又毋宁是用高利息率去竞取的。除了特别有钱，因而神经特别过敏的那一部分人，高利息率终不失为一吸收存款的有效手段，但存款利息提高，贷款利息也就不能不相应提高，这样提高的利息率，显然是在对付外国银行低利息率的压力。

然而最关重要的，还是引导社会资金，以低利率流向产业方面的金融政策，由于外国银行在中国另有一个特殊利息基准，致不克顺利执行。本来，中国广大农村是存在着高利贷的利息基准的。但根据近二十年来社会资金集中分散的经验，零碎散漫的高利贷，乃至作为高利贷集中化了现代化了的钱庄，并不能在社会资金流通上，发生何等决定的影响，反之，它却不绝在为新式金融业所左右。这就是说，中国不能执行有利于产业的低金利政策，在金融范围内，正好是由于外国银行在中国另有一个作为其操纵牵制中国整个金融活动的低利息基准。至若在此低利息率及其他特权庇荫下的外人在华产业，虽不仅获有利润，且获有超额利润，但那种性质的产业利润，正是中国正常产业利润无法形成的一个症结。

也如在其他方面一样，我们的产业利润，在由代表极落后社会关系的高利贷的高利息率,和代表极发达社会关系的外国银行资本的低利息率,受到双重的打击与破坏。

四 中国社会的商业利润形态对于产业利润的规制作用

把问题放在较广大的(还不是全面的)视野去观察,不能对利息立于支配地位,而反受其支配劫持的产业利润,同时也不能对商业利润立于支配地位,而不免受其支配劫持。

中国的商业资本形态,前面已讲过许多了。那种商业资本形态本身,就已经决定了它对产业资本的关系,从而,决定了它的利润对产业资本利润的关系。那种关系,就现代社会讲是反常的,但就过去社会讲,却宁是正常的。影响产业利润的高率利息,在它是为高率商业利润所牵引的限内,可以认为是商业利润间接的或通过利息予产业利润的压制。以下我们将要述及它直接妨阻产业利润的全历程,因为那是不容易横断的去说明的。

在农村从事产业活动的独立生产者,他们的生产,显然是小规模的,零碎的,分散的,但却不一定是能自给的。他们需要用自己消费不了的剩余生产物,去交换自己所需要的他人消费不了的剩余生产物。换言之,他们要在某种限度依赖市场,可是他们不易接近市场,也无法确定行市,由是,为他们负起通有于无的责任,为他们流通单纯商品的商人,同时,也代他们比较那些商品的价格。这一来,多少依照着价值或生产价格买卖的过程,即利润平均化的过程,就一向只表现在流通范围内的商业上。至那种产业有无利润,在何种程度实现利润,反而成了一件无从索解且无关重要的事。不但如此,商业利润最后终归是把独立生产者的剩余劳动作为基础的事实,也因此掩饰了。因为独立生产者们本来就不是为了利润生产。而同时,作为其单纯商品之交换媒介人的商业经营者,如非获得赢利,就不肯去担当那在某些场合,还不免冒险的烦累。如此演化的结果,产业经营即使后来逐渐改变形态,露出了要求利润的萌芽,那利润也只能是从商业利润派生出来的。

这是过去普行于一切社会的通则。

如其说中国商业资本有它与外国很不相同的特质,它的利润,亦仍只在这个通则之下,表现为一种变例。

我们已在前面提论到中国商业与地权的联系,设把地权理解为体现封建政治权势的基石,则我们的商业经营者,就比较与封建权势处在对立地位的欧洲商人,有更大欺骗掠取的可能。与欧洲资本主义接触以后,我们的商业,无疑在逐渐解除其对地权的联系,但就在那种过程中,它却又找到了新的靠山,它受到国际资本或帝国主义的支持;它离开了旧的特权,而寄生于新的特权中。它似可继续地予取予求,继续任意扩大其利得了。但这样一种推行转变,其间毕竟造出了一些限制其利得的前提。

首先,在商业与地权发生密切联系的阶段,商业主要是把独立生产者手中的剩余生产物变为商品。这时欺骗掠取的对象,是容易欺骗也可能任意掠取的农民及手工业者。到了它附上了买办特质的阶段,都市方面许多生产物,已经是当作商品生产出来,即在农村里面,为适应国际市场要求,有不少地方,不少门类的农业,已经在专门化,商品化。这就是说,这时同商人交手的对象,已不像先前那样容易欺骗,那样可以任意掠夺了。他们不但较易接近市场,他们并由生产方式的逐渐改变上,逐渐认知了产业利润的意义及其重要性。利润平均化过程,至少已由商业扩展到新式工业及工场手工业上了。人们至少已感知产业利润同商业利润是处在对等重要地位。但虽然如此,一般人还不易看出它们的差别作用,这也许是因为在事实上,还不允许把它们的社会关系,合理的倒转过来。我们一直还逗留在这一个境地。

现代型产业在中国的出现,自然是产业利润取得存在的前提。但产业利润被认知其存在为一事,它能在何种程度被实现为又一事。前者是关系产业性质的问题,一切以现代生产方式经营的产业,都要求利润,但它能在何种程度实现其利润要求呢?那却很可说是关系产业数量的问题,我们中国是不发生前一问题的,谁都不怀疑中国已有新式产业经营,但却易发生这后一问题,大家不已是惯把"质"的问题的考察,径行代替其"量"的考察么?

产业上的生产方式的变更,即由独立手工业者与小农的生产形态,变为大规模生产,并不是一蹴可几的,那是由一个部门一个部门的,一个地区一个地区的缓慢进行的,因此,产业利润的前提,虽会由此慢慢造出来,但它并不一定也不能就因此采取相应的平均化利润的姿态。一个孤立在旧式生产方式中的新型产业,甚至一部门孤立在其他一切旧式生产部门中的新型产业,均不能谈到平均的产业利润。平均产业利润法则,只有在新式产业数量上,已经全面的对落后的旧型产业取得了压倒优势的场合,才能表现出来。我们的产业,显然离这个发展阶段还远,因之,我们就不难测知中国产业利润,还不能依平均利润法则去较量它。

但这里有一个看似矛盾的命题。新式产业在未取得压倒社会优势以前，是不能谈到合理的平均利润的；构成其合理利润的许多条件，即新产业借此对旧产业表现其有利优点的许多条件，是不能在旧的生产方式支配之下形成的；但同时它要扩大其社会优势，又须得到合理的利润以资敦促，并作为扩大再生产的手段。对于这个矛盾，近代各国是用政治的力量，加强破坏旧的关系，同时保育新的关系去解决的。我们已在利息形态的说明中，提到了有关低利通融乃至奖助的诸种方式。论到这里，又须回顾到它们在商业上采行的各种保护设施。如其说，许多近代国家的初期产业，有的甚至挣到了期望以上的利润，我们决不能因此就断定那纯是新式产业对旧产业表现了极有利的优点的结果。至少，其中有一大部分要归因于经济以外的力量的支持。这所谓经济以外的力量，除了在利息上商业政策上给予种种便利外，还有赋税上的新特点，但最关重要的，还是依各种明定的或默许的方式，使其对于剥削基础的劳动力，尽力成就其可能的贡献。

近代新式产业是这样"造就"出来的。它在初期以后，逐渐在利得的方面，获有超越商业的优势，它在社会地位方面，亦压倒了旧的产业，在这过程中，许多关系产业发展的一切条件，都改变了，平均利润化的过程，才次第由商业方面，移到产业方面；商业已经是当作产业的一个机构在作用着，它的利润，则是比照它对产业的"服务"限度而被规定了的。社会的局面，各种社会关系，这才认真倒转过来。

上面讲了这些，似乎离开本题了，但其实通是中国产业利润对商业利润关系的反面。我们已确实存在着，并在各种有利机会下，展开过近代型产业。可是，在我们产业向着现代型转化的当中，却不但不曾在利润方面，受到经济以外的力量所支持，却反而受到了那种力量的阻害。中国近代商业的买办性，其本质就是排斥产业的。它在国际资本的作用下，担当了为外国产业服务的任务，它就不需要也不能更为中国产业服务。这是中国产业很不易把商业转化成为它的服务者的根本障碍。况加依托外国特权所挣得的大利润，更促成了买办商业对于民族产业的优越地位。在这种情形下，单是实行近代各国在金融、商业、赋税上所给予产业的各种"温情"帮助，还不一定能把产业利润提到商业利润的水准，或进而超越商业利润；那颇需要采行较彻底的方法，从一般社会基础上，挖去商业资本，从而挖去帝国主义政策行动的依据。如其那种行动依据还安然存在着，那就不但会根本妨阻产业利润受到金融赋税诸方面的特别培育，而在大抵的场合，且可能使那种培育的"实惠"，中途转化去，更反过来。变成产业的负累和压力，这早已不是理论，而是事实。

如其产业对商业之社会优势的形成，需要借政治的力量来分别增减它们的利润，是一个原则，则我们在外力挟持下的国家，要成就那种社会转变，就须活用那个原则，不能同那些仅须打破国内传统社会关系的近代西欧诸国，采行同一的方法和步骤。

然而在大体上，我们似乎把那个原则看得太刻板了，或者太没有看准那个原则，因而就只就一些枝节表象方面照着先进国的榜样作去，结局，已经利用各种机会建立起来的若干产业，因为得不到相当的利润，有许多失败了，崩溃了，而可能慢慢发展新式规模的产业，亦因得不到相当的利润，有许多一走到工场手工业的阶段就停下了或者是没落了。产业一直在坎坷不振中，它不能由本身积累起扩大再生产的基础，它就无法在量上增加优势，因而也就不能在质上表现优越，这反复造出了致命的结局。

但事情还有比这更坏的一面。新式产业不能发达，旧式的落后产业，却竟在国内外新式产业的影响下，差不多全面临到了破灭的绝境。而同时在这种情形下被解体了的传统农工共同体，被丧失了机能作用的独立生产组织的诸要素——人的要素与物的要素，尽管无法被吸收被集中到新式产业中，但却为商业资本活动开拓了更广泛深入的通路。在这种限度内，商业资本不但不利于新式产业的成长，更使得旧式产业毁灭。它的独立发展性，因为被附上了买办性，就如同猛虎附翼一般的猖狂起来，它的高率利润的基础，尽管仍是破碎支离的新旧产业，但由于它是通过外国种种特权取得那种高率利润，这就好像是在产业的废墟上，蕃殖商业的果实似的。结局，由高率商业利润积累所扩大的商业规模，特别在国际资本作用之下，就造成了它得任意驱使御用产业的社会优势。产业尽管在被人重视，产业利润尽管被一些人看得比商业利润还重要，但产业既然一般的变成了商业的服务者，作为其"服务"报酬的利润，自然要从其主人的总所得中分派出来。

这是抗战发动以前的一般情形。如其需要提出那一般情形中的若干特例，即若干方面的产业，还能维持其场面，并在某些场合，表现了成长趋势，同时，若干方面的商业，有的早显出了衰落的征候，有的且已崩溃了，这都不是意外的。关于前者，为了说明上的便利，我将在另文论工资，论地租中分别予以补述。至若一般获得高率利润的商业中，亦有破产现象发生，那仍可就中国利润形态的特质来说明，中国商业对于产业的优势，并不能理解为一切商业都能保障其繁昌，单就商业领域说，其资本的积累与集中，同时还是由牺牲同业来达成的。大商业吞并小商业的情形，在商业不受产业规制而独立活动的条件下，是更易发生的；其次，商业利润如同帝国主义特权发生联系，则其利润的大小，就要看它对那种特权有无联系，或联系的密切程度如何。自然，各个帝国主义者的不同商业政策，也是会大大影响其依托者的利得的；又其次，在一般具有买办性的商业中，究也有不少与民族产业发生较密切关系的，特别是那一部分在前次大战的有利机会中建立起来的民族产业，自更能诱致当时因对外贸易中落，以致"惶惶无主"的许多商业，与它发生联系。据估计，抗战数年前各大都市商店的倒闭歇业，主要就是由那些产业发生恐慌所引起的；最后，由上面的说明，似乎我们的商业，也并不能完全离开产业而独立发展，纵令如此，在它的利润终归是把产业上的剩余劳动生产物或剩余价值作为其来源的限内，新旧产业的破灭，到底是会使它那种利润源泉枯竭的。

五　中国社会的利息利润的综合观察及其在当前的新姿态

由上面的说明，我们已了解中国的利息形态与利润形态，正好是我们那种商品、货币与资本运动过程中的必然产物。虽然它们分别对于那种商品、货币、资本运动过程，同时又在尽着规制或者调节的功能。

本来，利息及利润，都可理解为关系资本流通的调节因素。是资本流通的原因，同时又是资本流通的结果。资本不问其来源如何，它在社会作为产业资本使用，作为生息资本使用，抑是作为商业资本使用，一般是把利润（产业的与商业的）率或利息率作为其流通的指标。迨它依照这利润率或利息率的高低，而确定了用途，这用途就将以等于或大于或小于原来作为其流通指标的利润率或利息率，给予它以报酬。但这样的资本流通过程，是只有在资本主义的商品货币关系，已经一般确立了的社会，才能实现的。换言之，就是要产业资本在总生产过程中，把生息资本及商业资本，分别作为其经营货币与经营商品的助手的关系已经确立了的社会，才能实现的。

像在我们这种社会，商品主要还不曾脱却单纯商品的形态，它生产出来，有的即使不免要投入流通过程，但其目的显然不是为了利润，由是，它所由生产出来的生产资料价值与劳动力价值，甚且不是当作资本。货币主要亦不曾脱却适应单纯商品流通的形态，它的运用，并不是为了拿去购付生产资料价值与劳动力价值或者实现商品的剩余价值。这种商品形态与货币形态，已经先天的限制了它待转化的资本的流通性质。

不过，我们的商品与货币如系完全采取这种形态，则我们社会如其发生资本流通问题，那就只是高利贷资本与商业资本间的流通问题。只有高利贷的利息与商业利润（我们暂且不涉及地租）在其间发生不大明确定规的调节限制作用。

但我们的商品货币关系，至少，已早允许产业资本取得社会的存在了。而一向当作资本流通之节制因素的高利贷利息与商业资本利润，早已不能完全忽视产业资本利润在其间的作用了。根据上面的研究，我们似可在这里指证一个定则，在产业资本已正式对高利贷资本及商业资本采行对立姿态，但却又不曾成就其对后二者之统治，即使后二者转型变质的受其支配的场合，后二者始终是"朋比为奸"的给它以阻碍。比如说：在利息变异过于悬殊，且又形成了各种基准，以妨阻产业资本利润平均化的场合，商业资本利润，就更好利用产业没有一般利润率的机会，依各种方式侵蚀产业的利得，同时，在商业正凭借外力，从多方面予产业以打击的场合，产业就因它自身无法造成扩大再生产规模的积累，乃不得不在高利贷资本，新式银行资本乃至外商银行资本的多重差别利率的束缚钳制下，受到迫害。商业资本和高利贷资本在本质上是有对新式产业资本采取共同行动的要求的，但这要求，是通过许多事实表现出来，而其中比较有决定性的事实，就是商业资本是最易改变用途的，与产业资本比较，高利贷资本乃至银行资本，亦有此种性质。因此，在产业前途荆棘孔多，利润难有把握的情形下，生息资本与商业资本间的交往，就更形密切。社会资本就主要是把商业利润与生息资本利息，作为其流通的机键。而在此两者中，生息资本利息率，更作了商业利润要求的指标。过去产业证券市场的不振，而金融市场、公债、地产市场，却意外显得热闹，那也可以看出此中的一些盈虚的消息。

但是，我们还有需要在这里顺便说明的一点，即利息的差异及其变动过大，对于产业资本诸多妨碍，那同时也不会妨碍商业资本利润率的一般化么？这是容易解答的。商业资本在它不曾当作产业资本的一个辅助部分，而采取独立形态的限内，尽管在某些场合，还要把比较市价与生产价格的任务，摆在商业方面，但在商业者本身，但却并不希望把其中的底细揭穿，他的欺骗哲学，是要在不成规律，没有章则的情形下，才好"混水摸鱼"的。（虽然在它变质为现代性商业的其他条件齐备了的时候，它却又特别的需要规律与秩序）所以，利息率上的莫大差异，它倒很可当作一个有利的条件来利用。即非如此，它的流动性与机动性，亦是不难让它去有效适应那些不同利息基准的。也许正因如此，新式工业乃至工场手工业独立手工业，尽管对于各地利息变异，感到是它们经营上的大障碍，但一般商业却像是很能应付裕如的。

抗战发生以后，整个国民经济改变了它的轮廓。利息及利润各别的及其相互的关系，自然也有不少的变动。但变动不论发生在哪一方面，却并不曾改变我们上述的定则，也许更把那些定则加强了。

在抗战初期，社会资金在要求高利得，同时，更特别要求安全的情形下，都相率以更迅速的步调，沿着以往的集中途径，汇挤到外人势力所在的沪港各埠。由于货币改革，统一发行的结果，实的金银尽管在维持外汇及资金多方逃避的情形下，陆续外运了，而虚的资金，即用各种票据、证券代表着的资金，却分外显得充斥。自限制提存令公布，国人的银行钱业，早变成了金利生活者的畏途，各种商业投机活动至是乃更趋剧烈，商业利用战时种种有利条件，利市百倍，生息资本利息，已显得黯然无光了。

迨沪港相继沦陷，对外贸易全部陷入绝境，商业的买办性是暂时被中止了，但因其买办性中止，并非由于产业的发展，同时，产业上已有的薄弱基础，且还随买办性条件的丧失而归于瓦解，这就使商业得恣意利用仅有的现代商品货币发展关系，又利用一切因产业不发达而保留而强化的落后社会关系，而尽量发挥其投机操纵的性能。商业上的暴利或高率利润，已在货币膨胀，物价飞涨中，把产业资本利润乃至生息资本利息，压缩到了不足齿数的程度。社会资金似乎只在把某些部门或某些地区的特殊商业利润，看作其集中的指标。不独政府提高利率，奖励存款的金融措施，收效不见显著，就是受到多方资助支持的产业利润，亦不能惹人注目，生息资本利息和产业利润，简直像失掉了它们对于资金流通的制约作用。

不过，生息资本与商业资本，究不失孪生兄弟。商业高率利润的来源，如果是得自商人以外的其他社会阶层，则由此造成的其他社会阶层的贫困与缺乏，就定然会为生息资本造出需要的前提；同时，社会资金集中到商业方面，一方面虽会因此形成游资过剩现象，另一方面，却并不因为商业上游资过剩，就断定一切商人或一切准备经商的人，都有足额的资本；在商业愈集中，有愈大的规模，就愈能运用落后社会关系，发挥其囤积居奇本领的情形下，商人虽然因货币不绝贬值关系，想不绝用去他们手中的钱，但同时为了较大量的买进，又需求备有较多量的钱。这就是说，社会各阶层乃至商人阶层本身，都需要钱。那还不是生息资本的活动的好机会么？银行不能吸收存款，只不过因为银行所定利率与商业利润太悬殊了；工业上资金周转不来，只不过因为工业所能担当的利息太轻微了，在有了钱，尽可当作商业资本用，而不必当作生息资本用；当作商业资本用，不仅要时髦些，且还没有更大更多烦累的场合，如其要从他贷款，他就显然会把他的利息率，提高到以商业资本为水准，不但如此，他为了要保证这种高利息率，一定会采取实物形态。以实物借偿，如借钱还物，借物还物，在战前，只是在较落后地带才实行，而于目前，则已差不多当作一般的形态在普及着，已经像传染病一样由农村扩展到都市了。这种实物借贷的利息率，如借谷一担，或借一担谷所值价格50元，约定一年子母偿还两担，就实物讲，已是百分之百的利息率了，这在战前，本是列在第三基准的高利贷的利息率，但在今日，除了官方银行带有救济性质的额定放款外，任何生息资本，必不会以这种利息率为满足。可是实物贷偿，就除了这百分之百的实在利率，还有一个算法。如在借偿的一年期内谷价由50元涨到100元，是50元变成了200元，是百分之四百的利率；如谷价由50元涨到200元，谷2担，便是400元，是百分之八百的利率。在这种条件下，或在更高的实物利率的条件下，生息资本的利得，就不一定比商业资本的高利润，更有逊色。商业资本被换成了实物，商家是希望其大涨特涨。愈涨愈有利益，生息资本以这个形态贷放出去了，贷借者亦是希望其所偿贷对象物的大涨特涨，愈涨愈有利益，在这种限度内，生息资本简直变成了商业资本的一个亚种。它贷出去，就等于囤积在那里，不过，囤积只收得涨价的利益，而这种特殊的囤积方式，还使被囤积的东西，自己成倍的增殖起来。

不过，生息资本不论怎样变形变法似的在适应商业资本统治的特殊场面，它在实际活动上，究有了不少的变迁，生息资本的利息率，已经不是商业利润的指标，反过来，商业利润率，却或隐或显的做了生息资本利息的指标。在这种现实变动过程中，过去的三个利息基准，亦早不能支持其原有的限界了。外人的金融势力，在战时沪港沦陷而失其活动基地，战后形式上的不平等条件撤废；亦多少限制其影响。中国都市金融业与农村高利贷业在利息率上的大差异，不但被异常高率的商业利润显得其极其轻微，就是新式银行业要求过去高利贷的利息率，一般人还会特别予以"同情"的原谅。一切已变得使人不能用原来的评价去考察当前的金利行情了。然而形式上不论怎样改变，不论商业资本利润在战时如何规制着生息资本利息，而目前的非常可怕的高率生息资本利息，又在如何制约着商业资本利润，它们任一方面的暴利，或相互间角逐比赛所挣得的超额利得，最后都是把国内大大小小的生产事业作为牺牲。

中国社会的工资形态

一 劳动形态与工资形态

工资是对于劳动者在一定时间支出的劳动,所给予的报酬,或以货币表现的劳动力的价格。在这简单的说明中,我们已不难理解:(一)工资劳动的形成,是以工资劳动者,已取得形式上的独立地位,它由是得自由处分它的劳动力,把它的劳动力当作商品向人出卖;(二)工资劳动者肯把它的劳动力当作商品出卖,工资给予者肯把劳动力当作商品买入,都表示作为劳动力借以活动,借以发生作用与效能的生产资料已改易其内容,并从工资取得者手中分离,而被移转到工资给予者手中了;(三)一定时间内的劳动价格,以货币支付,那表示货币关系已有相当普遍的发展,否则那种支付,将不会采取货币形态,而将采取其他形态。上面这三种事实,是相互关联着发生的。以这种种事实为基础而形成的工资形态,就是所谓现代性的工资。这种现代性工资对于过去勉强可以称之为工资的那种劳动报酬的区别,与其说是存于报酬的内容和限度上,毋宁说是存于劳动者因以取得其报酬的劳动条件上。因此,我们可以说,工资的形态,是受决定于劳动的形态。

劳动形态的发展史,在私有财产制的社会,包括了由奴隶劳动,到徭役劳动,再到雇佣劳动的全演变历程。

在奴隶劳动条件下,奴隶自身是当作活的工具,和死的工具同样隶属于奴隶所有者。对奴隶所给予的生活资料,不得称为报酬,那和在土地上施肥,对家畜饲养没有两样。在徭役劳动条件下,情形显然不同了,农奴的劳动被分成了两个部分:一是他为自己劳动的部分,一是他为土地领有者劳动的部分。他所以为土地领有者劳动,是为了取得为自己劳动的权利。如其他能由前一部分劳动维持自己及其家人的生活,则后一部分劳动,就算是维持生活以上的余剩。在经济科学上,称前者为必要劳动,后者为剩余劳动。这剩余劳动,无疑是生产资料(主要为土地)所有者收入的来源,而必要劳动则是生产资料利用者收入的来源;但在当时,必要劳动的成果,不但不曾转化为生产资料所有者给予生产资料利用者(主要为农奴)的报酬,反而使剩余劳动的成果,变为生产资料利用者对于生产资料所有者的贡纳。但不论谁是予者或受者,其被予被受的对象或现实基础,却是十分明白的,虽然领主随时可以依其好恶,对必要劳动部分与剩余劳动部分加以伸缩。

但要使劳动者之必要劳动部分的成果,以工资形态表现出来,那需要根本改变劳动条件,即由徭役劳动移转到雇佣劳动,在雇佣劳动条件下,社会整个情形都改变了。以前一切的权力同财富,都集注在土地方面,寄生于土地的领主,自然想死死束缚农奴,借以继续勒取贡纳。但作为新社会主人翁的资本家,却反需要解除农奴的那种束缚,农奴由那种束缚解放了,他才能成就其资本扩张的要求。由是,反封建特权的自由平等口号被提出,商品生产关系被造成;劳动者已不是在隶属的关系下,把他的剩余劳动作为贡品,而是在平等形式下,把他的劳动力作为商品。结果,现代型的工资出现了。

自然,形式的假的平等,对于真的隶属,究有何等好处,或者,资本的劫持,对于土地的束缚,究有那些便利,那不是我们要在这里分析的。在劳动进化史上,雇佣劳动总归是一个进步的形态。这个进步形态的劳动的出现,即资本主义工资关系的确立,其经过的历程,实在比我们用几条原则概括出来的内容,要复杂、错综、曲折得多。无论在工业上,抑在农业上,由徭役劳动向雇佣劳动的转化史,在生产劳动者方面,就很可视为是他们的一部苦痛史,他们留在徭役劳动条件下工作,是一种痛苦,他们认真的进步到了雇佣劳动条件下工作,也许要经验另一种痛苦。但如其他们一直被迫而滞留在转化阶段,就不但受不到假的平等或真的隶属可能享有的好处,同时还会经验到这两重的痛苦。他们的劳动力,一方面尽管取得了当作商品的外观,另一方面,还可能具有当作贡品的实质。

我们中国今日的工资形态,就如实的说明了这一点。

二 中国社会的传统的雇佣劳动关系

如其我们把现代工资的形成,理解为资本主义全面生产关系形成的一个最基本的部分,那个痛苦的过渡阶段,是任何一个现代国家的生产劳动者所曾经历过来的。特其过渡时间的久暂,及其在过渡阶段的痛苦遭遇,则因各个国家而不同。它们各别的自然条件与历史条件是极不相同的。

我们尚论中国今日的工资形态,在述及其形成过程时,至少应当把对它具有极大影响的传统雇佣关系,略予说明。如其我们发觉那种雇佣劳动关系,颇为特殊,在它今日诸般劳动形态中,还保留下了它极多的残余部分,那就更有说明之必要了。

特我们在这里有一个问题需要交代清楚。就是作为工资产生依据的雇佣劳动关系，如前面所说，既是在私有财产社会劳动进化史上的最后一个形态，它理应不会在现代以前的社会发生。如其现代以前的社会，竟存在着这种劳动关系，我们前面述及的一般劳动发展法则，就被破坏了。事实上，这样的问题，曾一般的被提起过。特烈夫斯基（L. Delevsky）就认定：奴隶制，农奴制，和自由劳动同时并存。有时且调和到难得确定它们主要职责是属于那种劳动形态。他以为在古代社会里，当希腊、罗马奴隶制达到其最高峰时期，自由劳工在数目上常占着很多。此外，他还依据梅伊耶（Edouard Meyer）的说法，力言自由劳动与奴隶劳动的存在同样悠久。即在中古时代，严格意义的奴隶，甚且与农奴乃至城市中的自由劳动，存在得一样长久。在美洲，奴隶与自由劳动者，是比肩的活动着。由这一列事实，他结论说："历史并不承认有法则。"①

这像是"言之有据"的好理论，但没有分辨清楚两个论点：其一是，社会劳动史的划分，是把各别社会的主要生产方式，以及被规定在那种生产方式中的基本生产关系，作为基础，例如，在古代社会，我们得认知当时供应统治贵族及自由市民诸君之豪华放纵生活的，究是少数偶然勉强从事生产作业的自由劳动，抑还是那些广大的奴隶群的污秽不洁的劳动；还有：存在于古代社会，存在于中古社会的所谓自由劳动，与我们现代的自由劳动或雇佣劳动，究有怎样本质的区别，这亦是我们非理解不可的。前一点是量的问题，后一点是质的问题。把这两个问题提供出来，就不但可以解答反社会劳动发展史的诸谬见，同时且可分释我们社会过去是否能存在雇佣劳动关系的疑团。

约在180年前，以渊博著称的亚当·斯密，就曾在其大著《国富论》中，把中国劳动者的工资问题提起。他说：在马可波罗（Marcopollo）前后游历中国的许多旅行家，在其游记中，一般公认中国劳动工资的低落，和劳动者不能维持一家老小的困难情形。雇农辛辛苦苦耕作，能挣得些微买米的货币，就心满意足了。工匠的境况，则坏到了不能更坏的程度。他并说，他们不像欧洲的工匠，能够安逸的坐在他们店里，等候顾客光临，却常是背负着工作工具，挨户叫卖，宛如乞丐。此外，他还概括的表示：中国下层阶级的贫困，比之欧洲类似乞丐之国民的贫困程度，还要厉害。何以见得呢？他在这里指出了我们见惯了倒不觉得，听起来却未免有点汗颜的事实。他说，在通商口岸的广州各埠，中国人对于欧洲商船弃而不食

---

① 参见王渔邨编《中国社会经济史纲》，生活书店1936年版，第9—10页。

的肮脏东西,都争着去捞获;已经死了的狗和猫,其尸体即使半臭,中国人欢迎的程度,不减于其他各国人民之欢迎最合卫生的食料。然而他又说,中国下层阶级尽管这样穷,中国却很早就是世界最富庶的国家之一。国富而下层人民竟是那么穷的究竟,他的解释是:一国财富虽说很大,但如它静止好久了,它的国民的劳动工资,必不能希望很高,尤其是不能希望有所增加。①

斯密是用中国的工资水准,来论证他的工资变异论。他认定:一国已有的富裕程度,不能说明工资的高率和工资增进。只有不绝增大其财富的国家,其工资才不绝增高;只有不绝减少其国富的国家,其工资才不绝降低;他以美洲的进步状况,为工资增进的例证;以东印度及英国其他殖民地后退状况,为工资缩减的例证;而中国则被视为留在不进也不退的静止状态,其工资就一直保留在使一般靠劳动生活的人,不能维持生活的境地。用他的话来结束他的意见,就是:"劳动的优厚报酬,是国富进步的自然象征,贫困劳动者的微薄生活资料,是万事停滞的自然象征,而其饥饿状态,则是万事往后退步的自然象征。"②

斯密的这种工资变异论,我们没有在这里讨论的余裕。但其关系中国工资的全部说明,指出了工资低到不够生活是对的,但单以社会停滞来解释那种低率工资的形成,却太笼统,太不够了。

首先得指明:中国的雇佣劳动关系,是老早就存在着的。但它取得存在的社会条件,和同样"古已有之"的西欧各国雇佣劳动关系因以形成的社会条件,颇不相同。因此,它的形态和性质,是颇不相同的。

在农业社会,工业一般是附着于农业,而形成为农业的工业。那种散在于农村方面的工业,大抵是采取手工业形态。而这手工业,则以三个方式从事经营:其一是当作副业,或为自家消费,或为贩卖;其二是当作本业,兼作农业活动;其三则是当作专业,变为纯粹手工业经营。这纯粹的手工业,可因其保有工具及原料与否,而分为独立手工业,与不够独立的"工资作业"。

我们这里所要讨论的,是这种"工资作业"的手工业形态,看它在中国究表现了怎样的特质。原来工资作业有两个方式:一是作业者自备设备经营,让主顾拿原料到自家工作场所制作,制作完成,对设备所费,自然要求补偿,但主要还是从主顾索取工资,故这种作业,称为"自宅工

---

① 亚当·斯密:《国富论》上卷(郭大力、王亚南译),神州国光社1931年版,第85页。
② 同上书,第87页。

资作业"。我们今日习见的交麦去磨的磨坊或面坊，交布去染的染坊，交米去碾的碾坊，交菜子或棉子去榨油的油坊，都类似这个形态的作业。反之，没有设备经营，只把自己操业所需的简单工具，负着去找寻主顾，如像铁匠、铜匠、锡匠、补碗匠、箍桶匠、木匠、石匠、泥水匠、缝工之类，或者在家中等待主顾雇请，如像工匠、缝匠、石匠、泥水匠之类；他们通通是在主雇家工作，由主顾取得工钱，故这种作业形态，亦称为"外出工资作业"。我们今日所见的"外出工资作业"，当然掺杂进去了不少的"现代化"成分，但比较起来说，我们社会一向是把这种"外出工资作业"，作为它雇佣劳动的原基形态。①

这两种劳动形态，看似简单，但其形成过程，却给予此后发展以莫大影响。

单从表面看，"自宅工资作业"在取得作业报酬上，便对"外出工资作业"占有很大的便利。等主顾来找，说不定会失掉工作机会；有的人非万不得已，就不肯上门。往找主顾，说不定还可增加工作机会；有的人即非必需，也许顺便请其工作，可是讲到报酬，前者尽管是处在无妨高索的境地，后者却是处在不能不少要的境地。不仅如此，在自宅作业上，不但作业的程序和时间，得自行有效的调整和安排，短期内即无主顾上门，说不定还不致妨碍其经常作业，此外，对于原料的用途，他也许可能作有利的支配。可是，在外出工资作业上，作业者都是无法自立。无论他是等人招雇，抑是找人招雇，时间及作业程序作业范围，都操之于人；一日没有工作，也许就一日没有饭吃。把这种种情形参酌较量起来，外出工资作业的报酬，已经是注定了要降低许多的。

还有，"自宅工资作业"这种劳动形态，并不是当时的手工业者愿意采行的，反之，却是被禁制的结果。欧洲中世的工业基尔特，对于同业是具有极大权威的。为了化除内部的竞争，曾用种种方式限定了它们的活动范围。不许任何同业者自由在各地操业，在一定场所以外找寻工作，那正是基尔特规定中的一个重要项目。但在这种限制下，自宅工资作业者人数，就不会超过需要，他们的工资，就可因此抬高起来。但在中国社会，工业基尔特的组织，是不够严密的；甚至可以说，像严格的欧洲型的基尔特，就根本不曾建立起来。一切类似基尔特的"行""帮"，其所有的规

---

① 参见马克思：《剩余价值学说史》第3卷（郭大力译），三联书店1951年版，第491—493页；以及亚当·斯密：《国富论》上卷（郭大力、王亚南译），神州国光社1931年版，第85页。

定，宁是偏于祭祀、联络、互济，以及特殊乡土关系方面的，就因此故，出外工资作业者，就如同托钵僧道一样，可以到处自由活动，不受拘束。而他们作业者人数，遂无法限定在需要范围以内，致令其所得报酬，不能不相应减落下来。

在这里，我们还可由这种劳动者的来源，来指述外出工资作业者，该是处在如何不利的地位。中国农村经济条件，同欧洲中世比较起来，是较多变动的。这也正是中国世袭职业不发达的主要原因之一。我们在其他场合不时提论到的中国地主经济形态，即土地移转买卖上的相当自由关系，很容易使土地集中少数人手中，而中国特型的商业资本，更助长了此种趋势。结局，借土地生活的农民，不论是自耕农，抑是佃农，在他由原有土地游离开，而又不能以更不利条件得到土地的时候，在职业上，就只有两个可能的出路：一是把他原来当作副业经营的手工业，当作本业，当作专业，变成独立手工业者。然则他是变成怎样的独立手工业者呢？在过去，一般人民，把土地看得特别重要；有了土地，他就宁愿是农民，而不是手工业者的情形下，同时，又在他因了贫困或者因了债务，致迫而离开土地的场合，他自然无力自备何等工业设备经营，而不得不选择需要较少学习技能，需要较简单生产工具的那种工作来做，那就正是外出工资作业形态，但是这条路显然是最不易走通的。除了上述那诸般压低工资的原因外，在这里，还得指出致命的一点。就是，他们的作业，如果只限于简而易行的那些事项，他们就不但会发现漫无限制的同业竞争，同时还会发现，每个较有心计的农民，都是他的竞争者。过去农民的特点，在使自己的生产，适合于自己的消费，吃自己耕种出来的米，喝自己酿成的酒，穿自己纺织裁缝的衣，甚至亲自动手修理家内一切门窗户壁，修理抽屉及箱笼。特别在一般农民陷于极度贫困的场合，他们只要可能自己做的，可能因陋就简的，他就不去叫工了。所以，在外出工资作业者中，即使等人来雇的，比之向人兜工的要好一些，但他们毕竟总是失去了或者根本没有获得土地，才不得已而干这种活计的。就令其中一部分经历了多年的学徒训练，但学徒本身，就是展望着没有田地耕种，或不适于耕种田地，才出此下策的。

不错，除此以外，农村的失土者，还有一个可以称为职业的出路。那就是，向土地所有者乃至土地利用者，（即农奴）以劳力换得饭吃。他们被称杂户、浮客，或浮食游民，在各村庄间，在他们以劳动能力或以勤俭德行，见称于"强豪"，因而再被"贷以种莳，赁以居处"，使成为其私属以前，差不多是一种奴隶的雇农。他们与其说是半自由的，毋宁说是没有生根的，他们的地位，当然比那些自备有简单作业工具的外出工资作业者，还要不如。因此，他们由利用其劳力所挣得的，就比之外出工资作业者的报酬，还要没有现代工资的涵义。

在上述工农雇佣劳动关系之外，也许还须提论到中国历代相承的官业上的劳动形态。官业有两个类型：其一是像制盐、采矿、烧瓷、造纸一类需要较高技术及较大规模设备的事业，那多半是由官办的，或由官方督办的。其主旨与其说是辅助生产，毋宁说是为了增加财政收入，故带有独占性质。这类企业形态，颇类似现代型的工场手工业。那在本质上，虽然仍是靠手劳动，而非借着机器劳动，但在这种协业方式下工作的劳动者，因为他们只分别担任全系列作业的一个方面，于是比较起需要一个人完成全系列工作的独立手工业者，就较能得到分工合作的利益，而使其生产力增大起来。单就这点说，从事这种作业的劳动者，已获得较大报酬的可能。而他们不论是招雇来的，强制来的，抑是自动投到的，都无需像独立手工业者那样，自备简单生产工具，那已说明他们更有接近现代工资劳动者的可能。

另一种官业，是关系封建君主贵族官僚乃至一部分特殊僧道之服用享受的物品制作的。老早以前，中国官厅就将从事这各种物品之手工业，称之为"百工"，计分攻木之工凡七，其分作之业务，为舆、轮、弓、庐、匠、车、梓；攻金之工凡六，其分业为筑、冶、凫、桌、段、桃；攻皮之工凡五，其分业为函、鲍、韗、韦、裘；设色之工凡五，所分为画、缋、钟、筐、慌；刮摩之工凡五，所分为玉、楖、雕、矢、磬；搏埴之工凡二，所分为陶与旊。每一门类，皆设官以掌之，其制详见《周礼·考工记》。当时分工程度，组织系统，似不可能做到如此完整地步。但历代上层社会或官家服用之特殊需要，既不易由民间得到满足，自不能不由官方统筹办理。特其分门别类及制作对象，因时代而各有不同，如佛教传入以后，有关铜钟、佛像、香料一类物品，始形成新的需要。而且，当少数特殊阶层需要，逐渐变为社会一般需要时，前此专为官方制造的物品，又不得不期之于民间的生产。但不论如何演变，每一个朝代，终归有它关系其特殊需要品制作之官业存在。而在这种官业上工作的手工业者，其名目尽管被称为"官奴"，因其技能类为一时之选，其报酬大体较为优渥。但他们显然不是创造交换价值而是专门创制使用价值的，"御用"的。他们也许当得起"贵族劳动者"的称谓，但其数量是有限的。当然不曾被亚当·斯密归类在中国贫困的工资劳动者的范畴中。

三 由传统雇佣劳动到现代雇佣劳动的推移

上面有关中国雇佣劳动的简括说明，主要是为了要研究此种劳动，看它在向着现代雇佣劳动转化过程中，会发生，并曾发生怎样的作用，是促进的，抑是障碍的。

首先，外出工资作业的普遍存在，那可说是工业基尔特脆弱性的结果，同时又是它的原因。自然，说手工业者散在农村各地，并不是对中国"百工居肆"的史实怀疑，而是说明"居肆"的"百工"，是会因此减少，因此分散的。手工业者要改变他的劳动条件，使他在现代劳动形态工作，是先就要否定他自己，使自家这一团，一部分或很少一部分变为老板，变为资本家，同时其他一大部分则变为依托那少数资本家之生产资料为生的一无所有的工资劳动者。这种劳动现代化过程，显然有许多社会因素在从中演着催生作用，但原有的雇佣劳动关系，显然是其中的有力因素之一。如其独立手工业者们，都被强固的约束在基尔特组织中，他们得化除内部竞争，增加对外抵抗力，他们的利益，就能很快的成长起来。欧洲的基尔特都市，曾是对抗封建贵族权势的大本营，而在这种都市中，至少在以前，在商业资本于近代初期确立其优势以前，差不多主要是以工业基尔特为重心（接近近代的商业基尔特，有许多是由工业基尔特转化的，或是连贯若干工业基尔特而形成的）。它们依着这种组织，虽然像是"作茧自缚"的把各个手工业者，拘限在一定都市，无法自由移动，同时，在这些手工业者中，当作职工，当作学徒而活动的劳动者，也许更感到不自由的痛苦。但当作一个社会集团，他们的成长和发展，却由此得到了莫大的保障，这可由种种方面予以说明。

先从内部关系讲：

被约束到了市集或都市的独立手工业者，他们已被限定是采取自宅工资作业方式，多少总具备有一些设备经营。他们的生活是比较固定的，精神是比较专一的。倘若有了利得，他们是可能而且便于把那个经营基础扩充起来，使其具有制造业的雏形。他们因为专一而集中，对于生产技术上的改进，业务经营上的改进，即没有基尔特的监督和指导，亦是较能收效的。

更就外部关系讲：

独立手工业者们有了组织，他们在生产过程中，已就生产品的种类、品质、成本价格等等方面，有所协议。对于其顾客的预定生产，并对于其非预定生产品的供给，都能在相当范围内加以规划。这一来，在各基尔特都市内部及外部从事贩运业务的商人，就把他们欺骗操纵的可能性大大限定了；就在这当中，整个商人基尔特在都市中的权势，也相应被限定了。所以，在欧洲，除了国外贩卖事业繁昌起来了的少数都市，如斐尼斯，汉撒同盟诸市，及英国在若干时期的某些都市，特别表示了商人的优势外，其余差不多都不能忽视工业基尔特的社会力量。工业基尔特能对封建贵族，以各种方式表达自己的要求，同时又可能对商业实行对抗，甚至处在优越的地位，那对工业乃至工人发达前途，有了极大的便利。

这内部外部的一序列有利社会条件交互影响，产业变革或新的雇佣劳动关系的产生，就得到了缩减过渡阶段的莫大促进作用。

我们再回头来看中国的情形。

中国独立手工业者被分散在农村，事实上，已把留在市集的手工业者的力量减弱了，而都市"行""帮"一类准基尔特的组织，既如前面所说，只在祭祀、联络、互济及乡谊上发生作用，对于从积极方面发展本身利益的种种措施，就大体缺如了。而同时，在同一市集或都市上的商人，一方面利用手工业者组织松弛的弱点，另一方面又利用他们传统的联系地权，结托官场的强点，就无形形成了都市内部的组织者和支配者，他们由是得把工业当作营业的牺牲品。那些手工业者愈在都市失却了权益的保障，他们就愈不易向都市集中，反而促其向农村分散。使都市更本质的变为商人和政治者"共存共荣"的消费圈了。这无异奠定了商业支配工业的历史基础。

而同时分配在农村的外出工资作业者，他们那种作业方式，即使能使他们很意外的得到较好的报酬，或者能借着其学徒的劳动的补充，在维持其最低生活水准以外，还有所积累，则他对于积累的处理，决不是用以扩充其工业的设备经营，而是用以出贷，或者用以购置土地，在这种限度内，工业就不但受商业的劫持，同时也受农业或地权的妨阻。这是独立手工业工资低落的原因，同时也是现代雇佣劳动关系不易形成的原因。

不错，我们也曾有前进一步了的协业或"准工场手工业"存在。但在那些方面，照我们前面所分析的，也好像同欧洲采取了不同的步调。由家内工业进展到独立手工业再到工场手工业，最后到工厂工业，是一个非常自然的发展途径。但我们的那些协业或工场手工业，却不但不一定是独立手工业进化来的结果，甚且把手工业向着这方面进展的程序阻断了。我们的协业或工场手工业，或较大一点的协作企业经营，多半是由朝廷或官家，依着它消费的需要，或者依着它的财政收入上的需要，而督促成功的。前述中国工业基尔特的政治脆弱性，早使独立手工业者不能自动的或自觉的提出它的保护或解放要求，而在官方监督下成立的各种具有规模的工业经营，更容易使一般在那里作业的人，把它对于经济的政治的要求，蒙糊下去，钝挫下去。

不仅如此，官业上是有许多独占权益存在的。极普遍的极有发展前途的生产事业，如盐业、丝业、瓷业等等，既由官家伸出了独占的手，私人活动就感到困难了。同时，由社会上层消费的较有价值的物品，既多半由朝廷设官以董其事，一般独立手工业者的有利制作，可能索高价的制作，就受到限制了。这种种，已说明了官业在如何阻碍独立手工业向着工场手工业发展。而在另一方面，那种由官办或官督办的协业或工场手工业其所有的利得，都不过是当作一笔财政上的收入，当作各种形式的浪费的开支，极不易转化为变革生产组织，扩大再生产的基金。历代独占官业的破产结局，是需要从这里去理解的。

最后，农业雇佣劳动的特殊形态，即土地所有者乃至土地使用者，（即已经有土地可资利用的农奴）对那些浮游无根的失土者，或分给以小块土地、简单农具、种子及破烂小屋，使在自己监视下，从事耕作；或使其帮同耕作，只允许其换得最低生活资料；或只允许其就食的那种雇佣劳动形态，那显然会从多方面予现代雇佣关系以阻碍。首先，由于这种雇佣劳动的存在，土地所有尽管因土地的积累加多而不断集中，而其利用，却正因为由此可以增加积累，而又不断零碎的分散；土地零碎分散了，作为雇佣劳动前提的较大经营就没有推进的余地；其次，由土地不绝集中，不绝游离出来的失土者，像是使那种形态的雇农或隶农不绝造成的源泉。他们不能做独立手工业者，不愿为乞丐盗匪，就只有这一条路可走。这种雇佣方式，当然不是把他们当作奴隶，当作奴隶，不但要直接监督其工作，且还要直接担负其疾病死亡与灾荒时的维持费用；也当然不是把他们当作农奴，农奴不但自备有简单的生产资料，不但对领主或土地所有者形成了一种普遍化了的惯常关系，即使加强榨取，也还有那种关系之下须得遵守的一般权界，同时，他们已经结成了奴主关系，就不免有使其关系固定化的倾向，使其土地所有者不易任意选择更理想的榨取对象。这就是说，在我们中国这种雇农形态上，主佃的关系是不确定的，这在某些场合，也许可以看作是结成正式地主农奴关系的一个前期的准备的或者试验的阶段。但只要还留在这个阶段，就可由其能任意解除供给土地生产工具及粮食的要胁武器，使那种隶农以尽可能少的食物，留供自家食用，以可能多的生产物，提供于土地所有者。惟其具有这种可任意榨取的特质，就不但

"强豪"乐意引为"私属",而一般较有资力的佃农,也都相习利用"浮客",这真所谓"农奴的农奴"了。中国过去在农业方面,连极其形式的雇佣劳动关系亦不易建立起来,当然有许多更基本的原因在,但这种形态的劳动方式,无疑也演了莫大的阻碍作用。

如其我们在这里所注意的,并非它们是什么,而宁是他们将会变成什么,则上述诸种传统劳动的形态,也许以最后这一形态,特别不容易变更它的本质。虽然全面的看去,它们对于现代雇佣劳动关系的形成,似乎在"通力合作"的造成一种大阻力。

与现代资本主义接触以后,中国整个社会的任何一方面,都发生了或深或浅的变化。要在生产劳动关系上,看出那种变化对于其原有基础的关联,不禁使我们痛感到:已有的社会历史条件,该是如何限制其后来发展的历程。

最先,一向把独立生产者特别是独立手工业者,当作隶属来支配的商人及其组织,在他们被赋予了买办新使命以后尽管被支配的对象,是有些改变了,农村的家内工业独立手工业在加速的趋于破产;适合次殖民地要求的工场手工业,也突破了原来的官业方式,变成了私人老板们的经营,并且,它们还是集中在若干大都市中,连同那些相继创立起来的中外新式工厂,把原来由官商合组成的消费都市性质,也给改变了。传统的商人基尔特式组织,亦已改换了面目——但所有这些改变,丝毫无碍于商人对于工人乃至工业者的全面支配。全国大大小小的都市,都是以所谓商会作为对外的政治性的代表。由都市到农村的大大小小的产业单位,差不多都是在商业资本作用下活动着。都市方面的许多工厂企业及工场手工业,或者是由商人直接当作其副业来经营,或者是由商人间接依贷给原料方式予以控制。在农村,凡属与对外贸易乃至对内贸易有关联的变形了的独立手工业及家内工业,殆无一不是隶属在商业资本之下,而以其各种花样的高利贷方式,将其集结起来。在这种劳动形态下作业的人,差不多是依照他们托附商人的程度,使他们自己或多或少的变为所谓"商业的血汗劳动者",或可"顾名思义"的称为"商奴"。其在都市方面的劳动者,他们表面虽然是直接由其老板或工业家取得报酬,与商人不发生关系,但商人在许多场合,显然是以后台老板的资格在活动着,而出面的老板或工业家,倒反而变成了中间人。如其说,商人的榨取,比较工场手工业者或工业家,还可更无怜惜,更无限制,我们都市工资劳动者的"商业"性,似并不能因其采取了现代的外形,而全被遮饰住。这一点,我们在后面还有比较详细谈到的机会,这里只说明:买办型商业对于工业的新统治形态，实在恶用了旧来商业基尔特支配工业基尔特的社会基础。

其次，近似现代工场手工业的各种官业形态，我们已知道那不是独立手工业逐渐进化的结果，而我们仅有的各种工厂工业或大工业，亦显然不是由那些旧时官业或协业逐渐演化的结果。它们像是各别横断着历史发展序列，而从工业过程外部，因为某种特殊要求，或特殊机缘，而被扶植创建起来的。这种特点，在产业的技术、资力、组织及经营方面与经验等等方面，比之一步一步发展过来的那些产业，是会表示极大的脆弱性的，这已够范围着我们的劳动形态工资形态；而且，一个突然起家的暴发户工业家，或商业的工业家，或政治性的工业家，对于他所支配的劳动力的管理及其劳动力的利用，比较起那些由独立手工业者变成老板，再进而变为工业资本家的人，他们不但是不肯怜惜，不肯保护，且也是不知道怜惜保护的。他们一开始，就是站在生产过程外部，让他们的委托者去作威作福，任意侵渔劳动者的。然而这还是过去企业影响雇佣劳动现代化的一面，事实上，还有更不利的一面。官企业虽形格势禁，不能向着现代大工业发展，但一切由官办或官督办的现代型企业，如像初期有关军需的各种工厂工业，都直接间接或多或少的采取了过去官业官企业或官办工场手工业的各种经营方式。依据经济科学的特别指示：不是以私经济或私人工业之集中发展为基础的官业或国营工厂，很容易变为一个"衙门"，一个"肥缺"，而相应的把它的劳动者，以过去的眼光去理解或待遇为一种"官奴"。其实，这不独中国为然，就在封建性相当浓厚的日本，它的许多资本主义经营的国营工厂，根本就是招买贫农并集中囚犯去作业的。

最后，我们再来检讨过去那种"隶农"劳动形态，在农村雇佣关系现代化过程上的作用。谁都承认：中国农村社会是落后的。但这并不是说，它还能维持原来的状态。外国各种廉价商品向农村的进出，农村一向由工农合体结成的自然经济，就逐渐为商品货币关系所分解。土地集中的速率，按照其传统趋势，大体是为社会资金向都市集中的速率所抵消了，或弛缓了。地主开始想慕都市生活；而都市方面的许多作风，如关于我们论题内的：把生产资料控制在自己手里，以货币支付劳动者，使其在一定期间内从事劳动的那种逐渐通行于都市的方式，不但在土地所有者（地主或自耕农）乃至土地利用者（佃农）方面，觉得有利而轻快，因为在动荡的社会里面，把生产诸条件交给没有生根的"浮民"，让他们随便去处理，已经是不上算的，不可靠的，而把一定土地及其他生产要件散分给若干隶农，究不如把他们集在一起，集在自己支配下工作，较能发挥分工合作的效率。但还有问题的另一个面。在一般失地的贫农，尽管农村副业破坏了，独立手工业也是死路，但都市方面即使不一定能给予他以工作，至少，已能给予他以获得工作的展望，实际上，大批的农民，已相率离开农村，在都市觅得了店伙、工资劳动者、苦力的职业了；而且，不但贫农有此就业的可能，他的妻和年幼的子女，亦有此可能。在这种情况下，他就不情愿依托于土地所有者，做他鞭笞下的牛马了。即使他有留在农村的必要，如不能取得充分的土地，或自备土地以外的生产条件，就宁愿按照自己的打算，或作年工或短工，或作月工，为经营土地者（自耕农或佃农）劳动，而由他们取得自己可能希望的报酬。在这种彼此两便的情形下，借着货币关系发展的促进，农村的劳动形态变化了。但单就土地经营者和农业工资劳动者的相对关系而言，那种变化过程，愈来愈对后者不利。产业不能顺利发展，由农村游离出来的劳动者，无法从都市找到工作，反在产业不况的期间，大量向农村逆流。结局，他们一向被当作游民，当作"游客"，当作"游食浮民"的极不利地位，虽然在货币关系发展及其他社会条件变易的前提下，不再让他们成为"隶农""私属"一类的农奴以下的农奴，但那种农奴的实质，即那种农奴可能挣到的报酬的水准，仍被体现在一般农村劳动条件中，仅把给受的相互关系颠倒了一下：以前由隶农提供最大可能限度的剩余劳动生产物，现在由土地经营者给予最小可能限度的必要劳动生产物，而此必要劳动生产物部分，还大体货币化为工钱。这就是"变化"的全内容了。

由上面的说明，我们已大体可以理解：中国传统的雇佣关系，该在如何阻碍着并歪曲着雇佣劳动现代化的历程。自然，我们是在问题的全面中，作一面的考察。在这种前提假定下，如其我们过去的雇佣劳动关系里面，不体现着"商奴""官奴"和特种农奴的诸般特质，则在同资本主义接触以后的变化，也许不会像今日这样的畸形，至少，会是另一种姿态罢。

四 中国社会的雇佣劳动的质与量

这里须得在说明所需的范围内，提出中国雇佣劳动者的统计数字。

比较经过审慎选择的数字，是说中国全部靠卖劳力生活的人，约计5000万以上。设认定全国人口是4万万，① 雇佣劳动者就占其中八分之一或百分之一二点五。那比起英美各国来（英国产业工人占全体人口百分

---

① 这是解放前一般对中国人口数字的估计，现在看来，仅为实际人口数的三分之二。

之七八，美国产业工人占全体百分之七四），已是瞠乎其后了。但如其再把其中的品类加以识别，那就显得太可怜了。据大约的估计，（见《文化杂志》第 2 卷第 2 期许慎之著《中国产业劳动之研究》）那 5000 万以上靠卖劳力生活者当中，有 3000 万以上是农业雇佣劳动者；（这同王宜昌在《中国经济》第 3 卷第 9 期《中国资本制地租》一文中，引述《中山文化教育馆季刊》第 1 期有关中国雇佣劳动数字计算的结果无大出入，就是说，全国各省存在有占总农村人口百分之六至百分之二十左右的农业雇佣劳动者人口，平均占总农业人口百分之十以上。如全国人口以 4 万万计，照一般估计，中国农民占总人口的百分之八十，则农业雇佣劳动者应为 3200 万左右。）其中 150 万以上是城市码头工人、铁道上运伕、清道伕、人力车伕、轿伕、伕船等；（依照经验，这些劳动者的实数，也许会大得多。）有 800 万左右是家庭手工业者及独立手工业者；有 600 万到 800 万是各种旧式手工业作坊工人，旧式矿坑工，特别是制盐、制烟、榨油、烧瓷及旧式纺织工场工人；此外，有 300 万到 350 万，是新式产业工人。这各种劳动者数目，除了最后这一项，尚有不甚完全的统计可资依据外，其余多半是出于推算或估计。但全盘综合起来，大体可给予我们这样一个总概念：在大约 4 万万左右的人口中，约有数千万的雇佣劳动者，而在此数千万的雇佣劳动者中，只有还不到十分之一的产业工人。

我们就从产业工人数对全国人口数的比例说起。

如其说，现代产业工人的人数，大体可以看为是一个社会发展程度的指标，看为是资本主义生产方式对落后生产方式征服进度的测验，我们就不妨大体依据这不大十分准确的比例数字，在原则上，分别考察产业工人以外的数千万雇佣劳动者的可能特质，及那些产业工人本身的可能特质。

资本主义生产方式对于落后生产方式的代替，不是用移接的外科手术可以奏效的。它得在旧有的社会基础上，把一切新生产方式所需要的社会条件创造出来，老牌资本主义的英国，曾在澳洲及美洲，有过一些失败的经验。它想用轮船把资本主义搬运到澳洲，却不能从自耕农的澳洲居民中找到配合搬运去的生产资料及其他技术条件的工资劳动者；它又曾企图用轮船把资本主义搬运到美洲，但它的机器工厂及一切技术设备，即使随同移民一道到了美洲，但那些移民一到达了那里，就因为自己很容易由垦荒及掠夺工人变为富有者，他们怎么也不肯为资本家生产了。这说明，贫困或使社会广大群众变为贫困者，无产者，是资本主义生产方式最不可少的一个条件，缺乏这一个条件，其他一切成就资本主义生产的因素，都将变为非资本主义的了。反之，如其一个社会，像中国这样，一方面由传统的土地集中方式，使农民不绝由生产资料分离，同时，又由外国商品的大量输入，使农村旧有的工农合体组织分解，由是，大量贫困的生产者被制造出来，由是，资本主义生产的这一不可缺少的条件，乃有了着落。但依据实际经验，我们产业发展或商品生产所需的诸般内在外在条件，都付阙如。贫困的无产者尽管对于资本主义生产最关重要，但如其缺乏其他社会条件，他们显然无法独立成为资本主义的因素，而变为现代性的工资劳动者。所以，在前述5000万左右的雇佣劳动者中，除了仅占其中二十分之一的产业工人而外，其余尽管都是靠拍卖劳动力生活，但因为在资本主义生产方式下利用劳动力的条件没有形成，那些劳动者就无法在平等自由的形式上，出卖其劳动力，换言之，其劳动力的提供，即使具有"商品"的外形，却仍不免保有"贡品"的实质。在新旧的工场手工业上，在变形了的家内工业乃至独立手工业上，他们那种劳动力的"贡品"性质，主要是以"商奴"或"债奴"的资格表现出来的，而在农业上，他们那种劳动力的"贡品"性质，则主要是以"特种农民"或"隶农"的资格表现出来的。

事实上，在上述各种落后产业部门的劳动者，诚然无法以现代雇佣劳动条件工作，即那些幸被吸收在新式产业部门的劳动者，他们亦不能也不曾在充分的现代雇佣劳动条件下工作。其中最基本的原因之一，就是产业现代化，是把一个社会全面的变革作为前提。不论从事任何新式产业经营的企业家，其设备可以是够完备的，其经营方式可以是够合规则的，但如其他的工厂是设立在没有成就社会变革的环境之下，他对于劳动力的购买，就一定会依着他的自利打算，把那种购买条件尽可能的压低到变质的程度。这是每个资本主义国家都曾在近代前期经验过来的事。

其次，如其说，中国产业工人的雇佣劳动条件，不论怎样不够现代化，一般还比较手工业者、苦力，乃至雇农为佳，那就说明，这300万以上的产业工人，经常将近有20倍或更多倍的产业预备军或候补者，在威胁他们，在向资本家招手。在农村破产局面日益严重化的情形下，这个不断增加的压力，该会怎样在产业工人雇佣条件上发生不利的影响，那是非常明显的。

此外，我们还得把中国新式产业中的外人经营，乃至托庇外人而经营的成分加入考虑。外人在中国经营产业，在开始，已经是把中国劳动价格特别低廉这一因素，放在注意的第一位。而且，对于劳动力的榨取，外国产业经营者，比之中国资本家，还要没有习惯道德观念的拘束。即是说，还要没有怜惜。加之，帝国主义者对于殖民地人民，特别是对于殖民地的劳苦大众，早就不是以人看待，而各种形态的特权，更足以敦促他们，使他们得无所顾忌的给予中国雇佣劳动者以非人的待遇。

我们把这种种方面的情形考察起来，就知道，在中国广大的雇佣劳动群众中，就连那有限的一部分产业工人，亦还不能完全在现代雇佣劳动条件上受到雇用。

然而，这都是偏于原则方面的说明。我们将由现实的具体事实来予以证示。

五　从工资形态上看出的各种榨取关系的现实基础

在中国，为外人所经营的产业，一般是能获得超额利润的；生息资本与商业资本，是能获有使人难于置信的利息利润率的；地租率是高到使人难于想象的。这种种事实，自然须从许多方面予以说明，但最基本最本质的，却须在我们劳动形态工资形态上得到理解。

先从较新式的产业方面讲起。

资本主义采用机械的第一个标语，就是妇女劳动与儿童劳动。就是一方面利用妇女儿童劳动的低率报酬，同时又利用低率报酬的妇女儿童劳动，来压低成人劳动的工资。现代资本主义的果实，差不多有许多是用妇女儿童劳动的血汗灌溉成功的。而一切对资本主义的非难，一切限制资本增殖的工厂法令，在开始，殆无一不是把注意集中到妇女儿童劳动上面。——我们很可把握这一命题，来开始中国产业工人之雇佣劳动条件的描述。

可以算为是中国新式产业工人的，得分为三个部类：一是铁道工人同海员，一是矿工，一是工厂劳动者，特别是纺织工人。其中，第三部类产业劳动者，占有绝对的多数，我们下面的研究，主要是集中在这一方面。

《中国劳动年鉴》登载1933年全国23个省市二百多万工资劳动者中，女工和儿童就占四分之一以上。但在上海一地，把厂外或家庭作业者也算起来，单是缫业上，在60万劳工中，就有55万妇女儿童。上海市的报告，指出全市14岁以下的儿童劳动者，计达168885人。妇女儿童劳动者人数竟达到这样大的比例，最直观的说明，当然是他们所担任的工作，即使同成年男工相等，报酬亦大有差别。比如，上海在1930年，根据工商部调查，各业平均每月普通工资，男工为15.28元，妇女为12.50元，童工则为8.70元。他们的工资差别如此之大，也许在若干场合，男工要比妇女儿童所担任的工作要繁重些；或者妇女儿童所担任的工作，在有些场合，说不定要简单些。但不论工作繁简如何，一律使用成年男工，就一律支给成年男工的报酬。尽可能使妇女儿童来担任成年男工的作业，雇佣的支出，是无疑要相应节省下来的。

但雇佣妇女儿童的利益，决不止此。妇女儿童担任起成年男工的作业，成年男工在一定职业活动范围内，立刻就要感到其妻子辈的竞争和排挤，这对于压低成年男工工资，更进而压低妇女儿童劳动者工资，是一个杀人不见血的好手段。

不仅此也，妇女儿童比起成年男工来，是更易管束，更易鞭策的。我们由此可以想见：中国上海等大都市新兴工业方面采行的劳动管束督励方式，如领班制、包工制、等级制、轮班制、压工制以及彰明较著的打骂规定，都与妇女儿童劳动的大量雇佣，保有极密切的联系。压力总是向着抵抗力较弱的方面伸展的。比如，关于上海的幼年劳动状态，上海工部局曾于1923年设立一个调查委员会，从事调查。调查的结果，在翌年曾向工部局总会提出，其中指明了：在上海市工业区域里面的274个工厂中，有12岁以下的孩童工22000人，他们劳动的时间，是从早上6点钟起，到午后6点钟止，或是从午后6点钟起，到早上6点钟止，普通都是一天做12点钟的工。这个委员会还报告：有许多像是满了6岁，又像不够6岁的孩童在作工，他们有的不到5岁就被雇用。有时竟不是劳动12小时，像在成天成夜的继续工作。

这个报告无疑是凄惨的。但如把他们这些孩子吃的、住的、穿的生活全般状态调查出来，把工厂附近劳动者住宿区的种种非人道的、被侮辱的与被损害的情形全般调查出来，一定更使人嗅到血腥味道了。孩子们是如此长时间的工作着，他们的父母兄姊们的劳动状态，是不难想到的。

不错，我们是有过一些劳动立法的。1923年，北京政府农工部公布了暂行工厂通则，同年，又公布了矿工待遇规则。翌年，孙中山先生曾在广东以大元帅名义，公布工会条例。1929年南京政府公布工厂法。这几个法令，大体与现代资本主义各国早期的劳动立法，有许多类似地方；如真能照着法令的规定做去，也许不难使中国雇佣劳动条件，被强制的具有现代内容。但这是不可能的。比如说，要未足规定年龄的儿童不从事劳动，一定要使他们父母的劳动报酬，能维持一家最低生活，否则儿童劳动的雇佣，就不但不表现为一种罪恶，却会表现为一种"恩惠"，表现为一种值得用贿赂方式去获取的"恩物"。事实上，许多劳动者的职业，根本就是用各种贿赂方式得来的。而大英帝国领事馆的报告，还公然认定：把孩子吸收到作业中的父母旁边，或同父母一道进厂工作，较之让他们浪迹街头，还要安全而有保护。当然哪，它们是有收买大批救贫院、孤儿院的儿童，以增殖其资本价值的"光荣"历史的。对于殖民地的儿童妇女，更是无所用其怜惜。所以，在1933年6月，中国虽在17届国际劳动大会中提议："外侨在华所设工厂，应服从中国政府之劳工法规"，但大会竟把这个提案否决了。这说明，外人在华工厂的劳动者，始终没有取得现代雇佣劳动条件的待遇。以保障资本主义列强利益为旨归的国际劳工大会，当然不会贸然依照中国政府的请求，把它们在华产业超额利润源泉予以堵塞。

中国方面的雇佣者，在法外的劳动榨取上，诚然比较外人要多受到一些习惯、舆论及道德观念的拘束，但他们的经营，如其不是为了慈善目的，同时，他们的产业利润又在遭受无可如何的高率借款利息，高率商业利润，以及其他种种方面的经济外勒索的情形下，他们几乎比外人还需要在雇佣劳动条件上讨一些便宜。所以，外人在工厂中采行的一切有效榨取办法，华厂方面，立即就受到"传染"；而政府在保护国人产业的立场上，既不易对租界内工厂，特别对外人工厂施行检查和取缔，对于华界的工厂，对于华人工厂，就惟有在鼓励劳动者帮助民族产业发展的号召下，"听其自然"了。

不过，大量使用妇女儿童劳动，借以增加剥削，并增进剩余价值的方式，并不完全是在外人领导下模仿来的。慢说"实利可以使人智慧"，就是中国传统的专制政权下采行的各种奴役生产劳动者的办法，我们的雇佣者，也是不会健忘的。外国许多"中国通"学者，如威特福格（Wittfogel）等就认定：中国产业劳动者的悲惨状况，绝非近代初期的任何国家的劳动者的不幸遭遇所可比拟；他们在作业中乃至作业外所受到的鞭打丑骂和百般凌辱的情形，不是在传统专制淫威下习惯了忍辱含垢的人民，决不能"顺受"，而在华外人其所以不惜破廉耻的采行一切备极侮辱欺压的榨取办法，也只是因为他们看惯了中国上层社会任意蹂躏其同胞的种种情形。这见解，我们是无法完全否认的。

如其说，机械是使新式产业与原始诸产业形态相区别的最明显标志，则使用原始手工业工具的各种协业，如制盐业、制瓷业、制糖业、制烟业、制茶业等；各种制作场，如榨坊、染坊、木作坊、皮革店等；特别是各种旧式纺织场，如丝、麻、棉纺织场等，亦并不曾在他们的作业过程中，忽视使用妇女劳动或儿童劳动的利益。虽然它们这种倾向，是在受到资本主义生产方式的影响以后，才更形加强的。它们这各种产业经营方式，差不多一般的在施行以次几种雇佣劳动制度，特其程度因各别作业性质不同，互有参差罢了。

第一种劳动制，就是一般通行的学徒制。所有这些制作场所，（甚至若干现代型工厂）殆无一不拥有或多或少的幼年劳动者，这些幼年劳动者，有的是学徒，有的完全只是一个学徒的名义；他们每日的劳动时间，尽管由早上5点钟延到午后11点钟，即把劳动日拉长到了18小时，他们差不多都只是换到一点粗恶的饭食，而不给工钱。

第二种劳动制，就是与学徒制密切联系的家长制。集结在一个老板手下的若干学徒，及若干与其有师徒关系的职工，一切都是照着老板的意志行事的。工作时间的长短，工作报酬的多少，差不多全没有明确规定。作业是否顺利，老板是否勤于业务，以及老板对于他们的好恶程度，是他们除了换到饭吃以外，能否取得些许金钱报酬的最可靠标准。

第三种劳动制，则是普通所谓血汗制。即把工作领回家中去作的一种最有剥削性的计件劳动形态。在旧式鞭炮业上，在瓷业上，在各种纺织业上，特别在火柴业及卷烟业上，都在每一个生产单位上集中有大批手工业者，他们因所在地区及所业性质不同，有的是专靠此种劳动报酬生活，有的则是当作副业，但不论如何，他们的全般待遇，差不多都低微到了几乎使人难于相信的程度。要靠这种劳动谋生，他们的作业时间，就可能是夜以继日的。而他们把一家老小，全都动员到生产作业中，那也是极其自然的事。

第四种劳动制，那是与血汗制相关联的包工制。这种制度当然是非常古典的，但也显然渗入了现代的因素。它是计件工资制的一种副产物。工作由包工者从厂商那里承包下来，再由他们通过一些分包者配给于一般劳动者工作。新旧式的建筑业，一部分的矿坑、盐场，乃至纺织场，都在施行这种制度。这种劳动制，除了同血汗制一样，具有突破时间限制的作用外，还会尽量发挥层层剥削的能事。

我们不难想到：一切多少包含有这诸般劳动制度的产业，自然可能存在着更野蛮的其他剥削方式，但我们在这里所须说明的，宁是它们共同的内在关联。在舶来品与新式工厂经营竞争与压迫之下，尽管如我们在其他场合所说的，具有容易分散容易结合之机动性能的工场手工业，乃至各种形态的作业坊，较之独立手工业者，是更有存在可能的。但它们这种存在可能性，却主要是为以次两种事实所规制着：首先，工场手工业及各种形态的作业坊，正好是买办商业资本要求的理想规模，大规模的新式工厂工业，是不肯受其控制的，而过于分散的独立手工业，又是很不容易控制的，惟有中等规模的工场手工业，作业坊，在作业上，在原料配集上，在产品集中上，都容易收到驾驭操纵的实效。商业资本家可以把他们的老板，变为自己的经纪人，所以，在工业领域内，中国买办商业差不多主要是把这种形态的产业，作为其资本增殖的温床。但这种形态的产业，何以竟能支持商业资本剥削（同时还有其帮凶高利贷资本的高利息），那是我们需要在这里释明的又一点。在工场手工业中，在各种作业坊中的劳动者，他们虽然主要还是凭手工作，但他们被集结在一个作业单位中了，由分工节省时间了，由协作得到实效了，比起独立手工业者来，他们的劳动生产力增进了，他们剩余劳动生产物加多了。但剩余劳动生产物部分尽管加多，作为他们劳动报酬的必要劳动生产部分，却在依着上述诸种劳动条件，而被迫相对的缩减。他们的非人生活，体现了他们的"商奴"乃至"债奴"的资格。

最后，我需要把我们上面谈到的 1500 万左右的雇农的特质，略予说明了。

农业工资劳动者，是由他脱离旧的生产资料——土地，从而依属于新的生产资料——资本或机器，为其特征的。在这种转变中，直接生产的农业劳动者，已不是同土地所有者结成生产关系，却是同土地以外的其他生产资料，特别是机器的所有者或农业资本家结成生产关系。换一个表现方式，即在经过这一转变后，用以剥削他的工具，已经不是土地，而是资本了。

在中国农村里面，不论从事农业经营者是地主，是富农，抑是中小农乃至佃农，通是采行小经营，或较大规模的小经营方式。他们主要的或最重要的生产资料自然是土地。有较多较大的土地，就算有了较有力的劳动剥削工具。富农及兼营土地的地主，乃至中小农，固然是以土地所有者的资格，与直接生产的劳动者对立，就是租赁他人土地的佃农，他们在临时或较长期雇佣劳工的场合，亦是以土地保有者，土地使用者的资格，与那些既不能所有土地，又不能保有土地，因而不得不受雇于他们的直接生产者对立。

如其说，这是非常明白的不可否认的事实，则我们农村的那 1500 万雇佣劳动者，就不是因为土地被剥夺去了，同时又没有获得土地以外的生产资料而被雇佣；而是因为土地被剥夺去了，同时又没有取得土地的使用机会，而被雇用。就因此故，构成中国农村社会最低阶层的三个支柱，即小农、佃农、雇农三者之间，尽管在许多场合，是交流的，是兼任的，但分别当作一个范畴，一方面，小农是在极不得已条件下，才肯放弃他所有的小块土地，同时，佃农亦是在极不得已的情形下，才肯放弃他保有的少量土地；另一方面，佃农要取得少许土地，固然极其困难，雇农要租得少许土地，也许还要困难。就这样雇农便变成了农村社会最低层的不幸者了。

一般的讲，我们农业经营者从事土地经营的最终目的，无非是获得更多的土地。一旦如愿以偿了，他们就不大肯继续担当这种麻烦工作，而变为专讲消费的坐收地租者。这就是说，除了极少数的富农而外，雇佣劳动的人，差不多是一些连必需简单农具都不齐备，生活一直在困难中的中小农及佃农。他们并不是因为备有较好农具，备有得力牲口，才雇佣劳动，反之，却往往是因为备置不起这些劳动条件，才以劳动力来补充代替的。这说明：劳动力的价格平均要低在畜力以下，低在农具备置费以下，才有被雇可能，即非如此，亦是说，劳动力价格，是不像畜力的价格，不像农具的价格，需要一次性支付，而可以零碎支付，或到了一定雇佣期终了，才开始支付的。

各种落后的离奇的雇佣劳动关系就因此产生出来，我们可以让读者自己去印证我们农村该在实行着怎样的雇佣条件。

不少人见到中国农村雇佣劳动的普遍存在，就从现象上作出劳动力商品化的结论。其实，劳动力是否真正商品化，其正面的，货币支付形态，其反面的，一般农村劳动者都膳宿在雇主家，而非膳宿在自己家，都不够成为有力的说明。其重要关键，乃在那些劳动者，究是依属于土地工作，抑是依属于资本工作。正如前面所分析的，他们不是因为缺少资本而被雇，宁是因为缺少土地而被雇，所以，一切掌握土地的人，无论他是所有者，抑是租有者、保有者，都可能利用土地来剥削他人。我们农村中的小农佃农，就这样取得了剥削他人的资格——而这也正是雇佣劳动普遍存在的又一依据。

显然的，我们的佃农，一般都不曾具有现代租地农业家的实质。他不是以资本力向地主讲话，而是以劳动力向地主讲话，由此，他就不免要因他对土地的依赖程度，而对地主结成相应的隶属关系或农奴关系。这是前述徭役的雇佣方式所由形成的基本原因之一。可是，一般佃农尽管没有完全脱却农奴的性质，那却并不妨碍他对于没有租得土地者进行剥削。反之，他也许因此更须借助他人的劳动，以成就其租有土地，保有土地，所需忍受的过重负担——高率地租。从这里，我们毕竟探索到了中国奇重的地租之存在基础了。

中国社会的地租形态

一 由封建制地租向资本制地租转化的历程

在经济学上，地租比较其他经济范畴，更不容易理解。这有两个原因：其一是，经济学在说明或分析的便利上，一般是把工业领域内的商品生产，作为其研究对象，这不但是由于现代资本主义生产方式，是先从工业领域逐渐展拓到农业领域，同时也由于资本主义经济形态，在工业领域的发展程度一般比之在农业领域，较为成熟而纯一。地租大体是归属在农业领域的一个经济范畴，它因而就比较可能保留有一些前期或落后的因素或关系在里面，使我们对它的分析，感到较多的困难；其次是，经济学在研究的程序上，是把工业领域内的商品分析的结论，应用到农业领域的商品分析上，而农业上商品与工业上商品相区别的重要关节，就是在前者的价值中，还比后者要包括有一个可以实现并转化为地租的超额部分。（自然，在工业领域内，也是有地租这个范畴存在的，工厂并不是悬在空中，不过工业上的集中发展，地租在那里的重要性极度缩小了。）如果说商品价值学说是经济学的锁钥，那么我们对于地租的理解，尤须把那个锁钥牢牢把握着，在这种意义上，全部经济理论，几乎被看作是理解地租的准备了。

可是，地租理解的困难，虽曾把许多优秀经济学者例如亚当·斯密、李嘉图辈的脑子弄得发昏，而在初期，在资本主义开始其端绪的十七八世纪，像配第（Petty）一流学者，却把这问题看得极其容易。这原因，就是由于他们接近封建期，他们还不妨直观的把地租看作剩余价值一般的通例的形态。而当时资本地租，则还不曾当作一个既成形态来困扰他们的分析。反之，在一个世纪以后，当作亚丹·斯密研究的对象的地租范畴，已经复杂化为新旧交替的转型形态了；再过半世纪，在当作李嘉图研究对象的地租范畴中，新的形态虽已取得了支配地位，而旧的形态，却不曾完全从人们认识境界消失。所以，亚当·斯密尽管由他的渊博和天才确立了许多经济法则，但对于地租的概念，却格外表现得含糊。这是时代苦煞了他，可是时代却也并不怎样便宜了李嘉图，虽然地租论上的基本法则，终竟由李嘉图定立起来了。

一般的讲，地租有三个历史的形态，即劳役地租，实物地租，货币地租，前两者均属封建制的范畴，而第三者则为资本制的范畴。虽然在前资本社会，实物地租往往在某种限度以货币折纳；资本制地租，也往往在某种限度以实物折纳，但通例的资本制地租，则必须是货币地租。

劳役地租是单纯的地租形态，直接生产者为了利用一定限度的他人的土地，他在每一周间，得剩出一定部分的时间，用那在实际上或在法理上属于他的劳动工具，无代价的，在地主土地上，在地主监督之下，为地主劳动。而在实物地租上，则情形有些不同。直接生产者为了利用一定限度的他人的土地，只须在一年收获终了的时候，提供土地所有者一定限量的土地生产物。在这场合，土地所有者不复能在劳动的自然形态上，取得直接生产者的剩余劳动，而只能在生产物的自然形态上，取得直接生产者的剩余劳动了。直接生产者这时就不但无须在地主监督下劳动，且无须在地主监督下处理其剩余劳动生产物了。地租的这一转化，并不曾改变"它是剩余价值或剩余劳动之唯一的支配的形态"那种本质。

但由实物地租转化到货币地租，一切就要改观了。直接生产者不以他的劳动生产物提供土地所有者，却以他的劳动生产物的价格提供土地所有者，那看似简单，但至少须得完成以次诸般社会前提：

首先，以劳动生产物的价格当作地租，一定要直接生产者手中的生产物全部或一部分变成商品，变成货币。而农业生产物商品化，事实上，势须商业，都市产业，商品生产一般以及货币流通，都已有显著的发展，并且，这种生产物，还得有一个市场价格，以接近价值的市价出售。

其次，伴随土地所有者和土地租佃者间的关系的法理化，货币化，农村的社会生产关系，定然要发生一个根本的变革。原来的直接生产者，一方面会解除其对土地所有者的传统封建义务，由是表现其独立自由的人格，同时，他一向用以从事耕作的土地以外的劳动条件，更须完完全全的成为他的所有物，他并且因为有了这些劳动条件，才能与土地所有者发生租佃关系。在这种新关系成立的过程中，一部分境况较好的直接生产者，便因货币可以取得土地所有权，并连带确定了所有土地以外的劳动条件，他们变成了完全独立的自耕农；而另一部分境况较差的直接生产者，便因没有货币取得土地所有权，也连带无法保持住土地以外的劳动条件，他们遂变成了一无所有的无产者，或农业工资劳动者。他们这一部分人，以前是因为没有土地，从而没有土地以外的劳动条件，便与土地所有者发生直接关系，现在是因为没有土地以外的劳动条件，从而，无法取得土地，便与那些劳动条件或生产资料的所有者发生直接关系,农村社会关系一经取得这种姿态,以前最重要的劳动条件——土地,就对其他次要的劳动条件,逐渐减低其重要性,并反过来变为次要的了。租佃者即农业生产资料所有者,以资本家的资格出现了。所谓资本主义租地农业家,一经插在土地所有者和现实耕作的农业劳动者中间,一切由旧式农村生产方式发生的关系,乃归于消灭。

此外,还有一个重要的前提,来成就由实物地租到货币地租的转化,就是,要使货币地租关系的确定,不变成任意的,偶然的,而有客观的社会的依据,即要使农业生产物的剩余价值,在上述租地农业家与土地所有者间的分割,不是凭经济外的任何强制,一定要非农业领域的商品生产,已经形成了一个作为其资本流通基准的平均利润,有了这个平均利润作为限界,租地农业家,始知道他把资本使用在农业上所应当取得的报酬是多少,从而,知道他在农业劳动生产物的剩余价值中,应当给予土地所有者的份额是多少,同时,在土地所有者方面,他亦由是知道,他应当让租地农业家获得的报酬是多少,和他自己应当在农业劳动生产物的剩余价值中分得的额数是多少。如其他多得了,租地农业家就可能把他的资本投用到非农业的生产上;如其租地农业家多得了,他亦可能变卖他的土地,去从事其他经营。租地农业家与土地所有者的租赁契约,就是这样把非农业领域内通行的平均利润作为其讲多还少的客观标准的。农业上商品生产与工业上商品生产,其特征的区别,就是在农业上,因为资本是更低位的构成,而由是产出了较多的剩余价值,即产出了非农业领域内之平均利润以上的超额利润,来作为土地这种自然因素独占所取得的报酬的基础。结局,以前把地租看作是剩余价值之一的通例的形态,现在却把利润看作是剩余价值之一般的通例的形态了。

上面是封建制地租转化到资本制地租的全历程。这种转化,虽是由实物提供改作货币提供的关系,体现出来,但伏在这种现象后面的本质上的改革,却可总括为几个要点:(一)农业生产物至少有一大部非当作使用价值产出,而是当作交换价值产出;(二)农业劳动条件最关重要的,已经不是土地,而是土地以外的生产资料;(三)农业劳动者的直接依托人或关系人,早已不是土地所有者,而是土地以外的其他生产资料的所有者;(四)农业经营者的报酬,不是在地租限额下,由地租分出,反之,土地所有者的报酬,却反而是在平均利润的限界下,由利润超额转化;(五)农业劳动上的剩余价值,不再是把地租当作其一般形态,而是把利润当作其一般形态。

不过，所有这些变革，是指着资本制地租已经完成，已经走完了它的转化历程说的。而在其开始转化或正在转化的历程中，上述无论哪一方面的变化，都将不免表现出极其庞杂不纯的中间形态来。根据前面关于中国社会的商品货币资本诸方面的研究，也许我们特别需要把那些中间形态指明出来，但为了避免叙述上的重复，这里仅指出封建制地租与资本制地租各别的特质及其转化历程，借作我们以后的论据就行了。

二 中国社会的地租的一般现象形态及其特质的把握

地租在中国亦是一个很古的经济形态。地租的演变，当然与它同其悠久的其他经济形态，保有密切关联，如其说，中国经济史上一向是把土地问题作为其最基本的问题来理解，则当作土地问题之核心的地租形态的分析，就几乎在说明中国历史上的任何经济事象，都有着决定的意义。我在其他场合，已不止一次的提论到了中国地权与商业资本及高利贷资本关系，或地租与商业资本利润及生息资本利息的关系，但中国地权或其更现实体现物的地租，却是要在这里才能把它的特质表现出来的。

直至现今为止，在中国一般经济现象中，也许以地租这一现象，比较保留有更多的传统因素，这原因，似乎不只由于农村方面的经济变革，一般是落后在都市后面，还由于我们在都市方面产业的发展趋势，一般且有阻止农村土地关系根本改变的作用存在。但虽如此，我们的地租形态，并不是一仍旧贯的。近十数年来，中外学者关于中国的地租，已分别在实际调查和理论方面有了不少贡献，我这里仅须就理论说明所需范围内，举述其最一般诸现象形态。

首先，地租在中国今日是一个最广泛存在的经济现象。全国各地的情形虽不尽一致，即有的省区或地区的租耕地较之自耕地为普遍，而在其他省区或地区，又有相反情形，但综合来看，在全国耕地中，租耕地约占百分之六十左右，（这是根据不同观点的外国学者之概计而作的平估。据马扎尔：西南诸省地主，占有耕地百分之六十到百分之七十，扬子江流域占有百分之五十到百分之六十，河南陕西占有百分之五十，山东占有百分之三十到百分之四十，湖北占有百分之十到百分之三十，东北诸省占有百分之五十到百分之七十，据拉西曼：自耕农在中国南部12省，只占到百分之二三，半自耕农占百分之二五，而纯粹的佃农却占有百分之四三）在这广大面积的租耕地中，属于官庄、学田、族产、寺庙等公有地的，仅占极少数，而且还在加速解体中，其余均为私人地主所有。这说明，纯粹封建土地所有形态，已无法继续维持，而具有资本主义外观的地主经济，却在发展着。

其次，与上述地主经济发展相照应，所有这些租地的出租，一般都采取了契约的方式，即租地者与地主已有了契约关系，虽然在较落后地区，在极小规模的极零碎的租赁场合，还存在着口约办法。不过，口约固不必说，就是契约中所载的条款，也是因地因时因人而不同的，而且在不同之中却各存在着一个共通特点，就是，由契约所规定的权利义务，大体都是片面的，即地主对于租地者所应享的权利，和租地者对于地主所应尽的义务。不错，在年限的规定上，有所谓永业租、定期租、不定期租等名色，在租佃的形式上，有所谓包租、分租、转租等名色，对于这各种租佃条件本身的限制，地主似乎亦不免要受到拘束，但试一分析其内容，却无在不是为地主设想，至少，亦为地主留下了可以"便宜行事"的余地。

又其次，租地者或佃户对地主提供的地租，一般仍是采行物纳形态或实物形态。在若干特殊区域，如在新开辟中的东北，在某些特种栽培区域，如在种棉、种烟、栽种竹木及从事园艺耕作地带，还有如接近都市地带，无疑已有货币地租出现。但货币地租在全体地租中所占比重是极小的，这如同力役地租在全体地租中所占比重是极小的一样。自然，我们并不否认地租货币化的趋势在日益进展中，但同时得承认，那种进展是非常缓慢，且在实质上是作为实物地租的变形，而非其转化形态，这是我们要在下面交代清楚的。

最后，我们还须谈到那种实物地租的租率。地租率是土地总价格对于其年租额的比率。但普通还有一个计算法，就是把土地的年租额拿去除它的总价格，就得出若干年度始可收回购买价格的"购买年数"（Purchase year）来，购买年数愈少，即地租率愈高。中国普通的租率，由土地的丰度，租佃当事双方的经济地位，以及其他种种因素，互有不同，但一般租额，总要占土地生产物百分之五十以上，有的高到百分之七八十。以购买年数换算，最多为16年，次为12年，最少为5年，[①] 再加以平均，约为11年，即地租率一般约在百分之十以上。（德人瓦格涅尔分析山东农民的实际经济情形，说他们要缴纳合地价百分之十八的地租，并表示这在中国，还不算是顶高的。同时他还比较的说，普鲁士农民付给国家的租金，不过百分之三又二分之一。）设把英国在产业革命时期中的购买年数

---

① 参见马扎尔《中国经济概论》。

为20年至25年，在第一次战后更降为27年至30年，德国在毕斯马克时代为28年至32年，在战后始提高到20年左右，加以比较，我们今日地租率之高，就非现代任何国家所可比拟了。

我们姑以上面这四点，来简单概括中国地租的一般现象。地租的收得者主要是私人地主，租佃手续，一般已采取了契约形式，实物地租占着支配地位，而地租率则高到无可比拟。从表面来看，似乎前两者可给予我们以"现代化了"的印象，后两者又会给予我们以太不够现代化的印象。其实，问题是不能这样割裂来考察的，我们与其在中国地租的诸种现象形态本身上，去零碎枝节的较量其现代化或资本主义化到了什么程度，就宁不如在较广大的视野里，看资本制地租所须具备的一般社会条件，是否能从中国社会找到。这一来，我们对于中国社会的地租的研究，就不是问它那诸般现象形态，能暗示出何等特质，而是问环绕着它的诸般社会条件，究允许它具有如何的特质。

三　由商品货币关系发展限界上表现的绝对地租与差等地租的暗影

资本主义的或资本制的地租，在经济科学上，被解析为两个范畴：一是绝对地租或一般地租，一是相对地租或差等地租。前者是在一切被租土地上，一般的都会发生的，（就在农民自有土地上，事实上亦同样存在，特地租的获得者，不是另外一个人，而是农民自己罢了）而其发生的原因，则是由于农业上的资本构成，一般较低于工业，农业上的商品生产的剩余价值，一般较大于工业产品，如其工业上的剩余价值得提供工业资本家以平均利润，农业上的较大剩余价值，就可提供农业资本家以超额利润。在资本平等竞争的条件下，农业资本家的平均利润以上的所得，必然要转化为地租，因为在这场合，土地所有权是有理由把这种超额利润，看作是利用土地的成果的。简言之，一般地租是发生于工业资本与农业资本的竞争，至若相对的差等的地租的产生，则是由于同一农业部门的诸种资本的竞争。同量的资本，投用在同一面积的土地上，得因土地的品质，地位等等条件不同，而不一其报酬。较优良土地所有者，地位较便利的土地所有者也自然要求较多的地租。依此说明，我们就知道，资本制的绝对地租与相对地租的产生，都只有在平均利润法则已经在贯彻其作用的情形下才有可能，由平均利润以上的超额利润转化成的地租，乃是资本制地租不同于前资本地租的本质区别。在平均利润法则的作用，是把商品货币经济的发展作为前提条件的限内，我们要判别中国社会的地租是否具有资本制的性质，当可就以次几个方面，分别来考察：

（一）看中国的农产品，是否大部分都系当作商品生产出来。

（二）看我们作为商品流通手段的货币，是否已大体在国内成就其统一的支配的本位货币的机能。

（三）看我们社会被买被卖的土地，是否已能当作不受传统因袭关系拘束的商品，而自由移转。

显然的，一个社会的农业品，如其主要不是当作交换价值生产出来，而是当作使用价值生产出来，地租以价格支付，以货币支付，根本就无所依据，而农产品与工业品间的差别价值，即前者对后者能提供较多剩余价值，能在平均利润以上，挣得一种转化为地租的超额利润的事实，就无法实现，也就是说，绝对地租无法实现。当然哪，农产品如其要有一个市场价格，而以接近其价值的市价出售，一定需要一个统一的货币形态，来担当那种任务。但仅止如此，还是不够的，农产品是从土地上生长出来的。土地之自然的、（就丰度而言）社会的、（就地面的投资而言）乃至兼有自然与社会两重性质的（就是否靠近可资利用的河流及是否接近可以投售产品的市场而言）诸般条件，是土地买卖价格等差的依据，亦是以土地总价格与其年租额相比的地租率的依据，又是所谓对差地租所由发生的依据。但这种依据的可靠性，是取决于这种事实，即土地在买卖当中，能不受经济外因素的影响，而把上述诸条件，作为其市场价格的标准。

中国的商品形态及货币形态，我已在本书第二篇第三篇中分析过了。由于对外贸易的隶属性的加强，以及由是引起的农村社会各方面对于货币需要的增大，许多农产品，如棉花、烟草、茶叶、大豆、桐油等，原已有专业化性质的，现更加深其商品化程度了，而像米、麦一类最有自给性的农产品，亦渐在增大其商品化的数量和比重。许多人曾把这种事象，作为中国商品生产的有力注脚。我在前面已对中国土地生产物之商品化了的部分对非商品化了的部分，所占的比例，有所说明，其实，这是不怎样重要的。严格的商品生产，并不是看那种生产物生产出来，究是为了自用，还是为了他用，究是当作使用价值，还是当作交换价值，而宁是看，那种生产物，是在何种条件下，供给市场，是在何种条件下，当作交换价值为他人生产。如其说，交换条件一般是在为生产条件所规制着，则那种生产究是在何种条件下生产出来，那才是土地生产物是否脱离单纯商品生产最有决定性的佐证。特关于我们农村生产的现实条件及其一般状态，要在本篇下面各节得到明确的解答。这里可以预先提到的，就是如其说一个社会的商品生产的顺序，一般是先在都市产业方面发生发展起来，然后再由都市产业对农业的内在关联上，逐渐诱致农业生产相应采行资本主义生产方式，则我们前面分别述及的中国都市产业的偃蹇支离状况，已不难明了农村中的生产，只能具有如何的特质。

不过，在论点集中的要求上，我们姑把这种关系放在一边，先看我们农村方面当作商品提供出来的那一部分商品，究竟是在怎样的条件下提供的。变为商品的农产品，交通，度量衡，税制乃至农民的市场知识等等，无疑都会影响其价值的实现，但我们这里认为最关重要的，却是货币。直至抗战发生时止，我们的货币，即使就它最基本的机能，即当作价值尺度和价格标准的机能说，它的不统一性及不确实性，亦是不够使一般生产物，特别是使土地生产物，在其流通过程上，形成一个可以接近其价值来出售的市场价格的。我们此刻无须说明，货币这种落后形态或者现代货币关系不能展开的基本原因，究受了那些传统的社会生产关系的妨阻，却很可把论点倒转过来，看那些传统关系，在利用货币的这个弱点，来阻止农产品之商品价值的实现。我们已经知道，中国买办性的商业资本，早就是把工场手工业形态的工业部门及专业化了的农业部门，作为其活动的主要基地的。它伙同高利贷在农村，特别在那些专业化了的农业生产领域，从事操纵与控制。一般农民的生产品，在未生产出来以前，就已由预定预买的方式，大规模的被处分了，而剩下的小部分，则只在内地不同的原始市场上，零碎的发卖。这就是说，农民无论从这当中的哪一个方式变卖其生产品，他们都不易有一个可供他们斟酌的中心市价或确定行市。一个地区的商业操纵者，就很可说是那个地区的物品价格的决定者，前述客观的交通不便，税制庞杂，度量衡不统一，都成了他取得那种决定权力的条件，而货币种类的复杂和其价值的动摇不定，却正好是他在于己有利的场合，于己有利的限度内，变动农产品价格的最有效手段。

所以，在这种意义上，货币的现代关系没有确立起来，农产物当作商品化为货币，或者货币当作购买支付手段化为农产物的往复运动，就不免要被流通过程以外的强制因素，堵截或割裂成为不相连属，不相统一的各个片断，各个非有机关联的市场价格。不错，从日常经验当中，我们也许不难发觉，以某些较大都市为中心的全地区里面，毕竟有一个买卖活动的价格水准在。这一点是够有眩惑性的。但仔细分析，就知道那种价格水准的形成，在某种限度内，正是依照我们已经讲明过的，在落后社会，是由商人比较物品的生产价格和市价，是在流通过程发生利润平均化的作用，那是以直接生产者，对市场无知与市场隔离，或不与市场直接发生关系为前提条件。那与我们这里所说的，资本制地租所要求的农产品市场价格，农业经营者的平均利润，差不多是不同种类不同性质的东西。

要之，商品货币关系的不发展，农产品不能正常的商品化，货币化，地租就不可能以价格提供，以货币提供，而一定会牢牢的固着在实物形态上。

然则我们不是已在前面讲过，中国的地租形态，在若干特定区域，在若干特种栽培方面，已实行货币化么？而全国各地偶尔稀疏点缀着折租的办法，不也可以看为是货币化的逐渐开展么？我们的答复是肯定的，但须把内容加以明确的区别。中国的商品货币关系，无疑是在逐渐展拓中，货币的要求，即农产品商品化的要求，当然会使实物地租变为主佃双方感到不便的纳租形态。但单是这样，并不能把那种形态改变过来。而且实物地租与货币地租，并不单纯是用实物与货币表达出来，往往提供实物的，反而是百分之百的货币地租，在美国及其他有些地方，就因为特殊需要，地租竟是用实物支付的，不过，它是以实物来折合价格；另一方面，提供货币的，又反而是百分之百的实物地租，我们的折租办法，实际就是如此，那是以货币来折合实物，设进一步加以分析，那种折租办法，不但在性质上不曾前进，倒反后退了。在百分之九十九的场合，折租是多为地主开一榨取的便门，或者是地主自动的开辟财源，因为我们的货币价值是多变动的，他们地主们，即不实行控制市价，亦较通晓市价，收实物有利的场合，便收实物，收货币有利的场合，就要求折租，在时间及机会的控制上，他们都是立在有利的地位。所以，这种形态的货币化，是完全无改于地租的本质的。至若在东北及若干特种区域的货币化地租，即使程度方式不尽相同，这种"折租"的作用，是包含在内的，比如，在竹木的栽培区域，并不是因为竹木这种农产物，已经有一个可以接近其价值的市价可资依据，而多半是按照邻近地区最通行的谷物地租标准而规定的。

论到这里，我们已不难明了，中国地租的现代化，该是如何的受着落后的商品货币关系的拘束。但如把土地这种特殊商品加入考察，我们地租的特质，就更被暴露无遗了。

我们一再阐明了，中国的封建制，是以地主经济，从而，是以土地的"自由买卖"为其特质，土地能自由买卖，土地之自然的社会差异性，就得在价格上表现出来，因而，就得在以土地总价格与年租额相比的地租率上表现出来。这不能不说是我们封建制的进步的一面。

但我们土地自由买卖的"自由"涵义，与资本制的地租所要求的土地买卖的自由，是大有出入的。土地由分封，不由买卖，一般取得贵族、僧侣、家臣、骑士等特殊身份的人，才能得到土地；而得到土地的人，同时也就附有上面无论哪一种身份，那是领主经济对地主经济根本相异的特征。反过来说，地主经济下的土地买卖"自由"，亦不过是在这种相对意义上，表示任何没有特殊身份的人，都可取得土地，保有土地，乃至变卖土地罢了，"自由"的限界即在此。至若现代自由买卖涵义上的，在何种条件下取得，在何种条件下变卖，即买卖双方是否真正立在平等的讲价还价地位上的那种土地买卖自由，恐怕我们直到现在是还不曾取得的。

在我们的社会，像前述各种形态的公有地，如官庄、学田、族产等等，一向就是不能由私人任意处分的，就是私人所有的田产，其出卖之始，需要取得亲族的同意，亲族不买，才可向外姓卖出；出卖之后，又还附有一种限制，即同一土地再卖时，原卖主有回赎的权利。此外，如永佃制下的田地，地主虽有权卖底，却不能卖面，佃户尽管有权把田面转让，却不许涉及田底。诸如此类的传统的习俗上的限制，到晚近，无疑有逐渐解除的趋向，而在大都市附近，这种趋势是更显然了。但我们所理解的中国土地买卖的不够自由，却宁是在它转移过程中，必然要遇到的更大的一些社会障碍，而上述诸点，倒反而显得次要了。比如，这所提及的限制，假若出卖者乃至购买者是一族之豪或一地之雄，他们就大可不受拘束了。反之，如其买者或卖者，是没有权利没有社会地位的人，他对于族中的地方的势力者，往往还有所贡纳，设不幸这交易竟是在地位势力极不相称的两种人间进行，则无论是买抑是卖，他们所成交的价格，一定会把田地本身自然条件社会条件（这意味着地位条件）以外的非经济的"强制"因素，加算在里面。事实上，最大多数直接生产者之离开土地，其土地价格，由偿债或还租的方式，预先被强制支付了，而购买者也往往是把借与租作为钓取土地的手段。试想，我们农村的土地购买者，主要的不是地主、高利贷者和商人官吏们么？（虽然其间也有一小部分是最勤俭刻苦的农人）其出卖者，主要不是被生活被债务被税租压迫的小农么？（虽然其间也有一部分是大破落户）他们之间的土地买卖，一定很不容易在土地的价格上，表现出它实在的自然丰度和地位，而其地租率的高低，也就不一定是自然丰度肥瘠或所在地位良否的凭证。依这种考察，我们传统的土地买卖上的自由，不但与资本制地租所要求的土地买卖自由，有极大的距离，甚且，前一种自由，还从以次两点上，阻止了后一种自由的实现，即是，土地得自由在社会各阶层间移转，它在一方面把一般人对于封建制的反抗钝减了，分散了；同时，却又使商业高利贷等落后资本增加了它们对于地权的联系，由是，加强了封建制的强韧性或弹性。

要之，在资本割地租，必须是货币地租的限内，我们的上述商品货币发展关系，无论是就成立绝对地租言，抑是就成立相对地租言，都是颇嫌不够的？特平均利润法则，不曾在工农业资本间建立起来，更不曾在农业部门的诸资本间建立起来，那在表面上虽然是受着商品货币发展程度的拘束和妨碍，而在本质上，却毋宁是取决于工业与农业本身的生产条件。

四 土地所有形态与土地经营形态范围着的现代性地租的发展

由于我们土地买卖上的那种传统"自由"，又加上现代货币资本关系的促进，现代私人的土地所有关系，至少在表面上像是确立起来了，但如我们在前面已经分析过的，土地的买卖过程，既不曾洗脱去中国传统的吞并方式，复又推行着欧美在近代初期的混取劫掠式的圈围活动，（这在新开发的荒地变为熟地区域，在淤积湖田区域，在种种色色公有地段，特别盛行）则在这种取得土地过程中形成的土地所有制，就必然会变态的表现着过渡阶段的特质。大土地所有制是它的主要形态了，但惟其它这种大土地所有制同时并不曾伴以大农经营，于是在大土地所有制一旁，还并存着一种与其说是同它相照应的，就宁可说是同它相补充的小土地所有制。

现在仅就它们在与地租发展相关的限内，展开说明，且为了说明的便利，先从这所谓小土地所有制起。

前面已指明，在中国的全部耕地中，租耕地占百分之六十左右，换言之，即自耕地占总面积的百分之四十左右。而在此自耕地中，属于小土地所有的，一定占有相当大的比例，因为过此以往的中农及富农，多半是会以地主资格登场的。从表面看来，这种土地所有，像与我们这里讨论的问题，没有多大关涉，因为在这种土地所有形态下，自耕农同时是土地的自由所有者。土地表现为他的主要生产工具，表现为他的劳动与资本的不可缺乏的使用场所，他不但不付地租，他所生产的剩余价值也不表现为地租。但是这种小土地所有能当作一个社会的体制发生，它对于一般租地的地租，就不能不从多方面给予影响。我们如把中国小土地所有的种种条件加以分析，情形就更是如此了。

中国小土地所有的第一个特点，就是那种土地在品质上，多半是较劣等地，这无论就全国讲，抑是就全国务别地区讲，大体都是如此。在相对意义上，中国黄河流域土地，一般不若长江珠江流域土地肥沃而适于集约耕种，因之，在前一地区小所有土地所占比例，也较之后两地所占比例为大。而就每一个地域说,更是如此。大约不成片段的山地,砂砾地,低洼地,贫瘠地,一切容易为水旱侵害的地带,通是土地吞并混夺者比较不大注意的处所,而荒地一旦变为熟地,零碎角落地一旦形成整块地段,低洼之区一旦淤积成了肥美沃壤,小土地所有者立即便会感到,那种改变,很快就要变为他的不幸,自然,小土地所有者在获有较肥沃土地的场合,生产加多,境况变好,对于他的土地的执着,是会更形坚牢的。他是小农,说不定竟会由此变为中农乃至富农,这种例子在事实上不会没有,但它的限度,对于小土地所有者多半是保有不良土地的一般概念,断不致发生如何严重的影响。

小农土地的所在地,既属如此不利,而他所保有土地的数量,除了在边区畜牧地带而外,在南部水田区,每一农户耕作地,不过5亩到10亩,而在北部黄土区,则亦不过10亩至15亩。

土地数量少,又加零碎贫瘠,在经营上的不利,已可想见。但因为他们是自由所有者,一切应摊的和必然转嫁的捐、税、役、各种苛杂负担,都会以极大压力,落到他们肩上。即无特别天灾人祸,通常的婚丧疾病,所需费用,亦决不是他们那小量收入可以支持的,他们几乎一般的要变成高利贷业者的债奴。在这种情形下,他们的生产,即使是单凭人力和自然力,也将变为不可能。一言以蔽之,他们是在极不利的条件下从事生产。但虽如此,他们通过捐、役、税,通过高利贷,更通过最不定规的最昂贵的零售商业,对于社会的贡献。即他们在自己最必需的生活资料以外,对社会所提供的剩余劳动生产物,并不算少,虽然这并不是他们更多生产的结果,而宁是他们更贫困,被更低压在普通生活水准以下的结果。

论到这里,我们已可说明小土地所有制对于新式地租的不利影响了。最普通的看法,当然是小土地所有,以一个社会的规模存在着,它在其存在的限内,根本就要阻止地租的产生,此其一;小土地所有,一般都表现为一个最有自给自足性能的体制,占小农消费最大部分的生产物,是他们由自己供给,他们并迫而需要兼营一切可能的手工副业,以弥补其经常的不够支出。在这里,作为现代地租产生前提条件的商品货币关系,相应的受到了防阻,此其二;小土地所有的零散存在,必然会排斥劳动的社会形态,资本的社会累积……而这种种,又正好是资本制地租所直接要求的基本前提,此其三。

然而我们在这里所特别注意的,却宁在于(一)小土地所有的大量存在,始终为土地兼并混夺者,留下了一个"展望",为地租上的原始积累,不用以从事农业经营,却用以继续投资于土地,留下了一个"展望"。自然，在土地的吞并集中过程上，最好的对象，并不是小农贫农所保有的土地，而宁是中农小地主们所保有的土地，但小农终究是抵抗力最弱的一环，如其中农小地主被剥削被竞取到了小土地所有者的地位，他们的土地又是比较优良的，那就更加使小土地所有制变为大土地所有制的一个补充了。（二）小土地所有的大量存在，对于佃农阶层是一个致命的威胁。小土地所有者始终是渴望获得较多土地的。他们在事实上，不但随时会变为佃农，并且许多已确实在兼为佃农，他们既如上面所说，能在极不利条件下，对社会提供相当的剩余劳动生产物，对于租给他们以较优良土地的地主，自然更肯提供较大量剩余劳动生产物，这就是说，他们的大量存在，他们所依据的这种土地制度的存在，无形中，把地租率提高到了卷去一切经营利润的程度，因为小土地所有经营，本来就是不为利润，且也是无从获有利润的。还有（三）小土地所有者，有机会租得三几亩土地，兼作佃农，当然是再好不过，但这种机会，并不是容易得到的。土地所有者对于土地使用者，照例是要考究他们的经营力或经营本钱的，因此，小土地所有者兼作佃农的可能性，就远不若其兼作雇农的可能性大。他们兼作佃农，会相应提高地租，因而使经营者的利润无着；他们兼作雇农，也就会因为他们已有了生活基础，得以比较一般农民更坏得多的条件工作，而使一般农业劳动工资压低到极不足齿数的程度。这就是说，他们以前一项"兼职"工作，农业利润不易实现，他们以后一项"兼职"工作，雇佣劳动的合理工资无法取得。地租中包括有全部利润再加一部分或一大部分工资了。最后（四）这种小土地所有的经营形态，为大土地所有制下的小经营，提供了一极好的"标本"，分散的小经营能够提供多额的剩余劳动生产物，能够提供极高率地租，大经营的必要性，在土地所有者的主观上，就不存在了，反之，他们还会以小经营为较有利益。现实在照着他们的意象演变着。

在中国农村人口中，仅占百分之四的地主，却拥有总耕地面积百分之五十，仅占百分之六的富农，却拥有总耕地面积百分之十八，即合计百分之十的地主及富农，占有总耕地面积百分之六十八，另一方面，全农村人口中百分之九十的中小农，却仅占总耕地面积百分之三二（这是陶直夫在《中国现阶段土地问题》一文中，综合各方有关材料，而作成的统计数字，虽不尽可靠，但由此确认一般倾向，却是虽不中也不远的）。从这简单数字中，大体已可想见中国土地集中的轮廓。虽然如我们上面指述过的，这种集中程度，还是与资本主义接触后，由买办商业把社会资金吸向都市，因而多少使农村地权集中现象，被缓和了的结果。当作土地集中结果看的大土地所有制，原是资本主义经营所要求的最重要的前提条件之一，大规模生产是资本主义生产的第一个口号，而作为那种生产之基地的土地所有面积，在私有制度之下，是需要每个所有者有足够推行大规模经营的限度的。但我们的大土地所有有一个明显的特征，即它仅是地权的集中，而非地段地块的集中。这有许多原因，前述小土地所有的普遍存在，当然多少有碍于那种片段的集中形态的形成，而租耕地最称发达的南部水田区，又有参差起伏的梯埂为之妨阻，但像这一类社会条件自然条件的阻碍作用，毕竟不难在其他更基本前提条件确立之下予以克服。但无奈中国地主阶层对于土地的购买或者混夺，其目的就不是为了准备拿来从事大经营，他们所直接经验到的小经营耕作对于他们的利益，使他们在购买土地之始，就已考虑到了那种土地所具备的分散经营分开租佃的条件。为了便于集中管理，为了表现出地权者无上的权威，购买整付整畋的大田庄（假使有这种集中性的连属性的大田庄存在的话），他们是乐得保有这种田产的。但经验告诉他们，大田庄的整买，固须一时备有大量资金，而这种田庄在异日的整卖，又须购买者一时备有大量的资金，而由买卖上感到困难，又不能由管业上所受到的利益得到补偿。承租大田庄的佃农，一般是比较有生活基础的，因之，他们对于业主，就比较不肯让其予取予求。虽然这里有包租制以济其穷，但如非土地购买者特别富有，特别需要集中管理，他们与其保有一个或数个极大的田庄，就宁不如保有多数的中小型的田庄，而中国传统的诸子平分遗产制，更加强了这一倾向。不过，中国土地所有者平分遗产，对于土地分散经营，虽然有了莫大的促进作用，但如其我们仔细体察农村一般耕作现象，就知道土地利用者平分遗产，那对于土地分散经营，实有更大的促进作用。往往，一个业主死了，他的儿子们别籍异财，他们还不妨共同收租，让原有的佃户照着原来的规模，继续耕作，但如其一个佃户死了，或者在他生前，他的诸子析产分居，那就非把原有经营规模零细分开不可，单在这种意义上，地权的过于分散，或不免在某种限度，妨碍着土地集中，但经营的过于细分，却又似无碍于土地集中。

本来，富者田连阡陌的大土地所有，原是中国的传统形态。到了近代，它是在某种限度变形了，它像更不是由特种身份取得，至多不过是利用了某些政治的经济的特权而取得，但因为它的本质，还是被看作资本积累的主要手段，而不是被看作助成土地以外其他劳动条件发生机能作用的次要手段，地权集中与经营分散，或者大土地所有与小经营，便被当作一个特征现象表现出来。结局，在没有受到大经营压迫的情形之下，必然采行小经营方式的小土地所有形态，就在一方面取得了存在的可能，同时又反过来，当作大土地所有采行小经营方式的一个有力的诱因。在这种限度内，显然相互排斥的大土地所有与小土地所有，便在当前整个土地所有制中，当作两个并行不悖的内在相通的形态而存在着。照着一般的趋势，资本制的大土地所有，即为了便于大经营的大土地所有，如其不能对我们当前这种采行小经营的大土地所有形态，取得决定的代替地位，小土地所有制便有继续存在的可能。

在经济科学上，这种小土地所有形态，原是当作一个过渡形态而存在的，资本制的农业每向前发展一步，大经营的利益，愈加表现得清楚，小土地所有便要以它那种排斥资本劳动之社会发展的缺点，而逐渐归于淘汰。自然，富有保守性的农业，无论在哪方面的变革，都是非常迟缓的，即至今日，小土地所有虽然是日就衰微了，但在先进各国，依然顽执的存在于资本主义生产的孔隙中。但它们那种小土地所有的存在，与我们恰好相反，我们的小土地所有，是在一般资本制经营不发达的条件下取得生存，而先进各国的小土地所有，虽然一方面在受着资本制经营利益的压迫，同时却反而在叨讨着资本主义生产关系一般发展的实惠，因为资本主义生产关系发展起来，一切损害着小农利益的落后特权，会逐渐趋于消失，农产品有一个市场价格，通行于农村的利率基准，也被相对的压低了，它们已比较低减了商业资本高利贷资本所加于它们的意外剥削；同时，最为小农诟病的课税制度，亦在资本主义秩序下，归于划一了，这原是大资本要求下实现的，但却辩证的有利于小农的生存。自然，把利害加以摒除，在大规模生产占着绝对优势的社会里，小土地所有，毕竟不外是过渡社会的产物，所以它在先进诸国，只是当作落后遗制而残存，而在没有受到资本主义秩序保护，但同时也没有大经营压迫的中国小土地所有制，却像还是有它的"千秋"的。

在这里，我们是不应忽视介在大土地所有与小土地所有之间的中农及中小地主这一阶层之俨然存在的。中农是拥有较多土地的自耕农，有许多兼作地主，中小地主，又有许多是兼作土地经营的人。他们的"品格"，下面还有分析的机会。且不管他们保有土地的各别方式，如何不能构成一个中间所有形态，在一个过渡社会，一个失却了平衡的动荡社会，向两极发展的倾向，总是比较来得强烈的。

我们不能在土地所有制构成的诸条件上，去发现中国资本制地租的迹象，只好把论点转移到另一个视野了。

五　在农业资本构成与农业雇佣劳动上表现的地租特质

农业资本构成及农业雇佣劳动问题，原是与农业经营问题密切关联着的。小土地所有不必说，在大土地所有形态之下，一般既是采行分散的小经营方式，那亦显然替我们这里提出的问题，有了前提的说明。不过，中国土地所有者或地主阶层，一向原保持有古典的田园风味，这就是说，他们是可能留下一部分土地来"自己"从事耕作的，到了晚近，都市方面的繁华和农村中的不安，无疑会使他们中间一部分人的这种兴趣，为之减杀不少，但今日似还有不少地主，无论其所有土地多少，仍只租出其中一部分，而把其余的留作自己经营。不过，像这种人，一般只限于中小地主，大地主们是愈来愈不暇出此的。

虽然，一个土地所有者手中保留的土地，对他租出的比例，将决定他在农村的地位。他把最小部分土地租出了，他就是地主兼农业经营者，他把全部土地都留着自己经营，土地较多，他就是纯粹富农，土地较少，他就是纯粹中农。现在我们看到，农村中除了佃农小农而外，从事农业经营的，是中农富农及一部分兼作此种经营的地主了。而可能采行资本制经营的，似乎也只有他们。

我们知道，大经营或资本制经营的利益，是在它所需的诸般社会条件，已经大体齐备了，才能表现出来，而这些社会条件，又是体现在它那种社会生产关系，已经取得了支配地位的转变中。即把都市方面的产业发展情形排开不讲，我们农村的大土地所有与小土地所有，既都在采行小经营形态，至少，便于大经营或资本制经营表现其利益或优越性的客观条件，是不曾造出的。这事实，已大可说明我们农村富农、中农及一部分兼营农业的地主们，可能而且必须采行的经营方式。

不错，在富农，在留下了充分土地供自己使用的地主，甚至在极少数租得有充分土地的佃农，他们既有足够大经营的土地，就自然而然不会把他们的经营分开来。但在这里，我们须得明了：现代意义的大经营，并不单是以一个经营单位的土地的广狭范围来确定的，如其说，一定面积的土地，是从事大经营的必不可少的前提条件，则在一定面积土地上使用的资本数量，就是决定那前提条件，是否确实被利用来从事大经营的最可靠标准。

现在是谈到中国农业资本构成的时候了。

在经济科学上，土地这个因素，是不被当作资本来处理的，从而，农业资本有机构成，就是指着包括机械、耕具、农业建筑、种子、肥料等项的不变资本，对于用以支付工资的可变资本的结合的比例。农业资本有机构成的高低，即其不变资本对可变资本比例的大小，就是农业上资本制经营究在何种程度被实现了的指标。

在中国，机械这个因素，差不多稀罕到要从农业资本概念中除去的程度；机械以外，其他诸种应被包括在生产成本项下的劳动条件，如农具、畜力、种子、肥料、灌溉沟垄等等，虽亦不妨勉强称之为资本，为不变资本，则具备了这些条件，且能不断使这些条件的消费损耗，经常得到补充与更新，那就算难能可贵了。也许只有兼作农业经营的地主，只有富农及一部分境况较好的中农乃至极少数佃农，能够维持这样的经营场面，下焉者，只要能于下耕时找到种子，能向人租赁到畜力，还能保持几件简陋残旧的农具，并能以极高利率的条件，在青黄不接时借到维持一家的口粮，也就万幸了。

然则富农及兼营农业的地主，还有极少数境况较好的佃农，为什么不设法改良他们的生产设备呢？也许有人会把农业机器输入的海关数字及江苏若干地区应用机器生产的实例，拿来作肯定的解答。但如其我们不是把极少数示范农场或农业试验所作为研究对象，而是把中国农村生产一般作为研究对象，则我们对于这个问题的说明，就宁可着重在以次诸种事实上。

首先，新式农业经营，或在农业上要应用机器生产，那并不是一件简单的，能够对一般社会发展状态孤立来进行的事，比如，在生产过程中不受任何政治社会惊扰的和平要求，其生产物贩卖市场的保证等等，那已经不算太广泛的问题了，而在技术条件本身，更还要求种种方面的配合，技术经营指导者是很不易养成的，经营者自身的企业精神，尤非大利益的展望和鼓舞，是不易使它培育起来的。

其次，就土地方面而论，在所需范围内，使其技术的连成一片，那在许多国家，是借着立法的程序，用一种称为土地拼换法来达成的。然而我们始终是把技术问题放在次位，在土地上应用新式经营，最先就得土地本身的价格，相对的不太高昂，而这种土地高价的倾向的造成，又是由于社会原始积累的资金，都相继投用来购买土地，经营者在土地方面所费太大，在其全部经营费用中，就只能有相应小的部分，当作正规的资本来使用。自然，对于自己保有土地的富农和地主，似乎土地是对他无所花费的，但他们如不是傻子，定会依照一般"购买年数"或一般地租率来计算土地价格在其全部经营费中所占比例。无疑的，在已经租赁他人土地来耕的佃农，在手中积得相当资财，希望借此从事农业经营的新购土地者，他们是更容易感到土地费用对于不变资本和可变资本的压迫的。

又其次，土地所费太大，对于农业资本所加的压力，是由农业资本有机构成的低度来表现的，即是以劳动在土地上的集约深度来表现的。土地经营愈不借助于机具，就愈要借助于劳力。所以，如其不妨称我们农村土地上投用的经营费用为资本，这种资本，差不多主要是由投在劳动方面的可变资本构成的。那些农业经营者，其所以不肯增大不变资本成分，去代替可变资本成分，就因为他们在上述诸点的限制下，同时又在土地高昂价格造成的劳动过剩劳力过廉的条件下，觉得多采用机具，就不若多使用劳力，在这里，劳动不但不为机械所驱逐，却反在驱逐机械压迫机械了。

而且，即使在特定场合，特别是在大都市附近的若干地区，劳力竟相对的昂胜到使他们感到多使用劳动不见得有利的场合，他们亦还有不少走得通的路：如其是兼地主，就索性变为纯粹地主；如其是富农，就变为地租收入者，横竖所在都有希望土地的人。他们认为直接使用劳动者有利，便从事土地经营，如认为间接使用劳动者有利，便成为坐食地租者，有时，如觉中途停止经营，会搁置若干农具，或者不易处理畜力，就采行同时租赁农具与畜力的分租方式。单在这一面讲，他们的抉择是自由的。

事实上，我们农村的这种演化变动，确已在非常活跃的实行着。但其中总多少可以看出这样的一种迹象：土地所有者的土地数量愈多，他就愈会脱离经营的活动，变为纯粹地租收入者，如其他的所有土地愈少，他就愈有转化为土地经营者的可能与必要。因为前者是可以完全脱离生产过程，不但不需要自己劳动，且不需自己监督劳动的，而在后者，他不但需要监督他人的劳动，有时且须参加进自己的劳动的。

但不论是土地经营者，抑是地租收入者，他们有一个共通特点，就是，他们的利得，他们对于土地劳动剩余生产物的占有，不是以土地以外的劳动条件为主要手段，而是以土地为主要手段，或者主要不是通过土地上使用的资本，而是通过土地本身。

由上面的推论，我们不但可以由农业资本构成上，看出中国地租的落后特质，同时，那种资本构成下的劳动条件，更从农业雇佣关系上，把我们那种地租的落后特质暴露出来了。

现代性的劳动者，是由他脱离旧的生产资料——土地，转而依属于新的生产资料——机器，为他的特征。在工业领域是如此，在农业领域亦是如此。在这种转变中，一向是主要生产资料的土地，逐渐变为次要的了；

在同一转变中，直接生产者已不是向土地所有者结成生产关系，却是同土地以外的其他生产资料，特别是机械的所有者或农业资本家结成生产关系。换一个方式来说，即剥削劳动者的，已经不是土地，而是其他生产资料。

由我们的农业资本构成的考察，我们明了了：在中国农村里面，不论从事农业经营者，是地主，是富农，是中小农，抑是佃农，通通是采行小经营，或大点规模的小经营方式。他们主要的或重要的生产资料，还是土地；有较多较大的土地，便算握有较有力的劳动剥削工具。富农及兼营土地的地主，乃至中小农，固然是以土地所有者的资格，与直接生产的劳动者对立，就是租赁他人土地的佃农，他们在临时的或较长期的雇佣劳动的场合，亦是以土地保有者土地使用者的资格，与那些既不能所有土地，又不能保有土地，因而不得不受雇于他们的直接生产者对立。

如其这是非常明白的，不可否认的事实，则于一般所统计的中国农村的1500万雇佣劳动者，就不是因为土地被剥夺去了，同时又没有获得土地以外的生产资料，而被雇用；而是因为土地被剥夺去了，同时又没有取得土地的使用机会而被雇用。就因此故，构成中国农村社会最低阶层的三个支柱，即小农、佃农、雇农三者之间，尽管在许多场合，是交流的，兼任的，但分别当作一个范畴，一方面，小农是在极不得已的条件下，才肯放弃他所有的小块土地，同时，佃农亦是在极不得已之下，才肯放弃他保有的少量土地；另一方面，佃农要取得少许土地，固然极其困难，雇农要租得少许土地，也许还要困难。就这样，雇农就变成了农村社会最低层的不幸者了。

据前面的分析，我们农业经营者们的经营土地，其最后目的，即在获得更多的土地，一旦如愿以偿了，他们就不肯继续担当这种麻烦工作，而变为专讲消费的坐食地租者。这就是说，除了少数的富农而外，雇佣劳动的人，差不多是一些连必需简单农具都不齐备，生活一直在艰困中的中小农及佃农，他们并不是因为备了较好农具，备有得力牲口，才雇佣劳动，反之，却正因为是备不起这些劳动条件，才以劳动力来补充代替的。这说明，劳动力的价格，平均要低在畜力以下，低在农具备置费以下，才有被雇可能的；即非如是，亦是说，劳动力的价格，是不像畜力的价格，不像农具的价格，需要一次支付，而可以零碎支付，或到了一定雇佣期间终了，才开始支付的。

各种落后的离奇的雇佣关系，就因此产生出来。我们可以让读者自己去证示我们农村在实行着怎样的雇佣劳动条件。要列举其最基本的几种形态，首先似宜数到家长制的雇佣方式，在这种方式下，雇主不但可以在工作上，工作程度上，任意决定，就是对于被雇者的人格，亦有某种限度的权利。一般说来，小经营农作场的雇主，是比各种制作场的老板，还要能对其被雇者发挥拘束力量的，把一切其他方面的情形丢开不讲，农业上的较浓厚的传统封建关系，就很可赋予雇主以更大的家长的权力，大约在长年被雇的场合，特别是被雇者对雇佣者有宗族关系，且系年事较轻或居于晚辈的场合，他就不单纯是把雇主当作主人，且是把他当作自己的监护者。其次应数到帮佣的方式，在这种方式下，被雇者对于雇主，连上面那种雇佣关系都不曾结成，他可以是属于戚族帮忙性质的；可以是穷而无告，投靠无门，暂时作为雇主帮手的；还可以是为了换取畜力，为了偿还积债，在雇主需要场合，前来帮工的，大约这都限于短期的临时的雇用。此外，还有一种从役性的雇佣方式，在这种方式下，佃农对于地主，照租规，或者照习惯，须得在地主需要的场合，为地主提供劳动，这劳动不尽是关系生产的，如其地主非兼营农业的，就更是如此；这劳动，亦不尽是无报偿的，特其所得报偿，把支付的时期，（多半在年终或节前结算）支付手续，工作的强度，工作的场合，（往往须把自己急于要做的工作放下）全盘计量，那比一般农业劳动者所得工资，是还要低贱许多的。

有不少的人，见到中国农村雇佣劳动的普遍存在，便欣然色喜，以为中国农业经济现代化了，进步了。尤其是看到各地方雇佣劳动工资，多半采行了货币支付形态，更觉那是劳动力商品化的根据。其实，劳动力是否真正商品化，其正面的，货币支付形态，其反面的，一般农村劳动者根本是膳宿在雇主家，而非膳宿在自己家，都不够成为有力的说明。其重要关键，乃在那些劳动者，究是依属于土地工作抑是依属于资本工作。惟其如我们前面所分析的，他们不是因为缺少资本而被雇，宁是因为缺少土地而被雇，所以，一切掌握着土地在手的人，无论他是所有者，抑是租有保有者，都可能利用土地来剥削他人。我们农村的中小农佃农，就这样取得了剥削他人的资格——而这也正是雇佣劳动普遍存在的依据。

显然的，我们的佃农，一般都不曾具有现代租地农业家的实质，他不是以资本力向地主讲话，而是以劳动力向地主讲话，因此之故，他就不免要因他对土地的依赖程度，而对地主结成相应的隶属关系或农奴关系。这是上述从役的雇佣方式所由形成的基本原因之一。可是，一般佃农尽管没有脱却农奴性质，那并不妨碍他对没有租得土地者发挥剥削的能事；反之，他也许更须借助他人的劳动，以成就其租有土地所需忍受的过重负担。

土地还是农村一切社会生产关系结成的枢纽；土地还不是把它拿来利用资本，而是把它拿来利用劳力；土地还是农业上积累资本的最主要手段，这一切事实，说明了我们的地租，还在应用一位未见到现代地租形态的初期经济学者配第（William Petty）的名言："土地是财富之母，而劳动则为其父。"① 资本不过在极其有限的场合，表演着帮手的任务罢了。

六　地租的积累与转化

在产业不发达的落后社会，地租差不多是最基本的积累形态，或者，它是其他一切积累形态的基础。

在这种社会中，最有生产性的产业，不是工业却是农业，工业靠简单的工具劳动，农业亦靠简单的工具劳动，但农业更能有效利用自然，就因此故，农业劳动在维持劳动者简单生活以外所能提供的剩余生产物，就比之工业上的同量劳动所能提供的多得多了。更因农业生产物是最必需的都需要消费的生产物，从事工业及其他职业活动的人，靠着农业的较大生产性，使他们无须在自己生活必需品的获得上，费去较多的劳动时间，由是他们这些农业以外的生产者，也就比较能够在维持自己简单生活所需限度以外，还多少挣出一些剩余劳动生产的基础。这原则，到了劳动工具变得极其发达的社会，即应用机械来生产的社会，是还有其妥当性的；但其限界是农业利用自然生产的结果，仍然大有助于工业劳动者之必要劳动时间的缩减或剩余劳动时间的增加，却并不能说，农业是更有生产性的。劳动之社会生产力的充分无限发挥，就相对地减低了劳动之自然生产力的作用了。

要而言之，在落后社会，农业剩余劳动生产物，是其财富的基础。在农业所利用的自然——土地，概被私有独占的限内，那种剩余生产物，一定会通过地租方式，提供于土地所有者，所以，这种社会的财富的积累，就等于说是地租的积累。

我们的农村社会，照前面所说，一般还是靠土地来发挥劳动之自然生产力的。租耕土地对自耕土地之质与量的优势，已不难想见我们社会的剩余劳动生产物，该会有多大的限度，被囊括在地租这个名义之下，被吸收到地主的手中；设更进而考察地租率，即连利润及工资的一部分或大部分，都被吸收去了的高地租率，我们就明了，地租不但是表现着剩余生产物之剩余价值的一般的通例的形态，甚且被包括进了直接生产者最低生活

---

① 马克思：《资本论》第1卷（郭大力、王亚南译），人民出版社1954年版，第16页。

所需的必要劳动生产物部分。不错,这是就租耕地范围讲的,在富农土地上的剩余劳动生产物,并不需要通过地租的方式,直接就为他们所有了。但前面讲过,富农与地主,同是以土地为吸收他人或剥削他人劳动的工具,在这种意义上,他们由此所得的收入,虽然不被称为地租,却显然具有地租的实质。他根本就是把一般高地租率,作为其经营土地所得的权衡,如其所得不若地租收入之大,乃至不多少超过可能获得的地租额以上,他就马上会把土地租出的。不但此也,我们农村的小农乃至一部分中农,多半为了补充其不够耕作的土地,是需要租入小量土地的,比之一无所有的贫农,他们又是较有资格租到土地的;但如万一租不到土地,他们又是需要被雇于人,为人直接间接创造剩余劳动生产物,创造地租的。所以,通体说来,地租上的积累,差不多是我们农村的积累一般。

不过,在中国经济史上,特别在现代,地租的积累,并不是单独进行的,商业资本及高利贷资本,始终在当作它的两位保驾大臣,在左提右携的护卫着它向前进发。

本来,在一个进步社会里面,地租是可能逐渐因人口增加,因当作原料与食粮的土地生产物的需要增加而增加的,是可能因农业生产物发展为商品为价值的条件和其能够把价值实现的条件的发展,使土地所有权的权力增大,因而,使其能在于它毫无所费但却不断增大的价值中,加大其转化为地租的占有部分的。

但我们社会的地租积累的增加,在若干特定地区,也许已表现出了这种征候,表现出是由于土地生产物市场的开拓及其变为商品或价值的可能条件的逐渐发展,但即使是在这样的场合,那种积累增加,显然是不曾完全抛弃高利贷商业活动及其他租税活动的作用的。这一列活动,在某些场合,也许不免与个别地主的利益相抵触,但当作一种社会规模的活动,那却直接间接会使地租率抬高起来。前面已讲到我们农村高地租率与高利息率的关系,同时又还述及了高利贷利息与商业利润的关系,它们任一方面的利得率的增高,立即就会吸引或影响到其他方面。自然,它们相互吸引的增高,亦并不是没有限界的,特关于这点,我们需要在下一章来说明,这里只须略略述及我们积累的地租,究是怎样被处分了的。

前面讲过,与现代资本主义接触后,中国农村社会逐渐对都市感到了浓厚的兴趣。都市是繁华的,都市亦是比较安定的。这两种诱惑,显然会驱使农村积累起来的财富,或其一般表现形态——地租,移转到都市方面去。那种移转,可能采取货币形态,亦可能采取实物形态,但把农村与都市对立起来说,这任何一个形态,都可称之为农村的资金逃避。逃避出去了，就很少流回的。采取货币形态逃避，也许更可促使实物地租的货币化，以折租方式卖给佃农，那比之需要收纳保管运输等费用，向市场卖出，是更多利益的。还有这里被流到都市的资金，除了胡乱消费外，只有地皮市场、金融市场、公债市场是适合脾味的最简便的出路。资金一走到了这条道路，它就会愈来愈远离其发源地了。至若采取实物形态逃避的那一部分，它在开始，就可能是以囤积居奇的方式，使地租直接转化为商业资本，通过商业资本转移到都市去了。

我们在另一方面也应想到，坐食地租者的生活形态，固然把他们利用地租积累的用途决定了，他们断乎不会去从事他们所不熟习所不习惯的企业经营，特别是工业经营，而同一生活形态，也在限制着他们，使他们为了不动产，为了那不动产在农村所取得的安富尊荣，还为了封建的血族关系的羁绊，非有极大的财产，非有特殊的机会与必要，他们还是不愿意把积累所得，送到他们极感隔膜，甚或抱有反感与畏怯心情的都市的。留在农村的积累的用途，当然还是原来的传统的，不是用以购买土地，便是用以贷放，（事实上，投在土地上的资本，就已经是生息资本，土地价格资本化，每年由那种价格所获得的地租额，就利息化了。所以在地租为已定时，土地价格便是由利息率来调节）不过，在晚近，一部分有企业精神的地主，也还兼营着碾米、制糖、酿酒、榨油、织布一类与原主产物直接关联着的农村制造业，更多的当然是兼营农村市集的商店。不过，用在这些方面的地租积累，一定很快就会以更大得多的数量，回流到土地上来。我们甚至可以说，这些农村企业经营的老板们，更可能是因那些企业上有些积累，再回过头来当地主的。

总之，我们的地租，大体是用传统的方式积累来，也大体还是以传统的方式使用去。资本的分散方式，是取决于其集中的积累的方式。积累集中的过程没有根本变革，其分散或转化，也是不能有多大的改变的。在地租上，我们又发现了这一个原则。我们诚然在特定的场合，例如，在战祸光临到了的农村，在有了土地，便极不易回避征实征兵一类格外负担的情形下，土地可能是不被大家注意的目标。据统计及经验所示，由战时到战后的长期通货膨胀过程中，一般被买被卖实物的高涨率，要算土地顶低了。然而这至多只能说是当作我们社会基本积累——地租的原来转化倾向，会暂时因此受到阻碍，即暂时会改变其分散途径，但在我们社会的一般生产方式或积累方式未根本变革以前，那种改变，至多不过是把它用在纯消费方面的比例特别加大，把它逗留在高利贷资本或商人资本形态上的时间特别延长罢了。

中国社会的经济恐慌形态

一 在两种典型的恐慌形态之间

当作历史的社会经济范畴来看,不论是封建制的抑是资本制的经济,都不免要在其全运动过程中或当作那种运动之必然结果,而发生危机或恐慌。这危机或恐慌,能被克服下来,就是那种社会形态的继续或扩展,否则就是那种社会形态的历史交代。

封建制经济是被它不能克服的内在恐慌所压倒的,那恐慌形态,虽在自然历史条件不尽相同的国家,并不表现出一样的内容,一样的颠覆那种经济制度的历程,但却有它当作一个范畴来看的共同特质。资本制经济下的恐慌亦是如此。

资本主义社会是积累了巨大财富的。这巨大财富的积累,虽然满含有原始积累的成分在里面,但愈到后来,它便愈不是以土地为主要的积累手段,而是以资本为主要的积累手段,而在资本中,它便愈是由机械设备构成其核心部分的不变资本的尽量扩张,即由劳动生产力的尽量增强,使购买劳动力的可变资本相对减缩。其结果,当作一个社会阶层的劳动者,虽因不变资本的不断增加,他以生产者的资格,为资本家创造出了更多量的商品,更多量的剩余价值,同时却因可变资本对不变资本比例的相对减缩,他对资本家提供到市场的商品,就不克以消费者的资格来购置,因而就不克为资本家实现其剩余价值了。这在劳动者一方面,是以他们对产业的人口过剩、失业、贫困、饥饿表现出来,而在资本家一方面,则是以他们商品的生产过剩,工厂停闭,信用破产,金融呆滞的险象表现出来。在资本主义社会,这方面的脱节现象,就在最繁荣时期,亦是个别的局部潜在着的,并且是当作繁荣与资本迅速集中的条件而潜在着的,但这种恐慌状态,一旦由个别的局部的变为普遍的显著现象,整个社会秩序,将更陷于混乱,并由是引起政治的社会的危机。那种政治的社会的危机,是否能演到倾覆资本制的程度,主要是取决于各该社会的资本生产关系,是否还有允许其劳动生产力发展的可能或弹性。在这种可能性或弹性还相当存在着的限内,生产停滞,信用破产,劳动者的失业、饥饿,便被当作经济赖以好转,再度繁荣赖以恢复的准备条件,由是资本制的经济恐慌,就一般的具有以次几个特点:

（一）它主要是发因于社会的经济制度本身，而非发因于自然的或政治的诸关系。虽然偶然的天灾或不愉快的政治搅扰，有时也有诱发或促成那种恐慌的可能，但资本主义经济本身，就比较是更不依赖自然的，资本主义社会的政治，早被当作资本制生产关系的一个有机关节，其安定或混乱，不过是把经济状态加以政治的表现罢了。

（二）它一般是通过市场，而显示为供给对有效需要过剩，显示为生产对有效消费过剩。资本制的商品生产，虽然在获取利润，获取更多利润的要求下，是预想到了需要消费的一定限度而进行的；但某一商品生产者的预想贩卖对象，同时也是其他商品生产者的预想贩卖对象，如何在产品上减低成本，压下价格，争取购买者，他们是打算得清楚的，但由减低成本，扩大生产量，扩大不变资本，由是相对减少了可变资本，减少了社会购买力，他们却是计算不来的。所以，资本制愈向前发展，这种生产过剩现象，就愈成为非他们意志所能支配的必然无可避免的现象。

（三）它大体是很有规律的表现为周期的病态。在把经济恐慌当作资本主义经济诸法则连同作用之必然归趋的限内，资本制经济愈达到了成熟发展的境界，那些作用所蒙到的偶然的非经济的搅扰，也愈形减少；而其本身内在发生的病症的规律性，就更可显露出来。

但在封建制下的经济恐慌，却是另一个姿态。

典型的封建经济，本来就是以交通不发达，货币信用关系不发达的自然的自足的形态表现着的，农业生产差不多是这种社会最一般的生产形态，惟其如此，"靠天吃饭"就变成了他们共同晓喻的生活格言。自然条件在生产上自始就具有如此的决定性，而低下的社会生产力又如此的无法控制天灾水旱的灾难，所以这种社会的经济恐慌，就不但比较资本制经济恐慌，表现了更大的自然性，还必然表现了更大的偶然性。而这所谓偶然性，还不只是从无力控制自然的观点上说，且得从这种社会的政治权势，具有较大的左右经济的力量上说，比如，封君的任意浪费，和任意因黩武掠地建功所造成的"杀人盈野"，"杀人盈城"的战争，随即就会由劳动力的缺乏，引起像天灾一样的经济危机。而其危机的症结，几乎全是表现在生产不足，许多人得不到衣食的事实上。

在直接生产者挨饿一点上，封建制经济恐慌与资本制经济恐慌，原是相同的。封君们"庖有肥肉"，"厩有肥马"，和资本家们无法脱售而不得不囤在仓库发霉腐烂的大量生产品，也不无近似之点，但一般的讲，封建性的经济恐慌，终是由于一般农奴的食粮生产不足；平素是自给自足，一遇荒乱，就无以为生了。而且，他们平素所生产的物品，并不是要拿去交换，至少，最大一部分不是拿去交换，所以，这种性质的恐慌，就不是通过市场表现出来的。不仅此也，在自然的自足的经济状况下，社会全盘经济，决没有密切的有机关联，亦就因此之故，某一地方的天灾人祸，并不一定会在全盘上发生严重的影响，全面性的大恐慌，一般是不存在的。这是许多封建社会能不时遭受恐慌侵袭的，却仍能维持得相当长久的原因之一。此外，还得指明一点，即封建社会的恐慌，尽管不时猝发，但因其形成过程中的外在偶发的原因在发生莫大作用，以致其表现的时期间隔，亦无法显示出确定的周期的规律性来。

以上是分别就典型的封建制恐慌与资本制恐慌立论，而我们这里所注意的，宁是由封建制过渡到资本制的经济状况下所发生的恐慌形态及其特质。那两种典型恐慌形态的论述，正好是为了说明这第三种性质的恐慌的便利准备。

自然，一个过渡社会的恐慌，无疑具有封建的与资本制的两重性质，但它那种二重性的源源本本的说明，却并不是机械的，一方面指出其封建性的恐慌因素，另一方面指出其资本制的恐慌因素，就能了事的。

我们如其不妨把中国现代的经济恐慌当作这种恐慌形态的标本来分析，则有关我们前面所论述的一切经济形态，乃至它们所由形成的有关历史因缘的说明，都将变为这里立论的张本。因为只有这样，我们所论及的中国经济恐慌，才能当作全盘经济运动的总归趋而表现出来，我们的恐慌论，才能当作中国经济全盘理论的结论而表现出来。

二 中国社会的传统的经济恐慌的特点

把中国传统的经济恐慌，当作封建制下的恐慌形态来理解，那是会显示出一些异乎寻常的特点的，这原因须得就中国封建制本身所具有的特质来加以说明。

首先，在地主经济基础之上，中国在秦汉以后，便形成了中央集权的封建体制。而规定着这种封建体制的基本事实，就是在最高主权者以下的全国地方首脑者，不论是封君抑是疆吏，都被剥夺去了"食茅胙土"的权利，他们所管辖范围内的土地，并不直接对他们贡纳租税，租税是输供最高主权者，然后再由最高主权者以俸禄的名义给养他们。地方的经济独立性被禁阻了，分权的离心的封建形态，便比较不容易建立起来。然而我们在这里所注意的，宁是当作落后社会劳动生产物一般的农产品，既须有一部分要贡纳于中枢，即使这所贡纳的，是采取实物形态，或者这所贡纳的，往往还可就地转作俸禄，但其中离开了直接生产者手中，而又不直接给养当地封君疆吏的一部分，即构成中央财政支出之基础那一部分，就不免要通过市场，转化为货币。以前许多朝代，曾借着均输市易诸措施，来处理这方面的农产物，但愈到后来，农民的输纳固然逐渐货币化，其实物征收所得，亦多半委之于市场。在统一市场下的广大的农产物市场，是中国商业所由发达的基本原因之一。

其次，借着集权的封建政治，不仅全国交通条件允许下的广大领域，都变成了商业活动范围，而统一政权的诸种直接间接有关经济的全国性或全面性的设施，可在货币、度量衡及税制诸方面所采行的比较划一的标准，实不啻对那种落后经济，赋予了一些可资贯通联系的脉络。

不仅如此，地主经济的特征之一，即是土地的所有，并不与一定社会身份发生关联。不论是哪种人，只要他拥有取得土地的货币，他就能成为土地的所有者。尽管在若干王朝的极短期内，曾禁止商人取得土地，而在所谓均田制度之下，还有一个相当长的期间，只允许在极窄狭的范围内自由买卖土地，而且即使在法律上得自由买卖土地的场合，又还不免遭受传统的习惯的限制，更不免有封建特权的强制作用存乎其间，但总的看来，中国土地的转移究是比较自由的。最有固着性的土地，最普遍存在的土地，能在社会各阶层内，个人间当作买卖对象而相当自由的移转，已不但把这种封建社会的阶级硬性与凝固性松弛了，且使它的全般经济细胞具有较大较多的有机活力。而伴随着土地自由移转所发生的劳动自由移动情形，更使我们封建经济的这种较大广袤性，较大流动性，较大有机性的特点，益发表现得明白。

也许正因为如此，中国封建社会的盛极而衰，有剥斯复的历史旋律，就像有节奏有规律的，从历代王朝之兴亡继绝的交替关系上，一次复一次的表演出来。就在这当中，经济的循环性，依然被当作政治上王朝兴亡继绝的现实基础。一切王朝都是在经济上达到了无可挽回的危局中，颠覆下去的。

每个王朝在大丧乱之余的兴起，其开国的君主，殆莫不为了巩固其王朝赖以依存的现实经济基础，极力讲求节约，并把它全部的注意，集中在奖励农业上。水利的推广，农业技术的改进，乃至省刑罚，薄税敛，努力使耕者都能有就耕的机会，差不多是新王朝有为君主的最必要课题。在这诸般努力下，农业生产物的增加，就意味着国家租税的增加，同时也就是商业活动对象物的增加。消费在增加，租税范围在不断扩张，朝廷开始"由俭入奢"了。大兴土木，观兵耀武，四征弗庭，都可从讲排场的消费欲望上加以理解，对消费上的讲求多增加一分，对生产上的注意，就减少一分。在此以前，还是因倾重消费，减少了分散了对于生产的努力，到后来，竟逐渐由沉于消费，无暇顾及生产，以至演成为了继续维持消费规模，不得不牺牲生产了。结局，薄税敛的俭约，一变而为繁其聚敛的苛政。在这种朝政演变过程中，商人阶级受到多重利益了，他们利用朝廷扩大消费的机会，增加了一切适用品、享乐品、奢侈品的交易，他们还利用朝廷繁其聚敛的机会，增加了对农民当作租税提供出来的农产物的交易。而且，除此经济利益之外，他们并还由其获致经济利益过程中，与朝廷与官场发生了较密切的联系，取得了不少的政治权力；原来用以抑制商人的国家专卖，反而叫他们出面来包办了，在都市方面的商业基尔特对工业基尔特的支配，亦渐由此确立起来，使都市变成了官商合组的消费场所了。"吏道益杂不选，而多贾人"，很快就要招致"国家之败，由官邪也"的结局。农事不修，赋敛不时所造成的农民穷困，正是高利贷业者活动的好机会，他们自己可以是商人，可以是官人，可以是士人，但最后殊致同归的是兼并土地。这种颓势一经形成，尽管有抑商重农及阻止土地兼并的政令，都将变成具文，而由吏治不修，水利废弛的必然招致的自然灾患，在事先无所备，事后无从救的情势下，一定会以万钧的压力，加重原来的倾向。"老弱转乎沟壑，壮者散之四方"，以致盗贼蜂起，枭雄乘之，从而造成四分五裂的混乱局面，社会生产力被无情的破坏，朝廷租税无着，货币失效，交易全般停滞，整个经济麻痹支离倒退到自然状态的程度，王朝乃在此种危局下颠覆下去，商人高利贷资本亦大体同归于尽。由有人无土地耕种，弄到有土地无人耕种的境地，土地才又在丧乱之余，经过一度编配，这是新王朝立国的第一要政。经济的恢复，正是从此开始的。

中国历史上每个王朝的兴废，殆无一不是依照着这种经济循环变动关系产生的，在这里，对于这种经济循环，究是不变的，抑是不绝发展的，我们且不忙解释，姑先考察它所表现的诸特征。

第一个明显的特征，就是与任何其他封建社会所发生的经济危机比较起来，它具有较大的全面性。这一点，当然与中国封建经济在中央集权体制下，被形成为一个大单元的条件有密切关系，但仔细分析起来，单是在名义上统于一尊，还是不够的，正如前述，它的内部的较大流动性和有机性，才是它在极广大范围内，能爆发出较有全面性恐慌的更根本原因。

第二个明显的特征，就是与任何其他封建社会所发生的经济危机比较起来，它具有较大的社会性，这所谓社会性，是和自然性相对待而言的。亦即是说，恐慌的形成，与其说是由于自然的灾难——旱灾、水灾、虫灾、疫疠——就毋宁说是由于人事，由于社会对于那些灾难的事前预防和事后救治是否努力，能否努力。中国历史家惯把天灾变异看为德业不修所遭的天谴，事实上，天灾是并不选择什么朝代的。"明朝盛世"的水旱灾厄，并不一定就比浊乱之世更见轻微。不过，所谓"明朝盛世"的最明确内容，往往是由"讲求水利"，"省刑罚，薄税敛"，以及"先天下之忧而忧"的各种"仁政"表现出来，而这种种"仁政"，就是减轻灾难，"化险为夷"的"仁术"。有时局部的特定地方的极可怕天灾，还能由其他地区的农作好况，予以补救，移民实边，移民就食，是中国传统的救灾办法，这一点，就与前述中国恐慌的广袤性有关，大封建国内部经济组织的流动性与弹性，使它非因政治上的倒行逆施，以致造出了不可挽救的危局，它对于一个广大疆域内，必然会因气候、土壤及其他自然条件，限制住了为害范围的自然灾难，总不难想到办法应付。就因此故，中国过去经济上发生的危机，就相对的减少了自然性质，虽然封建经济恐慌一般总是带有自然性质的。

第三个明显的特征，就是与其他封建社会所发生的经济危机比较起来，它具有较大的必然性。这是紧随着它的较大的社会性来的。在经济危机中，如其天灾或突发的战乱，起着决定的作用，那就主要会是偶发的，是从外面偶然附加上的。但中国旧时经济恐慌中的自然作用，既如前面所说，比较不怎么严重，而同时一切有危险性的有决定破坏性的战争，又与其说是"国家升平日久"，"武备不修"的结果，而宁是国家已臻富庶，因而扩大消费，因而"农事不修"，因而繁其聚敛，土地集中，农民大批变为社会秩序扰乱者的结果。不错，战争在耀武扬威，"四征弗庭"的场合，是往往成为经济支绌的原因的，但那种战争，通例是在"仓廪满，御厩肥"的情形下诱发起来的，它可能成为盛世封建经济走向下坡的一个诱因，但王朝末期的战乱，却一般是当作经济恐慌无法收拾的结局而表现着的。战乱和天灾，都从社会意义上去解释，都被包摄在社会经济必然发展的历程中，那同样是我们封建经济组织内涵的广袤性及其比较缺乏定着性的特点，作为前提的。

中国传统的经济恐慌，是把中国典型的集权封建经济作为现实基础。而此集权封建经济又是把特殊的地主经济形态作为其本质的规定者。

三 传统经济恐慌与经济现代化

可是，从地主经济出发，我们历史上的经济变动，尽管在其较大的全面性，较大的社会性，较大的必然性上，显出了任何其他封建社会所无法表现的旋律或节奏，但毕竟因为它是当作封建的经济范畴，是为更有综合性的封建经济法则所范围着，一使其比照着现代型的经济恐慌，立即就会发现出它那地方的、局部的、自然的、偶发的诸性格。而它依王朝兴废所显现的周期变动迹象，也在时间的久暂与变动的轮廓上显得颇不明确，颇不规则。

然而我们所当特别留意的，还不是上述这诸方面表象上的参差，而宁是它最后的最本质的产生原因以及其一次一次循环可能演变转化的结果。封建经济的全结构，是建立在土地上，以土地为基键所结成的社会生产关系，是否允许土地发挥其自然生产力，或在土地上耕作的直接生产者，是否被允许发挥其社会生产力，那是封建社会，能否自给，或荣枯所系的大问题。所以，封建社会经济恐慌的表象，总是以土地生产物不够消费，直接生产者不能得到最不可少的生活资料的事实体现出来。自然，个别直接生产者或农民，有时是会因税租苛重，高利贷商业过分榨取，致使他们自己连最低生活所需的消费资料，都无法保留；但就全体来说，生产不够消费，却是那恐慌的核心问题，恐慌的严重程度，差不多是由此来测定的。这在交换关系不发达的社会，并不曾显出本质的何等差异。我们如其要由此分辨出其真正差异所在，也许可以说，西欧封建制下的恐慌，就范围讲，固然不会表现出中国社会的那么大的规模，就程度讲，也不会表现得像中国社会的那样深刻，或其破坏的那样彻底。这原因，仍当由中国封建的特质去说明。

我们已讲过，中国社会的工业，是从多方面受到了地主经济基础上的专制政治的阻害的。与工业密切关联的对外贸易，一向在遭受国家的统制，一切当作手工业发展进路的协业或较大规模的企业，大都采取了官业形态，而商业基尔特在都市方面依种种特权所造成的对于工业基尔特的支配，更加使工业的发展，工业上的资本积累，陷在极其式微的程度。而在商业方面，它无疑是不只一次表现了繁荣，表现了庞大积累规模的。但它的发展，不仅受到了工业式微的限制，受到了向土地上转化的倾向的限制，并还因为它在本质上与王朝的兴废结了不解之缘，在每度王朝颠覆的过程中，所有商业上的全部积累，都将遭遇到"牛死虱死"的"同归于尽"的命运。这和欧洲社会是大不相同的。欧洲封建社会的商业，一般是与封建领主对立在相反的地位。僧侣贵族们争权夺利的交讧与混战，一方面虽亦使商工业受到摧毁，但商工业却同时正好是利用它们原有积累，在这些贵族领主们的崩溃过程中或其灭亡废墟上发展起来。而在商工业本身来讲，由于欧洲封建社会的商业，一般没有取得像在中国社会那样的地位和特权，所以，除了当作例外的二三都市像威尼斯，曾经建立起过商人政权外，其余所有都市上的工人基尔特的势力，都不但不可轻侮，甚且有驾乎商人基尔特以上的。这一来，它们都市的性质，就不是偏于消费性的政治性的，而宁是生产性的了。

中国封建社会的商工业，与欧洲封建局面下的商工业，有了这些本质上的差异，那就不但要影响到它们各别经济恐慌的性质，而尤其要影响到我们这里所须提论到的，在恐慌中在旧社会崩溃过程中的新经济力量的成育。欧洲经济能先中国而现代化，或先走上资本主义的旅程，我们不难从这里得到最确切的解答。

中国在汉末，在唐末、宋末乃至明末，都曾在极度的经济恐慌中，引起广泛的彻底破坏的战乱。王朝没落，商人阶级也随着没落，农业摧毁，商工业及其积累，也随着摧毁，这种演变方式，显然不曾或不易在旧的社会生产关系破坏过程中，孕育起可以促使那种生产关系得到代替的新生产力量。结局，破坏到疲弱不堪的旧生产力，只好让适应它的旧生产关系，慢慢自发的恢复过来，慢慢再给予它以再生的机会。所谓永劫不变的中国社会（许多有名的欧洲学者，如亚当·斯密、黑格尔等，都曾如此强调过），或即中国封建王朝的不绝再生产，差不多都是从新的生产力，不能在旧生产关系破坏下得到保育成长的关键上，取得其存在依据的。

然而，我们在这里不应忽视一件事实，就是，不管上述诸朝代末期的经济恐慌程度，是否一个比一个严重，也不管它们分别由恐慌引起的战乱与破坏程度，是否一个比一个彻底，但从较长期的历史演变过程看去，终不能不承认，作为资本主义生产方式的诸前提条件或其诸潜在因素，一般是在发展着的，如国内市场的推广，商业组织，商业积累的加多，具有工场手工业雏形的手工业作坊的增设，以及土地买卖之更减少传统束缚等等。这可以说是不变中的变动，延滞中的发展。

我们要理解这正反两方面的症结，才能明了我们现代的经济及其恐慌，不是纯粹自发的自己成育起来的，也不是突然从外国搬家进来的，传统的特定的社会因缘关系，一直在从中作用着。

四　市场关系的扩大与现代经济恐慌的诸表现

与现代资本主义接触后，中国传统的经济形态，或急或徐的发生了变化，相应着，传统的经济恐慌形态，亦改变了原有的内容和姿态。但依照着我们现代经济的全面分析，资本主义恐慌的必然性，规律性及其一般性，仍不可能从中国经济组织内部发展呈现出来，同时，以前当作封建经济恐慌范畴，在中国特殊表现的较大的广袤性，较有节奏的必然性和循环性，却反而在市场关系日形扩大的情形下，被支离歪曲或痉挛起来了。市场关系的扩大，不但不能使它这诸般特有的性格更进一步发挥，竟引起相反的结果，那是需要从长讨论的。且先把中国现代经济恐慌的诸表象，画出一个轮廓。

首先要指出的现象，就是在整个现代化过程中，依天灾、战乱、农民大批离村以及失业、破坏、饥饿等事态来表现的经济恐慌，似乎就不曾离开过我们。一种慢性的经常化了的病症，使我们习惯了，好像那不是生理的反常，而是原来就不健全的孱弱体态。尽管我们是所谓"以农立国"，但作为这种"立国"基地看的耕地，由1873年到1934年的60年间，中央农业实验所曾在1935年的《申报》上，发表其所增面积仅及百分之一；而在此60年间的后半期，（由1903年到1934年）且没有增加。可是在另一方面，耕地变为荒地的面积增加率，以1914年为100，1930年就已达到了323的境地。"垦荒与保熟"，实已不是在战时才应提出的口号。也许仅从耕地面积的增减上，还不一定能看出慢性恐慌的真面目。我们前面提论到的农业经营的逐渐零碎化，一般农民所使用的简单农具，亦不易更新补充，以及愈到晚近，尽管天灾战乱在大量减缩人口，而米、麦、面粉等食料品，却在大量进口的事实，说明了我们农业社会的生产力，是在如何经常化的减退。然而，这种带有原始性的恐慌现象，很容易为其他更明确表现在市场的现代型恐慌所掩蔽。许多人甚且以为后面这一种恐慌，一但被阻止了，解救了，经济就会好转，就会复兴，这显然是一种错觉。

其次要指出的现象，就是愈到晚近，我们的经济恐慌，就愈表现出一种二重性。它一方面尽管像在不顾资本主义世界的经济变动而一直在为它自己内在的灾难所困厄着，同时，却又愈把它的恐慌，当作国际市场或资本主义世界的经济大恐慌中的一个部分，而有机的发生成长起来。显然的，资本主义世界的繁荣或所谓产业复兴，不仅对中国经济的健康发展，无所益助，往往且是以牺牲中国经济来作为其营养，可是，它们的经济恐慌，却又会在转嫁意义上，加重中国已有的经济危机和困厄。本来当作原料生产地及商品和资本销纳地的中国，由于国际资本作用下商业活动的结果，某些部门或区域的农产物，特别是那些已经作为输出对象而专业化了，或单一栽培化了的农产物，愈加对于国际市场，对于需用它的国外产业，发生了密切的依属关系。一旦国外产业不况，由是引起了作为其原料品市场的疲滞现象，在这些从事专业化，单一栽培化了的农产物，特别是丝、茶、桐、大豆、落花生、棉花、烟叶等等种植的农民大众间，立即就会由输出的激减，而诱发出广泛的失业破产危机。而同时，在货币与关税白热战的场面下，我们几乎要从多方面忍受牺牲。我们原来可输出的，受到妨阻了，而国外大量堆积着霉烂损耗的过剩品，却很轻易的从中国无力保护的沿海关口泛滥进来了。不但如此，它们在国内找不到用途的过剩资本，更趁着商品泛滥进来的机会，把"投货"同时转型为"投资"，借以利用中国更多失业者的低廉劳动，更可能压下价格的低廉原料品，乃至在政府财政日益困厄下，更便利取得的种种商工业特权了。就因此故，在中国大都市方面表现得颇为深刻的经济恐慌中，同时并不难发现一些像是反常的繁荣景象，我们可以由是联想到中国经济恐慌的另一种性格了。

最后要指出的现象，就是我们的经济恐慌，因为有上述那二重性在交互作用着，它的表象，就格外显得是参差的，多面的，颇不明确的。在依存于国际市场的情形下，依然表现了极浓厚的地方色彩，依然不能忽视自然因素的重要性；特别是表识着过去社会经济恐慌的生产不足，和表识着现代恐慌的生产过剩现象，居然同时在我们同一国度的同一生产部门经常的存在着。比如，在战前的数年间，"长江一带的农民，因谷价下降，弄得非常贫困，就在1932年各省米价下跌百分之三十，一般都称说这是'丰作饥馑'，但在广东方面，因年年食粮缺乏，每年由九龙、汕头等地输进外米达1440万担，又华北小麦囤积的很多，那里各铁道沿线堆积着就不下1000万担，而上海方面，每年却输进大量的外麦。"① 还有，我们的茶已因世界市场的不况，生产过剩了，市面却输入有锡兰、印度、爪哇的货色。生丝生产过剩了，日本、印度的丝及丝织品，却源源大量的进口。广东、江西各地已苦于蔗糖生产过剩了，南洋、日本等地的同一产品，却在全中国泛滥着。这许多洋货的不断输入，应该理解为国内生产的不足，却竟因此造成国内生产的过剩。设把视线集注到工业品领域，此种光景，还显得错综而离奇，中国人的产业在停闭破产，外人同部门产业，却不断扩大繁荣。恐慌的多面性，使它在时间的间隔上，在表现的内容上，几乎不易给予吾人以明确的"究竟是怎么一回事"的印象。

上述的这几种恐慌表象，以及由此引起，但却为我们所不曾触到的其他诸般事体，从表面看来，似把我们传统的恐慌形态，改变得非常彻底了。但试一探询这种改变所由造成的原因，大家很容易把市场的扩大和变

---

① 《中国农村恐慌及农村状况》，《中国经济》第3卷第11期。

革提供我们以很有力的说明。事实上，我们上述的恐慌诸表象，处处都关联到了市场关系，无怪许多从这种流通过程着眼，说中国的恐慌，主要是资本主义的商业的技术性的了。

我们诚然不能忽视这一观察方法的重要性，但同时也可借此究明这种观察方法，究竟能否探索出中国经济恐慌的基因来。

主要从技术的商业的观点来看中国经济恐慌的人，当然是把他们立论之键，放在有关流通过程的一列事实上。不能统一调节市场，是他们的出发点，他们并还在这种前提认识下，把不能执行保护关税，不能展拓合理交通，乃至不能统一货币，也算作诱发经济恐慌的有力原因。我们原不否认这些都是中国经济恐慌所由形成的直接间接因素，但问题是看我们在怎样的关系上，去理解去辨认它们可能作用的范围及其限界。

从流通的观点出发，我们的市场关系，确是显出了一种异样的无政府状态。前面述到的中国恐慌中表现的多面性，一面供应国际市场的单一栽培化的农产品，发生过剩，一面作为国内主要必需品的食粮产量不足，已经是够支离了，但就在食粮上，某一地域的过剩产品，竟不能供应国内其他地域的不足，而使其由国外得到供应，这看起来是非常滑稽的。设仔细分析一下中国的市场关系，却又应当视为是极其自然的。

严格的现代型的国内市场，根本就不曾在中国存在过。事实上，中国邻接外人的边区地带，它们各别与邻接国所结成的市场关系，就比较它们与内地乃至与彼此相互间所结成的市场关系，真不知密切多少。比如，东北及山东、福建等省之对于日本，新疆之对于苏联，西藏、广东之对于英国，云南、广西之对于法国，或者东南滨海各省区之对于东南亚地区，其来往交易之频繁而容易，却非它们对内的市场关系所可企及。慢说边区边省，就是内地各省间的相互联系，亦无法构成一个可以作为物品集散流通的中心市场。原来市场集中关系所由形成的脉络，最关重要的是交通，其次可以数到货币。中国陆上水上的新式交通，差不多都是外国资本建筑的，自然都不免是为外国资本服务的。上述诸边省几乎各别建筑与邻接国相连的铁路，由滇缅铁路，而滇越铁路，而广九铁路，而安奉铁路及以前的中东铁路，都是这样建筑起来，也都在这样作用着。其他内地仅有的几条铁路，殆无一不是作为那些在中国境内的外国铁路的延长。而沿海及内河的轮运，则又大体可视为它们陆路交通的联系或补充。因此，我们的这种性质的交通愈发展，我们的市场关系就愈支离。但国际资本分别控制中国市场，支解中国市场，除了交通工具以外，还使用货币这个手段。在它们控制下的铁道沿线地带，都各别在行使他们的货币。但关于这点，我们只要回顾一下前述的中国货币诸表象就行了。货币权及交通权被把握在它们手中,它们自然很方便依照它们的需要,来调节进出口贸易,而不能依我们的需要来调节进出口贸易了。这是长江各省过剩的米,不能用以阻止越南、泰国各地之米的输入,华北各省过剩的麦,不能阻止美国小麦面粉输入的原因。至若国际资本除了在中国各边境地区分别控制中国各地市场之外,它们还在上海、广州、天津、汉口等同一大都市中,用它们各别攫取的种种经济权,按照它们各别对于制造品及原料品的需给程度,在贸易上,乃至在其他如金融汇兑等市场上,尽量发挥其操纵的能事。这一来,中国就不但无法调节自己国内的需要供给,且也不能由任何一个资本主义国家单独依照它的需求,来予以调节。市场关系愈错杂愈分歧,而由是导来的恐慌,当然也会显出极其参差的多面性。

不过,交通货币以及其他经济手段的被控制,是要关税权被控制,才能有效的发挥其对于商品运动,从而,对于市场关系的操纵作用的。中国的关税权,一直就不曾完全自主过,极低的最高关税率的限制是被取消了,但国际资本在中国的债权,主要是把关税及交通作为担保,而同时关税收入,又差不多是中国战前财政支出的最重要来源。这种错杂的财政资本关系,就使国际资本对中国关税政策,保有极大的发言权。亦就因此之故,它们相互从事关税战,因而相互无法推销的过剩制品乃至原料品,就行所无事的向中国市场泛滥了。许多人认定:产业没有保护,是中国经济恐慌所由造成的最明显原因,在这一理论逻辑上,是不为无见的。

但如其反问,外国有了关税壁垒,为何也发生恐慌?(事实上,资本主义各国的关税壁垒,已经是当作恐慌的结果表现着,虽然那同时又被看作是恐慌促进的原因之一)那不是说明:关税能否切实采行保护政策,与恐慌能否根本防止,并无重大联系?不错,这样追问,是还有极大的躲闪余地,而最科学的论辩,也许就是中国型的恐慌,原本就和现代型的外国恐慌,是不同的种类,具有不同的性质,所以不能一概而论。

这正好是我们所期望引出的论点。

五 从全般经济规律连同作用下体现出的恐慌基因及其后果

在上面,我们郑重的提论到了中国当代恐慌的二重性,即它一方面在不管环境绕着它的世界经济如何变动,一直在为一种慢性经常化了的痼疾所困厄着;同时,也许因为被长期困厄磨折了的孱弱病体,格外经不起外感，一遇到资本主义世界市场动摇，立即就像很有感应性似的，把它的老病加重起来。如其说，这种恐慌的二重性，不能"彼疆此理"的二元的来解释；同时，我们前面那种从流通过程看出的症结，虽然很像能说明我们恐慌为世界经济危机所影响，但用以说明经常化了的慢性危机的那一面，却是颇嫌不够的。

我们实在需要把考察的视野，由流通过程移到生产过程。那里将使我们把恐慌的二重性，归结为一元的理解。

对于中国经济恐慌之基因的问题的探究，第一步应不忙问到什么是我们恐慌的基因，而应问到什么是我们恐慌的正体。它是由其二重性展示了诸种正相背离的表象的。即一方面是都市的，同时又是农村的；一面是生产过剩的，同时又是生产不足的；一面关联着国际经济变动，像是有周期性的，同时又是经常的持续的，这诸般正相对立的表象，如须从中国经济内部，从中国全经济运动过程中，了解其统一的关联，我们将有理由相信，我们的恐慌，确实可由农村的、生产不足的、经常的持续的诸实质，来涵盖它的全内容，如果这个论点能够成立，则在其他一极的都市的、生产过剩的、周期间发的现象，就很可看为是在我们那种"本格"恐慌的基础上发生着作用的。我们显然不能把命题反过来，说后者是由前者派生的结果。

在本书以上各篇中，我已把中国经济的正体，分别从其各个构成的形态，加以较详细的剖析，在把经济恐慌看作是整个经济运动之必然归结的限内，这里是需要将那些个别的经济构成形态，放在全体中来予以全面考察的。

商品的价值形态，是全体经济的机轴。我原是从那个机轴开始，现在，我亦不妨从那个机轴开始，看中国全体经济，是怎样在它的总再生产过程上运动。

我曾讲到，中国经济已大体脱出了自然经济的范畴。它的生产物，尽管有最大一部分是当作使用价值而生产，非当作交换价值而生产，但一般的趋势，已经在以极大的压力，推动生产物商品化的运动向前拓展。

特生产物的商品化，是需要具备许多客观的前提条件的，我们很容易想到市场、货币、交通诸方面。事实上，我们已就这些方面，说明过了中国生产物商品化的障碍，但生产物能否变为商品，能在何种程度变为商品，能变为何种性质的商品，并不是在它已经生产出来之后，才在移向交换过程中，碰到这些障碍的，而是它在生产过程中，就被生产它的条件或生产方式所规定了的。我们的商品化的生产物，一般是在小商品生产条件下生产的。这在本质上，已不仅限定了它的市场范围，还限定了它本身的属性和种类。小商品生产，是只允许农产品和手工业制品作为其生产对象的。

在小商品生产成为一般商品生产形态的社会，作为其再生产基础或社会积累来源的剩余价值，一般是出自土地方面，因为在这种社会，农业与包括有手工业乃至工场手工业的工业比较，因其更能利用自然，所以更有生产性。而且，在大多数场合，工业还是当作副业，依属于农业的，也许正因此故，作为农业上剩余价值而体现着的一般形态，就不可能是利润，而必须是地租（虽然地租并不产生在非租耕地上，但非租耕地上的劳动剩余，亦不妨如此理解）。——我们社会正是把土地上的地租积累，当作一般社会积累的最后来源，再生产扩大的可能性，亦是存在这里。

不过，这只是大体如此的看法。其实，每年从土地上产生的生产物，究竟在量上，是否一年多过一年，即是否真正有剩余可资积累，那不能单从转化为地租的农产物数量来看，却须同时从农民生活条件与生产条件来看。尽管地租能维持原状或者有所增加，如其农民生活条件更苦，生产条件更坏，社会积累不但不曾增加，甚且可能是减少了；反之，地租即使因某种理由被减低下去，如其农民的生活条件变好了，那不但不能遽认为是社会积累的减少，却竟可能是在增加。在市场关系没有健全确立，农业生产物没有一般商品化的我们的社会，农业劳动剩余生产物，宁是一个不定数，一定的劳动生产物量，可因直接生产者的生活条件压低而加多，亦可因他们的条件的提高而减少，但不论如何，社会一般积累是否真正增加，所增加的积累，是否用以扩大农业再生产，大体是可因农业直接生产者的生活条件与生产条件而测知的。现在且不忙回顾前面述及的我们农民大众在以如何条件而生活，特别是以如何的条件而生产，最好是先看我们社会的一般经济运动情形，能允许他们以如何的条件而生活，特别是以如何的条件而生产。

我们曾讲过，资本的分散或使用的方式，是为它的积累与集中的方式所决定；又讲过，这法则同样可以应用到地租的积累及其使用上。换一个说法，即作为我们社会积累之基础的地租，一般是使用在或分散在地租收得与所由取得土地的诸种原始积累活动上，这正如作为资本主义社会积累基础的利润，一般是使用在或分散在资本家所由取得资本的诸种积累因素的购买上一样。

商业是这些原始积累活动中最突出的一个部门。在商品生产形态下，一切当作生产条件的诸物，都要通过买卖，商业就是把这些通过买卖的商品的运动，作为它的内容，作为它的化身，它被规定在生产过程中了。小商品生产下的商业，却是立在生产过程外部，主动的促使生产物成为商品，结局，就造成了商业支配产业，商业利润规制产业或农业利润的趋势，产业或农业利润就遭受商业利润的规制。它同时就无法建立起对利息的支配，却反而被利息所规制了。恰好在这场合，高利贷者的债权乃至国家的赋税，不但在农业剩余生产物的分割上，与商业采取了一致的行动，它们并且在要索赋税及债务的支付上，为商业促使更多的生产物成为商品。在对外贸易日益扩展的过程中，那生产物不但变为国内市场的商品，且变为国际市场的商品，而且由国家及个人消费扩大所输入的外货愈多，我们由这种生产物变为商品，去平衡对外支付的数量，也相应增多了。不等价交换的条件，就是在用农产物输出去抵偿工业制造品输入的过程中形成起来的。而这不等价交换的条件本身，便成了永续入超的一个重大原因。结局，当作我们社会逐年积累之基础的剩余劳动农产物或其价值，就有可观的部分，这样的通过买办商业，被集中到外国去了，或者作为国际资本，被投用到中国沿海大都市的各种偏于商业性的企业上了。

由输入加繁加多所造成的都市荣华，以及相应要求的现代国家场面，都直接间接在依各种原始积累方式，如商业、高利贷及赋税（当作中国经济的原论，我在本书中，对于赋税一项，不曾作着正面而深入的分析。但在一个落后国家，赋税这个成为原始积累的因素，确在全般经济上发生了不可忽视的影响。中国赋税所加于一般直接生产者的生活条件生产条件的破坏作用，真是太大了。而它最坏的特征之一，就是不确定。每年要被征去多少，在直接生产者固没有把握知道，即在作为征收赋税的主体，它亦没有把握知道。英国一位著作家估计，中国地方官吏所征收的，要比他解交中央政府的超过5倍，而另一位英国专家则又说超过3倍。① 这样的税制，与其他各种落后的原始积累手段，如高率地租、高利贷及商业资本连同作用起来，其破坏影响是不难想见的。）乃至地租等等。不绝加重社会主要的最后的积累来源的农村的负担，把农村可能挤出的资财，吸进都市，再注到国际资本的大蓄水池中，而与上面那种集中运动衔接起来。

不错，这样一种社会资财集中运动，并不是，且不能是"一次过了"就完事的，它一直再赓续着。正因此故，农村终不能不留下一些继续原始积累活动的资本，在这里，与买办商业相区别的国粹商业，与都市银行钱业相区别的高利贷业，便像在分工的意义上，承担起了最基层的积累活

---

① 拉狄克：《中国历史之理论的分析》，第235页。

动。又因为它们这种活动，是在最落后的、最可予取予求的、最便于各种特权行使的农村社会进行，其利润率利息率之高，就最足以影响直接由土地上取得的地租的积累程度及其使用方式，而这又反过来，在商业者眼光中，把土地看为特别有利的商品，在高利贷者眼光中，把地租看为变相的高率利息了。由是，农村可能或者必须截留下的农业剩余生产物或其价值，就必然是在这三种用途上浮荡着流通着。

这一来，土地上可能积得的资财，即使经常有一部分留在农村，甚至是使用在土地上，但因那不是用以充作资本，而是用以购买土地，农民由高率商业利润、高率利息，以及其他非经济强制活动连同影响所须为土地费去的代价愈大，他们在总收入中，能挣下来当作改良生产维持生活用的部分就愈少。他们愈贫困，愈需要依靠土地，土地所需支付的代价就愈大，无资力无机会取得土地的贫农，就愈能以最低生活条件以下的报酬工作，劳动驱逐机具的形势便被形成了。土地劳动生产力便逐渐减退了。以食粮为主的农产物产量，便逐渐缩减了。

因此，我们的农业的、生产不足的、慢性的经常化的经济恐慌，便是在上述这一列经济运动——小商品生产，商业使生产物变为商品，商业支配产业，商业利润高过产业利润，利润受规制于利息、各种不等价交换，资本向都市向外国集中，农村各种原始资本形态的相互作用及其对生产的破坏性影响，劳动驱逐机具甚至驱逐畜力——所连同体现出的诸种法则作用下产生的。在这种恐慌实体中，当然还能看出一些古典形态的阴影，但我们却很容易把世界经济大恐慌在国内诱发的更恶劣的经济危机，看作我们真正的经济恐慌形态。所以，一旦世界恐慌在周期圈上走到了好转或复兴的上环，我们也就安然的觉得自己经济也步入好境了。这种错觉，被以次的皮相观察所加强，那就是，认定租与税的保持原状或增加，就是社会积累，就是农业剩余劳动生产物能保持原额或有所增加。其实，特别像在我们这种社会，租与税的增加，不但与社会劳动生产力的减退，是可以相并存的现象，甚且可以直接当作因果关系而必然同时呈现的现象。试想，在战时乃至在战后长期动乱和破坏的过程中，尽管新旧大小工业在崩解线上挣扎，尽管农村经济残破，早成为一般公认的事实，但在长期恶性通货膨胀磨折下，通过税租，通过徭役，通过商业，通过高利贷以及其他更原始勒索方式，加在一般生产人民身上的负担，宁是加强加重了。不论人们在怎样称扬中国生产人民大众的"勤苦"美德，如其他们在生活资料上，经常需要用草根，树皮，观音土代替杂粮；在生产资料上，经常需要用人力代替工具，代替畜力，那就不但租税，商业，高利贷迟早要经验到它们榨取的尽头，就是各种各式的徭役罢，也将发现那些形容枯槁，精疲力竭的"壮丁"，是什么任务也无法达成的。中国历史上像是颇有规律的战祸与动乱，是作为我们那种古典恐慌的后果而表现出来的。而在目前，恐慌的内容与实质，是有些改变了，当作恐慌的结果而表现着的战乱，也掺杂了一些新的因素；但这些"改变"和"新的因素"，由前面述及的我们的恐慌的二重性，由我们整个经济之半封建的半殖民地的性格，是可以得到说明的。

恐慌是现代中国经济内部诸关系相互作用的结果。战乱在某种限度内，是恐慌直接间接造成的结果。不管战争是对外的还是对内的，也不管是胜利还是失败，如其我们社会的原有生产关系，不曾由战争予以本质的改变，生产人民大众的社会地位，不曾由生产方式的变革而一般的改善和提高，则我们上面分析研究的诸般经济原理和法则，便会继续作用着，继续使我们陷在慢性的愈来愈益深沉的恐慌困厄中。

结论——中国半封建半殖民地社会生产关系下的诸经济倾向的总考察

一 中国半封建半殖民地经济基础的概括说明

一切落后社会人民的被奴役与被剥削——无论这奴役剥削他们的势力，是来自国内或国外——一般是通过带有封建性的土地所有与使用的落后社会生产关系。但这关系，在该落后社会与先进国家发生经济交往以后，已经起了一些变化，致使我们对于它的本质或它的封建特质的认识，会相应引起迷糊之感。特别像中国社会的封建制，如我在一切有关场合强调过的，它原本就和欧洲社会的典型封建制不同，后者是领主经济的，由领主贵族与农奴结成相当固定的或带有严格拘束性的封建身份关系，而前者则大体是地主经济的，土地在相当限度内，可以自由买卖，佃耕土地的农民，在相当限度内，可以自由移转。尽管在实际上，不论是采取领主形态，抑是采取地主形态，都是把土地当作榨取直接生产者的重要手段，把土地占有的广狭程度，当作社会支配势力的测量尺度，但因土地能相当自由买卖，劳动力能相当自由移动，取得了资本主义的外观，于是有意避讳或曲解中国封建土地制的人，就多了一个可资利用的口实。结局，在中国社会改造的出发点上，他们就只昌言资本主义式的建设，而不肯触到对于封建制度的革命；就只强调资本问题，而把土地问题看得极不重要。自然哪，当中国共产党自始就宣传土地革命，而这种革命又会从根挖去他们存在的社会基础的时候，他们的阶级利害关系，无疑会驱使他们，把注意集中到问题的反面，而况他们的代言人——市侩学者买办学者——所研究的经济学中，也实在是把老早就解决了或清除了封建土地关系的经济——末期资本主义经济——为研究对象咧！依据上述的这些理由，他们尽管不时也嚷着中国社会的落后性，但落后在他们，似乎只是指着资本主义不曾发达，而不是意味着封建生产关系没有革除。然而各种有关农民生活及土地分配状况的个别的、分区的，乃至综合的统计数字，几乎大体一致的证示：

（一）在中国农村人口中，仅占百分之四的地主，拥有全耕地面积百分之五十一（据马扎尔：西南诸省地主，占有耕地百分之六十到百分之七十；扬子江流域占有百分之五十到百分之六十，河南陕西占有百分之五十，山东占有百分之三十到百分之四十，东北诸省占有百分之五十到百分之七十；据拉西曼：自耕农在中国南部12省只占百分之二三，半自耕农占百分之二五，而纯粹佃农却占有百分之四三），仅占百分之六的富农，却拥有全耕地面积百分之一八，即合计百分之十的地主富农，占有全农耕地面积百分之六九；另一方面，全农村人口中百分之九十的中小农，却仅占全耕地面积百分之三十一。这是比较保守的数字。毛主席是亲自在湖南江西等地作过调查的，他曾综合的说："地主富农在乡村人口中所占的比例，虽然各地有多有少，但按一般情形来说，大约只占百分之八左右（以户为单位计算），而他们所占有的土地，按照一般情况，则达全部土地的百分之七十至八十"，同时，占人口百分之九十以上的中小农，所占土地不过全耕地中的百分之二十到百分之三十。

（二）佃农向地主租地所付代价，各地情形互有不同，但除租地押金，例行的劳动义务和各种动植物产品的贡纳外，一般定规租额，总要占土地生产物百分之五十以上，有高到百分之七八十的。设以租率计，或以购买年数换算（把土地年租额拿来除它的总价格，就可得出若干年度始可收回购买价格的"购买年数"，购买年数愈少，即租率愈高），最少竟只5年，或百分之二十的高率。德国一位研究农业经济的专家，曾实地考察山东农村经济状况，说佃农要缴出合地价百分之十八的地租，并表示这在中国还不算是最高。就把租额以外课加的义务与苛杂抛开不说，试比较一下现代各国的租率，我们农民的非现代性的负担，也是一目了然的。英国在产业革命时期的租率，仅百分之四或百分之五，第一次世界大战后仅百分之三左右。德国原是一个残有浓厚封建气习的国家，但在俾斯麦克时代的租率曾低到百分之三左右，第一次大战后增加了，也不过百分之五。

可是对于这样明如观火的事实，怕面对事实的国民党统治阶层，是用"中国没有大地主"，"中国农民中自耕农占多数"这类向壁虚构的呓语来搪塞的。他们即使有时也不得不承认土地问题的存在，但却认为那是起于人口在土地上的分布不平衡，或耕地根本不敷人口的分配，而不是由于土地集中，不是由于地租率太高，反之，地租率高，正好是耕地不敷人口分配的结果。一句话，他们是不承认中国土地制的封建性的。

不错，我也曾这样强调过："如其我们的土地成为问题，单是由于地权集中，及当作其结果看的地租率太高，那改革起来，也许只要惊动领有大土地，并勒取高率地租的那一部分人"，那就是说，中国土地其所以成为全面的社会问题，不能单从土地分配不均和租率太高两件事得到说明，那两者，不过是最具体、最直接显现在土地问题上的表象，而隐在它们后面的以次一列社会经济关系，才真是中国土地问题的症结所在，例如：

（一）土地所有仍确实表现为一种社会特权；土地拥有面积的大小，在所在社会，显示为一种社会权势的指标。

（二）租赁土地除约定地租外，一般还依照惯例，有实物及劳务的报效；此外，地主或其关系人代理人，并还无形的具有支配佃农及其家属之人格的权。

（三）土地所有因系社会权势所寄托，一般较大的地主，特别是文武官员的地主，一般皆或明或暗免除输纳及其他公民义务。

（四）一切摊派、徭役、兵役，皆被转嫁或课加到没有土地或仅有少量土地的贫农、佃农、中小自耕农，乃至善良的地主身上；他们除公家负担外，还成为地主阶层或大小势力者见机或制造机会侵渔剥削的对象。

（五）作为权势者爪牙的土棍、流氓、地痞，即使自己并无土地，亦大抵是以欺压敲诈农民为生，而晚近由农村动乱而增多的，或由商人官吏军人等转成的所谓"不在地主"，又正好是借着这帮人为他们作着强制性的聚敛。

（六）土地所有者大抵同时是高利贷者或者变相的或正式的商人，而在赋税、徭役、摊派、高地租压榨之余的农民，势不能不变成高利贷业者及各式欺诈商人的俘虏。

单就上面这几项为每个略悉农村疾苦的人可以从经验上认知的事实，就不难明确理解到我们的封建主义，在怎样把土地制为核心而作用着，那就是说：

第一，中国土地上的严重问题，并不单在地权如何集中，而在地权因何集中，在何种条件下集中；不在地权本身是一种经济榨取手段，而在它同时还是经济外的社会政治压迫手段；就因此故，一个佃农，并不止于受直接地主的高地租率剥削，在所在社会的一切地方势力者，都会光顾到他，那正如同一个地主，并不止于剥削其直接的佃农，所在社会的一切佃农、雇农、贫农乃至中农及小地主，也都可能而且实在常受到他们光顾。因此，

第二，中国土地问题，就不能单纯理解为从土地所有与土地使用所直

接发生的问题，而更关重要的，宁是那些比较间接的问题，即是把那种土地所有与使用形态为基础而构成的落后社会关系政治文化关系下所发生的剥削与迫害的问题。政治不易清明，人权毫无保障，动乱没有止境，产业难期发展，一句话，我们现代化途中的无穷无尽坎坷归根结底，殆莫不有封建的土地制度问题，横梗于其中。于是，

第三，我们的土地问题，就不仅是关系地主与佃农的利害的问题。而是整个大小势力者，地主、豪商、高利贷业者以及与他们保持着极密切关系的官吏，和那些为他们所支配宰割的所谓"小民"或"下民"之间的社会的经济的问题。更深入一点看，

第四，在买办官僚政权乃至帝国主义势力，在一个产业不发达的国家，统是直接间接依存于农村，依存于农村的封建剥削的限内，那同时不还是关系到国内外一切有关权势者的利害或死活问题么？所以，由帝国主义侵入而形成的半封建社会，同时必然是半殖民地的。

二 一序列破坏性经济倾向或规律的总回顾

在上面的说明中，我们已可粗枝大叶的知道：一切国内外压迫势力所加于中国人民大众的无情剥削，不是直接在以土地制为核心的封建生产关系中进行，就是通过一些曲折的联系，最后还大体是利用或依靠那种封建生产关系来进行。所以，即使是非常崭新的剥削方式，一到落后社会，就不免带有一些原始的性质。特别我在这里要解说明白的，宁是在我们这种半封建半殖民地经济整体中，究竟在其当作存在形式的运动当中，表现了哪些妨阻一般经济发展，否定其自身生存的一序列破坏性的倾向或规律？因为，从社会经济发展的观点来看，新民主主义革命运动，一方面是当作那种半封建半殖民地经济总运动中的对立物而必然要产生的，同时也是由于明确把握了那种社会经济辩证发展的必然趋势，才能有效的组织领导其迅速展开的。

关于我们半封建半殖民地经济内在发展的一般倾向，或体现在那一般倾向中的诸规律，在本书前面各篇，特别是在其中《中国资本形态》、《中国地租形态》、《中国经济恐慌形态》诸篇中，已分别解述得很多，但为了在这里加强表现封建性土地制度必须彻底摧毁，始能从根挖去一切恶势力寄存基础的内在关系起见，特把那些倾向或规律，综合的系统的作一回顾。

* * *

那可以从以次三个方面来说：首先，看原始性的剥削，表现在农业生产诸条件上的破坏倾向是怎样？其次，看表现在农村诸原始性资本间的恶劣倾向是怎样？再次，看表现在农村与都市经济交互间的不利倾向是怎样？然后再总合起来，看看整个半封建半殖民地经济，究在其运动过程中，造出了怎样自行否定的诸条件和倾向？现在且分别来说明：

（一）表现在农业生产诸条件上的破坏倾向

一切社会的劳动条件，或生产条件都不外是劳动力、劳动工具、劳动对象。但这三者的重要性，是依各社会经济发展阶段，而互不相同的。在落后社会的农业生产条件中，土地这一条件，当然占着非常重要的地位，而包括畜力在内的农业设备及农具愈形简陋，劳动力的相对重要性就愈形增加。

现在先来看我们这在农业生产条件中占着重要地位的土地，在同时被当作封建剥削手段的限内，究造出了哪些不利于它自己的倾向或影响。耕作土地要付出极高的代价，即是说，佃农要提供异常高额的有形无形地租，始能耕种土地，那已表示，他们佃农可能用在其他农业生产条件上的费用，是相对的缩减了；特别是在租赁土地条件未现代化，地主得随时退佃加租的场合，他们慢说没有资力改进农场设备，及以肥料及休耕方式增进地力，即使勉能筹办，也不能引起他们的改良培植兴趣。于是，地力日益枯竭，便成了农村租地的一个极自然趋势。其实，那趋势，并还不仅表现在租耕地方面，即在贫农中农乃至富农的自耕地方面，亦是不难明显看出的。因为佃耕土地所负代价太高，同时等着租佃土地耕种的人又是那么多，每个耕种自己土地的人，必然会把他将土地出租可能得到的报酬，即将土地自己耕种可能付出的代价，比较划算一番：在没有资力的贫农中农，耕种土地所付代价太大，自不免妨阻他们改良土地的支出；在较有资力的富农，租出土地所得报酬既多，更不免抑制他们改良土地的兴趣。所以，我们就把腐败贪污统治，根本谈不到讲求水利，致使全国各地农田大量砂砾化、荒瘠化的事实抛开不讲，一般在耕地愈来愈益贫瘠化或不生产化的现象，是稍知今日蒋管区的农村疾苦的人所能明白证实的。自然，这情形，若和农业上其他生产条件，如农具日益简陋，劳力日益枯竭的情势连同考察起来，其严重性就更大了。

谈到劳动工具，中国就在富农的生产资本（姑且称作资本）构成中也不曾占到一个像样的比重（依据马扎尔：那在中国1927年大革命当时，一般仅及包括有土地价格在内的农业资本的百分之四或更少一些。）对于小农或佃农，他们在劳动工具乃至畜力上的支出，当然更是少得可怜的（据毛主席在江西福建若干地区，如瑞金石水乡、兴国长冈乡、上杭才溪乡的调查，农民中完全无牛的，平均要占百分之二十五）。① 造成这种现象的基本原因，当然是一般农民太穷了，但要仔细分析一下连富农也不肯在这方面投资的理由，却可包括的说是有以次三种事实在作用着：第一，那是我们前面已经触到了的，耕作土地所支付的代价太高了；在一定的生产资金中，不能不用在土地本身的费用太大，可能用在劳动工具上的支出，就无法不太小。事实上，今日中国一般农民，根本就不易筹得或准备好一笔可以维持全生产过程的生活资金。他们一遇到摊派一类全出意外的开支，致使他们的生活资料发生影响，他们在穷极无聊，挪借无门情形下最可能做的，就是压缩或恶化他们的生产条件，就是变卖耕牛，吃掉种子，抵押转卖犁耙等器具。这在经济科学上称为"生活条件压迫生产条件"的法则，而我们农民经济生活中，显然有着这一法则在发生极广泛的作用。第二，经济上的常识告诉我们，无论是农具也好，畜力也好，愈是从事较大规模的生产，愈是从事较多样的经营，它们闲置呆放着的时间也比较愈少，从而，它们被使用起来也比较经济，反之，它们所费就相对愈大了。中国贫农佃农都是从事极零碎的小经营；在租佃土地或保住自己小有地的困难愈来愈大的情形下，要他们作着较长期的打算，挪债备置起耐久的劳动工具来，那不但非事实所许可，就是他们切身体味得到的经济常识，也是不许可的。最后第三，促使他们不肯在劳动工具上花费，或听任劳动工具恶化的第三个理由，就是农村不曾保有土地，也无力租赁土地的大批待雇的无产劳动者的存在；他们是农村中最穷苦的人，最没有生活依据的人，从而，也就是可以提供最廉价劳动力的人。当我们农村中造出这种人来的条件愈来愈多，他们所提供的劳动力就可能愈来愈廉。其结局："除了少数富农而外，雇佣劳力的人，差不多连必需简单农具都不齐备，生活一直在艰困中的中小农及佃农，他们并不是因为备了较好的农具，备有得力牲口，才雇佣劳动，反之，却正为是备不起这些劳动条件，才以劳力来补充代替的。这说明，劳动力的价格，平均要低在畜力以下，低在农具备置费以下，才有被雇可能。"同时这也从反面说明，用劳动力比用农具畜力划算，谁都愿意雇佣可以任意驱使的"说话的劳动工具"了。在经济科学上，由古典经济学者们发现了一个"机械驱逐劳动"的法则，而在我们这种反常社会中，却竟存在着"劳动驱逐工具"的法则。

---

① 《毛泽东选集》，第135页。

可是，我们农村尽管经常存在着"劳动驱逐工具"，驱逐畜力的反常规律或事实，但因都市产业始终陷在坎坷不振中，依各种原由——兵役徭役摊派，高利盘剥，兵灾水旱，疾病死亡，手工副业破产，豪劣横夺兼并……或者其他偶发事故——被迫离开原有土地，或不能保持住原来租得的土地的农民，不转化为乞丐、流氓或土匪，就只好变成候补的雇佣劳动者；当"吃不饱，饿不死"的农村雇佣劳动条件，因上述各种原由继续连同作用，而造出更多的无产者，而变得更加恶劣时，他们所加于农具畜力的压力，固然是更大了，可是，同时所加于他们自身体力智力的有害影响，也是相应更大了。我们知道：农村劳动雇佣条件，往往是会变成土地租赁条件的有力依据的；当雇佣劳动者把租得有几亩土地的佃农，当作是幸运者的时候，当小农佃农保有或租有若干亩土地，就算是等于获有了剥削雇佣劳动的把柄的时候，出租土地的地主，是会抓住每一征粮征兵或其他口实，而提高他们的土地租赁条件的。地租率提高了，又会反过来在雇佣劳动条件上发生不利影响。于是这里就存着一个可怕的循环。

从上面的说明，我们大体可以理解到，我们农村的一般生产，其所以日益恶劣化，实在有其"事有必至"的基因在。以形容枯槁的瘦削劳动者，使用极其简陋的农具在日益枯竭贫瘠的土地上，从事耕作，我们能够期望有很好的收获么？这情形，这可怕的趋势，是不能单由战乱来说明的，战乱本身甚且还是由这种恶劣趋势引出的结果。

可是，农村生产内部尽管在不断扩增这种惨相和险象，那并不曾因此就阻止外面通过商业高利贷业及其他剥削方式，所加于它的压力。

（二）表现在农村诸原始性资本间的恶劣倾向

事实上，使农业诸生产条件日形恶化的，并不仅是它们内部相互间形成的上述那种破坏性的循环，在那种循环过程中，随时都有外面的破坏作用加进来，以加强它的恶劣趋势。

在这里，我们且把各种由政治社会方面招致的剥削事实，留在后面说明，单看农村间流转的诸种原始性资本，是在怎样显示其破坏影响。

一般所称的原始性资本，是就对生产立在独立地位乃至支配地位的商业资本和高利贷资本而言的。我们这里不妨把购买土地那一部分资本也包括在内，因为在领主经济型的欧洲封建制度下，土地是不容许买卖的，从而，用以购买土地的原始性资本，就不会产生，而在中国地主经济型的封建制度下，土地移转变卖既成为家常便饭，我们的原始性资本里面，就必须把购买土地，购买一种社会特权，购买一种最有效剥削手段的资本，即土地资本，也添加进去了。而且，在这几种原始性资本在农村社会的流转过程中，就是到了现代，到了最近的蒋管区，土地资本不仅是那种资本流转过程或循环圈中的一个出发点，并还是在某种限度的归着点。

我们社会的土地，既有如上面所述的那些经济的乃至经济外的特殊权益，无论是哪一种人，或操哪一种行业的人，只要有钱在手，他是不会忘记把它拿去购买土地、取得地权的。农民不必说，手工业者、商人、高利贷业者、官，都不约而同地对土地感到特殊兴趣。到晚近，这情形，虽局部的有些改变，但一般还是不妨这样说的。

可是，地权的特殊利得，虽然在从多方面阻止农村社会资金流用到改进生产条件上去，但却同时在不绝为独立性商业高利贷业资本活动，造出前提。因为农民耕种土地，在土地本身所付代价太高了，他们的艰难困苦状况，就是使他们同时不得不供奉商（无论是买办的、土著的、抑是官的）及高利贷业者任意的敲诈与剥削，尽管在现实上，土地所有者、商人、高利贷业者往往兼备于一人，或者一人至少具有两种剥削者的资格，但从资本运动立场来看，他们却是在分别显示着不同的作用。

当土地成为一种社会权势的表征，利得又大，而购买土地又不一定会发生困难的时候，有钱从事商业，或从事高利贷业的人，如其他不投资购买土地，他对于从事商业或高利贷业，就可能要求比土地收入还大的报酬，因为在一般情形之下，投资土地比较没有风险，而做一个商人或高利贷业者，毕竟在农村没有做一个地主那样威风，那样受人尊敬。这事实，很可说明：为什么当我们农村的一般地租率尚在百分之二十左右的时候，而利息率一般已高到了百分之三四十以上。自然，其中在借贷关系上，还有一个为一般人不大注意的理由，即"中农不要借钱，雇农不能借钱，要借钱而又有抵押品能借钱的，只有贫农"。① 贫农不是为生产谋利借钱，一般是为了生存急需借钱，只要能借得钱，渡过眼前的生死难关，利息率的高低，是无暇计及的。我们战前的高利贷，竟有高到百分之二三百的。即在目前的蒋管区，由农村到都市，还正风行着一种高得可怕的高利贷。但我们在这里所注意的，宁在那种高利或那种与高利上下相符或相互吸引的商业利润，怎样会回过头来拉着地租上升。农村的有钱人，是比都市的经济学家，还懂得地租是"土地利息"，而利息是"货币地租"的道理的。最先是高率地租吸引着高利率，从而吸引着高额商业利润，往后则是后面两者或两者之一回过头来，在地租率上发生反作用。而像在有战争时

---

① 《毛泽东选集》，第68页。

各种苛捐附加乃至通货不断膨胀着的情形下，它们通过各种巧妙方式，相互吸引着上升的循环，就被刺激得更快了。我们农业生产条件的加速恶劣化，这一原始性资本间的循环，实在发生了莫大的破坏作用。

然则，像上面所述的这样用各种带有原始性的剥削方式，所积累起来的资财，是否一直都逗留在农村呢？恰恰相反，我们农村的资金枯竭情形，战前已够严重了，在抗战期间以及在目前的蒋管区，那已经成了一个不可终日的问题。

为什么呢？我们是要进一步去找得解答的。

（三）表现在农村与都市经济交互间的诸不利倾向

在讨论农村与都市的经济关系的时候，我们只要把以次几点有关的事实弄明白就不难看出一个梗概：第一，中国原是一个有集权封建传统的国家，到现代，特别到"蒋王朝"建立的晚近，那种传统不但没有完全破坏，甚且在某些方面还将它在不同姿态上强化了。官僚的、专制的、封建的，再糅合以买办的政体，遂使中国的都市，具有三种有连带关系的性质，一是政治的、一是消费的、一是商业的。其中如上海、天津以及其他少数都市，虽然点缀有现代性的产业，但其比重，不但不足以改变其他一般都市的性质，甚至也不曾完全改变那少数拥有现代产业的都市本身的性质。惟其如此，第二，我们的都市，一般就不得不由农村取得其营养：赋税、公债，各种方式的摊派，特别是在战时普遍推行的征实征借，以及无情而毒辣的通货膨胀，都是都市方面通过政治权力，向农村强制索取的；但与此同时，或因缘这些榨取方式，在农村造成的动乱，又在极有效的把农村可能挣出的资财，驱集到都市中；而经由买办商业，带进农村的舶来品或经过都市加工了的半舶来品，势必要由农村付出大得多的代价。而况第三，都市愈需向农村取得营养，或者愈需要依赖农村，它就愈得加强其对于农村的统治。而为要确保对于农村经济榨取所集中强化并扩大化的政治机构与庞大军事组织，又反过来加深了都市消费化与商业化的特质。我们都市于是主要变成了输入外国武器与奢侈品，和向国外输出各种农产品或农村半制品的总枢纽。我们对农村虽用原始的半原始的积累方式，曲尽了竭泽而渔的搜括本领，但仍不足以填补大量的入超；农村可能的生产能力愈来愈缩减。都市对于农村的要索，却愈来愈需要增大。结局，第四，我们又发现这样一种离奇现象，即农村的破产与动乱，从某一方面看，竟变成了买办都市变态繁荣的有利条件；一批一批的农村大小势力者，相率把他们原始的半原始的积累，向他们认为安稳的都市集中的结果，中外银行的存款，因此大大的增多；茶楼、酒店、旅馆、戏院、舞台的生意，因此大大的繁荣；地产、公债、标金、外汇的投机，因此大大的活跃。游资挤塞在流通界，在十里洋场滚来滚去，在这场合，不但是一般无头无脑的商人，就是那呱呱叫的经济专家，也像着了魔似的，以为农村的没落与荒废，并无碍于都市的"繁荣"。直到愈来愈大额数的入超，把国内"取之尽锱铢"的黄金白银，都被外国轮船飞机或明或暗的弄去了，而贫弱的农村，对于都市各种各色的消费场面，再也不易弥缝供应，而用死亡、破产、叛乱来表示反抗的时候，以"发国难财"起家的官僚买办金融资本家，始高嚷着要"复兴农村"，以农贷及美国专家代为设计的技术改良，来"复兴农村"，以为可以借此继续其对于农村的剥削。

在上述这一列事实中，我们又见到了，在农村经济与都市经济间，也还存在着一种循环。在都市是依存于农村，一般是由农村取得其生存依据的限内，都市就得从政治军事诸方面，加强对于农村的支配。而这种政治军事方面的加强，实际又等于对于农村的经济剥削的加重。而由是导来的长期内战，就采取了农村反对，包围都市的形态。内战的扩大与发展，都市方面仅有的一点生产事业，又在直接受着战争及借战争发财的豪门与军阀的摧残；更大规模的战费及其政治文化费用的来源，既然只好期之于区域益形缩小、生产规模益形缩小的农村，而农村由征实征购征兵摊派被迫游离到都市的大批人民，又相率由农村生产者变为都市寄生者，于是，都市的消费性更增大了，农村的生产性更缩小了。农村与都市经济运动中显然又存在着一种极不合理，但却是无可抗拒的，向着毁灭之路迈进的循环。

（四）综合的说明

由上面的叙述我们知道了：（1）我们为了叙述上的便利，或者为了社会事象的研究，必须应用抽象分析法，因而在考察农业诸生产条件间形成的破坏倾向的时候，姑先把农村诸原始资本间的破坏倾向乃至农村与都市经济交往间存在的破坏倾向舍象着；等到考察农村诸原始性资本的破坏倾向的时候，仍旧把农村与都市经济间存在的破坏倾向舍象着。实则它们是在同时交互作用着的。正惟其农村依种种原始、半原始榨取方式所积累起来的资财，不肯投用到生产事业上去，而依旧分别当作原始资本流转着，并当作都市买办商业、官僚资本的活动器官而作用着，它就不但不能变为农业生产资本，变为农具、畜力以及其他农场设备和技术改良的准备金，却反而变成破坏这一切的压力。（2）惟其它们这三种范围大小不同的运动,有如上所说的内在条件网维着连贯着,它们就能形成一种整体运动,使我们有根据把它当作一个半封建半殖民地的社会经济形态来理解。我一再讲过,一个社会的半殖民地性格,是由它的落后的封建生产关系引出的,是通过它的各种封建剥削造成的。而一切原始性剥削,又是把封建土地制作为其骨干或核心。这就是为什么土地这一生产条件所付太高封建代价,竟成为破坏其他生产条件(如农具、畜力、劳动力)甚至地力本身的根本症结;诸种原始资本不能流用到农村乃至都市生产事业上去,最先亦是由于购买土地太有"权""利"可图;而整个都市的中外大小权势者的寄生基础,即使是通过了买办商业资本高利贷资本一类中间剥削榨取环节,最后终归是"斧打凿,凿入木"的要落在土地上。可是,(3)正因为封建的土地剥削关系,成了半封建半殖民地经济的基础,而一切对那种土地生产所加的压力,所造出的不利倾向,又无异在不绝破坏那个基础,在不绝把农村社会劳动生产力束缚、压缩乃至肢解在极其可怕的衰弱境地,那就显然表示:一种对封建专制官僚统治者意志独立的、无可抗拒的、物理的辩证的发展,正在敦促他们向着"自我否定"的前途迈进。

中国商业资本论*（节选）

一 商业资本在中国社会经济发展史上的兴衰继绝关键

商业资本是原始社会以后的一切社会都存在的经济形态。它的全部历史，充分显出了它的活动所依据的全部法则。

中国历史上是有着许许多多的朝代变革的，朝代变革的原因，可以从各种观点去考察，当然也不妨就商业资本的演变来予以说明。事实上，中国历史上每个王朝的兴废，差不多都是伴随着商业资本的兴废，两者之间的密切关联，会给我们这样的印象：王朝是把商业资本作为它的兴废存亡的前提条件，但揆诸实际，都是商业资本借着每个王朝的兴起，而得到再生的机会，等到它扩大起来了，随即就对它借以再生的王朝，无情的侵蚀其存在的物质基础。

中国商业资本在殷周王朝已经有其端绪，但在中国社会经济发展史上，周王朝是被列入初期封建阶段，而在这以后的二千余年间，差不多滞留在中国的典型中央集权的封建体制的阶段上。中央集权的封建体制，是商业资本活动的温床，因为，商业资本在它消极的意义上，它是需要社会落后的，但太落后或还逗留在前封建的状态下，它没有开展的可能；同时，在积极的意义上，它是需要社会的前进的，但太前进或是跨上了资本制的历史，它又没有占据着支配地位的可能。（资本主义的社会的商业，一般是隶属于产业的——此点后面还要说明。）惟其封建体制对于商业资本特别有生存攸关的联系，在中国社会经济史上，商业资本就像一直在为了使中国经济滞留在封建阶段而活动，它像是不止一次的宁愿以身殉王朝，与王朝同归于尽，而不想使产业资本代它取得社会支配的地位，——这是中国产业不发达，中国很久不曾走上资本主义旅程的一个重大的原因。

自然，我们这种说明，是考察中国商业资本历史的结果，是对商业资本客观表现加以评判的结果，而在历代的商业资本活动者主观上，不但不

---

* 原《中国经济原论》的附论。

曾意识到这些,他们当时的知识基础,也不允许他们意识到这些。

论到这里,我们可以进而解说中国商业资本所据以演变的必然法则了。

中国历史上每个王朝的兴起,差不多都是在社会生产力大遭破坏的丧乱之余,自秦以后的几个重要的王朝,如汉、晋、唐、宋、元、明、清都是如此。如其视社会生产力的彻底破坏,是一个王朝的覆亡的基本原因,则新的王朝组基之始,便必然会尽一切可能的方法,促使社会生产力的恢复或再生,一切封建社会是把农业生产作为它的物质存在基础,所以每一个王朝的所谓明君贤臣,都是以便农利农为其要政,讲求水利,改进农业生产技术,薄税敛,设置劝农力田官吏等,差不多千篇一律的被各王朝开国之君臣们相率实行起来。

在封建的贵族、领主、官吏是靠农业剩余生产物维持的限度内,重视农业生产,无疑有其生存上的必要。对于商业,在理论上,他们是要敌视的,而在实际,他们确也不绝采行了敌视的钳制的步骤,因为商业的活动,是不免要分润一部分农业剩余生产物的。商业活动愈扩大,所分享去的农业剩余生产物必愈多。所以封建社会的整个经济政策,总是把重农抑商作为它的骨干。

但历代王朝的重农抑商的政策,却似乎只从反面告诉了我们的一件事实,就是"农"其所以要特别的去"重",无非是因为前此把它看轻了,"商"其所以要特别去"抑",也无非是因为前此把它太放纵了。汉朝一位政论家曾大声疾呼的说明了此种事实:"法律贱商人,商人已富厚矣,尊农夫,农夫已贫贱矣",各封建王朝在本质上实践上,都走着劝农力桑的路,但却为商人大开富厚之门,那不是因为它们没有远见,而是因为它们不明事实的必然逻辑啊。

商业的发展,是把治安与交通作为它的外在条件,把交换媒介的确定,交换对象的增殖,作为它的内在条件。每一个新王朝的统一的局面,和由它在统一局面下必然要做到的休养生息,"田野辟,道路治",以及凡百改善民生的庶政,其主旨虽在增进更多的农业剩余生产物,更生农民,但结果大大的促成了商业的繁昌。商业通有于无的机能,在一定场合和一定限界之下,无疑大有助于农业生产物的增殖与扩展,但商业发达到一定限度,却把它原来可以助成农业的作用,转化为破坏农业了,至少,是它愈来愈烈的破坏作用,早把它原有的助成作用掩盖了。

封建社会的工业生产,只是当作农业上的副业,全部商业的交换对象,差不多都是限于农产物,而且主要还是限于那些以地租赋税的名义,由农民提供封建领主贵族官吏们的农产物，商业愈向前发展，各地通有于无的作用愈增大，被消费的对象愈繁多，结果，封建上层社会的消费欲望，就愈加会受到刺激，而农民用地租赋税名义提供给他们的农业剩余生产部分，就愈加要对他们的农业必要生产部分，增大其比重。换言之，就是农民为了维持自己能继续劳动，并为了维持能继续生产所需的那一部分必要生产物，都将因此减少。租税不论是侵蚀到了农民的生活费，抑是侵蚀到了他们的生产费，再生产规模是会相应受到拘束或缩减的，一旦再生产不能维持，租税所自出的经济基础，就定会发生动摇。在这场合，封建上层社会要继续维持不生产的消费性的浪费，就只有两个途径可循：其一是加重对农民的剥削，而进一步破坏其寄生的经济基础；其一是用借债等方式，多方张罗其浪费所需的资金。但无论选定哪一个途径，结果都会是土地向着商人豪民手上集中，农民则相率离开生产过程。

商业资本向着土地方面的进出，无疑得到了曾由它转化成的高利贷资本的协助，但资金由商业同高利贷业移到地产上去，那并不是商业资本活动的中心，而是它进一步的扩大，因为土地上乃至高利贷业上的收入，还可继续更番的变为商业活动的本钱。有人说，商业资本、高利贷资本和土地资本是"三位一体"，那是颇为允当的，它们在任何一个落后社会，都会依照不同的方式，表现为一个整体的三种作用。

然则商人地租收入者，高利贷业者豪民们，为什么不肯把他们的资金使用在工农产业上，而必须向着这些方面兜圈子呢？这并不是因为他们有一种远见，以为把资金使用到生产事业上，生产事业或产业发达起来，就是对于他们自己已有的地位与利益的否定，而是因为封建社会种种的传统法规及传统意识，妨碍生产活动，使他们权衡利害，更容易为当前的厚利和伴着厚利而可能取得的社会地位所吸引。

事实上，商业资本的活动，还不只停留在社会经济的领域，它的化身或商人，不仅"丰财役贫"，不仅使"封君皆低首仰给"，不仅"因其富厚，交通王侯"，且还能借其通神的财力，借其对于实际经营的经验，相率利用各王朝财政空乏的机缘，直接担任起理财的政务，"吏道益杂不选，而多贾人"了。在这种场合下，封建社会传统的抑商政策，便被暂时搁置起来，而采取一种为商贾豪民所能接受的妥协方案了。其实，在实物地租成为商品交换基础的限内，在社会生产力的恢复与发展，必然附有富之积累与豪商发达的条件的限内，商人由抑商政策所受到的损失，最后必然要取偿于农民，农民在多方诛求之下，只好把他们赖以维持生存的仅有土地，以更恶劣的条件，贡献于豪商地主。

封建主义到了需要迁就豪商地主，需要对商业资本妥协，并需要由豪商参加政权，决定经济国策等方式，使自己商业化的阶段，必然会把一切对农业生产有利的措施，如治水，如改良农业设备等等，放在一边，同时更由浪费与不生产支出的增大，和租税收入因农民大批离村及豪商官吏多方规避的减少，而不得不对勉强留在农村挣扎的农民，采行更无情的剥削。到了这样一个阶段，天灾人祸及各种形态的瘟疫，必然一再侵迫着饥饿的农民，使他们不能不到处流亡，不能不由流亡转徙，失去一切封建意识所加于他们的安分守己的精神枷锁，而选择"铤而走险"的道路。由是到处发生战乱，社会生产力遂根本遭受破坏，实物地租及商品货币关系的基础，均连带丧失无余，不仅是贵族领主，就连豪商猾吏也成为这一代集权封建体制的殉葬品。

商业资本走上这样的末路，当然不是商人阶层始料所及的，但在中国社会经济发展过程上，他们确实有无数次陷在这种不能自拔的命运中，汉末、唐末、宋末、明末，他们都曾在一度盛极之后，接着就踏上其前一王朝终结时的商人阶层的覆辙。一度一度的血腥故事，好像总教不乖他们。这事实，我们是不能单用商人"利令智昏"的考语来解释的。就是那些像把商贾之利，看得卑不足道的历代明君和贤士大夫，也都不曾意识到他们的王朝所寄托的封建政权，何以终于不能避免的要走上分崩离析之路。

一个社会的本质不曾改变过来，那些支配着这个社会，使这个社会取得历史存在的一切法规，便会不顾人们的志愿，而铁一般的贯彻其作用。商业资本运动法规，是封建主义经济运动法则的一个重要部门。上述中国历代商业资本兴衰存亡的演变关键，只有从中国封建社会的发展法则的作用才能得到说明，而这一法则，却还是晚近广义经济学研究的成果。

二 鸦片战争后的商业资本

把鸦片战争作为中国社会的现代化过程推移的一个转折点，那大体是为一般人所公认的。在这以后，中国传统的封建社会组织，已逐渐趋于解体，同时，附着于这个逐渐解体的封建社会的商业资本，也相对的，扩大了它的活动范围，改变了它的姿态。

不过一个旧社会组织的解体过程，是要到它胎内孕育着新体制蛹蜕出来，才宣告完结的。直到抗战发生时为止，中国现代化的新社会体制的难产，就使封建残余在各地或多或少的保留下来。这种保留的成分，如其必然是关系于最广范围的，最有保守性的，最基础的农村社会生产组织方面，从而，其解体的成分，如其必然是关系于较狭窄范围的，较有变易性的，较为上层的都市经济方面，则我们社会的姿态虽然是改变了，它的本质当不能有根本的变革。结果，依存于我们这种社会的商业资本，尽管把它活动范围加大了，把活动方式改换了，在大体上，仍不能丢开它一向依以作用的运动法则。

自然，我们这个古旧帝国的门户，自被先进各国的大炮轰开以后，舶来的各种形态的制造品，使用种种方式，推销进中国来，同时，中国之种种土地的生产物，则被先进国吸收去。对外贸易关系之拓展，确实为中国商业资本开辟了一个新的纪元，或者说，已在它原来的新陈代谢的细胞中注入了新的血液。

自然，中国的对外贸易，并不自当时始，远在西汉时代，我们已同西域诸国有了贸易上的往还，因为那时我们输出的主要是生丝，西方不通"世故"的人们，① 还给我们以"生丝帝国主义"的考语。此后中国西北多数由阿拉伯人作介绍的中西贸易，乃倾重于海道，使中国东南如交州，广州、明州，扬州等地，成为对外通商港口，市舶司之设，"蕃坊"之设，均为当时国外贸易日有拓展之明证。迄大元帝国成立，中国与中亚细亚西域各地之陆地交通，虽一度开拓，然大元帝国崩溃，此路遂不通。至于明代，又因倭寇肆虐，国人海外航行被禁止，以致海外贸易完全阻绝。然在这当中，冒险航海事业在欧洲勃然大盛，葡萄牙人，意大利人，先后发现东西航路，欧洲人争先恐后奔来亚洲，葡萄牙人在明武宗正德十二年（公元1518年），西班牙人在明神宗万历三年（公元1576年）即已来中国互市，于是因倭患阻绝的中国海外贸易，至明末清初又复逐渐恢复过来。——由上面这一段中国对外贸易关系的简略的说明，我们就可晓然于中国以往商业资本的活动，并不尽是局限于国内市场，亦又不完全以土地原生产物交易对象，不过，当时那种时断时续的对外贸易，论其范围和规模，固已不够改变或有多大影响于中国商业资本运动历史定向或必然法则，何况它的性质，又是那样由国家予以限制。唐代对于外国输入货物，征取关税十分之三，宋代则须抽征其总额十分之一乃至十分之四，而且后者对于外来货物，都令其先出卖于市舶司，再由市舶司或官方出卖于民间，官方在买卖价格差额上，获有莫大利益。所以，对于"初与蕃人贸易者，计值满百钱以上者论罪，十五贯以上黥流海岛，过此送关下。"迄乎元代，世祖忽必烈奠定江南，即规定凡邻海诸郡与蕃国往返，互易舶货

---

① 见沙哈诺夫《中国社会发展史》。

者，其货十分取一，粗者十五分取一。其后，官方且自备船只，专运蕃人贸易诸货，其所获之利，以十分为率，官取其一，交易者得其三。为了保障国家对外贸易利润的独占，即令权势之家，亦不许其用己钱入蕃为贾，犯者罪之，且没收其家产之半。由此可知宋元诸朝的对外贸易，大抵都由国家行使独占，商业资本的活动，当然是大大的受到了妨阻。至当时输入的商品，主要为达官贵人之奢侈品，如香料、象牙、珊瑚、琥珀等，而其输出品，则为金银、铜铁、铅锡、丝绢之属，交易对象既局限在这些奢侈性的（就中金属的流出，确曾紊乱当时币制）商品方面，对于社会的经济基础，即使听令商业资本自由活动，亦似不能发生决定性的影响。

然而五口通商以后的中国对外贸易，在上述无论哪一方面，却有了极大的改变，与其说是由于我们国家抛弃了对外贸易的传统态度或政策，宁不如说是由于我们的贸易对手国家，不允许我们采行传统的对外贸易的态度和政策。

商品生产是现代经济上的一个最显著特征。现代经济每进一步发展，就是生产物商品化的程度和范围的加强加大。到了19世纪中叶前后，所有先进后进的资本主义国家，差不多都把它们的商品生产，发展到了这样的限度，不仅它们生产出来的物品，都当作商品投向市场，它们用以生产的物品，亦是作为商品购自市场。其结果，市场的扩大要求，就成了商品生产的先决条件。国内市场是有界限的，向外扩展或制造市场，简直变成了资本主义国家的最基本而重要的国策。在此种国策指导下，它们对于其贸易对手国，或者说，对于我们这里所论及的中国，就不是像过去那样，仅输出一些带有奢侈玩意性质的东西，如香料、象牙、琥珀之类，所有日常需用的必需品、便利品乃至新奇名贵的奢侈品，都是它们要向中国输入的，它们并且用威胁利诱的方法，把所有这些商品，尽可能大量的，向着中国的每个角落去找销路。它们像是在商品制造上，为中国社会服务，变为中国的工厂。而与它们这种要求配合起来，双管齐下的，就是因为它们自己的生产商品化，工业化，它们国内对工业化所能提供的原料，就相对的、绝对的都愈来愈不够供给了；同时，在为它们的商品所泛滥的中国，却因制造有人代庖，连旧式手工业，也日就趋于式微，它的农产品，特别是当作原料而生产出来的农产品，就恰像上帝妥为安排好了的一样，都成为缺乏原料的工业国的最好补充，这在世界经济分工上，俨然是"各尽所能"，"各取所需"。结果，中国的经济特征，就可用上海一个大百货公司的广告联来标识它，那就是"广搜各地土产，统办全球货物"。

但中国这种经济特征的形成，并不是不曾受到传统的政治经济诸条件，乃至一般社会意识民族意识的障碍。为便于突破这些方面的障碍，多次的战役和一系列不平等条约被连续制造出来。有了这些，中国经济的那种特征，就更加得到了保障。无疑的，在资本主义生产方式以它自己的模型制造世界，并多方破坏旧有的封建生产方式的过程中，中国也像矛盾而不调和的逐渐成长了相当程度的新式工场手工业和工厂工业，虽然这些现代型的企业，至少一半以上，是各资本主义先进国家，为了最低廉最简便的利用中国原料与劳力，凭其在中国取得的工业特权而直接经营的，但由于它们这种经营，上述中国的那种经济特征，就像涂上了使人眩惑的不明朗的彩色。

在这里，我们似乎用了较多的篇幅来绘描中国经济形成的过程和特征，但如其说，中国的商业经济或商业资本形态，是中国整个经济形态的一个分枝，或是它的重要部门之一，则我们的说明，就很有其必要了。在具有上述这种特征经济条件之下，中国的商业资本的活动，从以次几个方面，和过去表现了不同的分野。

首先，商业活动的对象是增多增大了。舶来的国内的各种样式的大量工业制造品，被投进流通过程中了，这和过去仅把农产品作为唯一活动对象的商业，已有了极大的不同，而且在过去的农产品中，大体上只是当作地租移交土地所有者（不论是国家或官府或私人）的那一部分农业剩余生产物，会投到市场，而农民留以自给的部分，则不曾或无须转化为商品，但在这时候，由某些农产品生产的专业化，以至它们的全部生产物，无论是剩余的，抑是最终会作为必要的，都得通过市场，就是都得变为商业的对象。除此之外，各种票据、有价证券、外汇，交易所里面最架空的，但都是最大规模的交换物，以及较有确实性的地产，通是商业阶级在新时代找到的高兴舞蹈的乐园。至于人（苦力或娼妓）被购买，被招雇，或被质押来"外运"或"内销"，虽然是"古已有之"的一个不小的商业部门，到这时，都扩大了规模，改变了形态。

其次，商业活动的范围是大大扩展了。这原和它的活动对象有着密切的关系，中国农产品向世界每个资本主义角落的进出，虽然在国门以外，不一定是，甚至全都不是中国商业资本活动的结果，但在国内，却连在穷乡僻壤的地带，亦逐渐依新的交通工具，依新的金融与交换组织的发展，而直接间接嗅到了商业资本的气味，而且，就是在都市方面，由上面述及的各种交易所，也真不知为商业资本开拓了多少新途径和新天地。

第三，商业活动的性质，是有重大的改变了。在现代国外资本未侵入中国以前，中国的商业资本是独立的，差不多是在中国社会经济实况所允许的限内，照着它的必然途径展开的。但在这以后，它的活动，便愿意地或不愿意地被卷入国际资本的漩涡，而且愈来愈成为后者的尾巴，对于无论采取哪种侵入方式的国际资本，它的活动，虽都不外是为它们推销制造品和采购原料，但这个任务，还不是直接以所谓民族的商业资本来担当，在1930年，其总数已达八千多个之多的大大小小的外商洋行，差不多是以主人或监督者的资格，利用一切可资利用的特权，来推动中国整个流通界的活动。事实上，由这些洋行配合着中国买办们所进行的商业活动，已早越出了流通过程，即侵入生产过程了，即是说，它们不仅是只推销制造品，采购原料，同时，还借着政治的金融的力量，把制造品和生产原料的控制权也把握住了。在大城市及其附近的准资本主义的家内工业，乃至专为某种用途而生产出来的农产品，几乎都是由商人所支配。

把上面几种事实加以考虑，中国的商业资本，在一方面，不仅是改变了姿态，改变了内容，且还改变了原来的性质；可是在另一方面，它的性质的改变，仍不曾达到一个使它被剥夺去对产业资本行使支配的阶段，恰恰相反，商业资本在某些场合，在大都市若干新式工厂工业上面，虽然已像具有先进国家商业对产业处于隶属地位的外观，但即使把它的本质形态存而不论，它在这方面以隶属者资格活动的范围，对它在整个产业方面，特别在广大农村方面，以支配者资格而活动的范围，是不可比拟的窄小的。

而且先进资本主义国家对中国经济侵略的方策，愈到晚近，便愈不能允许他们卵翼下的中国商业资本，向着积极的进步的路上走去，即向着产业资本转化，或对产业资本隶属的路上走去。原料供给地，和商品推销场所的保存和扩大，是买办型商业资本成立和发展的前提。虽然在帝国主义阶段的资本输出要求，即在落后地域从事产业活动的要求，保有使买办商业资本活动势焰减弱的趋势，但即使资本的输出，有一部分是为了利用落后地域的资源与人力，从而，在相适应的程度内，有一部分原料无须输出，有一部分制品无须运进，但在国内的这一部分原料和制成的商品，依旧是要靠商业资本来集散的。何况事实上，帝国主义阶段竞夺商品市场与原料供给地的要求愈烈，它所输出的资本，就愈加会以较大比例用在政治性质的投资上，而以较小比例用在经济的开发上，而由前一投资成分，通过金融市场、公债证券所造出的商业资本，其作用是要比由后一投资成分所造出来的产业资本作用大得多，多得多的。

总之，由鸦片战争到抗战爆发这一长期间，中国的商业资本，是在它附有隶属的买办性的特质，而加深扩大了它在国内的活动，改变了它的传统姿态，但正惟其它是买办的，是国际资本的附庸，它就始终只有逗留在国际资本或帝国主义政策，可能允许或要求中国整个经济"变革"的限内，有了一些无碍其原有本质的变革。

三 抗战发生后的商业资本

要更根本的理解上述中国现代化过程中的商业资本，对鸦片战役以前的商业资本的变革的限度，最好是看抗战以后的商业资本，在怎样的范围和程度上，在怎样的变形和变质的限界下，归复到了鸦片战争以前的历史形态。

前面已经说过，中国的商业资本，照例，或者更妥切的说，照着它活动的作用着的历史轨道，是与高利贷资本、土地资本，发生密切的"三位一体"的联系。商人赚了钱，便借着高利贷的活动，用更有利的条件，取得土地，兼为地主，地主在土地上的收入，除了在窄狭范围内的个人消费外，或者是用以购买土地，或者是放款取息，或者是经营商业，或者是同时兼作这三方面的活动。问题是看当前的实利（或他主观上所能理解的实利）在怎样给他们以指导。他自己也是可能成为自耕农场或作坊的主人。

外国资本侵入后，中国商业资本开始仍还执拗地维持着传统的活动途径，但愈到后来，因为它活动范围的逐渐扩大，和活动对象的不绝增多，它的注意力，它的兴趣，被众多的诱惑物所分散了，同时，国际资本又运用千钧的压力，使它不能不被迫或被敦促到新的"伊壁鸠鲁主义"的乐利世界。

不但此也，由帝国主义各种侵略方式所造成的中国整个农村的贫困、不安与动乱，在以往尽管是商业和高利贷及土地集中的结果，同时又是它的原因，但到这时，"十里洋场"的新兴都市，都当作避难、享乐、致富的"三部曲"的理想天堂，而把中国一向特别会流向土地上的大量商业游资，都吸收到那里。

自然，在广大的农村乃至离都市较远的城市集镇里面，仍多的是商贾、高利贷者和土豪。在全国上层社会、买办阶级及洋大人们的消费，大体是把农村剩余劳动生产物作为基础的限内，当作基层劳动者之剥削者的豪商们，却毋宁有在广大农村加强其活动的必要，但毕竟因为洋商巨贾、大地产者以及新发展起来的金融家们，直接间接把农村多少可能利用的资金，都积累搜刮去了，农村土地集中现象，虽然不曾中止，在靠近都市边缘的地带，甚且还变本加厉了，可是衡以过去各王朝在末期的土地集中速率及其规模，更衡以当时商业及高利贷活动的窄狭范围，在抗战发生前的数十年间，中国农村土地集中趋势，在相当程度内，被上述大量游资集中到大都市的事实所缓和了。无疑的，农村的不绝动乱，已影响商贾豪强们对土地的兴趣了，而尤其要紧的，却是土地这种在过去能令商贾们抬高地位，并借以接近官场，踏上官阶的财产，到了这个新的时代，即使在农村方面做一个有权势的人，还有利用它的必要，但要在大的场面下做一个闻人或什么要人，他定然会感到土地并不是很必要的条件了。

据以上所说，中国商业资本，到了现代就似乎不只加多加大了它的活动的对象和范围，连它的积累所得也改变了，或者说是歪曲了传统的转化途径，亦就因此之故，中国传统的商业资本运动法则，遂不可避免的在应用上受到了相当程度的修正。然而在当前，这伟大的时代的抗战，却对于我们的商业资本至少在外观上，是嘲讽式戏剧式的发生了扭转历史行程，使它们仍回向旧路去的影响。

中国商业由于国际资本侵入所造成的新场面和新动态，是以整个中国经济对国际资本的关联性和依存性作为前提，而此对外关联性或依存性的保持，又是以中国能借各大沿海港口及在那些大港口的贸易金融和产业，为其联系的枢纽。在抗战的前期，由渤海到整个的南太平洋方面的诸港口，即由天津到厦门一带的对外联络口岸，多半被敌人阻隔住或占领去了。其间，上海虽曾因为它的特殊性，还对香港，甚至通过一些曲折途径，直接对内地保持着若断若续的关系，使中国的商业资本，还很活跃了一些时候，甚且在外汇、标金及出入口贸易方面，有了空前未有的活动。然自1941年12月英美对日宣战起，不到半年工夫，由香港到仰光这一系列对外交通的口岸，都相继被敌人占领去了。这一来，对外出入口贸易，几乎全部遭受阻滞，同时，随着上海香港这些港口的沦陷，过去在外汇、证券、土产上面活动的所谓"游资"，都无用武之地了，由是，商业资本活动的对象和范围，都大为减缩。对外的关联的割断，对外的依存性或隶属性，也在某些方面相应的解脱下来。即商业资本，除了通过沦陷区的非法活动外，也就像取得了独立的或更古典的传统的姿态。

在这种场面下，如其中国产业建设已有了基础，或者说，如其中国已有的产业基础，足够使商业资本寄托在它上面，而受它的支配，则由对外关系断绝，由一切投机活动停滞，即直接间接从流通过程腾出的大量商业游资，就可能自择有利途径，转用在产业方面，但不幸中国的仅有产业，就连那些用外资经营的部分，差不多百分之九十以上，是建设在目前已沦陷的区域,相率被敌人掠夺和破坏了。抗战以来,政府虽多方抢救或迁徙产业到后方,并在后方各地鼓励工业生产,但其成果,仍远不够支撑住商业对产业所加的压力。商业资本是横行无忌了。

在目前,商业资本简直像倒转过来了历史的车轮,在找寻它的旧路去发展,以前由国际资本带来的一切商业活动的新对象、新领域,既都相继丧失,同时,国内有限的工业,又无法对商业提供何等重要的活动门径,结果商业遂又"旧调重弹"的把土地及土地生产物作为它最可能和最有利的投机对象了,俨然是不可避免的趋势,确又受到了以次诸种偶合事件的鼓励和敦促。

比如第一,由政府在役政,路政以及战时各种要政方面的需求,各级地方行政机构加强了,党政军机关不但加多了,同时却又更向内地分散了,结果,战时的大后方,哪怕是较远僻的地带,一时也像表现了多年未有的安稳状态,就因此之故,大后方各地的土地,就格外显得稳固,显得对游资有吸引力了。①

第二,物价的暴涨,日益火上添油的刺激轻币重物运动,但战时需要的加大,由外来供给断绝及交通条件不够所引起的必然缺乏,由换物运动本身造成的大囤小积,造成的人为缺乏,对于游资或特殊利得的拥有者,就不能不转移其视线于所在都有的土地上面了。

第三,市场上一般物品的大囤小积,对于敌机轰炸的危险,是颇堪重视的,自然,物资和人口,是在不绝向较僻远地区的都市附近的乡村疏散。但由此引起的一般市民或官吏对于农村的兴趣,正好是土地变为投资对象的重要诱因,这一来,商业资本和土地资本的结合,就更加变得容易了。

第四,高利贷资本在它的社会作用上,一向是当作商业资本和土地资本之间的中介的形态和辅助的形态,土地和商业活动对象的土地生产物,都较为实在,较有着落,高利贷即使借着抵押方式进行,亦尚不易把所有权确定起来,所以,它的所得,到结局不是用以发展商业,就是用以购买更多的土地。战时物价的剧烈变动,照理,应当最不利于贷借资本,因为,一定的货币额,经过的时间愈长,不但会相应减少其对实物的相对价值,且会妨碍其周转,但如其所采方式是在较短期内,以货币贷出,实物收进,或实物贷出,实物收进,那就可以避免这些缺憾了,事实上,这正

---

① 由田赋征实起到抗战胜利后国民党发动全面内战止,土地重又变成不能过于引人注意的目标了。1947年6月补注。

好是当前贷借的最普遍形态。这种形态,显然更有助于商业游资在土地上的集中,然而最关重要的,还是:

第五,土地投资即使在周转性上不如商业的迅速而活跃,但它有三种利益可以吸引高利的商业资本:其一是,土地的价格,在随物价的高涨,而迅速增高;其次,土地的生产物,亦在不断的涨价;最后,由土地所得地租额,可利用种种理由,或利用中国租佃关系的落后性和不合理性,借租率抬高而增大。

商业资本向着土地上的转化,是随着商业活动对象的缩减,和物价的飞跃增涨,而益形厉害的,自然,在这种转向过程中,我们不能忽视土地重又变成重要财产形态,在社会政治上所发生的有利于土地集中的各种影响。土地原是最有定着性或执拗性的东西,它的转移,如其不是有经济以外的各种强制作用存乎其间,它就很难得顺利的投合商贾强豪们的贪馋的胃口。

而且,我们还须注意的是:商业资本尽管逐渐的把土地及土地生产物作为其活动的主要对象,或者说,逐渐向着土地方面集中,那并不能理解为商业资本结局都全转化为土地资本,或者土地资本化的结果,即地租积累所得不会再转化为商业资本,事实上,地租积累所得,不但随时可增大商业活动实力,且可间接由商业的扩充,再回过头来加强土地的集中。可是,问题的关键,并不在商业资本究会在何种程度上转化为土地资本,使土地资本化、集中化,而是在商业资本,是否必然无其他更有利途径可循的要转化到土地上。要握住这个关键,我们就可明了当前商业资本危害的程度,及当前统制商业资本诸方策的有限效用了。

四 当前商业资本所造出的危害

我们现正为商业资本所造出的种种危害而苦恼。

但如把一般人对商业资本猖狂妄行所加的感情的乃至理性的评论,加以分析,似乎商业资本所得的罪,还不是它应得的罪,它被评定的危害比之它实际所造成的危害,大有距离,这就是说,如其商业资本对当前的社会经济难局负有破坏性的责任,论者似还不曾把它的真正责任指明出来。

在当前,物价暴涨,成了全社会不可终日的问题,同时,也成了政府财政上不可终日的问题。由于克服这种困难问题所感到的切身痛苦,自然容易使举朝上下叹息痛恨于所谓操纵物价的豪商大贾等之缺乏人的与民族的良心。把物价暴涨的原因,诿诸商业资本之不合理的非法活动,当然不会有人为商业资本叫屈，但最可虑的是，商人或拟商人的商业资本，如在这方面承担了过大的表面的罪名，就很可能忽视它在其他方面的更本质的破坏作用。时至今日，尽管商业资本的那种破坏作用，已经从各方面表现得非常显明，丝毫没有令人置疑的余地，但一般社会人士，却仍不肯明显的把事实照着它的本质揭露出来。

"操纵""囤积"，是最一般的加在商人身上的罪名，把这个罪名再加重些，也不过是阻滞了一般流通过程，使原本可以迅速提供到市场的物品停滞一个时候，以便在由此引起供不应求，引起缺乏的限内，把价格抬高起来。但责难如其止于这个限度，我们马上就需要把商人区别为正当商人和不正当商人，不正当商人，定可找到许多的口实，来使他的行为合理化合法化，事实上，就个别商人来讲，他是否真正"囤积""操纵"，并不一定是取决于他对那种行为所具的伦理观念如何，倒是取决于他对那种行为所具备的必需条件如何。我们很可以说，商人，在他是全体商人之一的限内，在他的资本是全部商业资本之一的限内，他个人的意向，其实就是他用以经商的资本的意向，而他这个别资本，又是随全体商业资本的总动向为转移。所以，重责或严惩若干商人最露骨的不法行为，而放纵了整个商业资本的破坏作用，结果，就会像我们以前把若干凶悍的日本军人，当作日本帝国主义来打倒，把若干顽固的北洋军阀，当作全体军阀来打倒一样。即使他们这些希望打倒的对象，都"手起刀落"，"应声而倒"，对于日本帝国主义和军阀本身，仍不能发生何等决定的影响，若干特等商人之于整个商业资本，亦是如此。

如其说，若干特定商人，是在某些特定场合，作了阻滞流通，抬高物价的非法活动，而他这种活动，事实上，就不仅只是由整个商业资本，在流通过程所赋予的，且还是由整个商业资本在生产过程的破坏作用所成全的，商业资本在流通过程所表现的罪戾，正是以它在生产过程所已经造成的罪戾作为前提。我们业已知道，中国的商业，一直在对产业行使支配，在束缚产业使它不易有发展的余地。照一般因果论的看法，产业不发达，商业是不会发达的，由此大可得出：商业资本一定也希望产业资本发达起来的结论，谁能反对有更多的生产品，然后始更能有生意做的事实逻辑呢？但只要我们了解商业在前资本主义社会是做着产业的主人，在资本主义社会是做着产业的佣仆的事实，那就不论我们主观上怎么想法，怎么对商业资本表示希望，而商业资本在它自身，却是以产业资本的不发展，作为它自己发展的历史前提条件，这例子在世界任何一个社会或国家，都不难指证出来。

中国产业落后，当然有其更基本的，更包延的原因存在，但传统的国际资本作用下的商业资本的作祟，却显然是无可忽视的。不过，我们已在前面暗示过了，在五口通商以后的商业资本，和在这以前的商业资本，是用不同的方式在生产过程上发生破坏的作用，即前者是附属于国际资本，一方面为国际商工业资本充当仆役，为它们推销制造品，并搜刮原料；一方面则充当民族的诸般产业的主人，而后者则是采取比较独立的形态，更直接更集中的使国内诸产业受它的劫持和操纵。这两种破坏产业的方式，在本质上原没有了不得的差别，但在认识上，前者比较容易为人所察觉，后者却像是特别能翳障人们的直感，所以，商业资本在流通过程的弊害，尽管一个稍有经济常识的人，都能谈得振振有词，而商业资本在生产过程的弊害，就连一个诩然以经济学专家自命的学者也颇费力了解似的。也许就因此故，在姿态上恢复了过去传统的当前商业资本，它就只有在流通过程表示的罪行被人指摘出来，而它这罪行所以能在流通过程造成的，应当探索到生产过程的基因，却一般地被忽略了。

商业资本对产业资本或生产事业的控制，本来是它传统的古典作风，但到战争的场合，它这种控制机能，却因利乘便地扩展到空前未有的程度了，它在工业生产领域里面活动，实质上简直把新式旧式各种形态的工业生产生机窒息打杀无余了。一般私人的新式工厂经营，如果照着常规做去，一定只有归于破灭，否则就是局部的巧妙的转变其性质，买好原料未存积着，而不把它制造出来。国营省营的企业是逐渐增加了，但一分析其内容，它的存在和繁荣，一定要看它的商业性质部门对它的生产性质部门，占有如何的比重，在这种场合，商业资本吞蚀工业资本的实质，却反表现了救援工业资本的外观。同时，政府通过银行，一批一批的提出来救助私营工业的贷款，又在种种曲折的手法上，在工业商业化的技术上，变为商业资本的附庸。

在农业生产领域里面，商业资本的破坏作用，似采取了较迂回的行径，土地及土地生产物成了商业活动的主要对象，它是会促使死静的农村，处处都受到搅扰和震动的。土地转变的频繁，土地价格的暴涨，将直接间接造出抬高地租的后果。一般自耕农或佃农在土地本身上的费用增大了，他们用在土地以外的生产费，如种子、农具、肥料、畜力、人力乃至灌溉方面的支出，就相应减少，甚至全无着落了，结果，农业上的再生产规模，一定会随着商业资本逐渐展开的活动，而逐次的趋于缩小，在这种破坏影响下，政府即使再热心支持自耕农，再扩大农村的贷款，事实上，农贷已经同工资一样，通过一些曲折的手法，一部分或者全部转化为商业资本了。

商业资本在工业生产上的这些破坏作用，恰好造出了它在流通上大囤小积活动的前提，社会每年的再生产规模愈形缩减，供需愈不相应，商业上的囤积居奇活动，就愈加会发挥无限的威力了。自然，囤积居奇对于抬高物价，是有莫大影响，而由此抬高物价所加于生产事业的压力，亦非常显然，但我们不能即此就倒果为因，强调它在流通过程所造出的危害，而忽视它在生产过程所造出的危害。生产比之流通是本质得多，根本得多的。商业资本如其不是在生产过程窒息着阻抑着生产活动，它在流通过程的猖狂妄行，就会大大受到限制。

论到这里，我们似应把乱人视听的通货膨胀关系引到论题上来。照一般人的看法，商业资本这种具有破坏性的大船，似乎是随着通货膨胀的浪潮而不自主的簸动。通货膨胀促使物价腾贵，从而引起商业资本的活跃，商人阶级借此诅咒通货膨胀，而昌言自己可告无罪于天下。但这种说法，也只可淆惑常识，而不够蒙蔽真理。我们仍请历史来做证人吧。中国历代王朝在中期以后，由商业资本造成的经济残破支离局面，并不一定是分别由各该时期通货膨胀的促成。反过来，倒是因为商业资本的猖狂活动，由它造成的消费范围对象与程度之加大加深，同时，由它引起的农业剩余生产物的缩减，以致使社会的生产与消费脱离，使消费破坏生产，破坏租税基础，而导来币制的混乱。自然，币制混乱了，可能大大助成商业资本的势焰，使它更能浑水摸鱼，但我们不能把因果倒转过来，说商业资本的猖獗，原本就是由于通货膨胀。

在目前我们已经用不着讳言通货已有了相当程度的膨胀，但试一回顾抗战以来的通货发行演变史，即使再执着于现象因果论的人，把根本的生产方面的问题抛在一边不顾，亦会明了商业资本活动，该在哪种演化过程中，发生过如何推波助澜的破坏影响。也许说，我们此次的抗战，在历史上没有前例，其范围之大，消费之多，本质上就不是中国现有的生产条件生产规模所能适应，也就是说，本质上，就不能避免生产不够供应消费的和政府收入不够抵偿支出的困难，从而，在这种要求下所增发的通货，商业资本似不能负责任。然而，这也是似是而非的诡辩。在这场合，一般社会的消费，和战争直接所需的消费，理应分辨出它们各别的范畴，及其正相矛盾的实质。我们如其把前后方的消费情形，作一全面的比较的观察，一定会发现战时不合理的消费，该在如何妨阻有关争取胜利的战争上的和生产上的合理消费。然则，一切不合理的消费的制造和演出，商人及他们所运用的资本，还不应担负责任么？

商业资本猖獗之破坏生产，自昔已然，若要究明当前与过去有怎样的不同，与其说是它利用了战争局面下的特殊情势，如战争破坏作用，对物资及通货膨胀等紧急需要，宁不如说它利用了中国现代化的金融组织，利用了社会地位和社会关系，因对外的经济政治联系，而益加特殊，此外，并还利用了货币经济关系日益向农村的扩大和深入。从这几方面看，商业资本在当前表现空前的猖獗，就不是偶然的了，如听其自然的顺利发展下去，其破坏的作用，也许不难造出过去各王朝在中期以后所形成的危局。

（原载《广东省银行季刊》第2卷第4期）

中国商业资本与工业资本间的流通问题[*]

一　问题的症结

在当前的经济问题中，商业资本与工业资本间的流通问题，算是最本质最基本的一个。这个问题的现实理解，其重点，当然是存在于工商业间之不平衡的发展上，也就是存在于工业资本过于微弱，商业资本过于膨大的变态事实上。本文的目的，虽在研究商业资本如何始能转化为工业资本，但其穷源究委的说明，却不能不涉及商工业资本之本质的相互关联。

人们因为过于担心当前经济上的一般情势，遂把他们一向忽略了的商业资本过于膨大的问题，很直观的提论出来，仿佛这个问题只是到了战时，特别是到了抗战过程中的近两三年，才开始发生似的。自然，商业游泳在日益增涨的水槽中，是容易惹人注意的，但只要我们把问题的客观性仔细端详一下，一定会明了，伴随这个问题而发生的一切情势，在中国现代社会里面，与其说是变态的，毋宁说是常态的，与其说是严重化的开端，毋宁说是严重化的发展或继续。

自从中国开始现代化的程序以来，这个问题，一直就在客观上取得了异常重要的地位。但这个问题之被把握，被浮现在极少数人的脑海中，却还是近十数年来的事。人们是惯于把他们没有想到的问题，当作客观上不曾存在的问题。因此，我们今日来讨论这个问题，就不期而然的充溢了历史的兴趣。事实上，一个取得了社会史姿态的大问题，是很不易横断的孤立的去说明的。

二　有关资本流通问题的几个基本认识

把商业资本与工业资本对立起来加以理解，那中间横跨着一个社会的分水岭。在一个产业发展，工业已取得了社会的支配的优势的社会，商业在不断为产业或工业所革命，直到它的本质，变更到能适应配合工业对它的要求。在这场合，商人所扮演的，是为工业资本家分劳的任务；商业的

---

[*] 原《中国经济原论》的附论。

流通过程，被包容在总生产过程中。商业上的利得或商业利润，是由总产业利润或工业利润派分出来。商业活动不能超越出产业资本所允许的活动的限度，后者亦敦促它不要太不及这个限度。而其间的调节器，就是利润平均化的法则。假若产业或工业资本利润，低于商业资本利润，社会上的资本，就会由工业上向商业上流转，使商业资本的利润，对一般利润水准，降落下来；反之，假如工业资本对商业资本发生过剩现象，同一的利润法则，亦会强制它倒流过来。资本的倒流，在这种社会，可以说是不容易发生问题。即使在某特定情形之下，发生问题，那所发生的问题的本质，也与我们现在所讨论的中国商工业资本间流通问题，完全两样。

在产业不发达的社会，即在前资本主义的社会中，商业同产业的关系，就呈现出了一种异样的姿态。商业不但不曾被吸收到社会总生产过程中，而社会一般零碎的、独立的，大体还滞留在落后的自然状态中的产业，根本就不易形成一种有机的社会生产过程，形成一种足够左右商业的社会优势，而同时商业却还可利用其较为适中的，并且在事实上控制着生产物买卖价格的地位，反过来，在社会生产过程的外部，对社会全般的产业行使支配。商业对产业支配的可能性愈大，它就愈能发挥它的贱买贵卖的欺骗与敲诈的机能，在这场合，如其说产业上还有利润（那其实大体是劳动工资的转型物）可言，还不妨用利润这种名色来称谓生产者的利得，则那种利润或利得，就显然会倒流似的表现是由商业利润分派出来。因此之故，在广义经济学上，就提示了我们这样一个法则：在资本主义社会，是产业利润规制着商业利润，而在前资本主义社会，则是商业利润规制着产业利润。资本主义的利润法则，不能在前资本主义社会建立起来。于是在前资本主义社会的商工业资本间的流通问题，就无法依照自由竞争的原则来理解和处理。

然而，对于我们所要讨论的问题，还须有更进一步的前提认识。当一个社会由前资本主义形态移向资本主义形态的过程中，从资本流通的这一个角度去观察，一定会发现一些撩乱吾人视听的不易截然辨识的经济现象。产业或工业，对于商业，从而工业资本对于商业资本，工业资本利润对于商业资本利润，在某些场合，可能建立起了现代化的外观，但却不曾把它的过去本质改变过来；在另一些场合，也可能改变它的若干过去的本质，但那种改变，还不够使现代性的一切关系确立起来。在这种场合，我们对于资本问题的处理，尤其需要运用科学的分析，透过问题的现象，去把握它的本质。

三 在古典形态下予以新装的中国商业资本

在开始现代化程序以前，中国的商业资本，一向就赋有一种与生产资本疏隔的特质，这种特质，大体是由中国地主经济型的封建制上取得其存在基础的。在这里，我们无暇说明我们的封建制，为什么没有发挥其领主经济的基本因素，却愈到后来，愈益发展其地主经济的基本因素，我们只能说，在地主经济形态下，商业资本对于地权的关系，就和在领主经济下，截然两样。如像在西欧各国，商人和领主，即商业资本和地权，一直是采取对立的形态，土地由分封由世袭取得，又有断分制与长子继承制作为侧面的保障，对于没有贵族血统身份以外的平民，特别是对于商人，就是封锁的。因此，商人在商业上积累的资本，乃有较大的转用作生产资本的可能。反之，在地主经济形态中的中国商业资本，却因以次几种事实，竟与地权发生了密切的关联：（一）商人可以自由买卖土地，（只有极少数的王朝，在较短期内，作过限制）由是在商业资本与地权之间，建立起了一个通路；（二）当作商人活动对象的物品，一大部分是人民要以赋税形态贡纳于朝廷的土地生产物，而这些土地生产物，一般都是通过流通过程，才以货币形态，输纳到国库的。这又不啻在商业与地权之间，建立起了一条稍微迂回一点的便桥；（三）商人可以自由取得土地，可以把土地作为接近官场登上仕途的跳板，仕商在社会生产关系中，发生了"通家"的联系，商业资本与地权的关系，就由是得到了有力的支持。自然，我们不能否认中国历代采行重农抑商政策的事实，正如同我们无法否认西欧各国商人在近代初期也曾大量购买土地的事实，但上述的基本命题，却并不会因此受到破坏，反之，且还可由此从反面来予以确证，只可惜我们限于篇幅，不能在这里加以较详尽的说明。

中国商业与地权的密切联系，在事实上，并不只商业上积累的资本，不易直接用到工业上或产业上，且还因为地权上吸收了过多的社会资金，致令商业的活动，不能展拓到对外贸易上，这在一方面，固然是由于商人冒险图利的活力，被地权吸住了，同时也因为商业在政治上的权力，由其分化为地权而分散，致令它没有左右国家对外贸易政策的力量。两方面互为影响，就造成了中国对外贸易不发达，从而产业不发达的根本原因，从这里也可约略窥见中国一般经济史学者，用地理因素来说明中国对外贸易不发达，从而，产业不发达的究竟，该是如何的失之皮相与疏忽。

当中国的商业，仍被束缚在地主经济的基础上，伴随着历代王朝的兴废，而一再重复其无可奈何的历史形态的当中，西欧各国的商业资本，已因在地权方面的遭受排斥而向外发展，已因对外贸易的不断积累，逐渐破坏了封建的领主经济的基础，在那种过程中，新的生产方式被建立起来，相应着，一种新的对外扩展贸易的方式，被建立起来。结局，中国不能自动发展的对外贸易，却迫而被动的发展了。

在五口通商前后，中国商业像木乃伊接触了空气似的变质了，但因为那种改变，不是由于社会经济基础根本变革的结果，而是由于社会对外关系发生变动的结果，所以对外贸易尽管把商业资本对地权的兴趣冲淡了，甚至转变了，但商业上所有的积累，第一因为不是得自外国，却是通过买办性对外贸易关系，以更不利或更酷刻条件，得自本国；第二因为外国为要保证那种买办性商业，把中国工业发展所需要具备的一切条件，都分别用各种不平等条约的方式予以破坏或肢解；第三因为原有的社会经济组织，在若干买办性商业及与其相应的买办性企业活动的沿海大都市乃至有新式交通工具联系的内地若干城市及其附近地区，尽管已改换了原形，且还附以资本主义的外观，但广大的农村，却不过在手工业与农业的自然联系上，遭受破坏，其余作为封建生产关系之基本部分的土地所有形态与使用形态，依旧执拗的顽存着，所以，在日益增加并扩大的新的商品货币关系中，土地的重要性虽然减少了，土地的诱惑性，虽然为新的赢利事业所代替了，但最有变动性的商业资本，或商业可能挣到的积累，仍不易甚至不能转用到工业上。不错，我们曾利用国际帝国主义间的矛盾冲突，在它们压力松弛的空隙中，有了一点工业上的成就，但那不但不够用以改变商业对工业的社会优势，且在不旋踵间，就因那种压力的再加紧，而全部崩溃下来。

由是，我们知道，在近百年中，中国商业资本无疑在古典形态上，附着起了新装。但它这新装，毋宁说是一种伪装。它并不曾同工业建立起现代的关系。它不为中国工业服务，却在牺牲本国工业的条件下，为外国工业服务。在这种情形下，当然不能希望我们商工业间的资本，有正常的流通。

四　战时商业资本的工业资本化与工业资本的商业资本化

抗战发生以后，情形有些改变了。沿海对外大商场的丧失，对外贸易的阻断，中国商业资本已不得不暂时脱去了它的新装或伪装，它不能为外国工业服务，理应为本国工业服务了。而同时，由对外贸易关系阻断所造成的一般日用品与军需品的缺乏，反给予民族工业以大的刺激。而况一向束缚中国工业的各种不平等条约，也于此时无形取消了，而政府为了抗战与建国任务的达成，更像在多方予工业以便利与扶助，在这诸般情势下，如其我们还发生工业资本问题，那就是由于社会全般资金的缺乏，而不应是由于商业资本工业资本间的不平衡发展。但揆诸一般实际情况，却出乎意外的，正好是因为商业资本过于膨大，以致引起工业资本的特别困蹶。

在抗战过程中，商业利用物资缺乏，物价步步增高的机会，在通货日益膨胀的条件下，积累了大量的货币财产。但货币财产尽管积累，商人却仍不肯像现代初期西欧各国商业经营者一样，使自己变为工厂老板，使自己的资本，变成工业资本，他们的资财，无论是货币，是待售的商品，抑是商业设备上的生产，一直是停留在流通过程上。他们甚至把商业活动的对象，扩大到土地上，这在一方面似恢复了商业过去对于地权的联系，但在商品货币关系相当发达的今日，自然更带有商业投机性。这就是说，商业上积累的资本，不论是直接投在道地的商业上，抑是间接通过土地再绕到商业上，都在力求自身的膨大，而造成了当前商业游资过剩的现象。

然则商业上过剩的游资，为什么不转向工业方面呢？大家容易想到的阻碍，当然是由于工业利润比之商业利润太低了，仿佛就因此故，不仅商业资本不易工业资本化，甚至政府多方扶助的一点工业，且有商业化的趋势。据报章所载，许多公私经营的工厂，在把它们的厂址，当作地皮经营，把它们的机具或原料，当作囤积品来处理。

商工业资本间这种反乎一般期待的逆流，很容易给予我们以这样的印象，仿佛中国的社会经济，已经造出了前述平均利润法则作用的条件，即是说，它已资本主义化了。它已在照应着资本主义的运动法则，使它的社会资金，向着利得较高的部门流转，由是，许多人，就照此推论，以为我们如能运用金融政策，多方限制商业资本利润，同时并多方抬高工业利润，商业上的资本，就自然会流用到工业上去。其实问题是没这么简单的。

商业资本不肯转化为工业资本，却相反的使工业资本商业化，如系按照资本运动的法则进行，那么，当资本纷向商业移转的当中，工业上就应当由资本短绌，事业缩减，生产品减少，供给额降低而提高其利润；反之，商业上就应当因其资本对被周转的货品之绝对的相对的增多，而减低其利润。但我们当前的现实却并非如此，好像资本愈挤到或被吸收到商业上，商业利润反更形增高似的。不错，我们需要照一般人乃至一般经济学者所惯常的解释，说我们是在战时，一切不免有些变态，但战时的影响即再扩大，亦不够说明那种变态。那至多只能算是中国社会在战时的"变态"。我们试想，现在该有多少国家在参加战斗，但任何一个国家，却不曾使它的商工业间的资本问题，具有我们这样的内容。当理论被展开到了这样程度，我们的经济学者们，即强调用资本主义的金融政策来解决当前资本问题的经济学者们，都反过来用"中国经济落后"这个笼统的论调，使他们从自己理论的缺口逃脱出来。可是当他们一脱出了这个缺口，又毫不觉得矛盾的把"中国经济落后"的命题，暂时储放在下意识中，再回头来用资本主义的各种标签，来表识中国战时经济及由此引出的各种经济问题的性质。

事实上，中国当前商业资本的这种"变态"的发展，恰好是在证示广义经济学上的一个法则，那就是，商业资本愈脱出总生产过程而独立发展，产业资本或工业资本将愈不发展，即前者的发展与后者的发展成反比例。这个法则，是在前资本主义社会的经济条件下发生作用的。我们当然不能否认中国经济中的资本主义因素的存在，但那种存在，在规模和比重上，显然还没有达到阻止那个法则发生作用的程度。当我们论究中国商工业资本间的流通问题时，应当随时不要忘记这个基本论点，我们一方面固然不妨把商业上的高率利润，看作是商业资本不断吸收工业资本，扩大活动规模的原因，但同时应理解：这所谓高率商业利润，并不是资本主义涵义的东西，也并不是孤立的形成的东西，它有取得其存在的全社会经济基础。

五 解决工业资本问题的前提条件

近半年来，政府为了"国营"并奖助私人新兴工业，像是尽了最大的努力，一方面鼓励商业资本工业化，一方面又得阻止工业资本商业化。迄乎今日，困难仍是有加无已。这原因最容易说明的，是商业还能保持住高率利润。但政府不是从税制上，从金融上，从一切管制物价方案上，限制商业，打击商业么？但问题的症结就在这里。一个国家的工商业间，已建立起了现代的关系，工业本身就具有节制商业资本的机能，虽然有时为了这种机能的发挥，还不能不借助于资本政策或金融政策的援助。如像中国的工业，一向就因为它自身没有建立起足以钳制商业的基础，一向就是做着商业的附庸，同时更因为与此种事实相适应相关联的落后的社会生产关系的存在，就使政府的诸般限制商业的法令，不容易顺利推行，结局，许多抑商政策的节目，倒反而变成了商人借以增进其过分利得的口实。政策本身也许是好的，但却被应用政策的客观社会条件歪曲了。

不仅如此，把社会经济看成一个总体，它的各部分在本质上已是相互包涵的。中国商工业资本间的这种不平衡关系的发展，我们是理应效法各现代国家所执行的金融政策来予以调整的。事实上，我们确也如此做了。但其间有一个值得注意的问题，就是我们的金融资本，在社会构成上，已经是对于我们的商工业资本形态的一个配合。甚至可以说，商工业资本间的那种畸形发展，还大大的受了我们的金融资本或银行资本的促成。在资本主义国家中，所谓银行资本，原本就是因应工业通融资金的便利而产生，银行与工业结了不解之缘，若在落后国家，它只有侵蚀生产的高利贷金融业，而不能有扶助工业的银行资本。如其在名义上有了银行资本，这种银行资本，就很容易保有高利贷的特质，结局，很容易对商业发生较密切的联系，甚且很容易由结托商业，而变形为商业本体。要通过这种性质的银行资本，来执行扶工抑商的资本政策，就似乎很难收到预期的效果。在这一关键上，我们如何运用银行资本来收缩商业资本或增益工业资本的问题，就引起了如何使银行资本本身变质的问题。

一切有关商工业资本流通问题的措施，如果采取这种推论的方式，最后均将引到一个现实社会生产关系，即一切落后经济关系的基础的问题，亦即我们这里所讨论的商工业资本流通问题所由发生的最基本原因的问题。我在《中国商业资本论》诸文曾分别指出商业资本活动与土地投资的联系，并指明商业资本上的积累，如得自由投用在土地上，就可从多方面增大商业的声势：那第一，会使土地商品化，借以扩大商业活动的范围，战前在大都市中作地皮投资，战时却对后方各大城市附近乃至较荒僻的地域，表现了极炽烈的购买土地的兴趣；第二，土地商品化，不啻为商业在土地生产物囤积居奇上，得到了捷径，那同时又是商业资本逃避统制的一个方便之门；第三，利用土地方面的落后所有关系与使用关系所获得的高额地租，一转手间，又可用以充实商业资本。但除此以外，还有一项更本质的影响，最好在这里补充说明，那就是：商业同地权的关系愈形密切，它就可能腐蚀一般落后的社会生产关系，使其不易执行任何打击商业的任务。因此，我认定，在一切不彻底的限制商业资本活动的政策中，阻止商业资本向土地的进出，还不失为一个有效的法门。自然，商业资本转向土地的活动受到了妨阻，并不一定就会把它转用到工业方面。社会资本由商业移向工业，无疑还要具备一些历史前提，但如其我们不把阻止土地任意买卖的政策，孤立的来理解，定然会知道，那种政策上执行上所需要配合的其他革命步骤，将大有助于当前商工业资本流通问题所形成之社会经济基础的变革。

六　四个结论

论到这里，我们似可把上述诸般意见，综括为以次四个结论：

第一，中国商工业资本间的不平衡发展问题，并不始自今日，在此次抗战发生以前，这个问题就曾严重的存在，不过直到战时，才因现实的迫切需要，而把这一向不大引起我们注意的问题，开始在脑中唤起而已。在这种意义上，抗战对于中国社会史的研究，确实提供了极可宝贵的社会测验。

第二，不管在过去，抑是现在，中国商工业资本流通问题的形成，是把中国整个社会经济形态作为它的基础。像这种问题的解决，和其他主要关系技术性质的问题，不能一样简单，建造几条铁路，几只轮船，几个水渠，政府诚能在财力及技术许可限度内，不牵涉到全般社会经济基础，而努力有所成就，但如我们在这里讨论的资本问题以及与资本密切关联着的土地问题，却不能单从技术上的努力得到解决。

第三，要使商业资本依照平均利润法则来调节其流通，固须具备一定的社会经济条件，但在这种根本条件未造出之前，我们并不能呆然无所作为的听任商业资本把一切生产资本无情的吃尽。租税政策、金融政策、限价政策，以及其他对商业寓有抑制作用同时对工业寓有扶助作用的诸般设施，假如能曲尽人事，亦许不难收到相当效果，但我们首先应知道：在落后的社会生产关系里面，租税、金融及物价等等本身，就分别是那种社会生产关系所由表现的因素，使它们健全的可能性是有限界的；运用它们来调节资本流通问题的效用性，更是有限界的。

第四，当前商业资本不绝的膨大，对于全般社会，特别是对于工业，固然在逐渐增大其不利的暗影，但对于商业本身，其不利的程度，亦并不难想见。商业为求独立的发展，工业上的不发展，固然是它的前提，但商业所周转的生产物，如每况愈下的减少，那就不但商业活动的对象和范围，会相应缩小，商业活动需要的消费者，也将因生产渐形萎缩而丧失其购买力。在目前，个别特殊的商业者，也许还在陶醉于他们由货币数量测度出来的利得，但就全体商业或商人阶级来讲，他们一定不难发现：在社会生产规模日益缩小，社会财富日益减少的情形下，他们手中由货币测度的资本，不过是虚拟资本，是空中楼阁，飘浮的烟云，只要一阵大风，就会吹得毫无踪影的。所以，为他们打算，他们尤其需要改弦更张，设法改变他们的资本用途。然而，各别商人的资本，已经被结成一种商业资本的形态，特定的商业资本形态，已经是在一定社会经济条件下发生作用，其结果，个别商人，固不易拘束他手中的资金，只好随全体商业资本的动态为转移，而同时，整个商业资本的动态，亦并不是全由商人阶级全体所拘束。大家试一考虑商人们动辄发出的"我们也无办法"的呼声，就知道从改革社会生产关系方面，从改变土地所有权方面，扭转一般的趋势，在今日不仅为工业家的要求，亦应为商业家所期待。

中国官僚资本之理论的分析*（节选）

一 我们应如何理解官僚资本

官僚资本有三个具体形态：一是官僚所有资本形态，一是官僚支配资本形态，一是官僚使用资本形态，这三者相互的依存性和融通性，是官僚资本所以成型为官僚资本的具体内容和条件。它们的存在，在某些场合是各别独立的，在某些场合是相混合的，但离开了其中之一，则不足以通体了解其他。

这里且先分别释明它们各别的特质，然后再统观其共同机能。

首先，所谓官僚所有资本形态，就是指官僚自己举办的某种企业和经营。它必须所有者尚是官僚，一方面以公务人员的资格，从事政治活动，同时又以私法人资格，从事经济活动。在这种情况下，不管他的经济活动是被禁止的，抑是被允许的，也不管他是直接从事经营，抑是委托旁人经营，他那种经济活动依以进行的资本，就似乎取得了官僚资本的属性。但是这种说法，马上就要遭到以次事实的反驳。近代社会，是所谓商工业者市民社会。由商工业经营者变成官僚，是极其寻常的事。一个商业家、工业家或银行家如其一旦成功为官或官僚，是不是要停止他原已经营的一切企业呢？即，是不是他一进入政界同时就得退出经济界呢？或者，他不退出经济界，他前此经济活动所依以进行的资本，就会因为他投身政界，而变为官僚资本呢？如果对于这些问题的答复，不能一概断然地予以肯定，我们就有理由相信：所谓官僚资本，即使是就其所有形态来说，那也不能单从资本为官所有这一事实来评定，而要从资本在如何的情况下为官所有这一事实来评定；为官所有资本其所以被人诅咒被人诟病，乃因他的资本来源，他的资本活动，通通与他的官职发生密切的联系。由此可知，官僚所有资本形态，只是官僚资本的诸现象形态之一，我们称此为官僚资本的第一形态。

其次，存在于官僚所有资本形态一旁的，还有官僚使用资本形态或官僚运用资本形态。凡属由"公家"经营的一切企业，其经营主体，不拘是国、是省、是市、是其他党政军乃至社会文化团体，其实际经营者，通

---

* 原《中国经济原论》的附论。

是各种形式的官；官僚对于此类资本经营，没有所有权，但却有运用权。本来，在一切现代国家，均存有大大小小的这类"公营"事业，也多半是任用公务员或"官"去经营，但它那些经营资本，是不是可归属在官僚资本范畴呢？那第一可以说是由于它们的公营资本与官或官自己经营的资本，没有何等内在的关联；第二可以说是由于那些从事公营事业经理的人，即使是官厅任命的，即使是官，一到那些经营机关，他们便不是以官的"格"、官的职能在那里活动。正惟其有这第二种理由，更使第一种理由得以确立。从这里，我们又明了，不是资本由公家所利用，为官方所经营，便变为官僚资本，而是公家的企业经营，被掌握在官僚手中，由官僚任意处置，并使其对前述官僚所有资本形态，发生或明或暗的内在联系，才叫人厌恶叫人诅咒。像这样为官僚资本所运用的资本形态，我们称它为官僚资本的第二形态。

再次，我们要谈到官僚所支配的资本形态了。本来，官僚个人所有资本，官僚所运用的公家资本，通可说是受其支配控制，但我们这里却是另有所指，或即是指着那些既非为官僚直接保有，又非为官僚所直接运用，但却显然在多方面受着官僚支配控制的那些私人企业资本，在经济与政治保有密切联系，而又缺少明确的法的权界以资分划的场合，特别在私人资本必须取得政府各种方式的支援，始能维系的场合，几乎大部分的私人企业或其资本，都不免要在不同的程度，通过不同的方式，变为官僚的"俘虏"，变为官僚任意侵渔和自由游泳的大水池，变为他们所有资本形态扩大汇集的又一来源。像这样一种资本形态，我们称之为官僚资本的第三形态。

由上面各别的说明，我们应对官僚资本有一个总的概念，即所谓官僚资本，应是在特殊社会条件下，为官僚所拥有、所运用、所控制的诸种资本之有机结合的总称。那从以次三方面显出它的基本特征：

第一，官僚资本的三个形态，通是以官为其发生联系作用的枢纽；没有官的凭借，这种资本的属性就根本无法存在。

第二，官僚资本之一极，是人的属性的官或官僚，而其对极，却是物的属性的资本。资本而捺上官僚的烙印，是只有在一定的社会政治条件下才有可能，因此，官僚资本的产生与发展，皆当从特定社会政治关系中去加以理解，而那同时也正好是特定社会政治关系的体现物。

第三，官僚资本的上述三个形态，就某一方面或其活动的归结来讲，似以第一形态即官僚所有资本为基本形态，因为对公营资本作自利的运用，对私人资本作自利的控制，无非是想使其所有资本形态迅速扩大起来。但从另方面或从其活动机能立论,则第二第三两资本形态,不但同样重要,甚或更加重要,没有这两个资本形态,第一资本形态,也许根本不易产生,即使产生,也恐怕难得成型为官僚资本。

论到这里,大家也许仍觉得我上面关于官僚资本的总概念,还有不够包容的地方,即在现实上,除了上述官僚资本的三个形态外,不是分明存在着官商合办的资本形态吗?详细分析起来,这所谓官商合办的官,并非官,而是官家或公家,所谓商,并非商,倒反而是官或官僚。官僚资本在其作用过程中,可以有许许多多的连结方式,而由此表现出许许多多的复合形态:官和私人的资本,参组到公资本方面;官以公家资本,参组到私资本方面;官以所谓官商合办的金融机关的资本,参组到私资本或公资本方面;官以属于国有的资本,参组到地方官商合办事业方面……各种各色的结合方式,都不过是官为扩大并加强自己资本活动所搭起的"便桥"。我们应当把它们理解为前述三个基本形态的派生形态,并为那三个基本形态作用的环节或结果,它们的真相,是会在后面待述及的官僚资本活动的过程中明白显露出来的。

二 官僚资本是怎样形成的

论述到官僚资本如何形成,我们似乎要被迫着说明以次的问题:

中国有几千年的官僚制度或官僚主义,为什么到现在始出现官僚资本?中国或许有几十年乃至100年的官僚资本发生史,为什么它到现在始被人重视和注意?

先讲现代以前。

在以往的前资本社会,够称为资本活动的,大体是限于有关商业和高利贷业方面。中国的封建官僚体制,在西汉时代已完全确立。当时的官或官僚,尽管也开始兼作商业高利贷业的活动,并进而为国家从事有关盐、铁、酒等的生产企业及市场独立经营。但一则因为他们活动的范围,过于窄狭,同时,他们对于从事此类活动结果的所得,并不是用作扩大再生产的积累资本,而宁是用作增加消费的手段,再有剩余,也可能是用作兼并土地的手段。因为在当时,土地是掠取社会剩余劳动生产物最有效的把柄。也许因此之故,当时衡量人们在社会政治上之地位和权势的,并不是资本数量的多少,乃是土地面积的大小。在这种情况下,官僚资本当然不易形成。

次讲现代。

到了19世纪中期乃至20世纪初期，我们已渐有现代型的资本活动了。官僚资本亦渐伴着萌芽起来。在中国产业发展过程上，有所谓官办时期，有所谓官督商办时期，有所谓民营时期，李鸿章、盛宣怀、张季直辈的大财富与经营，为我们提供了当时官僚资本萌发的榜样。但首则因为前两期的民营资本未曾发达起来，次则因为民营开始发达时期，又正是官办及官督商办事业完全破产的时候，致官僚资本形成的来源以及其造出的机会，都大受限制，换言之，就是因为官僚资本的第二形态（运用形态）与第三形态（支配形态）没有广泛的存在，官僚资本的第一形态（所有形态）的存在与发展，也自不能不受到妨碍。

不仅此也，我们在说明的便利上，虽然把中国产业发展的过程，分作上述三个时期，事实上，在所谓官办时期、官督商办时期的产业规模，实在是有限得很。由中日战争到第一次世界大战的期间，民营事业虽有蓬勃的扩展，但妨碍产业资本成长的内在外在条件，却不允许我们的产业，正常的完成现代化的程序。官僚资本在一方面原是要求产业资本有相当的发达的，但产业资本过度的发达起来，却又是对它自己的否定。所以，产业现代化的坎坷，在某种限度内，竟可说是官僚资本存在的前提条件，亦就因此之故，官僚资本如非有偶然的外在的接收条件（例如抗战胜利后接收敌伪产业）存在，它就只能具有产业资本以外的资本内容。如其他因缘那种外在的接收条件存在，而以产业资本形态出现，它亦将很迅速的转化为非产业性质（如我们在本文第三节所要说明的）。

官僚资本的这种先天的限制，使它在此次抗战以前的发展形态，不可能是产业资本的，而却是银行资本的。

不错，现代型的银行资本，原是伴随着现代产业资本，或为满足产业资本之信用要求而成长起来的。产业资本的发达受到挫折，这里所谓银行资本的发达形态云云，就显然不是正常的，而是变态的。中国的银行资本，具有三种特殊性格，一是财政的，一是高利贷的，一是商业的；单就它与这里特别有关的财政的性格而言，乃是说："近30年来最显然膨大起来的银行资本，论其积累过程，应当不忽视政府所给予它们的特别恩惠；政府以公债的方式向银行贷款，公债票面价格和政府实际收入款项之间，有一个巨大差额，除此差额利得之外，还有较高的利率，还可能把公债券当作发行钞票的准备金。银行就把其他方面的业务活动的赢利抛开不讲，单是这种借贷关系，就能给予它以四重的利益，银行资本是这样积累起来的。"我们由此应联想到一段古典的说明："国债的债权者，实际并不曾拿出什么，因为他所贷与的金额，转化为容易移转的公债券了，这种公债券在他手中，和同额硬币有相同的作用。由是，产生一个无所事事的食利者阶级，由是在政府与国民间尽着媒介机能的金融业者，获得了速成的富；由是赋税包征人，商人，私人制造业者，将以国债的一大部分当作从天而降的资本来利用。"① 但是银行资本的这种发达过程，正是银行与政府相互增大其依存性的过程（银行投资的总额中，有一半以上是直接间接贷给政府，政府支出总额中，有极大一部分是仰给银行承购的公债。），同时，也是银行资本官僚化的过程。在战前，政治军事上的权势者，差不多都是金融上的权势者；由地方上的土霸以至中央的显贵，都不约而同的在或明或暗的从事金融活动，而当时整个社会的动乱与不安，内地资金向都市，更向大都市集中，益发加强了这一变态银行发达的趋势。

因此，在抗战发生前十数年间逐渐繁昌起来的银行资本，已早有人充分嗅到了它的官僚气息。大家一提到所谓江浙金融资本与政治上的因缘，一听到当时"统制产业"救济产业的嚷声，就已经预感到了官僚资本"旺盛的"前景。然而官僚资本的表面化，它使一般人感到它的存在和威胁，却是抗战发生以后的事。

再次讲战时。

抗战发生以后，为了供应战时的非常紧迫需要，就是不够条件不够资格的国民经济，也不能不半受强迫半由模仿的改变平时的姿态。所谓国家经济统制经济的范围尽量扩大起来了：由生产到配给，由交通到金融，凡属经济所在的地方，就是政治所在的地方，同时也是官僚魔手所触及的地方。我们已经讲到，由官僚所运用的资本形态，和由官僚所控制的资本形态的扩增或发展，正意味着官僚所有资本形态的增长。大约由1939年到1942年这短短数年之间，用所谓公家名义经营的经济是有一些进展的。同时由于沿海工业城市沦陷，大后方需要迫切，各种中小型私人企业，亦曾在一时表现了簇兴的气象，但"公"私资本经营一被掌握到官僚的手中，很快就要交到厄运。这厄运，在某种方面看来，虽然像是象征着官僚资本所有形态的扩展，但在官僚资本所有形态是把它的运用形态与支配形态作为来源的限内，官僚资本整体，很快就要发现到它的扩展限界。现在且来分述公私企业资本在战时官僚资本化并作用为官僚资本的实情。

在战时，各级军事政治部门，差不多都像在讲求有关它们各别部门的

---

① 马克思：《资本论》第1卷（郭大力、王亚南译），人民出版社版，第645页。

经济方面的"自给自足",先就国字号的工业经营主体来说,国民党政府经济部资源委员会是首屈一指的所谓国营工业机关,在1943年,它所属的,已达到78个单位。国民党政府军政部是兵工业的经营机关,除兵工厂外,亦经营钢铁、炼油、酒精、毛织、棉纺、棉织及被服工业,交通部则经营有造船,造车,机器及炼油,酒精等工业。粮食部设有中国粮食公司,经营粮食加工工业。财政部则由所属的花纱布管制局、贸易委员会、复兴公司、中茶公司各自经营了若干工厂。此外,农林部,教育部及社会部,亦多少有直接经营或附属的工厂。赈济委员会未裁撤前,曾经营了二三十个工厂,以纺织等轻工业为主。国家银行中经营工业的,以中国银行的雍兴公司为最大,它已有近三十个单位的工厂。其次,交通银行,中央信托局及中国农民银行,亦有直接经营的工业。至于省字号的经营主体,每个国民党省政府,差不多都有一个范围或大或小的企业公司,包括有各种各色的工业单位。属于省政府的省银行,在许多省份,亦有它的生产事业。建设厅更是"名正言顺"的工矿业经营机关。此外,省以下的县级政府,以及不直属于各级政府的社会公团,亦都像是在争先恐后的响应"胜利第一生产第一"的号召。然而略一考察实际,就要发现其中许多曲折有致的隐情。

第一,所有各级各部门之从事生产事业,在最先也许是为了供应当前紧迫的需求,但愈到后来,除了极少数的经营机关外,其余差不多都是为了把生产事业,作为囤积的合作供销处一类企业,而原已设立的生产机构,亦大率在"以商养工"的感召下向着商业机构转化。

第二,生产事业商业化,就无异为"假公济私"乃至"化公为私"开一大方便之门。各种贪赃枉法的秘诀与技巧,大体都是从这里表演出来的。

至若官僚对于私人经营的支配或控制,都显然是由另一套手法。战时经济的发展情况,已如上述。可是正在所谓公家经济各部门扩展过程中,私人的企业经营,亦在种种刺激与奖助下,得到一些进展。这里毋须证示出我们战时究竟有哪些私人企业,及它们对所谓公营企业所占比例如何,这类统计数字,随处可以找到。我们所当注意的,宁是一般私人的生产事业经营,更是如何遭受官方或官僚的管制。1938年10月,国民党政府曾公布一个修正了的非常时期农矿工商管理条例。这个统制条例,自然不曾一一见诸实行,但在所谓公营企业取得有各种特殊便利,同时私人企业又须在厂具迁移,交通,贩卖,特别是信用等方面,需要仰赖国民党政府的情况下,它们将可能依其希望取得特殊便利与仰赖国民党政府的程度,甚且也可能依政治势力者对其发生兴趣的程度，变为官僚钳制私营企业的有力武器。我相信，并且也到处有事实证明，战时许多私营企业乃由被淘汰，被合并，被渗入官股或官僚们的私股，因而，由官僚支配资本形态变为官僚所有资本形态。

可是，临到胜利前夕，几乎全部由官僚摆布的公私企业经营，都陷在极端凋敝的破产危状中。我们似有理由把它的原因，归之这以前的战事恶化情况，特别是湘桂两省沦入敌手后，散布在这个地区的公私企业，全部化为乌有了。可是，单从战争失败着眼，显然无法说明以次的事实：（一）整个大后方的各种企业经营，都是在战争局面非常紧张的时期（由1939年到1942年）次第建立起来的。（二）那些企业经营的开始衰落，却正好是发生在战争入于半休眠状态的1943年及这时以后。

我们试回忆一下当时的情景。

工业生产，在抗战以来，在大后方未有显著之进步，但由于物价，税制，运输等影响，过去一年（按即1943年）新工业之推动，已万分困难，原有的工业生产，已表现出极度的萧条，除少数生产消费品工业，尚能继续进行，或有相当增产，一部分化学工业如酸碱酒精等，尚能勉强支持外，各业工厂无不停工减产，或歇业倒闭。此等现象，以钢铁和机械工业为尤甚。据国民党政府经济部长翁文灏对记者报告："陪都一地，已登记之机器厂，共364家，歇业或停工者，占总数百分之十九，工具机停工者占总数百分之十二……川省钢铁工厂共有18个厂，先后停工者，已有10个厂……衡阳已加入工会之90余家工厂，因无力继续维持，将于本年初停工者，约占四分之一……桂林各工厂，近月以来，亦转入疲弱时期。其他各地，情形亦复类似。即公营工厂，虽有政府贷款救济，亦因产品销路疲滞，而开支日益增大，不得不在虚盈中吃本，或部分出卖机器，赖以维持……"①

从1943年度起，中国战时经济即已发生深刻危机，那时在表面上，虽然说是由于物价，税制，运输等影响，但这几方面的不利影响，都有官僚的非法的不合理的无能力的活动因素存在其中。这，我们将在下面指证出来。

最后再讲到战后。

在国民党的二全大会中，一位要人仿佛这样"慨乎言之"过："一切国营事业失败了，私人企业也不振，官僚资本却膨大起来。"

---

① 见《中国工业月刊》。

然而这句话，只有相对的意义。在我们的理解上，所谓的国营事业在被当作官僚运用资本形态的限内，大部分私人企业，在被当作官僚支配资本形态限内，它们的失败与不振，已经是意味着官僚资本本身的没落，即使单就官僚资本所有形态而言，那亦是表示它的积累来源的枯竭。如其在这种情况下，官僚资本还能膨大，都只是说（一）在"公"私企业凋残破坏当中，化"公"为私，乃至化私为官的事实确实存在着。与"公家"及一般私人相对而言，许多官僚所有资本，是膨大了，但（二）那种膨大，在没有现实产业发展作基础的限内，只能是虚拟资本的膨大，只能是国债所有额，银行股权的增大，或者至多只是整个停顿了或半停顿了的各种生财的货币价值的增大。

在动员的时候，一部分企业经营忙乱的内迁，一旦复员，残留下的大部分企业经营，又忙乱的外迁。交通的阻碍，周转资金的缺乏，原有市场关系的突然变化，许多原来已在半停顿中的企业经营，工厂设备，事实上，无非是一栋一栋的临时搭架的建筑物和一堆一堆的正在锈蚀中的烂铁而已。但虽如此，诸如此类的房屋，不生产财富，乃至它们所敷占的地产，却不仅将其原有价值列在各经营单位资产的贷方，甚且还被扩大增加起来，当作那些经营单位应付银行欠款的抵偿物，而列在银行资产的贷方。战时在大后方，在一切所谓临时省会的地产，其建筑物，其经营设备，甚至其霉烂了没有售卖可能的仓库贮存物，就这样被"保持住"乃至"增大"其价值，成了我们社会总资本继续和扩大的内容。举个例来说吧，永安是福建临时省会，一时兴建起不少的房屋，曾依省银行及其他国家银行的帮助，设立了有关农产的农林公司，有关供应的合作供销处，有关工业的企业公司分处，乃至其他用种种名色，向银行通挪款项开创的官私事业。在省会准备还治之始，这一切经营已早不约而同的一致亏蚀到不可开交，结局，它们对银行几百万几千万几万万的欠款，还有银行对自身经营的各种事业的负累，一大部分都由今日永安那座迅速趋于荒废的小城市的地产房产作了"报销"。我相信，这在今日全国各地方，决不是什么特例，而是一个通例。

然而，"柳暗花明又一村"。官僚所有及其所用资本，绝处逢生的得到了敌伪所遗资产的大补充了。敌伪公私所留给我们的财产——流动资金和固定资产——共有多少，迄今尚未见到一个概略的计算数字，单就那一再被文武官员们贪馋"劫留"后而登记在国家或政府名义下的一部分而言，亦还是用"不计其数"这类术语来含糊的描述它。这一方面是由于作为我们价格标准的货币，在不断大贬价，以致接受资产的估值发生了技术上的困难，而同时，那也正好是官僚政治无效率的实话，虽然其中还存在公私不分混水摸鱼的"秘密"。我们在这里只想举出一件大家公认的事实，就是，今日在全国各大城市，不论是依国营名义，依私人名义，抑是依半公半私名义所活动着的各种企业，恐怕有最大部分是由于敌伪资产的"润泽"。

三 官僚资本的作用及其后果

关于这方面，可从以次两点来说明：

（一）官僚资本是怎样作用着的

官僚资本在实际的活动或运用上，自始至终，都同借贷资本有密切的联系。在前述现代官僚资本形成的过程中，我们已指出了这种症结。溯源来说，中国原始的官僚资本形态，即现代以前已经存在着的官僚资产，一向是由各种方式的高利贷业积累起来。典当业，赊卖商业以及指不胜屈的本格借贷方式，尽管是一般散见于民间的，但稍加分析，就知道那主要是所谓大大小小的候补官——士、出缺官——在任官自己及亲朋故旧们在从事经营，他们因为是社会政治的势力者，他们的借贷资本，就不但有了来源，有了保障，且还变成极有强制性的吞并土地的手段。我们很可以说，高利贷或借贷资本，是官僚们的政治势力在经济上的扩大与延长。

到了现代，银行资本出现了，在本质上，我们的银行资本，迄今仍浓厚地保持着高利贷的属性，或者说，更浓厚地保持着官僚的属性。中国官僚的生活形态，以及当前社会的客观情势，都不宜于从事生产活动，但却更宜于从事高利贷性的投机的金融活动，把这许多以及其他有关的原因凑合起来，就使得大大小小的官僚都不期然而然的把金融事业作为其经济事业展开的出发点。

中国金融界老早就有南四行北四行的系统。近二十年来，因为许多新的金融势力的出现，使得原来的系统有了不少的错合改变，但有一点是不曾改变或者只有"变本加厉"的改变的，那就是你不论翻开哪个银行的董事会、理监会的名录，却总可发现那都是一批一批的官僚或准官僚或他们的家属，"公家"银行固如此，所谓私立，实际仍不外是"官立"的银行亦如此，哪怕是若干真正的民间银行，它们亦得为了实际经营的特殊便利的取得，而不能不拉若干政治上的红人来撑撑门面，虽然政治上的红人，往往也因为公然出面经商，有碍视听，而失官格，竟亦标列出一些

"莫须有"的商人，作为"伪装的后台"。在这场合，倒不是民借"官力"，而是官借"民名"了。我曾想，中国社会中最复杂的场面，往往是由"足智多谋"的官僚扮演出来的。

官僚们这样热衷于金融事业，乃因官亦是人（虽然有时他们扮演得像"超人"），大利所在，人必趋之。金融业的大利益，并非在金融活动本身，在以往，仍是借着高利贷来扩大商业和兼并土地，并进而保障政治上的地位，而在现代，则显然是借着金融活动，去接近或参与一切有利可图的公私企业部门。参与的方式，五花八门，比起现代先进国家银行资本，参与各种企业的方式，更要复杂。试举一二例，以类其余。川康兴业公司是与川康银行有着血肉关系的，川康银行的资本来源，是国库，是川康两政府，还有是所谓商股，由这样一种组织形式，就决定了它的官僚性格，事实上商股云云，无非就是官僚，官僚们通过川康兴业公司，把一切有利可图的事业，都囊括净尽了。又如贵州企业公司的资金来源，是贵州省政府，是中国、交通、农民银行及贵州省行，还有也是所谓名商实官的"商股"；这个企业公司的包罗性，在国内是有名的，几乎经营了省内一切新式事业。战时其他各省相率建立的企业公司，差不多都是把贵州企业公司作为榜样，其间即使也有完全由省行或省政府出资经营的，那并不妨碍它这种组织戴上公家名义，实际却大抵是在种种曲折的手法下作着某些特殊势力者的业余经济买卖的机构。这就是说，官人们一般是通过他们自己控制的银行，进而参与控制一般经济事业。结局就使官僚金融活动，变成整个官僚资本活动的重心。往往一个人兼为官，金融家，企业家。公司后台老板，就是这为大家所熟知的"三位一体"。

英国拉斯基教授曾就大英帝国在这三方面的人物列出一个相通的表式，仿佛我们在这一方面已经迎头赶上了先进国，值得"称许"了，然而美中不足之处，却不仅是我们已在前指出了的本质上的差别，并还有由那种本质差别导出的极有危险性的后果。

（二）官僚资本作用的后果

在私有制下，社会资本及财富被积累在谁手中，在官的手中，抑在非官的手中，本来不值得去计较，而官僚资本之所以成为众矢之的，乃在它自始至终，都必然招致祸国殃民、妨碍社会发达的不利影响。把官僚资本展开的全过程加以考察，我们可以见到它的以次几种显著倾向：

1. 独占资本化。在1946年8月15日，极度同情中国南京国民党政府的美国《纽约时报》的一位记者，曾自南京发出一个电讯，报道"中国政府用各种不同的公司组织，已包揽了国内一切主要的经济事业，掌握矿产、动力、重工业、丝、棉纱及糖的生产"。其实何止生产，一切比较重要的贸易对象，如茶，桐油，棉花……等等，几无一不由专卖或官营一类名色垄断或独占了。这种独占倾向的产生和发展，无非是官僚资本作用的必然后果。我们知道：官僚资本之独占资本化的倾向，最先，就因为它这种资本形态，不但最便于发生这种倾向，官僚资本是否能维持并扩大，就看它保有那种独占到什么程度。

我在前面已指出官僚资本的所有形态使用形态以及其他种种中间形态了。完全由"公家"名义或主要由"公家"名义经营的事业，在一般工商市民阶级尚未取得政治发言权的社会，可以依照政府当权者的一时高兴，而确定其独占范围。而在战争过程中，更加是"悉随尊意"了。我们社会本身，原本是缺乏实行统制经济的先天条件的，但虽如此，我们战时乃至战后许多所谓公营事业，或半公营事业，都一直在借着金融上的或产销运购上的优先利益或特殊便利支持着。比如在破产歇业变成极普遍现象的今日，像中国纺织建设公司一类的大规模企业，却在倡言着并预期着高额赢利（其实，敢于夸称有赢利的"公营"事业，恐怕也只有中国纺织建设公司，如像和它同时成立的中国蚕丝公司，其经理人就苦脸诉说："我们是亏本事业"），这不是对于以往所加于"公营"事业之批评指摘的反驳吗？但仔细分析，就明白那是它在经营的任何方面，都享有特殊便利的结果，换言之，也就是独占的结果。凡独占经营所获得的利益依一般经济原理评判起来，都是由于其他未享有同等优待的同类事业的损失。它是把同业的牺牲作为营养而成长起来的。大家试想想中国纺织建设公司从中央银行所得到的无限制贷款的便利，它在购进原料和添补机件上所获得的外汇和运输上的优先便利，它的厂房公有不付租金的便利，它在运销上与纱布统制密切关联起来的便利，它的极庞大规模的托拉斯组织的便利，以及其他关于纳税方面所得的便利，殆无一不是由于独占。我们由中国纺织建设公司，不难类推到其他名义上公营或半公营事业的发展内情。不但此也，独占利益本身，往往又会成为未享有此种利益，并因此种利益蒙受到致命损失的其同类事业特殊化或官僚化的诱因。一般未享受独占利益的同类民间企业，要就是睁大眼看着自己没落，否则就是让那些握有政治经济权势的人，即可能使它也多少有那种独占利益的人，参加进来。

事实上，凡属由官僚所参与的事业，不可避免要由于人情主义，应付主义，形式主义而逐渐变得没有效率，可是正因为如此，独占更成为必要。许多过于天真的人，还在高嚷着取消"公营"事业"半公营"事业的差别待遇，那其实就等于说是取消官僚资本本身，那是可能的吗？事业是否能存在，是否能发达，不取决于经营技术或效率，却取决于是否取得独占权力，单就这种场合来说，官僚资本之妨碍私资本和一般企业效率的改进和提高，就是非常明显的了。

但其弊还不止此。

2. 政治资本化。官僚私人对于独占利益，可依三个方式取得，其一是借着"公营"事业的经营，从中渔利。其二是参加所谓"商股"到享有独占权的"半公营"事业方面。其三是让私人经营获得某种独占，因而在那种私人经营中享有相应的"特殊股份"。无论就哪一个方式说，独占的利益，都非靠着官，靠着政治势力不行的。独占利益的大小，就同官的大小，政治权势的大小发生了直接关系，结局，官僚资本的活动，必然表现为政治上的角逐，取得政权，变成了取得各种官僚资本利益的前提条件。可是，这还是问题的一面。更坏的，却是另外的一面。一个官，或一批有血肉关系的官，欲保持其已有的政治权势，或扩大其已有的政治权势，往往又得看他或他们是否运用有控制有大量的官僚资本，在这种意义上，官僚资本又变成了政治权势取得的前提条件，所以，接近，更进而支配某种较大规模较有利益的"公营"事业（无论那事业是属于生产方面的，抑是属于交通金融等流通方面的），乃成为政治斗争最基本的动因。试从小焉者的县到省，到中央，所有各种派系主义地方主义之间的倾轧，尽管表面上有极其差异或极其合理的借口，而熟识内情的人，却是很容易指点出它们最后的目的所在的。除了极少的场合外，我敢说，它们那些倾轧或斗争，实无异官僚资本独占权的分配斗争。

把官僚资本当作保持政治权势的手段，那和把政治权势当作取得官僚资本的手段，本来是有其内在因果联系的，但以言其弊害，前者就比后者大得多，严重得多。因为在前一场合，官僚资本势将转为政治资本，官僚资本的活动，势将歪曲到经济本身以外去，某种"公营"事业一被某某政治巨头所运用，那种事业将会自然而然的机关化为这巨头一派的小喽啰们的"根据地"。这一来，公司衙门化的可能性大增，在渔取"政治活动费"的名色下，一切腐化贪污就由此更加受到保障性的鼓励了。结局，官僚资本的经济目的，势不免要为其政治目的所牺牲。

惟其官僚资本与政治，与政治势力者如此密切的联系着，所以政治上一旦掀起波澜，政治势力者有了升沉去就，马上就影响一切为官僚势力所及的经济部门，银行也好，公司也好，其他任何企业组织也好，都相应发生脱节和崩解的现象。新政治势力上台后的第一项经济"调整"工作，也许就是看它对前任所留下的"大漏洞",如何去弥缝;当他们在台下的时候,尽管对其蓄意打倒的对象,如何痛加体无完肤的攻击,但是等到登台以后,却像很"恕道",很"绅士"的宽容前任的贪污。这"官官相卫"的哲学,到近来明如观火的证明即是他们想借此混水摸鱼,并预留自己下台饱掠步骤的狡计。大家试想,近十年来,该有多少属于所谓国家的,省市的公营事业,都不约而同的随着有关的政治势力者的塌台而解体了。我敢担保,现在依着多方面的特殊便利,而在表面上显得"经营有力""生财有道"的中国纺织建设公司,如其叫熟识内情的人仔细考究一番,恐怕不会像前任负责人那样自吹自擂的"满意"吧,即使真的如此,试多经几回"交代的转折"看,其命运也许不过如昔日曾经被宣扬得炫赫一时的招商局或汉冶萍公司啊!

然而官僚资本活动的弊害,还不止此。

3. 买办资本化。官僚资本独占资本化,政治资本化,无疑是一种必然发展的程序。至于买办资本化的倾向,在某些场合,虽然是由其政治资本化演化而来的,但实际上,我们的官僚资本一开始活动,一开始当作一个显著的经济形态,就已经和买办资本结了不解之缘。我们甚至可以说,买办资本与官僚资本,最初就是以孪生兄弟的姿态出现,它们通是在国际资本作用下的中国这种社会的必然产物。为补足前述官僚资本形成过程的说明,且附带简略指出那种关键。国际资本在落后地带发生支配作用,或把落后地带变为它的营养生命线,是必得落后地带破坏其原有的生产方式,才得为它提供制造品市场和原料供应地的。而要达到这种目的,在已经殖民地化的落后地带,其政治支配权使它可能按照自己的意向作去,而在不曾完全殖民地化的国家,它就必须通过这种国家的政治支配者,给那些支配者以某些经济的利得,才行得通的,结局,各种各色的借款成立了,各种各色的采购组织成立了,各种现代型的经营出现了;中国现代初期的所谓官办产业,官商合办产业,是在这种种现实要求下实现的。与外人接近的政治势力者,无论以国家的名义借债或还债,购入还是卖出,均被视为有大利可图,这是官僚资本原始积累的一个侧面,也是官僚资本最初就与买办资本发生血肉关系的内情。此后,凡属有关官僚资本的活动,都附加上了"买办的"烙印。可是在理论的叙述逻辑上,我们这里应当特别注意的,却是前述的官僚资本的政治资本化倾向一经形成,就必然会进一步加强其买办资本化倾向。这可从以次几点来说明:

首先,官僚资本一变为达成政治目的的手段,一变为一种政治资本,它无论从积极方面讲,抑从消极方面讲,都要求带有买办资本的性格。为了借官僚资本来保持政治势力，那种资本活动中，参入了有力的外国资本力量，那就无异取得了国外有力的支援。这是大家有目共睹的事实。同时在消极方面，为了补救自己政治势力一旦不保，而仍能保有其官僚资本，从而，保证其再获得政治势力的可能，也得在其资本活动中，参入有力的外国资本的力量，最近不时见于报章的所谓中美什么公司的计划与组织，显然与官僚们各别的主观如意算盘有关，但在官僚资本活动过程中，事实上造出了一种更有危险性的官僚资本乃至一般社会资本的买办资本化的必然情势。

其次，官僚资本既如前面所述，依种种独占，妨碍一般民间产业的发展，妨碍一般经营技术的改善，而又由其化作政治手段，而不时引起整个经济上的混乱与脱节的破坏影响，其结果，全国产业将愈来愈变成遍身瘫痪不遂的状态，将益使从事生产事业者裹足不前，而以社会上的金融、贸易、交通以及市场投机一类流通经济作为唯一可能的出路。这种倾向发展下去，就是产业上的全面对外依赖，也就是全面买办资本化。自然，我们并不否认我们政治势力者也有建设中国经济的大企图，可是，我们也同样难以否认他们维护自己及其一派经济势力的"小企图"，往往是被位置在那种大企图之上，并使那种大企图去迁就它。因此，在什么中美航运公司，什么中美贸易公司酝酿当中，我们又发现中美农业考察团，中美贸易考察团……一类顾问或指导组织，或已或将陆续不远万里而来了。这些客卿之来，也许不完全是自告奋勇，他们也许不尽是自国利益第一主义者，但依据他们考察结果的报告（如最近发表的中美农业技术考察团报告书），如其说他们不是对中国社会根本的性质过于无知，就是对于中国经济建设，过于不感兴趣。若把他们的活动与我们官僚资本之买办化的动态关联起来加以考察，任何人都不免为中国之殖民地化的前景表示忧惧。

四 我们将怎样对付官僚资本

本来，我这篇文章的主旨，在指出官僚资本活动的必然归趋，至若如何对付官僚资本，并不在细究之列。但因目前高嚷打倒官僚资本的人，提出许多高明的具体的办法，那些办法，仿佛根本不曾认知我们官僚资本的本质，所以我得在这范围内，附带提出我的补充修正意见。

综合惩治官僚资本的意见，约三端：

第一，主张禁止官僚从事商业活动，我们在战时许多法令中，就不时见到这类条文。中国一般的法令条文，原都是当作"具文"来理解。禁止文武官员经商法令，当非例外。不过，这法令曾三令五申过，这就使大家不能不略具戒心，研究如何设法去回避。其实官吏不得经商的法令本身就大成问题，没有一个聪明的官吏，肯自己出面做生意的。他对银行，对工厂，对各种企业公司参加股份算不算是经商呢？他的子女，他的亲故从事商业活动该不能禁止吧！而况，我们前面已把官僚资本诸种形态分别指出了，个别官吏或下级职员贪污不得，业余小卖补助生活所需，宁可说是廉俭可风，然而犯法的恐怕就是他们，而那些把整个国家资本"国营"事业控制在自己手中，作着种种不法行动（如利用职权作着黄金外汇投机并强制兼并私人企业之类）的大官们，一点也不会抵触法令。

第二，厉行自由经济政策，缩小管制经济范围。照前面所述，官僚资本乃由国营事业扩大而繁昌，由统制而发展，由独占而加强。设厉行自由经济政策，放宽民营事业尺度，使国营事业限于最基本的重工业部门，这层做到了，官僚资本运用的范围就会缩小；取消各种独占，官僚资本支配范围也会缩小，结局，官僚所有资本的来源，就有所限制了。这种办法能够比较认真的实行起来，显然要比前面禁止官僚经商法令，要有效得多。

但是我要问：这所谓自由经济政策，究是由谁所定立？又是由谁去执行？不错，我们聪明的官僚们，是不惜定下或通过一种令人满意的自由经济政策的，但他们其所以敢于"定下"，勇于"通过"，就是因为他们分明知道，对于任何政策及详细明确的规定，他们都有摆在一边不去过问的"自由"。再往前看吧！

第三，登记官僚财产。登记官僚的财产，曾被朝野上下嚷得怪凶的。官僚资本作祟，用登记的方式，随时予以监视，必要时则毫不客气的没收，说起来，是再彻底不过的。这仿佛是前清时代官吏财产达到一定限额以上，即予以没收抄家处分的复活。且不管清代这种办法在当时资本活动有限，而又没有外国可资逃避的情形下，收到多大的效果，而在我们今日似乎没有实行可能的。也许就因为这个缘故，就连在最近公布的财政经济紧急措施中，前行政院长宋子文也毫无保留的同意提出登记国外存款的办法，许多天真的人，还因此强调这种紧急措施的非常革命性，可是当立法院若干委员，把美国存款究有多少的问题，拿来窘诘宋子文的时候，我们的"友邦"美国已早代他拟好答案了："事关私人经济活动，未便加以干涉"。于是，战时有账可查的 3.5 亿美元不算，战后短短一年余的时期中，我们相率逃避到美国的几十亿美元（据上海报载），就由我们有远见的大大小小的官员们，去享受"中美条约"中所规定的美国"国民的"保护待遇了。

这些办法都行不通，该怎么办呢？依照前面的研究，我得指出一个不是对付而是根绝官僚资本的必由之路。

战后一年多以来，官僚资本变成一般深恶痛绝的对象，正如同抗战后期几年的商业资本一样。当时过于天真的人，大声疾呼杀几个大囤积商人，以为用这种杀一儆百的方法，就可以叫商业资本的猖獗活动平服下来，而在目前，打杀大官僚资本家的口号虽然不曾提出来，打倒某某大官僚资本家的呼声，却是叫得怪响的。除了姓"赵"姓"钱"的官僚资本家也可以行所无事的喊打姓"孙"姓"李"的官僚资本家，自是别有作用，自是独占资本家分配权的斗争作祟，当有另一个看法外，其余认真表示厌弃官僚资本的人，确有不少在希望打倒若干大官僚资本，以为这样做了，官僚资本的猖獗活动也可平服下来。

我在前面已经明确指出了，所谓官僚资本，是官僚们借着政治势力而作的经济活动。他们其所以这样做，并不单纯是由于他们的私欲，而更是由于使他们"可能"具有可能"实现"那种私欲的客观情势。他们的假公济私的活动，是在一定政治机构下作出来的，而那种政治机构，又是把一定的社会生产关系作为其存在的更基本的前提。我们社会的半封建与半殖民地性，一直都潜存着我们那种官僚资本形态形成的诸般条件，只要一有诱发的因素作用着，那种资本活动就猖獗起来了。我们指明：像我们社会这种官僚型，这种官僚资本型，并不是完全没有其他由封建制度过渡来的现代国家存在过，特我们因为有悠久的官僚制度的历史传统，又加极长期的处在过渡社会中，以至其存在规模与表现深刻程度，都不是任何其他国家所能望其项背。

在一切私有制下，一切个人的经济活动，都会要求利用一切"可能利用"的条件，以实现更多的利益。当一国现代性产业发展的内在外在有利条件不曾展开，而在那种经济基础上的政治情势，又不但允许甚且鼓励从事政治活动者利用其政治权势来增进其经济利得的时候，一个从政者，要就是无政治野心，要就是他还不曾具备有主观的经济活动条件，否则他就仿佛是"命定的"要变成为一个官僚资本家。任何一个强烈的主观主义者，任何一个装模作样的四维八德的说教者，都不易克服或掩饰这种历史为他们预定要表演的角色，因此，在官僚资本本身尚有其存在的社会经济基础的场合，特定官僚资本家的兴替，理应是无关大体的。

反过来看，一个社会如其很顺利地完成了它的过渡阶段，即是说，它的封建生产关系，如已被扬弃了，它的政治性质与政治机构，就将成为便利新兴产业资本家活动的东西。新兴产业资本家要求的社会秩序法律秩序，以及表现在那些秩序中的法治精神，就将限制着官僚资本，尤其会妨碍从政者假借政权，假借政治力量来成就其私人利益的官僚资本活动。然而这还是从消极立论，事实上，如其一个社会的诸般设施，及其一般情势，都便利于产业活动，产业分明有前途，有利得，他不论是一个从政者，或者是一个事业家，他根本也就无庸利用或依托任何政治权势。这一来，所谓官僚这一概念，就将有不同的内容，而所谓公营事业或私营事业，也不会转变为官僚资本。这是每个现代国家所曾经历过来的史实。

可是正因为我们社会自身还一直逗留在过渡的初期阶段，而围绕在我们社会周遭的许多现代国家，已经跨上或正待跨上历史的新转型期。于是，由苏联施行的社会主义经济形态，和由金融寡头统治支配的战前德意及今日英美诸国的所谓国家资本主义经济形态，就在变成了我们学步效颦的有力的"进步"的借口，以为"国营""公营"这一世界潮流，是"应当"而且"已经"成为中国国民经济生活中之重要因素了。结局，最丑恶的形体，就给披上一种很美观的外衣。这在我们的认识上固添加了一层困难，即使我们已经把它原形认清了，那在铲除或改造的实践上，也会增加不少曲折。然而，我们不能由打倒若干特殊政治人物或大官僚资本来改造中国政治机构或社会性质，而必得把这种程序倒过来，却是非常明白的事了。

因此，我虽不妨同旁人一样，痛愤许多特殊的大官僚们的营私误国，但却认定大官僚资本家个别的兴衰起伏，根本无关于整个官僚资本的存在与发展。这是事实，已经为我们证明了并还会继续为我们证明的。

（原载《文汇报》1947年3月25日）

抗战时期的物价和物价管制问题*（节选）

一 物价问题的一般说明

（一）物价问题是怎样发生的

1. 发生于货物供需方面——所谓物价，是包含着货物和货币两个相关的重要因素，在交换运动过程中体现出的一种经济形态，它是以货物为主体的。物价问题大体是发生于货物供求关系的变动上，当货物供给超过需求的程度，则因供多于求，争相出售，物价必因此而下落；反之，货物供给少过需求程度，则求过于供，势必竞相购买，物价必因此而上涨。故货物对供求比例的增减，是物价问题发生的主导面，这是很容易明白的。

2. 发生于货币供需方面——一般所指物价的高低，是以货币作标度的。但作为物价之标度的货币本身，其价值就无法固定。它可以因生产而降低价值，它的价值的增减变动，均会在物价上反映出来，即货币价值高，物价相应低落；反之，则相应提高。但这个问题在这里还不想深入讨论，因为我们后面所着意的纸币，毋宁是在它的数量的供需方面。流通界的物资总体，如保持一定量不变，而运转比一定量物资而所需的货币数量增加，则物价会下落；减少则物价必相对的上涨。故货币数量对货物一定量在总流通过程所适需的比例增减，亦可使物价发生涨落的变动，即使这变动是暂时的。

3. 同时发生于货物同货币两方面——货物或货币的供需增减，均可使物价发生涨落的变动，而此两方面供需比例同时发生增减的变动。在这场合，有可能使物价发生变动，也有可能使它不发生变动。如果货物供需比例的增减与货币供需比例的增减保持同向均衡一致的相对比例，这可能使物价不生变动，否则即可使物价发生微变或剧变，这也是不难明白的。

总之，物价问题的发生，大体上是不妨由以上三方面的变动关系来说

---

* 本篇原名《当前的物价和物价管制问题》。

明的。但其中最主要、最基本的因素，还当就货物的供需关系而得到理解，因为货币虽然重要，仍不外是以周转货物为它的任务。就因此故，我们在下面说明物价问题发生的一般由来和其不同的性质时，就是从货物的供需状况出发，而随后再从有关的场合，把货币的供需问题，加入考虑。

（二）物价问题的一般性和特殊性

1. 物价问题的一般性——所谓一般性，是指各社会共同的现象，即物价在它任何存在的社会，都是有变动的，这就是它的一般性。这种变动，无论是发生于上述三方面的哪一方面，它都是起于供需平衡的破坏。假如供需两方面刚达饱和点，则此种均衡自可维持。但供需要维持这种饱和点的均衡，是很不容易的，它的常态是不均衡。不变动的均衡，反而是它的变态。因为物价这东西，它本身就是社会交换关系的产物，社会交换关系，就是靠物价破坏供需均衡来进行的。尤其是现社会物价已成为一切生产的指南，社会需要什么，需要多少？这在生产者是不大知道的。但他有一件事是知道的，即市场价格的变动，他可从市场价格的变动上来判断社会需要，估测生产哪方面物品为有利，从而确定自己的生产方针。故物价的变动，已成为现社会经济运行的主轴了。它的常态是动，不动的均衡，只是它的变态，它是在不绝破坏均衡中，追求较长期内的均衡，在不断破坏均衡的行程中表现自己的身份。由此，我们可以得出这样的结论，就是物价问题，在价格经济形态存在的任何社会，都会发生的，不过有其缓急轻重的程度罢了。这种变动的共同性，就是物价问题的一般性。

2. 物价问题的特殊性——所谓物价问题的特殊性，是指不同社会或同一社会的不同时期的物价变动，其性质不同而言。

就不同的社会来说，在经济落后，生产未发达的社会，它的物价问题主要的是由于供给缺乏，即生产不足。但在经济发达的社会，它的物价问题主要是由于供给过多，即生产过剩所造成。但这不是指着将全社会生产物，合理的分配于全社会成员还有多余的那种绝对的意义，而是指在这社会里有许多人，尽管需要货物但无购买力；而另一部分人手里却堆积着大量的生产品，无法卖掉，形成生产过剩的现象。这是资本主义社会近百年来普遍存在过的事实。在经济落后，生产不发达的社会的物价问题，表现在物价变动形态上，一般的是上涨。而在生产过剩的资本主义社会，一般的却是下跌。所以同为物价问题，在不同的社会，不仅有其不同的形态，而且有其不同的内容和本质。

在不同社会物价问题的性质是如此，就是同一社会，在不同的时期，物价变动的性质亦复不同。就平时与战时来说，在经济落后的社会，平时生产既不足，一到战时就更不足；而在经济发达的社会，平时生产是相对的过剩，但到战时消耗陡增，不独平时过剩的事实很少存在，甚至在某些方面也呈现出供不应求的现象，而引起物价剧烈的上涨。故同一社会，在不同的时期，物价问题，亦有其不同的性质。

综上所述，可知物价问题，有它的一般性，亦有它的特殊性。

二　中国物价问题的演变趋势

（一）中国平时的物价问题

在战争前中国的农工业，差不多大部分已陷于破产的状态，当时的物价，一般说来是低落的。这种低落的现象，是不是由于我们社会生产过剩所致？不是的。这种事实，并不妨碍我们上面所讲明的原则，因为中国本身，不独是经济落后，而且是被种种不平等条约束缚着的国家，正由于我们经济落后和遭受种种不平等条约的压抑，所以外国大量的工业品和农产品，就像潮水般冲流进来。据民国二十二年至民国二十五年国外贸易统计，平均每年农产品的输入，竟占海关总输入百分之二十七。中国自号是"以农立国"，农产品的输入尚占如此大的比重，那么工业品的输入就更不用说了。由于资本主义国家工农业品的大量输入倾销，不仅摧毁了我们薄弱的民族工业基础，而且深刻地破坏了中国旧有的落后的农业单纯的再生产行程，把中国连推带拉地卷入了资本主义世界经济斗争的漩涡，我们整个国民经济基础，就在这强酸性似的漩涡里，加速溃解着，广大的国民购买力，也就随着国民经济的破产而日益薄弱。因此，资本主义国家输入那大量"价廉物美"的商品，尚无力去"享受"，而对于自己国内的土著品，也就更少人去过问了。这就是我们国家在战前土著的农工业品在国内市场呈现出"过剩"现象而闹着物贱地荒的真相。这与其说是我们自己生产过剩的象征，不如说是破产的标志，较为适切。认识这点，对于我们理解中国战时的物价问题，是大有帮助的。

（二）中国战时的物价问题

中国战时的物价问题，就它的演变过程，我们可以把它划分为下列三个时期：

第一期——"七七"全面抗战展开，到民国二十七年底武汉、广州的陷落。

第二期——自民国二十八年初,到民国三十年底太平洋战事爆发。

第三期——自太平洋战事爆发到现在。

在这三个时期中,物价的变动性质和程度都各有不同。第一期的物价只是微涨,这是由于战争爆发后,需要较平时扩大,加之战事进行区域物资生产的破坏和敌机对于某些城市的轰炸,以及输入的减少,这些都是可能造成当时物价上涨的因素。但当时需要的扩大和敌人的破坏,只是部分的,而战前还有相当的积蓄可以移用,输入方面也只是东北部沿海的几个港口被塞,西南的国际交通线仍可输入,而当时商业资本的活动对象,都是集向于外货外汇的投机上,在国内市场的活动势力还不大,法币也没有大量的发行,通货容受量的可能性仍然存在,就是敌人的经济作战方略,也只限于运用贸易手段吸收我法币,夺取外汇。而沦陷地区的物资,由军民抢运和内迁,还大量内流,所以在这一时期的物价变动也不甚大,只是微涨。

到了第二期情形就不同了,物价的变动,由微涨而转为局部的陡涨。这是由于战争范围的扩展,需要愈加浩大,战前的贮积,到此时差不多大部已耗毁,加之广州沦陷,滇缅路停运,国内输入的可能性愈形减少,且战区扩大,卷入战场的一切生产事业,概遭破坏。敌占区所有物资横遭劫掠,而广大后方复遭敌机广泛的滥炸,不仅窒息了大后方的生产进行,即现存物资也普遍的横遭毁灭,致国内物资更加不足。而商业资本对外投机的机会,随着国际交通线断绝而逐渐减少,从而相继转入国内市场的活动,囤积居奇之风,自此滋长,供求失调加大,物价便开始暴涨,政府支出日益膨胀,而各种收入,有的反随战争的推演而大为减少,致财政日感棘手,为弥补赤字,便增发通货,加之敌伪鉴于我政府对外汇的管制加严,套购不易,乃采取新的货币战略,在华北华中各沦陷区域,严厉地限制我法币流通,以致在沦陷区的法币,开始向内地逆流。这样一来,我们通货容受量的饱和点,便很快被突破了,这是造成第二期物价暴涨的诸由来。但此种暴涨,仍属局部的,非全面的。只是几个较大的都市和某些特殊区域有此现象,而较有地域性或未被战争直接影响的地方,物价也还稳定。

但到了第三期情形就更不同了,太平洋战争爆发后,国内军事行动,虽较前两期略形停滞,但促成物价上涨的因素和作用,却大大的加多且加强了。香港沦陷,滇缅路随之断绝,致国外物资输入陷于杜绝。而港沪陷落,对外投机外汇外货的两大据点丧失,因此拥集在这两大据点里的庞大的商业投机资金,已无用武之地。从而像潮水般地越过敌人"封锁线",

浩浩荡荡向内地涌来。以致内地游资更加充斥，物价也就愈形狂涨，囤积居奇之风更加炽热。囤积愈猖獗，流通界物资便愈少，而加速了通货的流通速率，致愈压迫物价暴涨，加之敌伪所采取更毒辣的货币战略，愈加剧我物价问题的严重性。由于沪港沦陷后，敌伪利用我法币套取外汇的机会已根本消灭。因此，敌伪便转藉法币吸收我内地物资。办法是：将法币对军用券之比值压低为十与一之比，比如当时广州一带的米，每市担价格军用券是 30 元，较前仍未上涨，但折合法币却提高了 10 倍，每担已达 300 元之高价。当时内地的米价与之相较是低多了，以致内地的宝贵物资，在敌伪利诱偷运的奖励下，便大量地落入敌伪手中。而沦陷区的法币，在物资交流的反向运动下，也就大量地流回内地来了，愈使我内地物资缺乏，愈益增加我后方游资充斥，压迫物价暴涨。物价愈暴涨，囤积居奇之风便愈炽热，供求的剪刀差便愈增大；供求愈失调，物价也愈狂涨，生产也就愈遭制束，反转来又愈压迫物价上涨，愈招致囤积居奇的猖獗，循环影响，互为因果，致造成第三期物价全面性的急速暴涨。

上面只是将我国全面抗战以来物价问题的演变趋势，作简略的分析和检讨，它的症结何在？这是下一节我们要详加解析的。

三　中国物价问题的症结

（一）一切的原因，皆是在生产不足的基础上发生提高物价作用的

前面我们已说过，中国是经济落后生产不发达的国家。我们抗战的经济基础，原来就是生产不足物资奇缺的。一到战时，自然更感不足。所以我们战时物价高涨，尽管原因甚多，但无一不是在这生产不足的基础上发生提高物价作用的。这里我们把上面分析出的诸原因，例举几种，予以溯究，更可明白这点。

1. 就需要加大来说：固然，战争本身就是大消耗的。战时各种需要会增大而促使物价上涨，但这是有限度的。政府需要急剧增加，支出膨胀，这只是就货币数量来说的。在预算中，有些项目支出大大膨胀了，这是事实，谁也不能否认的。但有些项目，尽管在货币数量上加大了，而实际上反而缩小了，这只要把战前的物价与当前的对比一下，就不难看出。抗战以来，政府支出预算虽然较战前高数十倍，但就其实际的购买力而论，则还远不及战前。由此可见，政府支出预算在某些项目上，实际上大大的减缩了。何况战争所消耗的是物资而不是货币，如果我们生产相当发达，供给不致于太少，物价问题又何至日益严重！

2. 就外输杜绝来说：国际交通断绝，国外物资无从输入，影响到我们物资不足，助长物价上涨，这也是事实。但是这只是由于我们自己生产不足，实依赖国外输入补充所致。假使我们平日生产发达，战时生产还能维持相当的水平，那么，就是外输杜绝，又何致严重的影响物价到这地步。

3. 就囤积居奇来说：年来促使物价暴涨，囤积居奇可说是颇为一般人所注意的因素之一，但一般人之所以囤积居奇，就是由于物资不足助长成的，假使物价能刺激生产，而不致妨碍生产，物资有了相当供给，任你去囤积，也就不一定有奇可居。

4. 就通货膨胀来说：前面已说过，政府增发通货，是为了弥补赤字，财政上之所以发生一大串赤字，是由于收入枯竭；收入之所以枯竭，是基因于国民经济基础的贫弱，也就是生产落后，人民负担力有限，政府不能任意增税和多发公债筹措战费，只好增发通货弥补赤字。由此可知，通货膨胀还是基因于我们国民经济落后，生产不发达。

5. 就敌伪的破坏来说：也是基因于我们生产不足，所以敌伪的破坏和掠夺偷运的结果，才愈增加我们物资的不足，促成物价高涨，倘使我们生产发达，物资供给充裕，就是敌伪部分的破坏掠夺，我们也能够立刻补增，那么，敌伪的经济战略也就不易收效了。

综上所述，可知一切原因，都是在我们生产不足的经济基础上发生物价上涨作用的。

(二) 主要的原因，皆是藉商业资本的活动而益加大物价上涨的影响

这点大家也许会怀疑，商业资本怎会有这样大的威力？这里我们仍拿影响物价高涨的几种主要原因来加以剖析，大家就会明白。

1. 敌伪的侵略政策——敌伪所使用的货币政策吸收我内地物资，是亲自派人来干的吗？不是的，他们都是假手于各种商人的偷运走私来取得的，也就是藉商业资本活动来实现的。这种情形，只要是到过洛阳、金华以及临近沦陷区的各都市的人，定会十分清楚。

2. 通货膨胀——通货膨胀是造成我们战时物价猛涨的主要原因之一，这已无用讳言；但上面已说过，政府增发通货，是预算不能平衡，要弥补赤字，也就是法币不能回笼，法币回笼是要靠税收公债储蓄存款等方式来实现的，政府不能任意增税，上面已有说明，无用再加详释。此外只有靠发行公债和劝人民储蓄了。可是商业利润特别丰厚，厚利所在，人所共趋，承销公债和储款，又难免不受其牵制。故商业资本愈活跃，法币愈不

易回笼，通货也愈不易收缩，由此可知，造成物价猛涨的通货膨胀，也是在商业资本活动下而愈加大其影响的。

3. 消费扩大——抗战以来，有钱人的消费，一般地说是大大的扩大了，因为钱来之甚易，耗之也不足惜。今日从事商业投机者赚钱是太容易了！本钱大，赚钱也愈易愈多，赚钱易，自然会扩大挥霍，也无怪乎今日陶醉于暴利中的人们，衣服、饮食、起居，都极尽其挥霍之能事。这都是商业资本独立活动所促成的。

从上面的说明，可知影响我们战时物价的主要原因，无一不是藉商业资本活动而益加大其影响的。

(三) 商业资本愈活跃，愈有渗透性，生产规模愈形缩小

有些人或许会认为物价愈高涨，愈可刺激生产，殊不知在商业支配产业的社会，这种推理是不对的。我们知道：现社会资本有一种向高利润流转的惯性。年来商业利润是居于特殊的丰厚地位。因此，不仅各种游资趋流拥挤在商业界，甚至被用到生产上或拟用到生产上的各种资本，也大量地脱出生产领域，而转为商业资本。就工业来说，因为固定资本不易周转，一笔钱投下去，往往要经较长时间才能收回；而劳动者生活资料日贵，工资必要求相应的提高，从而生产成本增高，成本高，赚钱就不易，与其从事工业生产，何不如经营商业，转手之间，可获厚利，便而且捷。故年来从事工业生产者，大都是囤积原料，兼营商业或转营商业。这种工业商业化，在目前是很普遍的现象。

不独私人支配着的资本是如此，就是政府所筹放的工商贷款，也往往逃不了被转为商业资本的命运。自然啦，这不是说所有工厂都是这样，但一般的趋势确已如此。

社会各种资本，既不易导入工业生产上去，也就更不易导入农业生产部门。因为农业上资本周转比工业更慢，加之受自然条件的制约，往往要冒人力所不能控制的天灾危险，故农业生产，在商业利润特别高的场合，就更不易吸收社会上各种资本。讲到这里，大家会问，年来不是有大量游资流入农村吗？是的，但这些流入农村的游资，并不是被用到农业生产上去的投资，而是向农产品投机。因为工业品极为稀少，农产品就成为买卖的主要对象，故年来大量游资流入农村，都是购买农产品囤积居奇。农产品既成为商业资本活动的主要对象，价格必涨，故拥有农产品出售者，日趋富裕，自给不足者，便愈益贫困。与此现象相配合的，还有土地兼并之风的炽热，因为土地较有固定性，一般有钱而不便于经商或不利于经商

者，土地即成为最合适的投机对象，不独有高额地租，且可坐获土地涨价的厚利。不过流入农村的大量资金，何以不会增加农村生产呢？因为土地投资过多，用于改良农业工具和其他生产费用必相对减少，农业生产必随之缩减。故商业资本流入农村，促使土地兼并，不独不能促进农村经济发展，反而破坏了农村生产的行程。中国农村社会发展之所以迟滞数千年，这种土地投资的买卖，是起过极大的作用的。所以商业资本愈活跃，它的渗透性就愈大，对于社会生产的约束也愈强。

（四）商业资本在现阶段的动态

1. 商业资本造出了它扩大活动的前提。前面已讲过，商业资本的活动，是在生产不发达的基础上才能起破坏生产作用的。正由于它能破坏生产，它的活动才能扩大起来。在生产更不发达的社会，它就更有高利可图，所以它的扩大活动，是以它能破坏生产为前提的。商业资本愈庞大，经营规模也会愈大，社会经济不会愈发达吗？但事实上不能这样去推理。固然它的活动一方面是需要社会经济有相当的发达，但太发达于它就不利了。因为产业发达了的社会，商业是为产业服务的。现在在资本主义国家，商业资本是没有独立活动的余地的，是被产业资本支配着。所以商业资本是不希望社会超过它能支配的发达限度的，它只容许社会经济发达到某种程度，它便开始它的破坏活动了。

2. 商业资本也造出了它灭亡的前提。因为它的有利活动，是在破坏生产的前提下进行的，但社会生产规模在遭受破坏下缩小到一定的限度，商业资本也就会无用武之地了。因为社会生产萎缩，必相应削弱社会购买力，社会购买力削弱，商人有货也卖不出去，价钱愈高，买主也愈少，销路便愈不好。现在大都市里许多商店，尽管锣鼓喧天，大喊减价，却吸引不到几个顾客。足见商业资本，已经是日暮途穷，它的活动对象是一天一天缩小了。虽然，它还可向土地方面去投机，但这条路的前途更黑暗、更危险。商业资本转向农村土地的投机，是会促使农村破产的！这也可能是它替自己制造更悲惨的归宿。中国历史上可资我们鉴诫的事例是很多的。

现在一般发国难财者，尽管赚了大钱，但这种钱还是虚浮不实的东西，一旦碰到危机，它的遭遇比我们现在束紧肚皮的穷汉是会更悲惨的。所以商业资本能制造出自己扩大活动的前提，亦能造出自己灭亡的前提。

上面只是指出物价问题的症结所在。明乎此，我们才便于进而讨论物价的管制问题。

（原载《新建设》第 4 卷第 3—4 期）

抗战时期经济的重要性及中国战时经济政策(节选)

一 战时经济的重要性

我们说战斗精神，在相当范围内，须得通过作战物质条件，或依赖作战物质条件而表现和发挥，那已表明了经济在战争过程中，该是处在如何重要的地位。但经济对于战争的重要性的认识，是随着经济愈来愈益增加其重要性的现实战争过程而展开，同时也还是随着现代经济组织，愈来愈益变为战斗核心组织的事实而展开。一般来讲，现实的发展，是应在认识的发展前面的。而我们在现代经济水准上，差不多是一种落后的经济组织，当然不易使我们对于经济和战争的关系，具有如何健全的组织，不错，我们在认识上的这种现实的限界，是可能因为我们实行参加现代性的战斗，因为我们已经变为广大范围的世界性战争的一环，而多少留有超脱扩展之余地的。事实上，我们社会论坛关于这一点，不已在散布着各种强调经济之特殊重要性的理论么？

最直截了当但却未免失之单纯而又容易引起误解的表现方式，那就是所谓"战争的第一个要求是钱，第二个要求是钱，第三个要求是钱"的论调。从国家的财政观点来看，这也许是对的。但钱的解释，如果被限定在包括有硬币和纸币的货币方面，我们就很容易被导向一种错误的认识，以为加紧开采金银矿，加紧印刷钞票，就可能从事战争。其实，货币对于战争的最大贡献，亦只能在集散人力物力上尽着流通周转的机能。并且，我们在后面将会证明，愈是现代化了的国家，它的战时经济，愈会否定货币的这种作用，愈只需要把货币作为价值增减，变动，流转的登记尺度。

与这种强调货币的说法同样脍炙人口，但却仍旧不能把经济的重要性完全表示出来的观察，是即所谓三 m 主义：第一个 m 是指着人（man），第二个 m 是指着钱（money），第三个 m 是指着物资或军需品（munition）。在钱或货币以外，提论到人力同物资，这是比较概括了。但人和物的质与量，其集中与分散，不是从它们本身可以得到说明的。于是，又有所谓战时经济六因素论，在上述三者外，更把交通，技术及生产组织包括进来。列举总是不免遗漏的。其实，经济的重要性，并不是要把它对战争贡献的每一方面都指点出来，而是要对它和战争的关系，有一个基本的理解。

最后，我们可就包括无遗的所谓总力战或全面战的意思，是动员全社会一切人力物力直接间接来参加战争。但何以能做到这点呢？这就非把战争动员中的经济作用加以分析不可。

首先，我们得明了：总动员或总力战，总是以经济为基础。我们没有在这里详细说明此点的余裕。单就人力这个要素来讲，其可能动员，可能利用的量与质，都受了经济条件的约束。一国国民之变成军队，是把一定的军需品，一定的装备，作为它的前提。愈到现代，一个士兵所需要的物质装备，已经够使动员的人数，受到莫大的限制了；同时，继续维持大规模的战斗，又非有一部分人经常继续从事生产劳动不可。大约一国社会生产劳动力愈低，它维持前线一定作战人数所需从事生产劳动的人数愈多，换言之，即可能动员到前线的人数愈少。不过，这里有一个相互乘除的事实存在，即生产不发达国家的军队，其装备比较简单，从而，维持其比较简单装备的生产劳动人数，也比较不多。但一般说来，军队的装备与社会劳动生产力，终不免是限制动员人数的两大妨碍。所以，在以前小农经济体制下，一国只能动员其全国民百分之五至百分之六。在产业资本主义时代，直接参加战斗的人数，还不过占全国民百分之十。而在帝国主义时代的第一次大战中，各交战国动员到战争过程中的人数，已达到了全国民的百分之十五或百分之二十。在此次战争中，每个作战者的物质装备，无疑是加多了，但一般社会劳动生产力，却在以更大的比例增加。所以，此次动员到战争中的人数，有些国家，或许已超出百分之三十。但是上面还都是就量上讲的。如其我们不否认量变质亦变的原理，就知道被动员出来的百分之五的那种兵员，和被动员出来的百分之二十乃至百分之三十的那种兵员，有着极其不同的素质。在小农经济体制下的人民，一般是安土重迁，怕变动，不习惯于冒险，且是散漫而迄未经过集体训练的，这和从现代产业组织里面陶冶过来的劳动大军，在观念上、在使用武器的技能上和在同仇敌忾的国家观念上，都极不相同。

其次，我们还应该明了：总动员和全面战，都是以经济为贯通联络与集中配调的脉络。由后方到前方，由一个战区到另一个战区，由一种部队到他种部队，以及在同一种部队里面的有关联系，及其间人力与物力的有机配合，都不是在战争过程中，按着指挥者的想象或精密的设计所能完成的工作。那全部工作，可以说是在平时就已经在经济上有了准备。比如，人与物的集散调配，所依赖于交通运输者至大，但大量的交通工具，特别是运用种种交通工具的技术人员，都须在平时经济过程中，产生出来和冶炼出来的，到了战时才能起作用。交通工具效率的发挥，是表现在时间的节省上。在战争当中，时间关系战争的命运及作战者的生命；而在经济活动上，时间则关系企业者的荷包。如何按照最经济最迅速的步骤，使货物或劳动者运转到一定的目的上，那正是指挥作战者，要求使一定数量的人与粮秣，最迅速有效地输配到战场所需借镜，所需仿效的方法。总力战的有机性，是依赖于经济的有机性来达到的。

最后，我们甚至可以说，现代战斗机构，是现代经济的运用和加强。现代产业的组织，在其本身，就是一个劳动营的编制。各个生产单位，在纵的方面横的方面，都与其他单位，相并构成一个有机的系列，对战斗机构，提供了组织上不少的便利。即使是商业的供应运输机构，亦变成了战时物资配给的有效关节。如其我们不妨把现代战争中的干部人员全体，看作是战斗机构中最生动的部分，那班人纵令不完全从事产业活动的人，但他们一定是很了解现代产业组织的人。现代性的战斗机构，是把现代性经济机构中最有效的部分移用过来利用过来的结果。

二　战时经济的总轮廓

我们前面所描述的经济对于战争的重要性，是把和平经济或平时经济作为认识的出发点。平时经济对于战争贡献的大小，一是取决于产业发展的程度，一是取决于平时经济战时经济化的程度。大约产业愈发达的社会，其平时经济战时化的可能性愈大。

在第一次世界大战以后，战时经济已当作一个特殊体制在为人所讨论着，甚至还有所谓专门研究战时经济的"战时经济学"的产生。我们这里指出以次三个要点，用以概括战时经济的全内容：

战时经济的第一个要点就是自由经济的统制经济化。

现代资本主义经济的特质之一，就在社会每个经济活动的主体，都有法律上的自由。但没有钱，愿意从事哪种劳动；他有了钱，愿意从事哪种企业，都可以按照他自己的计算做去。成功与失败，都是他们自己负责。这种自由主义经济体制，到了产业革命的第二期，即前世纪最后数十年间，已经有了不少的改变。卞迭尔，辛迪加，托拉斯等经济组织的出现，个人的经济活动自由，已受到了限制，为了减少牺牲，保证利得，个人已不惜尽量限制一己的自由活动，以便给予自己所参加的组合或产业团体，以较大的便利与实力；更进一步，为了减少牺牲，保证利得，各企业团体已不惜尽量限制一己的自由活动，以便给予自己可能左右的国家或政府，以较大的便利与实力。这种演变的程序，正好符合资本主义向帝国主义阶段转化的要求。第一次帝国主义者之间的战争，是在这种经济基础上进行的。由第一次大战到这次大战的过程中，许多国家依据上次战争的经验，在其备战的阶段，就已经把原有的统制经济化的倾向，更广泛更彻底地加强了；一到战争爆发，所有由私人及至各种企业组织，还在不妨碍战争预备的条件下所保有的些许自由活动，亦全面的受到限制，自由经济乃如实地统制经济化了。

战时经济的第二个要点，就是私经济的公经济化。

这里所谓私经济：就是指着现代的国民的经济或私人的经济。这种经济与上述的自由经济，正好是相切相涵；而且，一定要企业或产业为私人所有，他对于可能扩大或增殖其财产的自由活动的要求，始有现实的意义。所以，在自由经济发达到顶点的时期，也正好是个人私经济充分发达的时期。一旦在资本主义体制演变过程上，自由经济不得不让位于统制经济，这种私经济也就开始其公经济化的进程。不过，这里所谓公经济的涵义，大体有两个意思，一是指着社会化，一是指着国家化。而在一般资本主义国家，更像能给予人以国家化的外观。因为统制经济的实施，就是国家对于经济干涉权力的行使，国家在必要的场合，特别在战争的场合，得以命令停止或并合或征用任何经济部门的产业及其生产成果，这就仿佛国家真的做了全国经济的主人。事实上，私经济的公经济化的限界，除了国家直接经营的若干产业外，其余都不过是国家对于私人的产业，暂时地或部分地取得其使用权，或者暂时地部分地限制其使用权，而对于该产业的所有权，并不因此忽视，反之，甚或因此更加予以保障了，而且，像这个公经济化的内容，还是把以次这种事实作为前提。即在现实战争中，乃至在备战过程中，一切物资差不多都是为战争国而消费，即国家变成了社会最大的消费者。他控制着消费，它就可能连带控制着被消费的生产物的生产，生产的消费的关节把握在国家手中，于是：

战时经济的第三要点，就是货币经济的自然经济化。

本来，自由主义的商品经济，从它流通过程的另一个方面来看，就是货币经济。商品生产的最显著特征，是生产出来的东西，都须卖出，而用以生产的东西，都须买进。这种商品进出的运动，同时是货币出进的运动。这种货币经济，是以商品不绝通过市场，由甲手转到乙手的事实作为其存在的基础。一旦商品的流通受到阻碍，或者受到统制，这种货币的流通，也相应地以同一程度遭受妨碍。货币经济是在自由经济、是在私经济，分别向着统制经济化、公经济化的那一瞬间，就开始其自然经济化的端绪。但在全面的在广大范围内自然经济化，却是发生于战争过程中。我们已讲到战时社会的主要消费者和主要生产者都是国家，国家把生产与消费同时统制起来，其中间的商业化过程，就无形地缩减或消失了。大大小小的工厂或农场的生产，不是由国家指定，就是对国家有优先的供应义务，而它们生产所需的原料及其他生产手段，乃至劳动力，亦同时由国家依统制的方式予以供给。国家主要的收支，几乎都是采行实物的形式，而其对外贸易，又是应用记账的租借方式，所有的这一切的战时经济活动，几无一不排斥货币，而使原有的货币经济形态自然经济化。

三 中国战时经济的基本认识

战时经济的具体内容，既如上面所说，是自由经济统制经济化，是私经济公经济化，是货币经济自然经济化；并这种演化的趋势，还是存在于资本主义经济的内在发展中。但加强或促进这种趋势，使其适应战争的要求，则是战时经济政策之中心的或主要的课题。我们现在不想进一步去考察当前各参战国家的经济政策，是否收到了预期的效果，即是否使其平时经济，达成了战争所要求的统制经济化，公经济化，或自然经济化的任务。我们的目的，旨在利用前面有关战时经济的分析，用来分析我们的战时经济。

从表象上看来，我们的战时经济，也像是在走着统制经济化、公经济化和自然经济化的路。我们在一切经济活动方面，差不多都采行了干涉统制的步骤，许多较大规模的企业经营，几乎全是由国家拿出资本，至少亦是在国家资助之下，由官方予以监督，公经济化的倾向，是表现得非常明白的；至于自然经济复归的倾向，已经由政府征收实物，发放实物，和民间借贷关系，支付关系，乃至一部分买卖关系的结成，都不通过货币，却系通过现物的事实，予以说明。我们原希望中国战时经济，能急起直追地赶上诸先进国家，但当我们执行战时经济政策，以便加强或促进上述诸倾向时，万不宜忽视经济学为我们指明出来了的基本原理。即现代所谓的统制经济，虽然在一方面是对于自由经济的排斥，但同时却是以自由经济为基础。公经济化，是在极度发达了和经济基础上进行；自然经济化，是在极度发达了的货币经济基础上进行。其所以如此的原因，就自由经济与统制经济的关系来说,即因统制经济是把全社会的诸般经济事象,加以高度综合的组织,使其发生更密切的有机的联系。一切妨阻自由经济的地域的特权的诸障碍,一定会妨阻统制经济的推行。必须通过自由经济,把这诸般障碍打破了,统制经济始得依照一定的步骤、一定的计划,畅行无阻。在被统制的全范围内,不允许一个以上的命令机关存在。如其甲一统制计划,乙一统制计划;甲地区一统制计划,乙地区一统制计划,结果必会发生相互抵触,相互抵制的反统制现象。我们的自由主义经济,是不会全面建立起来的。在残缺不全的自由经济基础上,当然不能希望成就高度有机化的统制经济。但问题不是在我们究应完成何种程度何种范畴的统制经济形态,而是在我们采行统制步骤时,切不要忘记：我们在打破地区限制,打破封建特权的场合,同时还要强调自由经济。未曾受到自由惠泽的流通,根本无法统制;未曾受到自由惠泽的生产,也根本无法统制。统制只是扬弃自由,而不是否定自由。

　　再就公经济与私经济的关系来说罢。这两种经济形态,亦是不能完全在对立的意义上去理解的。我们已经指明：公经济化并不是取消私经济或代替私经济。在一般资本主义国家,只不过是暂时限制私人经济的使用权罢了。当然,许多国家在战争过程中,为了特殊的需要,曾由国家直接出资建立了各种大规模企业,而国家的资本来源,则至少有一部分是得自赋税,这无疑也是一个公经济化的方式。不过,这种种方式,在我们实行起来,都有不少的障碍。因为我们这里所谓私经济,主要是指着各种现代型的企业财产,一定要现代型的各种企业,在个人主义自由主义政策下,充分发达起来了,国家在战时姑可依动员的方式,暂时取得使用权,暂时利用其集中的企业形态,以整备战时经济体制;或者把这些大规模企业财产,当作大宗赋税来源,以便增扩国家资本,而在我国,私经济或国民经济既不会确立起基础,征用私人企业的使用权,固然无济于事;向私人征收企业财产税,藉作扩张国家资本的用途,亦俱不易行得通。在这样的社会经济条件下,我们的私经济公经济化,就具有不同的内容。由国家或公家创建的各种企业,极类似各国在重商主义时代所作的诸般经营,且极容易重蹈官办或官督商办时代的覆辙。不仅如此,我们的这种公经济化的趋势,不但无法利用私人企业发展所育成的优良技术、集中组织,而且会因国家企业所必然取得的诸种优先权利,以至妨阻私经济的发达。在事实上,一切妨碍私经济发达的措施,势将直接间接限制公经济化所需具备的前提条件。

　　最后,再就自然经济与货币经济的关系来说罢！在经济进化的历程上，货币经济原是由自然经济转化过来的。货币经济再度自然经济化，很容易给人以退化的印象。但这是极其表面的观察。货币经济愈发展，愈会否定原来的自然物的交易形态，使一切流通支付关系，都以货币为媒介来进行。但财币发达到一定的限度，它原有的机能，会逐渐为更简便更直接更少费用的票据所代替，以致它在结局只有了价值记号的作用。不过，货币进化到这一个程度，是以私经济社会化或公经济化为前提，是资本主义经济临到转型阶段的事。现代战争的紧迫要求，虽然把这种现象提前变态的实现了。但第一我们应明了：货币经济所由转化过来的自然经济，和货币经济将再转化的自然经济，只是名词上的类同，其本质与内容则极不一样；第二，货币没有在它转化过来的阶段，尽量克服自然经济要素，则货币没有高度的发达，还使它所作用的社会，保留着浓厚的物物交换和自给自足的成分，即至少在那种限度内所转型的自然经济，就不是由货币经济转变过来，而是直接由原始自然经济变形的，我们战时经济的自然经济化，大体夹带有原始性自然经济的作用在里面，因此，我们在这方面所采行的经济政策，就不可避免的要包括以次的两重奏：即一方面使现代性的自然经济因素克服货币经济成分，如政府坚决采行的实物征收和现物支付的措施；另一方面又使货币经济成分克服原始性的自然经济因素，如政府运用大量的法币去破坏落后地带的自给自足经济，并极力设法稳定货币价值，使其继续成为一般有效的交换媒介物的措施。像这样一面否定货币，一面却又肯定货币的事实，看去好像是矛盾的，但我们正可由此了解问题的症结，即战时经济中的自然经济化的要求，必须以货币已成就其历史的发展为前提条件，商品货币经济的自然经济化，是不能以原始性的自然经济形态来达成的。

由以上的说明，我们知道中国的战时经济，尽管一方面在某些场合，不免要设法促成统制经济化、公经济化及自然经济化的倾向，但同时须得明了：我们造成这些倾向的前提条件，根本就不健全。于是我们在执行经济政策时，就不但要顾及我们社会经济可能转化的限界，同时还要注意在可能范围内，保育自由经济，保育私经济，保育货币经济。

四　正在进行中的战时经济政策的考察

在这里：我们没有详论中国战时实施的各种经济政策的余裕，为了说明上的便利，我们自不妨对照上述战时经济总轮廓所指明的诸般内容，并依据中国战时经济的诸基本认识，把我们正在准行中的货币政策，实物征收政策，公营企业经济及物价管制政策，分别加以评定。但这个工作是相当困难的。特别是这些政策尚在推行中，我们不应以目前的得失，去下最后的结论。……（下略）

（原载《新建设》第4卷第7期）

论抗战后中国都市与农村的社会经济关系[*]

一 历史上都市与农村关系的变化

在经济史的范围内,农村与都市的相互关系,曾有过这样几次变化:在都市最初以都市的形态出现,最初对农村表现出诸种不同的特点,而与农村相区别的时候,是正当奴隶社会形成的阶段。在这个阶段,都市对农村是居于支配的地位;往后,奴隶社会转到封建社会,政治的支配权力,转移到封建领主贵族手中了;他们一般是散处在他们大大小小的采邑或庄园;除了仅有的若干例外,当时商工业者寄存的所谓中世都市,大抵是为那些地主贵族们所统治,这即是说,欧洲各民族各地区在中世纪时代,曾各别有一个或长或短的时间,其都市是受支配于农村。到了现代国家开始形成的十五六世纪,情形又变了,不但作为领主贵族们特权所寄托的采邑与庄园,逐渐趋于解体,就是作为中世纪商工业寄托的基尔特都市,也相率变形变质或根本归于瓦解;代替它们的,是专制王权所由行使,所由发生支配作用的新型城市,不管这些城市是怎样转型或发达起来的,它们之对农村取得支配地位,显然不是由于王权在那里发动,也不仅是由于官僚政治机构是把那里当作行使支配的根据地,而更基本的,是由于商工业者市民社会阶层,都汇集到那里,使那里的新政治形态,获得有与其相适应的新经济基础。

像以上这样历史的变化——由奴隶社会的都市支配农村,到封建制下的农村支配都市,到资本主义社会的都市支配农村——因其是通过一般的社会史发展阶段而展开,所以理应是一般的为各个文化国家所经历过来;我们还有理由,或者在某种限度内,还有事实使我们相信,都市与农村的这种"钟摆式"的相互对立局面,是要在一个更高级的社会阶段,是要在阶级社会关系消灭之后,才不存在的。而在那种社会阶段实现以前,每

---

[*] 本篇原名《论中国都市与农村的社会经济关系》。

个国家都将照应它的历史发展次第，或者按照它的社会性质，而有它待处理的，有它特别感到困扰的都市与农村的对立问题。

可是，历史的发展，在各特定的民族或国家中，并不是采取千篇一律的途径，也不是表现为千篇一律的形相，由是，要把每个国家在某一历史阶段的都市与农村的对立症结明白指示出来，就根本要关联到社会性质的认识，而不是空空泛泛地凭直感，一望而知的。如就中国来讲，中国历史发展过程中，虽也经历了奴隶、封建以及当前这样的变形资本阶段，但就中国都市对农村的关系言，却不像是"钟摆式"，而是"一面倒的"，即无论在这当中的哪一社会阶段，仿佛都是都市在对农村行使着剥削与支配。我们的王权，我们的官僚政治形态，我们的专制主义，似乎当许多现代国家还在经历着封建前一社会阶段的都市对农村的支配关系的时候，我们就已经在开始着封建后一社会阶段的都市对农村的支配关系。于是，从一个观点去看，我们是没有历史发展的"空间的国家"。[①] 而从另一个观点去看，我们是一开始就发达得很够高度的国家。[②] 我不打算在这里分辨他们似是而非的意见，但有一点是可以确定的，中国当前都市对农村的支配关系，以及由是所发生的诸般社会经济问题，依旧是由我们当前社会性质所本质地规定了的，它不能洗脱传统的姿态，从而，也就无法具有现代资本主义国家之都市与农村的对立关系及其诸般问题的内容。

二　从两种错误的观察说起

中国农村与都市的对立关系，及由北所发生的诸般社会经济问题，国内外的观察者研究者，似乎有两个不同的对立意见：一个意见，像是行所无事地把中国这方面的关系及其问题，同先进国家等同看待；另一个意见，则是看出了其间的差别，但在理论与动机的转折上，得出了同一的甚至是更错误的看法。

我在这里想着重就后一点来展开我的说明，我希望在说明上，对前一个意见，也能附带的触及。

在抗战后期，当猞猁的商业资本，已经浮荡在通货膨胀的狂潮中，给予大后方各地都市生产事业以致命的打击的时候，在朝在野的不少经济学者，都认为我们的经济基础是建立在农村，而都市经济即使破坏，农村还

---

① 黑格尔：《历史哲学》，商务印书馆1936年版。
② 王亚南：《社会科学论纲》，东南出版社1935年版，第105页。

是能继续或扩大原来的生产规模。

当本年（按：指1947年）4月间，上海金潮及外汇波澜在国内外市场引起深刻的影响时，以熟悉中国内情见称的美国驻华特使马歇尔将军，竟在国务院异常繁忙的当中，提供我们"最宝贵的"意见，表示中国的经济风波，只有在京津武汉广州几个大城市发生影响，换言之，就是那对于我们的非现代化的农村，是不会波及的。他的高论发表不久，国内论坛上及官场中，马上就有了"极镇定的"反应。

我认为这些都是极皮相的似是而非的观察。

那些处在都市中，看到中国若干大城市也有了现代的交通设备，金融机构，市场活动，就断定中国也现代化了，也资本主义化了的经济学者们，他们固然是忘记了中国农村经济的实在状态，而一看到都市方面的不况现象或恐慌情形，以为这种不况或恐慌，不会或不会惊扰到农村的观察者，他们虽是装着知道中国农村，事实上却在说明他们对于农村的更形隔膜。而他们这两方面的共同点，也许就在他们对于都市与农村的经济关系，根本就没有起码的知识。

任何一个畸形发展的国家，它的经济上的畸形，都不应分别从它的都市方面单独考察，或是从它的农村方面单独考察。它不可能在非现代化的农村关系中建立起现代性的都市。它都市方面的每一脉络，都贯注着农村的血液；它的病症，它的危机，不是离开农村经济实况而单独发生的，我们稍作探源的考察，甚且可以说，它在都市经济上露出的破绽，正是整个农村经济危机在都市方面的集中表现。

三　我国都市的三个特征

现在且来看看我们都市的性质。

中国是一个有集权封建传统的国家。惟其如此，欧洲及其他各地的封建势力，大抵都分散在农村，而中国的封建势力者，历来差不多都是集中在都市。这事实，遂使中国都市具有三种有连带关系的性质，一是政治的，一是消费的，一是商业的；而其中点缀着若干官民手工制造业，在那种都市中，只是演着极其有限的副次作用。结局，这样的城市，就不能不由农村取得其营养。

在现代化过程的近一百年中，我们的都市，特别是沿海各大都市，逐渐"装备了"一些现代型的工厂工业，但由于工业化受尽了内外的折磨，那对于整个都市的性质，并没有引起任何改变，即使新旧产业在数量上有所增加，由于政治集中的要求，由于消费内容的繁复，由于对外买办商业的扩张，我们都市的那三种传统性格，却反而变得更明朗了。因此之故，中国都市需要由农村取得营养，也就更明显了。

然则都市方面是以什么方式，从农村取得营养呢？我们凭常识可以知道，赋税是一项最普遍，最强有力的方法，公债摊派一类是次要的方法。在目前，大家都公认通货膨胀比之赋税、公债、摊派……还要有效，但还要有害于农村。然而这都属于政治范围内的对农村的剥削关系，仅止于此，并不足以造成今日农村的一般惨象。所以我们得从经济的视野，去考察农村与都市的更本质的关系。

一个政治的，消费的，商业的都市，从一方面讲，它不得不寄生于农村，不得不依赖于农村，但它其所以能寄生于农村，必然是以农村对于它的隶属，对于它的依存为前提。未同国际资本发生密切的关系以前，中国农村的自给自足性是较大的。把手工业，把家内工业作为农村副业所造成的农工结合体，在某种限度内，是曾经顽强地阻止了商业或商人资本的介入的；相应着，货币的高利贷的作用，乃相当的受了阻制。但由廉价舶来品把旧式手工业家内工业逐渐予以摧毁后，一方面，农村的那种有限的自给自足的独立性，更加不能维持了；农村的生产来源减少了，农村对于货币，从而对商业高利贷的要求却加大了。在商业高利贷的作用下，许多种类的农业生产，都变成供应国内外市场的单一栽培化的经营。结局，"广搜各地土产，统办全球制品"的买办商业系统因以完成。农村对于都市的隶属亦因以强化。

不但如此，当战前8000家进出口洋行在整个中国国民经济中加强活动的时候，中国大小都市，就益发变为非生产性的了，也就是益发变为消费性商业性了，都市对于农村的依赖愈是加大，农村对于都市的政治隶属就愈须加强。而为了确保对于农村经济榨取所集中强化并扩大化的政治机构与庞大军事组织，又反过来加深了都市消费化与商业化的特质。我们的都市，于是主要变成了输入国外武器与奢侈品，和向国外输出各种农产品或农村半制品的总枢纽。我们对农村虽然用原始的半原始的蓄积方式，曲尽了竭泽而渔的搜刮本领，但仍不足以填补大量的入超。农村经济常处在慢性的然而是深刻的危机中。

可是，农村的破产与动乱，从某一方面看，仿佛变成了都市变态繁荣的有利条件，一批一批的大小农村势力者，相率把他们原始的半原始的蓄积，向他们认为安稳的都市集中了。中外银行的存款，因此大大的增多；茶楼、酒店、旅馆、戏院、舞场的生意，因此大大的繁荣；地产、公债、标金、外汇的投机，因此大大地活跃起来。游资挤塞在流通界，在十里洋场里滚来滚去。在这场合，不但是一般无头无脑的商人，就是那些呱呱叫的经济学专家，也像着了魔似的，以为农村的没落与荒废，并无碍于都市的繁华。直等到愈来愈大额数的入超，把国内"取之尽锱铢"的黄金白银，都被外国轮船飞机或明或暗的运走了，而贫弱的农村，对于都市各种各样的消费场面，再也无法继续弥缝供应的时候，一部分比较清醒的都市聪明人，才漠然感到他们是在买空卖空过活，是在"虚拟资本"里打滚，一旦在这种场面下必然造成的财政危机或其他种政治军事性的危机，突然爆发起来，前此光艳夺目的肥皂泡沫，就给戳穿了。人们这才感到都市并不常是可以投机冒险的乐园。中国在战前就是以"发国难财"起家的官僚买办金融资本家们，开始对农村发生兴趣了。"复兴农村运动"这一大题目，就是在他们这种"感召"下被强调着的，而"农贷"则是这种复兴运动中最精彩的表演节目。我们且不管农贷的数量是如何小，农贷的性质是如何的被歪曲，记得农贷活动开始不久，抗战就爆发了。抗战前就已经凋敝不堪的农村，显然不会因此复兴起来，恰恰相反，战时财政经济的大负担，差不多全是由农民大众承担起来，即把当前直接受内战煎熬的地域抛开不讲，整个长江流域乃至珠江流域，谁能发现有多少没有破产的农村，谁能发现有多少不患着营养不良症，而展得开笑脸的农民。除了要钱要命的征实征兵外，其他各种新旧花头的原始勒索方式，都是直接间接把他们作为敲诈对象。他们挤出了可能挤出的每一滴血，但显然仍无补于都市及维持都市全部政治文化军事机构所急需的营养。

然而，我们今日虽然还不曾发现战时那样认真的经济学者，说我们都市经济虽给敌机及通货膨胀破坏了，幸还有健实而能保持原有生产规模的农村，可是前述美国驻华特使马歇尔，却硬说中国上海等等大都市发生的经济危机不会影响到农村。

四　一系列的错觉

大约像马歇尔及与马歇尔抱有同一见解的中国朝野人士，对于中国农村与都市的经济关系的问题，具有以次这一类错觉：

第一，他们以为中国已有了现代都市，但农村却是旧有的。因此，凡是发生于都市方面的经济风波，根本就不会惊扰到性质不同，形态不同的农村，因为他们设想，把都市经济风波传导到农村去的机构，即农村与都市现代性的桥梁，是不会存在的。他们这么说，倒很像是懂得经济实质的

"精到意见",然而我们的有力反驳却是：没有现代性的农村,根本就不会有现代性的都市。前述中国都市之非生产的,政治的,消费的,商业的性格,是充分地为我们证示了这个命题的。

第二,他们以为农村是无尽藏的宝库。军政要人们往往得意忘形的,以为中国能抵挡日本,就因为中国是农业国,以为中国抗战这么长久,都市中还不像欧美各国那样限制消费,酒池肉林还能照样充量的供给,就证明中国该是如何"物博",中国富源该是如何无穷,因为在他们设想,一个"靠天吃饭",靠自然施惠的国家,只要自然在雨量气候等方面不过于恶作剧,再破坏,再战乱若干年,都是没有什么耐不下去的。然而他们没有想到,战乱本身从某种意义来说,就是农村不胜压迫,不胜负荷的一种悲惨的暗示。我们即使靠自然,利用自然,但必得有利用自然之物与人的基础。

第三,他们还有一个默认的不曾明言出来的想法,以为从一国国民经济全体立场来讲,即使是牺牲农村来成就都市;从整个农村来讲,即使是牺牲善良的贫苦农民大众来成就那些土劣,来成就那些同都市通声气做爪牙的恶劣势力,但"楚弓楚得",这一部分这一方面中国人的财力劳力,供给另一部分另一方面中国人来消费,在"全体主义"的观点上,似乎并没有大的关系。当然,我们并不曾梦想中国社会会突然实现一种十足的经济平等,但社会财富不绝累积到不生产者或胡乱消费者手上多一分,而留在生产者手中可以转用作生产财,可以应用来利用自然的本钱就少一分,照此下去,再生产的规模是愈来愈小的。然而,

第四,他们还有意无意的在相信都市方面可以藉货币生产货币,价值生产价值的方术,而获得其无限的消费来源。而目前用通货膨胀来"制造财源",来加速商业流通,来维持千百万公务员军队支出的事实,仿佛是那种"货币经济学"的应用,同时也像为那种信念提出了佐证。但用货币来解决一切经济问题的想法和做法,除了客观事实迫着他们需要如此想如此做之外,他们似乎总有一种简单的道理不曾想通。这就是说,就社会中各别的个人言,货币或不兑换的纸币,或我们当前这样的法币,虽再不值钱,把数量弄多一点,把额面价值弄大一点,总可以用以获取自己所需的其他生产物,或解决远期近期的债务,就因此故,大家尽管一面瞧不起法币,但法币一到手就想把它投出去,可是同时我们却又到处感到头寸不足,到处有了奇怪惨重的高利贷活动,仿佛法币依旧是万能的。然而我试站在社会的立场上,大家马上就会发觉,在生产的过程中,固然没有一张法币参组在生产诸要素里面,就是公教人员日常服用的,军队每天消费

的，都不会是那种贬值的法币。法币在流通过程流来流去，只可能引出面包、鸡蛋、猪肉、啤酒、枪枝、炮弹了……但却无法制造或生产出别的什么的。所有我们食用所需，在我们都市主要还是消费的性格的限内，不是我们农村的生产物或半制品，就是拿我们的农产物去外国换回的制造品或半制品。都市方面尽管多的是耍戏法，靠买空卖空讨生活或发财致富的人，但除了极有限的产业者以外，通通是农村间接的寄生者。

五　辩证的原理在怎样作用着

然而，我们目前更坏的，与其说是我们这些都市人，藉着国内国外各种权势者的上述错误见解，以及相伴而生的错误行动，造出了当前这样由都市到农村整个悲惨的局面，却毋宁是在这悲惨的局面中依社会的规律的必然性导致不可乐观的远景——至少就当前站在都市立场方面的人说是如此。

我们已在本文的开始，提论到一切阶级的社会，通是都市与农村的对立的社会。但对立的程度、范围与方式，是可因各别国家民族的社会发展条件而不同的。在现代资本主义社会中，农村与都市的经济对立关系，亦曾尖锐地存在过，并且还极明显的存在着（作者拟另文详加分析），可是，与中国这种社会形态比较，却就缓和多了，安稳多了。资本主义经济是以都市的商工业为其重心，它的都市的性格，自然不是政治的，消费的和商业的，至少它的那些方面的因素，在不绝为其逐渐发展的产业的性能所冲淡。因为都市不完全是寄生在农村经济基础上，集中在都市的政治文化军事的设施，就不会而且也无须变成为强制农村的机构。我们社会的传统，早已使都市与农村的关系弄得非常不易平衡调节，而现代化过程中造出的买办商业与近年益形猖獗的官僚资本，更加使工业化的可能，发生致命的妨害。结局，都市的现代产业虽极有限，而都市上商业的军事的文化的排场，却又企图表现得十足；以落后的生产，担当起准现代化的消费，在都市方面愈感到捉襟见肘，其对农村的勒索与管制，便愈不可能不采取较原始的方式。由是，现代文明国家不曾有也不应有的内战，便表现为农村对都市的反抗形态；而随着内战的扩大与发展，都市方面仅有的一点生产事业，一定会直接间接为战争所破坏。而更大规模的战费，及其他政治文化费用的来源，只好期之于区域益形缩小，生产规模益形缩小的农村（自然我们迟早总是可以从杜鲁门主义推行中，得到大量借款的，但我得在这里提醒大家的注意，每一吨外国的军火，是需几十倍几百倍国产的物资，去作"有机的"配合的）。更进一步，由战争，由农村征实征兵而被迫游离到都市的大批人民，相率由农村的生产者变为都市的寄生者。都市的消费性更增大了，农村的生产性更缩小了。

辩证的原理，像以不可抗拒的压力，使我们曲从它否定的逻辑。然而，只要我们明确把握这种原理，由中止战争来缓和都市与农村的尖锐对立的紧张关系，那至少是中国社会经济光明前途的一个历史的起点。

（原载《时与文》第 2 卷第 15 期）

抗战后中国经济的实况、其特质及其问题*（节选）

一　中国经济现况

中国社会经济的改造，本来是关系到社会生产关系或社会政治制度的问题，但我们要研究如何着手改造，却需要先对经济现状有一个清晰的了解，然后才可以从经济现状中，去观察它的社会的特质和提出相应改革的方案。

把经济现状如实描述出来，看似非常简单容易的事；但我们对于同一经济现实，往往会发现极其不同，甚至许多地方完全相反的记载，就知道报道现状，不但"见仁见智"，可能有极大的歧异，且还可视为是极关重要的理论指导环节，而主观的社会立场和愿望，更无疑是会掺杂在里面的。

比如，战时大后方的农村经济状况，本来是因人力减少，负担加重，以及伴随战事而产生的种种不利影响，而无法改进，甚至日形恶劣的。但有些经济学者，却在报刊杂志上，把农村少数特殊政治地主或商人地主，由土地及土地生产物涨价所获得的利益，扩大描绘成整个农村、整个农民阶层的繁荣征候。用这样的报道来安定人心，企图稳定当时一般失败主义者的动摇心理，也许是可以被原谅的；但我们的学者和政论家们，却是很天真地根据它来确定农村经济乃至全般经济的建设张本。

其实，中国经济的实况在战前，已因掺杂有国际资本，会妨碍我们的视听；在战争过程中，全国又因区分为三个经济体系而越发变得复杂了；到了战争结束后三年余的今天，那三大经济体系，又减少至为两个错综的对立系统。即使尽可能设法灭除主观的成见，我们对于其叙述，亦难免要遇到许多技术处理上的困难。为了便于说明起见，我想先就政府控制地区和非政府控制地区的经济实况，分别指出一个轮廓：

---

* 本篇原名《中国经济的现况、其特质及其问题》。

(一) 政府控制地区的经济实况

政府控制地区主要是在长江以南,以及在华北、黄河流域的若干点、线,乃至受到了军事影响的面。大体上,这不但还是中国经济主体所在,而且还是中国半殖民地、半封建经济的主体所在。这个地区的农村,差不多都在以不同的程度,全面陷于破碎、瘫痪与极端不安定的情形下。内战范围的扩大,使这些地区的农业生产规模与农民生活状态,恶化到从来未有的苦境;农业经济危机,加上政治激变与动荡的影响,以致所有各省区农民抗粮、抗租、抗征的骚动,变成了政府最烦心的课题。灾民饿莩遍地(据救济总署统计,全中国有4900万急待赈救的灾民;大概还是指着东北华北华中区而言,其实长江以南在饥饿线挣扎的农民,说不定就超过了这个数目),政府征实在各地无法顺利进行,粮价急速飞涨,以及千辛万苦弄来的美援,却要将其中大部分拿去购买粮食及其他农产品等事实,就充分反映出了农业经济危机的沉重。至于工业,在抗战结束以后,全国工业的重心,差不多是放在东北华北方面。经过近一年的内战,无论是煤、铁,或纺织业的生产,在那个地区将近全部破坏或停顿了。去年一月《金融周报》上的国内经济纪要,就毫不掩饰地描述了这一段不是耸听的危言:"胜利两载以来,华北始终在炮火弥漫中,陷于烽火连天、百业萧条、交通梗阻,流亡载道的惨境。北方本来是工业区,而现在大大小小的工厂,不是减产便是停工。一般以为沿着目前情势恶化下去,非但以北方为重心的工业化建设将根本无从谈起,就是苟延残喘的局面也将感到难以维持。"① 北方如此,南方像汉口、广州、重庆几个大城市,据各该地的通讯报道,所有新式工业乃至手工业,也全部陷入绝境。而现在在工业上为政府维持一点场面的,不过是台湾和上海两个地域:前者因袭日本已有的基础,对水泥业、糖业等总算部分有所恢复;后者虽是轻工业,特别是纺织业较发达的地方,但因战火差不多要燃及它的边缘,恶性通货膨胀又首当其冲,再加上动力、原料以及紊乱百出的管制的干扰,所以那里的纺织等工业,也多陷在日以哀求工贷来勉强撑持的困境中。工农生产事业临到这种生死关头,那在一方面说明了财政,金融及商业该发生如何大的破坏作用,但同时也不难明了这里没有生产事业维系的经济部门,必然要显出如何的窘态与丑态。在内战中,财政的最显著特征,当然是军事范围的扩大,战斗剧烈性的加强,致使财政的支出,早因财源的迅速减缩,消耗

---

① 《金融周报》第18卷第4期。

的迅速增加，而愈来愈加需要依靠印刷机和外援来支持。此种性质的财政，无疑是要使已经是高利贷性的金融，更加高利贷化；已经是买办性的商业，益形特殊化、买办化；拥塞在流通界的游资，除了利用政治因缘，从事高利贷和各种各式的特殊贸易外，就只有见机向国外逃避，或藉着公开走私输入的舶来奢侈物品，即时行乐。结局在充斥了破产、失业、饥饿和死亡的大经济场面中，竟衬托出了与其太不相称的畸形繁荣的孤岛。

（二）非政府控制地区的经济实况

如其说，政府控制区域还在维持，并且在某些方面，还在加强中国近数十年来的已有经济形态，或者换一表现形式，说那大体还是旧来经济形态的继续；那么，在与政府相对抗的势力所支配的地区的经济，在本质上就不能不是另一个形态，或者正在勉强转变为另一形态。因为，"国内战争，实际上也是经济的战争。共党的经济战略是：另行建立独立的货币系统，保证经济生活的独立与自主，每一个区域，实行经济的自足自给，多种粮食、多种棉花，提倡家庭手工业（在苏北规定每家自置布机、纺绽），发展小型农村工业。如果某地区过去专产一种农产品，如烟草之类，则多改种粮食，因为怕特产运不出去，粮食运不回来。这是打破全国经济的分工，放弃与城市的联系，凭借农村，自建小型工业，把都市工业的任务，改由乡村家庭负担"。① 然而，这其实主要是在战区，或在随时为战争威胁着的情形下的临时措施，并不能视为是新经济的全般内容。在比较稳定、比较离开军事威胁的地带，贸易关系，已逐渐建立在城市工业品与农村农产品等价交换的基础之上。据报道："冀中高阳、任邱、蠡县、安新、清苑等地，纺织业蒸蒸日上，仅任高两县，即拥有大小纺织铁机 3 万余架，纺车 3 万余辆，每日可产各色布 6 千余匹……分销于冀中冀南、渤海等地。"可是在更后方、更稳定的区域，则又说是"东北工业以哈尔滨、齐齐哈尔和安东为生产中心，供应着东北全区的需要。煤的生产已较去年增加了两倍。牡丹江鸡西一矿，年产煤 4 千万吨。电力供应已恢复日伪统治时代的规模。……鸭绿江与吉林的木材厂纸厂均已复工。吉林省两个锯木厂，即能日出木材 240 余万立方米……"② 如其说，他们在工业方面的措施，因远离或接近战区而不同，而对于农业，却在一切区域有一基本的共同点，就是依着他们新颁的土地法，而尽一切农耕者皆有其

---

① 万彬：《中国经济形势的新背景》，《经济导报》第 14 期。
② 狄超白：《1947 年中国经济总结》，《经济导报》第 51 期。

田。关于新土地所有关系的建立，我们还只能从报刊杂志上获得一鳞半爪的消息，但我相信，事实上政府中人都知道，他们对于这方面的努力，一定相当彻底，所以国防部长白健生先生曾认定这是他们争取民众，支持战争的活宝。他说："……本党第一次全国代表大会，便有二五减租的决议，可是未即实行，共党却在其占领区实行其《土地改革》，在国际上夸大宣传，更利用清算斗争的残暴手段，强行分配土地。其分配法即按某地农民人数与土地总面积平均分配，决不顾惜少数地主资本家的利益，牺牲少数来争取大数的农民……"① 由此我们知道，新的土地所有关系，不但是他们战时经济体制的核心部分，也是他们企图实现的新经济的基石。依着这个基石，一切商工业的建树，和财政金融的部署，当然另是一个格调，不少学者以为他们提倡手工业，主张农工"破镜重圆"，便是他们那种新工业的基本特征，那是非常皮相的看法。

当作中国经济总体来考察，我们除了分别概述政府控制区与非政府控制区的经济实况而外，还得综合起来去看它全般的特质。

二　从中国经济现状中显示的诸特点

第一个显著的特点，是以往被称为半殖民地半封建的经济制，迄今虽然仍占着非常重要的地位，但经过长期内外战乱及相因而产生的事态，这体制的内在外在关联，已起了极大的变化，特别是已经从它内部日益尖锐化的矛盾中，成长起来了与它对立的新的因素。因此，今日的中国经济，除了原始形态的成分外，就不仅只包含封建的、资本主义的构成部分，还有"准社会主义的"因素，在其中起着积极的、极其生动的作用。我们一向惯称中国经济为过渡社会的经济，此在今日虽还可适用，可是那种过渡的关节、过渡的阶段，被新起的社会经济事象改变了，前此是单由封建制过渡到资本制，现在更加上由资本制过渡到社会主义；过渡关系变成二重的了，复杂化了。惟其如此我们的经济要改造，要现代化，它就不可能单是采取资本化的过程或社会化的过程。在社会化过程中，不要妨碍那对社会化之技术基础的建立有助成作用的资本化。也正惟其如此，封建性的、半殖民地性的一切经济要素，就必然要成为那两种现代化方式所共同要求铲除或改造的目标。由是：

第二个显明的特点，就是由上述社会对立关系导来的战乱，使对立两

---

① 白建生：《3月1日中央纪念周报告》，引自厦门1947年3月2日《江声报》。

方的经济，长期化为战时的体制。中外社会有识人士都认定中国经济建设不能顺利的进展，乃由社会政治的动乱和战争。但他们很少见到一切动乱和战争的发生，乃因没有好好把握到经济建设或经济改造的合理途径。我们这里倒不想描述其中的因果倒置关系，值得注意的却是各走极端的两个对立的战时经济体制，在分别强化其经济战斗中，会怎样影响到它们彼此间的乃至全般的经济关系。关于反动政府势力方面的经济，显然密切的在配合其战斗活动，"共党认识他们的力量，是在供给他们粮食与生力军的民众中，费了巨大的精力，在向农民宣传'保卫你的土地'"。① 而在政府方面，对于华北，已批准了傅作义总司令政治经济配合军事的三位一体战术；去年 2 月 26 日政院临时会议又通过"华中战场总体制"，关于经济部门，决定三项办法：（一）封锁战区物资，（二）争取战区物资，（三）破坏共区物资；关于政治方面，复决定四项办法：（一）建立保安城，（二）强化地方组织，（三）扩充地方武力，（四）争取战区壮丁。从两种针锋相对的经济体制中，我们又发现了：

第三个显明的特点，就是农村经济与都市经济的对立。政府无论从哪方面讲，都是企图使都市领导农村，使农村荣养都市，它的 500 万大军是驻在有城有堡的地方，它的 1500 万公务文化人员是工作在有城有市镇的所在，所有他们这大批的消费者，连带服务他们的商工业者劳动者，最后都是寄生于农村，由农村取得食粮与其他的供给品。针对着政府这一痛点，共党一方面圈围封锁都市，断绝对都市的供给，同时又力求农村自给，以期摆脱都市对农村的控制，而其最利害最有效的办法，则是依平分土地的号召，以团结自己支配区域内的农民，而分离政府控制区域内的农民，这又无异在一方控制农村，一方控制都市的对立当中，更使政府区域的都市与农村的经济也无法调和，而交通动脉的破坏与肢解，自无疑要益加加深那各种脱节现象。

第四个显著的特点，就是由整个经济联系的脱节，和两种敌对经济军事化所造成的一些反离的不平衡现象。那些现象的根源在全国，但却是从政府控制领域内显现出来：如（一）共党在各战区及其各后方区域力求自给自足，并力求封锁都市，以致政府在都市方面所需的物资，如棉花、面粉、大米、烟叶、矿物性石油及化工原料等，都不得不仰赖外国供给。三十五年度的入超为 6 亿美元，三十六年度用尽方法管制对外贸易，但除猖獗走私项下不计外，全年入超亦达 4 万亿元。而政府想用东北的大豆，

---

① 马丁（Martim）：《小黄村》（王亚南译），《国讯》第 448 期。

青岛一带的食油，张家口的皮毛，豫鄂等地的蛋品，拿出去换取外汇的计划，都受到了战乱与交通的影响，以致造成除军事支援外，非由外国供给上述农产品需要，非由外国投资维持并开发华南等地经济事业，就大有朝不保夕之势；那一边自给自足，封锁都市，截断交通，愈来愈彻底，这一边依赖外国援助，对外国的依存，便愈加成为无法避免的了。还有（二）另一个反离的不平衡现象，就是由于庞大军费的支出，政府变成了最大的最主要的消费者。由于经济的全面军事管制，政府也变成了最大的最主要的供给者。结局，一切大大小小的民营事业虽在恶性通货膨胀与无效率的管制下，逐渐趋于萎缩与破产，而政府及利用职权以图渔利的官僚，却在相对扩大其对于经济的占有与控制；由是（三）最后一个不平衡的反离的经济现象产生了，那就是依赖外援的迫切，并不会丝毫减弱国内仅有的大量资金，在不绝依变乱范围的加广与治安威胁程度的加深，而由乡村累积到小城市，到大都市，最后则被利用机会或创出机会向着国外，特别是向着支援我们的国家集中。

三　我们所要把握的问题

从上面有关中国经济现状及其特点之粗略说明中，我们已不难找到许多极其重要的问题，但在所论为中国社会经济改造途径的限内，却得把我们所要把握的问题局限于以次诸端：

（一）经济上需要改造的基本关键在什么地方

这个基本关键，与其说是已由上述的诸种社会经济事象中暗示出来了，不如说是已由将近一个世纪的多少血与肉的痛苦教训明摆出来了。今日对一个中小学生已可耳提面命的讲得明白的道理：如说一个社会落后，便必然是由封建势力，或变相的封建势力在行使支配；说一个落后社会与先进资本国家发生政治经济交往关系，便必然使它的封建统治带有买办官僚的性格，使它的社会形态，带有次殖民地的本质；说一个像具有这类性质的落后社会的基本经济问题，不在其都市方面的商工业如何加速发展，而在其障碍都市商工业发展的农村社会关系，或以不合理的土地所有与使用为核心的一列落后社会关系等等，我想是无须详为解释了。中国历代所有的内战，从没有像今日这样把土地问题的严重性表现得如此露骨的。战斗双方却已警觉到须得以土地的给予或改革，作为抓住战斗者和保障胜利的号召。然而，愈是关系更多人，更多国内乃或国外权势者利害的真理，愈是需要支出更大的代价才能发现，即使一时被发现出来，转瞬又被其他直接的浅近的利害打算或口实掩蔽下去了。所以我要进一步问到：

(二) 阻障中国经济改造的究竟是什么

在中国国民党前身——同盟会的宣传号召中，孙中山先生已经提出"驱逐鞑虏，还我中华，建立民国，平均地权"的十六字真传。所谓三民主义，亦是由此十六字革命口号发展的结果。"鞑虏驱逐"了，"民国建立"了，但地权却不会"平均"，惟其地权没有"平均"，纵使驱逐了鞑虏，并不会除去鞑虏在中国留下的统治形态，从而"民国"的建立，也还只是一面招牌。所以同声惋惜"革命尚未成功"的孙中山先生的信徒，除了那些为个人利欲支配毫无改革诚意者外，其余的人，大概为以次三种想法所迷误了：其一是认定关系社会经济改造的大事业，应当统一完全实现，治权打建稳固了才能进行，或者才好以一纸命令昭告全国来进行；其二是认定统一未告成，动乱未停止，就实施经济改造，那就无异帮忙强调那种改造的反对者集团，而拆自己的台；其三是认定经济改造，应当从技术改良，资本累积，劳动教育或其他种种方面下手，等到这些方面有了成果，关联到土地改革上的一切问题，就可迎刃而解了。第一个想法，直到内战遍全国的当前，才有一小部分人觉得那是把问题的因果关键倒转来了；根本上系因未改革而要求改革所生的动乱，如何能期望完成没有动乱再去从事改革？第二个想法，更是太没有自信，且对自己作为口头禅来宣扬的民生主义没有信心；认定应当作而且非作不可的事，自己不作而让人家去作，且进而因为人家在作，自己就更不作，这殆可以说是一种极其变态的心理；至若作为这种变态心理之虚饰或口实的第三种想法，那无疑是似是而非的东西，因为它有中外各种各色的经济学家、政论家在帮同曲解、诡辩与极天真的宣传，所以，对于经济改造的阻碍就显得更加有力了。

(三) 谁能担当改造中国经济的任务

这个问题，殆可说是非常明确的由中国经济本身的社会性质所规定了。

中国经济的封建性，从而，中国经济的半殖民地性，乃是它需要改造的症结。不论是谁，不论是何种社会政治集团，只要他或它们能认真的贯彻反封建、反帝国主义的政策，他就有资格担当起改造中国经济的任务。中国由国民党所领导的国民革命，其所以能成为一度统一中国的大场面，就因为它提出了反封建反帝国主义的口号,它的许多纲领迄今还是相当正确的。而我们到现在其所以提出这个问题来,却不能不说是由于它原来为争取政权而提出的许多正确纲领政策,因为我们前面所提到的种种原由,被轻轻的放在一边,没有认真去执行了。它不能认真执行自己革命的纲领与政策,就不可能不由革命的变为保守的,而在某些方面与其原来要革去的对象,一鼻孔出气了。谁也阻挡不了历史的进程,我们并不因此就说它到现在已毫无再行振奋起来、重新担当起历史任务的最后机会,我们对历史未来寄托着新的希望。

(原载《新中华》第 12 卷第 1 期)

《中国社会经济改造问题研究》序

一　当作《中国经济原论》研究结论的初步应用

现在拿来问世的《中国社会经济改造问题研究》，大体是作为拙著《中国经济原论》之续篇，或者使《原论》中通过"化验室方法"研究所得的诸种法则，再回到现实中去。

对于《原论》，我曾在1947年的"新版序言"中，这样规定它的任务："我的研究，在一方面，除了对大家已经讲得烂熟的半封建半殖民地的社会经济形态，企图给予以科学的系统的说明，并对大家当作历史使命来履行的反帝反封建号召，企图给予以科学的明确的依据外，我还有一点傻想法，希望藉此说服那些硬把中国经济混同或等同于一般资本主义商品经济的经济学者乃至自诩为'革命家'之流，使他们不要由认识上的错误，致妨碍上述那种历史使命的达成。"然则那种任务是怎样去达成，或者是如何去进行科学的说明呢？"本书是尝试把中国经济全体，当作被若干基本经济法则所贯彻着的统一过程或统一运动，因而，各别经济形态相互间的内在因果关联，是我特别想努力分析的。"所以，我在全书中，把商品、货币、资本、利润、利息、工资、地租诸经济形态，详加解析以后，就把经济恐慌那一篇当作结论，表明那是在所有那些经济形态及其诸法则，连同作用下的产物，即认定对比一般资本主义经济恐慌，以农业的、生产不足的、慢性的经常化的诸特征来表识的中国经济恐慌，是在这一系列经济运动——小商品生产，商品使生产物变为商品，商业支配产业，商业利润高过产业利润，利润受规制于利息，国际金融资本支配着金融市场，各种不等价交换，资本向都市向国外集中，农村各种原始资本形态的相互作用及其对生产的破坏性影响，劳动驱逐机械甚至驱逐畜力——所连同体现出的诸种法则作用下产生的，也即是"现代中国经济内部诸关系相互作用的结果"。我写那部书，还是在对外战争中，不过那时已显露出了一些内战的迹象。我是用下面这段文句来结束的："战乱在某种限度内，是恐慌直接间接造成的结果，不管战争是对外的还是对内的，也不管是胜利还是失败，如其我们社会的原有生产关系，不曾由战争予以本质的改变，劳动人民大众的社会地位，不曾由生产方式的变革而一般的获得改善和提高，则我们上面分析研究的诸般经济原理原则，便会继续作用着，继续使我们陷在慢性的愈来愈益深沉的恐慌困厄中。"

然则如何去改变我们那种半封建半殖民地的社会生产关系呢？在《原论》尚未与读者见面以前，我就计划写一部《中国社会经济改造论纲》，把该书研究的结论，引到实践上去。但一方面因为我研究性质的限制，同时也因为我处在"官学"中的言论自由的限制，就把我的这种企图延迟下来了。而就在这当中，客观改造的实践，已经走在改造理论前面了，甚至我的《中国经济原论》研究，就实践方面说，也只合用来证示反封建、反国际资本统治的革命实践路线，或民生主义的，新民主社会经济的实践路线的正确。这些事实，便限定了，或限制了我现在拿来问世的这部《中国社会经济改造问题研究》的性质与内容了。

二　社会经济改造的实践路线

当我已把民生主义的实践路线，把新民主社会经济的实践路线，看为中国经济之合理出路的时候，我在本书中所企图达成的任务，就是：（一）使一向受了买办经济意识，受了主观主义经济意识毒害的经济学界，了解他们为政府所设计所宣扬的那些经济建设主张与办法，根本是忽视或曲解中国社会经济特质及其根本问题的错误；（二）使那些已经对民生主义理论，对新民主社会经济理论有了相当认识，且对其实践具有相当确信的人，能够藉着现实诸经济问题解决之必然顺序的科学说明，以加深其认识，加强其信心；并且（三）使那些对中国经济问题，特别是对中国经济改造问题，原本就感到隔膜的人，能由此较具体的问题研究方式，得到一些启蒙性的理解。

因为我的写作动机如此，我就从通常一般阻碍我们认识的自然观出发，由自然观引到技术观，由技术观引到资本观。资产经济学者们对中国经济问题，特别是对中国经济改造问题，从自然观点去看的虽然不多，从技术观点，从资本观点去看的，却就几乎是千篇一律；如我在书中指出的，他们是沿着自然的观点去理解技术问题，又是沿着技术的观点去理解资本问题。而不知自然条件、技术条件、资本条件，是关联到社会生产力，从而是密切结合到社会生产关系上的问题。所以，我在讲到资本问题之后，紧接着就讲中国经济改造上的生产力与生产关系问题。中国旧生产关系，大体上是把封建性土地所有制作为基础，而土地问题又是一般讲得最多，看法各有不同的。于是我便在这一问题上多所解析，把论点归结到：它的本质问题，不能由土地不够人口分配的自然观点来解释；也不能由人口在土地上的分布不平均的技术观点来解释；甚至还不尽能因土地集中，地租率太高来解释，而必须更本质的由它的诸封建特质来解释。问题如剥笋般的慢慢由外围剥到了核心，然后再提到中国社会经济改革的指导原理了。讲民生主义的人很多，讲新民主社会经济形态的人也不少，大家始终不曾把这样一个问题提出来，即那种主义，那种新社会形态，包含有私有的资本主义成分，又包含有公有的社会主义成分，那究竟是不是一种折衷的调和制度或混合制度呢？我的答复是否定的。资产者的改良理论家们，正在作着这种微温的调和混合教义的宣传，我们讲中国社会经济改革，是必须先把这种表现的疑云拨开的。

三 民生主义与新民主主义

当"新民主主义"在国内，在江南的国内论坛上尚多所"禁忌"的时候，要把它单独拿来作为中国社会经济改造的指导原理来讨论，就不如溯源的由民生主义引述出来。而事实上由孙中山先生提倡为改革中国社会经济之理想目标的民生主义，自称为孙中山先生革命信徒的人尽管"满不在乎"的把它当作具文，而倡导新民主主义的，却毫不避讳的宣称是在推行民生主义。

新民主主义的概念，是极其包括的，它不仅是指着经济的一面，并还包含有政治文化的许多方面。它可看作新中国全面改造的思想体系，正相当于三民主义曾被人看作三民主义新中国的思想体系一样。民生主义其所以不能见诸实行，最基本的原因，当然是由于执行民生主义政策者，都是地主豪门，他们当然会对于那种政策，实行"怠工"。但如其说理论上也多少要负一点责任，就是由于三民主义中的民生主义与民权主义，根本不大调和。民权主义还不曾脱却资产者的范畴，而民生主义却提出了抑制资产者的，或有利于农工人民大众的纲领。就因此故，新民主主义的独创性，就宁在它的整个体系方面，由那个体系所规定的政权，所规定的以工农为主体，联合资产者的政治组织，就能够而且必须推行民生主义所提的那几项纲领。我们必须在这种认识下，来理解新民主主义与民生主义的关系，我们也必须在这种认识下，来理解新民主主义者为什么尽管强调民生主义，却并不因此丝毫影响其独特的社会立场和独创的思想体系。此外，我们还必须在这种认识下，来理解真正的三民主义信徒，真正的民生主义者，为什么和新民主主义者间还存在有极大的合作的可能。

从技术观点看中国社会经济改造的思想的批判

一 技术与生产建设的意义

要从事生产，技术是一个非常重要的因素，这是谁都不能否认的。国内论坛上，不，就在生产建设的实践上，多年以来，甚至可以说数十年以来，无形中存在着两个对立的意见：其一是认定从事生产建设，只须从外国输进新的技术就行；又其一是认定生产建设，一定要排除生产建设的社会的障碍，社会的障阻不予扫除，新的技术也无法施展。前一个意见，可以说是技术改革派的意见，他们认为，在生产建设之始，用不着或可以不必搅动原有的社会秩序，等到建设从各方面扩展开来，原有的社会秩序，自然而然会为一种新技术造成的新社会秩序所代替。由李鸿章到张之洞这一辈子的变法图强论者，始终都抱定这种主见，他们留给我们的建设"陈迹"，差不多都是在这种主见下进行的。也许说，主张"西学为用，中学为体"的张之洞一流人物，他们只漠然感知到富强国家的轮廓，根本未意识到什么新的社会秩序。但晚近大大小小的许多新的张之洞，对此恐亦没有高明多少的理解。至前述后一意见，可以说是社会改革派的意见。他们认为要使生产建设很顺利的进行，至少是不能不预先造出新技术应用所要求的社会条件的。孙中山先生的民生主义，在骨子里就包含有这种基本概念。他无疑是接受了中国半世纪以上的变法图强失败的教训，同时也大体认识了世界各先进国家现代化成功的必由途径。然而，就在中山信徒们（其实是叛徒）认定民生主义已越过宣扬阶段，而达到当作重要国策来施行的实践阶段的当时所谓技术派的意见，不仅支配着经济学界，还更有力的支配着经济界，这宁可说是非常意外的。

如其说惰性可以助长愚昧，对事理的认识不清，又会无端加强惰性，则技术在生产建设上，究竟占有怎样的重要地位，它能否在任何社会条件下发挥它的作用，那是需要从长研究的。

一般的讲，技术有广狭义不同的两种意义：广义的技术，通常被解作处理事物所用的方法；而狭义的技术，则是指着经济活动时，在生产过程或劳动过程上，由劳动力方面表现的技能，和由生产手段，特别是劳动工具方面表现的技巧之综合。在劳动必须藉着劳动工具始能发挥，同时，劳动工具方面的技巧，又必须藉着劳动力始能体现的限内，这种狭义的经济意义上的技术，就很可能说是人类在生产过程上或劳动过程上，使用生产手段，特别是使用劳动的方法。如其说，经济科学严格意义的所谓生产方法，是指着劳动工具的结合方式，而在其中包含有人对人与人对物的两重关系，那么，技术就可以说是指着那种结合方式上的人对物的这一方面的关系。

生产建设是经济范围内的事，生产建设的进行，诚然有需要藉助于广义技术的地方，但一般人模糊意识中的技术，尤其前述技术派或技术的改革派意想中的技术，却显然是指着狭义的经济意义上的技术。

技术的概念明白了，技术在生产建设上的地位，就似乎由它的本质和功能完全确定了，表现为一自明的事理。但问题其所以这样被提出，就因为我们这里所谓生产建设，具有远较其字面表现为深刻的特殊涵义。

中国经济论坛上当作宣扬目标来使用的"生产建设"一语，有时被扩大其称谓为"国民经济建设"，有时又被缩小其称谓为"工业建设"，但三者所指，只有范围广狭之不同，其实质涵义则一。我曾在其他场合① 就"工业建设"这个有号召性的语辞，加以明确的分析。那曾指明，从科学的范畴来说，工业是历史发展的产物，是人类社会劳动的一种作业。它是以原料（通过劳动粗加工的低级生产物）为劳动对象的一种加工作业。由于加工过程中所使用的劳动工具和方法不同，通常又区分为手工业和机械工业两大类：前者是用手和简单的劳动工具，生产率较小，故又称为小工业；后者是用物理性较复杂的机械为主要劳动工具，生产率大，故又称为大工业。这两种形态的工业，虽都是历史发展的产物，但前者是在现代以前老早就有了的，只有后者是现代社会才出现的。换言之，机械工业是现代社会的产物。所谓现代社会，也就是以这种机械作业在社会生产机构中占着最大比重为特征。我们今日所需要建设的工业，就是后者这种机械工业。因为前一种工业在我们的社会，还占绝对的优势，就表面看，我们的社会还是一个落后的社会，还不够现代化，不够机械化。我们今日所要求的工业建设，就是要从手工业变为机械工业。这种由手工业到机械工业的变革过程，即一般所谓"工业革命"或"产业革命"。所以我们这

---

① 王亚南：《中国经济论丛》，第165页以后的部分。

里当作问题提论到的"生产建设",实即以工业为中心,但却包括了农业及其他生产作业之全盘改造的产业革命。

二 技术变革的重要性问题

论到这里,我们已明确认识问题的重心所在了。讨论技术在生产建设上的地位,不是怀疑或低估技术在生产上的重要性,而是要究明:对于我们这种有产业革命涵义的生产建设,是否单靠技术上的努力即可以成就?是否一切社会传统原封不动,新的技术仍可展开?约言之,即在我们的生产建设上,究是技术变革重要,抑是技术变革所需要的前提条件——社会变革重要?

这样来理解问题,也许还有一个障碍。就是有的人唐·吉诃德式的不肯承认中国的生产建设,还具有产业革命的性质,为了在观念上使自己现代化,或使自己不过于落后,简直顽强认定中国的产业革命阶段已经过去了。但如何想得使自己冠冕堂皇一点,尽管是谁都有自由的,若避开名词来讲事实,任何人都不能也许都不曾否认中国的生产建设,原意就在使大工业代替手工业,使大农经营代替小农经营;概言之,即使用机械工作的产业,代替用手工作的产业。

可是,就在这种"避名务实"的精神上,又从反面引起一种错觉;由于他们过于"形下的"把握着由用手工生产转移到用机械生产,在外形上表现的物理性的巨大变革,遂不期然把这种变革,直观的意识为纯技术的范畴,而将技术因以取得存在,因以发生作用,表现功能的社会条件置诸脑后了。

我们将从这里进一步展开问题研究的序幕。

首先,我们承认,在简单劳动工具受劳动者支配的过去社会,劳动是技术的基础;而在劳动者受支配于复杂劳动工具的现代社会,机械才是技术的基础。如其说,现代社会是以产业革命为始点,则产业革命就是以机械的采用为始点。在这种认识下,我们似乎应当而且必须把我们生产建设的努力重点,放在技术上,从而,放在机械的采用上。

其次,我们又得承认,现代的机械,像是能自行扩大其作用范围,或自图发展的怪物。一种产业部门采用机械,特别是与它相关联的产业,就不能不被迫而强制的采用机械。比如,机械纺织业,一定使机械织布业,成为必要。而这两者合起来,又使漂白业、印花业、染色业,有发生机械、化学革命的必要。同样,棉花纺织业机械上的革命,又唤起弹棉机的发明和采用。各种轻工业相互连带的机械化，制造机械的重工业遂不能不相应发生。农业上的新生产方法，在工业生产方面变革的过程中，已经由机械的应用而开始了。而原先以小农业及家内工业，乃至都市手工业为枢纽的社会，其交通运输工具，决不够供应这种新生产作业场面的诸般要求，于是河川海洋的轮船、铁路乃至电报等新机械交通工具，就被唤起来与工农生产领域的机械化生产规模相配合。

机械就这样像是离开人类意志而独自开辟出它的新天地来。一切现代国家仿佛通是这样完成它们现代化的大业似的。

然而中国自李鸿章开始采用机械，建立现代机械工业以来，距今快到一个世纪了，机械生产作业规模，仍旧是留在极不足齿数的可怜状态。所以致此的原因或责任，我们一向像自然的归罪于东西较先进国家从多方面加于我们的不平等条约的束缚。但如进一步问：许多先进国家在其现代化大产业开始时，也曾受到其他更先进国家的妨碍与束缚，则我们对于自己机械化前途的黯淡，似须坦白承认，我们在自己产业革命事业的开端，就未免犯了表象主义的"唯物的"毛病，那就是太看重机械的自发作用，和过于相信技术决定一切。

事实上，机械的采用，虽是现代产业革命的起点，但机械之所以采用，所以能采用，还更有它的起点，即有它的社会的前提条件。我们只是肤浅的观察到各先进国家机械化生产事业扩展的过程，而不曾透视到伴随那个过程，或者更确切的说，先行于那个过程的，还有整个社会变革的过程在。

我曾在前面明白指出，技术是人类在生产过程中，由劳动力使用劳动工具所表现的方法。这样一个简单命题，似已够暗示我们：无论是技术，抑是作为技术基础的机械，都是一种社会的存在，都是在一定社会关系下取得其存在的。

在劳动过程上，劳动工具的使用即直接劳动者，虽然显得他们是机械的侍仆，他们的工作秩序，工作进度，甚至工作效率，随时都受着机械性能的拘束和限制，但一走出工作场所，回到社会视野来，机械毕竟由人们所造成，所使用的。一切历史时代的生产作业，诚然都是由劳动力所有者或劳动者，以一定的劳动工具，加工于劳动对象之上，而由是显示出一定水准的生产技术来；但劳动工具每经一度变革，不仅劳动者对于其使用劳动工具的技术关系改变，同时还连带着使劳动者使用劳动工具的社会关系改变。在以前的社会，小农或独立手工业者应用简单劳动工具所表现的技术，差不多主要是由机械的性能或技巧所决定。这中间穿插着一个微妙的

从技术观点看中国社会经济改造的思想的批判

社会关系。就是前者的劳动工具，是属于劳动者自己所有，劳动生产或劳动报酬，可因其技术的效率增进而增加；后者的劳动工具，是属于直接生产者以外的资本家所有，劳动生产物便是属于资本家，从而，资本家要想增大其所得或报酬，就比较不易期之于"利不关己"的劳动者的技能，只好期之于自己可以任意改良的劳动工具或机械的技巧方面了。

在这里，我的意思不是要解释增进技术的权能，永远是操持在利于技术改进者手中的"社会造化"，而是要说明，使用劳动工具的方法有所改变，即人对物的技术有所改变，在这同时，或在这以前，对于劳动工具、劳动生产物的所有分配关系，即人对人的社会关系，亦即在生产领域看出的社会生产关系，亦必然改变。

如其一个国家或者我们在生产建设上或产业革命上的努力，只注重在机械上或技术条件上，而忽视了与它配合适应的社会生产关系的变革，那将从许多方面证示那种努力之没有效果。

三　单纯发展技术的社会阻碍

不论是简单的劳动工具，抑是现代的机械，通是由人来使用它；但使用简单劳动工具的人的地位，和使用复杂机械人的社会地位，是绝不相同的。不仅如此，使用简单劳动工具，人与物的关系，也比较简单，使用复杂的劳动工具或机械，人与物的关系，就比较复杂多了。木匠的斧头、锯、钻之类工具，就是属于木匠所有，由木匠使用；但一系列制造木器的机械，它尽管是由木业劳动者使用，却不是属于它所有，尽管是为木厂资本家所有，却不为他所使用。这种由劳动工具改变所引起的，人使用劳动工具的关系的变化，就一个人说，就少数人说，像是没有大得了不起的关系，但若就社会全般来讲，其变化就非同小可了。

在生产技术变革的过程上，一个木器厂的厂主或资本家，可能是以前自备斧锯的木匠，同时，这个木器厂的劳动者，他或他们也可能是以前自备斧锯的木匠。有的木匠跳升为木业资本家，有的木匠降落为被雇劳动者，这变化，就个人讲，我们尽管可以随意讲出一些偶然的或命运的因素，但就社会的立场讲，这些个人，扩而充之，整个工业上乃至农业上的人，相率向这两极分化，就不是偶然或命运可以解释的了。较有社会科学修养的人，也许有理由把这种分化，看作是应用机械、应用新的生产技术的结果。但仔细研究起来，我们似乎只可以说，新的技术，新式机械被广泛采用以后确乎把那种分化加强了。但在起首时，新的机械技术，并不能制造出这种分化,反之,却是社会的这种分化局面,或者分化倾向,已藉着某种社会的政治的变革方式形成了,它才允许新的机械技术逐渐扩展其应用范围。不过,这种分散局面,可因各别社会之历史条件及其他无数经验上的事实,引起无限的变化姿态。要测定它是否真正为机械或技术扩大应用范围所需要或必具的现代转型性的分化,就是看它的两对极——即一方面是无产的产业劳动者,一方面是产业资本家——是否在同时形成,否则如像中国传统存在的那种分化局面,一方面尽管有大量的无产者或由土地游离出来的失土地者的存在,而作为它们的对极的,却不是产业资本家,而是封建的大小土地所有者。像这样一种前资本主义的社会,要完成怎样不同于近代各国在产业革命当时所成就的社会的政治的革命,那不是在这里要讨论的,我只须指明,如其我们把前资本主义的社会分化,解作是现代性的社会分化,而以为即此就可把新技术同机械广泛的应用起来,发展起来,那么,新的劳动工具尽管像大水淌来一样的,毫不费力的从外面输运进来,那就使用它们的劳动力方面讲,它们不但不会像先进国家一样,特别为社会有财力而又想加速增进财力的人所欢迎,且反而会受到他们的冷遇或歧视。这是近数十年来我们社会的生产建设的据实说明,我将就此分别予以较详细的解释。

先从我们劳动力所有者对于新的机械技术的妨碍情形说起。

一般的讲,转型期间使用机械的自由劳动者不待说,他们主要是由原来小农及独立手工业者蛹化过来的。不论他们之中的保守性的程度如何,不甘愿离开自己的岗位,变成他们所不习惯的雇佣劳动者,那是大家一致的。他们直观的认定,使他们向着这个方面沦落的,是由机械的采用,而机械采用造成失业的惊恐,更加强了他们这种信念,于是,他们对机械采取直接的破坏行动了。每个现代化国家都曾经验过这一类令人"啼笑皆非"的事。在我们坎坷万千的现代化过程上,这种"迁怒于物"的故事,也是间尝闻到,但却颇不足齿数。这原因,并非因为我们采用机械,应用新技术,很顺利的不曾受到劳动者的妨碍,而是因为我们采用机械,应用新技术的范围过狭,还不够在这方面引起劳动者特别重视。由于我们社会历史条件的特殊,还由于我们采行现代化的步骤不免有些颠倒,我们采用机械所受到劳动者方面的压迫,就呈现了一种异常特殊的姿态。

作为中国封建制基础的地主经济形态,它与西欧或一般封建制基础的领主经济形态是不同的,那对于由封建社会过渡到现代社会的各方面的转型过程,也自然要发生一些变化。在地主经济形态之下,土地是可以自由买卖的,土地不曾由封建身份固着起来,耕作土地的劳动者,便也得到了转移上的绝对自由。土地自由买卖与劳动力自由转移，尽管那自由是受到许多限制，且与现代土地和劳动力自由的概念，大有出入，但毕竟是中国封建制的一种值得称许的进步性。这进步性，本来可利用来作为较易转向现代社会的一个阶梯，但可惜我们把它错误的理解了，那反而变成了妨阻我们走向现代社会的一个障碍。我们自来就漠然的把握这种进步性，这种自由，以为中国过渡到现代社会的变革，早经成功了。我们封建的本质，特殊封建剥削的关系，就被掩罩在这种进步和自由的后面，真所谓"自由自由，一切罪过都假汝之名以行"了。因为这是中国技术派意识形态中最"光辉"的部分，所以不惮烦地便在这里提示一下，而我的论点，还是要由此引述到中国转型期中自由劳动者所造出的问题上来。

前面讲过，现代各国采用机械所要求的自由无产劳动者，一般都是经过一种社会变革程序来造出的，都是把土地上的特权，城市基尔特的特权，从根打破，再从农工业上游离出来的劳动队伍中，来吸收住他们的。但中国自来就在土地自由集中的过程里面，不绝造出了土地被集中了的大批的农业劳动者，他们这类人——这类待土而耕的人的历史的存在（事实上，中国旧式的手工业者，无非都是一些得不到土地并殷切希望找机会搞到土地的人），直接造成了高率地租的一大前提：高率地租不但牵引着高率商业利润和高率利息，并还局限着社会积蓄，始终除了浪费外，不肯走出这三位——土地、商业、高利贷——结成的连环圈套。由是历朝后半期照例由土地游离出来并且愈积愈多（多到老弱转乎沟壑，壮者散之四方，铤而走险，结束这一个朝代的乾坤为止）的大批过剩劳动者，到了我们这个时代，就仿佛他们不是为了等待土地，而是为等待机械来服侍似的。本来，即使是等待土地的人，他们是可能，而且逐渐会是愿意服侍机械的（虽然他们使用旧式农具乃至旧式手工器具的手，并不怎样惯于使用机械），但无奈他们方面，或者劳动力方面，尽管在客观上期待新时代的展开，我们社会的传统生产关系，却仍允许并保证着地租上、高利贷业上，乃至商业上的特殊利益，且还把大批的失土失业的劳动者的经常存在，作为其特殊利益所由取得的一个有力的助成条件。这传统关系既多方限制着机械或新技术应用范围的展开，结局那种过剩劳动者群的人数愈多，就不但不能按照资本技术构成上的比例，促成机械的采用，却反而依照着劳动者报酬与其求业人数所形成的反比例，压迫机械的采用。这就是说，容受过剩劳动者的范围愈狭，劳动力的报酬将愈低，劳动力的报酬愈低，生产事业的经营者，愈会觉得采用国外输入的昂贵的机械就不如雇佣"就地取材"的低廉劳动力；而在中国国情下，国际资本的竞争，防卫力量的薄弱，以及各种不利于新式产业发展的社会政治的作用，乃至由货币制度不健全和社会信用不发达所引起的资金的必然缺乏，都促使他们有理由觉得采用固定性太大的机械，不如多使用可以随时因应市场关系的变动而解雇而集合的奇怪场面，就这样被演成了。我们迄今还存在着这种场面，它的根本原因，从表面上孤立去看，是无法理解的。

我们的劳动者在客观上是这样的排斥着机械和新技术，再看理应特殊亲近机械与新技术的我们社会的有钱人或资本家们的态度吧。

近代各国的产业资本家，有许多当然是产业界出身的，在转型期当然特别如此。但过去的商人，高利贷业者，坐收地租的贵族，乃至其他社会各色人等，也有不少变成了产业界的巨头。在以前等级社会的空气下，谁靠近产业，谁就要依他靠近的程度，失去其尊贵的身份。到了市民社会，经营产业变成极时髦的事业了。这种气氛所由养成的本质原因，主要还是由于经营产业所得的利益，比比坐收地租，比之过高利贷生活及作欺骗的买卖，要较有利益。向着这方面趋利的形势已经造成，机械和新技术，便同过去社会的土地一样，特别被人们所爱顾和讲求了。

把这种事实拿来比照我们的社会，我们只依据上面的说明，就知道，我们还把土地当作最重要的殖利生产手段，机械就不易被当作最重要的殖利生产手段了。结局，坐食地租者固不必说，与"吃地租"保有极密切关系的商业者及高利贷者，他们为了适应时代的变化，其最大展望，也只是做买办商业家和买办金融家，或者变形为都市的公债、地皮、标金经营者，除了在特殊有利场合下（如在第一次世界大战过程中的某一时期），他们是没有理由，也没有兴致去亲近机械与新的技术。

就是到了国际资本大体引退，民族产业在多方被奖掖的条件下的今日，"产业家"仍旧不会变成一个很吉祥的名称。然而许多不肯正视事实的学者乃至政治经济家们，也许要把这种特殊产业不景气的原因，归之于机械不容易进口罢！

现代各国在转型期最愁难得的，是对机械抱着反感的产业劳动者，而我们却愁着找不到对机械表示亲切的产业资本家。

四　教训与教训的忽视

上面说明，使我们有在这里概括并引申为以次诸点的必要：

第一，在生产建设上，技术无疑是一个极关重要的项目，但一切技术，必须附着于一定社会条件，在这限度内，任何一种技术上的变革，都不能要求它的变革性质所需要的社会条件或社会关系；在另一方面，任何一种社会关系，对于作用在它那种关系或社会经济结构中的技术的改进，因此也都设定了一个限界。

第二，一国的生产建设，如不是指着产业革命过程中的转型大业，而是指着通常意义的生产或建设，指着产业革命大体完成以后的生产事业，因为它是在新的社会关系允许的情形下进行，着重技术，专心致力于机械的改进，如像先进各国在前世纪末本世纪初所努力一样，那么，它们强调技术的重要性，是不无理由的。到晚近，它们的技术发展程度，早已超过其社会生产关系所允许的范围，它们不能应用其在前一个转型期的经验，而仍想藉技术的改进，来解决其在社会经济上所遭遇到的严重问题，所以，它们的这种努力，就只能为自己造出更大的困难。——我们不但需要接受近代先进诸国在前一个转型期的教训，我们还得接受它们在当前面临着的这一个转型期的教训。

第三，先行于技术变革的社会变革，尽管是一种社会的必然，但其表现形态，从而，其变革步骤与方式，各国不尽一样，事实上也不能而且不必一样。中国前资本社会的形态，对世界各国都显出极大的特殊，这特殊，是以我们社会的地主经济基础，对其他社会的领主经济基础，表现了较多的自由的进步性，但这种进步性，并不曾达到其对现代社会表示不落后的程度；其特殊，也不曾达到否定历史发展之一般定则的程度。我们有理由利用过去社会的进步因素，以减少社会变革过程中的痛苦，却万分不应该误用那种进步性，来代替新技术变革所要求的社会变革。

痛苦经验已经够多了，表演在我们眼前的产业界的伤心事实，还不够警惕我们技术万能论者的愚昧与迷顽么？

然而，如前面所说，中国社会在现代化过程中，一直就不感到劳力缺乏，且仅因剩余劳力过多显出的资本过少现象，加强了技术论者的进一步幻想，以为我们技术改良的大障碍，根本就是由于资本不足。这使我们研究中国社会经济的改造，须在技术问题之后，把资本问题提论出来。

（原载《中国社会经济改造思想研究》，中华书局 1951 年版）

从资本观点看中国社会经济改造的思想的批判

一 一般在沿着技术观点考察资本问题

任何一个问题，是可以从多方面去考察，因而也是可以相应得出极其不同的结论的。

我们此刻来讨论的资本问题，多年以来，就是国内经济论坛上注意最集中、论究最广泛的问题，但可惜一般经济学者论究这个问题，不是由一个待改造的社会经济制度的前提出发，而是由一个已经改造过了的社会经济制度的前提出发，换言之，不是站在中国社会的立场出发，而像是欧美先进国的经济研究者，以他们自己社会为对象来考察中国资本问题的观点出发。结局，他们关于中国资本问题的讨论，就只是技术问题讨论的延续，或者把资本单纯看作实现技术变革或改良的手段。我们由前篇的讨论，已经明确知道现代技术之主要基础，是现存的机械，机械不论由自己国内生产，抑是从国外输入，都得有大量的资金或资本；资本数量愈多，采行机械以实现技术改良或变革的规模就愈大。就因此故，我们经济学者关于资本问题的注意，遂自然而然集注在现有资本数量或可能筹得的资本数量方面，一句话，他们是在"资本"数量关系上用工夫，至若那些考察出来的"资本"数量，是否会用作他们所谓建设资本，或本身是否资本，或是否将转化为资本，那显然都是关系到资本性质的问题。这一方面的问题，尽管在一个待改造的社会，或在一个尚未造出有利于使用资本的前提条件的社会，是比关于资本的数量的问题，更重要得多，但都似乎不在他们重视之列。自然，像吴景超、汪馥荪、巫宝三诸先生，用各种计算方式，算出中国国民所得或可能筹集的建设资本的探究，在某种限度内，由量的考察，会多少有助于我们关于中国资本问题的质的理解；可是着眼在量的方面，在技术方面，一开始，就是会把非资本的或不属于资本范畴的东西，都含糊笼统的搅在一起，以至混乱我们关于中国资本问题之本质的认识。

二 资本与社会一般蓄积

在这里，我不想深入的论究资本性质的问题。但因我见到最近《经济评论》（第3卷第2期）上汪馥荪先生《论中国资本初步估计》的文章，觉得有一点感想。他把中国某一年度（1933年）的国民所得，看作资本的赁价，由这赁价，推算出中国资本的本价，即资本价值或全国资本（National Capital），正如同由贷款利息额，依一定利息率，计算出贷借资本总额一样。汪先生很觉得他这种计算的方法，是一种创见。我也希望其如此。但是稍一检点，就发现那"创见"还不够健全，有人（如在同一杂志第3卷第18期陈志让先生的《资本、人口、土地》里）已从技术方面提出了质疑，而我认为最成问题的，却是他连西方经济学者关于资本的基本概念，也不能把握，以至在所得中，对于利息、利润、地租诸分配形态及其相互关系的处理与说明，非常夹杂不清。事实上，且不论计算的技术是否健全，把所得看为赁价，把所得的一定倍数看为卖价或本价或资本价值，即他所谓全国资本，把社会性质的大问题抛开不讲，资财（stock）与资本（capital）的区别，在他，是显然不存在的。我觉得，用那种方式计算出来的中国资本的数量，即使再准确（其实是决无法准确的），也于我们理解中国资本问题没有多大的帮助。在中国这种性质的社会，它的中心的资本问题，显然不是在静态上去探究它如何可怜只有那一点资本（显然汪先生一再把中国资本数额加以太过宽的估计，以至把全社会资财都算作资本），那在一个落后社会，宁是非常自明的事理。它在资本问题上最伤脑筋的，在以往，在半世纪以上的产业革命的过程中，可以说是它的社会蓄积或资财，为什么不会转化为资本；在目前，还是它的社会蓄积或资财，为什么不容易转化为资本。自然，它的社会蓄积或资财是很少的，但这正好因为是以往社会蓄积或资财不曾转化为资本的后果，也是今后社会蓄积或资财更须转化为资本的要因。为什么在一个先进国家不发生这样的问题（不错，在末期资本主义各国，许多经济学者也在叫嚷社会资金不用以从事生产事业投资，却用以从事股票证券投机，是一个严重的问题，但其性质与内容完全两样），而偏在我们这种社会发生这种问题呢？在拙著《中国经济原论》里"中国资本形态"那一章，我已详细解述其中的关键了。这里只想补充一点，就是在一个前资本的社会里面，社会的财富蓄积，是以土地为基本的生产手段，因之，地租或农业上的劳动剩余生产物或其价值，为它社会蓄积的基本来源。当时虽也有商业资本，高利贷资本，那对现代性的商业资本银行资本，完全是属于另一范畴。后者是成为现代产业资本的补助资本形态而发生，从而它们的所得，即商业资本利润与银行资本利息，是由产业资本总利润中扣除。反之，前资本社会，特别像在过去中国社会的商业资本与高利贷资本，则是作用为协助土地剩余生产物的生产或其流通，而由土地剩余生产物或其价值中，分取其所得。自然，在两种性质截然不同的社会，一个不大懂社会历史关系的学者，也仿佛能摸出一些差别。但一临到像在中国目前这样的社会，尽管地租这种所得，还占着支配的地位，尽管配合着落后地租形态或封建地租形态的商业高利贷业，还相应维持着极大的优势，同时，产业资本已经发生了，新型的商业资本银行资本亦经发生了，于是看惯了，或从书本上习惯了先进国赚了钱，就去从事各种企业经营的学者们，就忘记了我们自己的社会条件，忘记了我们自己尚是由各种落后经济活动方式占着优势的条件，以为我们社会的各种所得，也是由它们那种经营方式得来，从而，也是经由它们那些经营方式投用出去，于是，在他们心目中的中国的资本问题，就是为什么如此少，而不是如何使得它多，如何才使得一般人肯把落后性的所得，投用到进步性的事业上来。

这显然不是关于个人愿不愿意的问题，而是关系社会如何才使得个人愿意的问题。

三　社会蓄积在民间的资本化

现在且进一步看中国社会在民间的蓄积，是否容易转化为资本，转化为现代性的事业的投资。

在我们这种社会，"土地是财富之母，而劳动则为财富之父"的名言，仍是非常适用的。土地是最大的财源。地租这种所得形态（且不论其中包括进了利润乃至工资部分），表征着可能转化作建设资金的社会蓄积。但经济学上，资金的累积方式，往往决定其分配方式的积散律，在这里发挥极顽强的作用。可藉以取得社会政治势力的土地，可藉以安坐而食，而又可依凭社会的传统惯例，再加上政治势力而增高其所得的土地，一直都使地租的蓄积，不易使用到或分散到土地购买用途以外，至多，只是使用到有利于土地取得的商业活动或高利贷活动为止。事实上，商业活动及高利贷活动，直到今日，还被视作取得更大更多更优良土地之前哨的业作。因此，希望土地上的地租蓄积转用到生产建设上，似乎要我们分一点尊贵的注意到这种原有的或现存的社会生产关系上面来。

至若分散在社会产业者手中，用以取得收入或利得的资财，在"有土斯有财"的社会，在主要藉着自然力（土地）及劳动力谋利谋生，即非藉着资本力的社会，那些作为生产手段，作为劳动工具及原料而存在于直接生产者手中的资财，那是极其零碎散漫的；把零碎散漫的资财，集合起来，使成大规模的产业资金，看来好像是非常容易的事。因为在表面上，那只是把小规模生产部门的资财，转移到大规模生产部门去，把购买各种各色简单劳动工具的资金，转移去购买机械，但稍加分析，就知道问题是比我们凭常识理解的，要复杂困难得多。独立生产者，不论是小农，抑是手工业者，他们的生产手段，是属于他们自己的，如其把他们所购买生产手段的资金，拿去购买现代性的机具及适于机具所加工的原料品，要就是他们有足够，或积得或借得有足够的能应付这种新场面的资金，能如此，他们的社会地位，就不是直接参加生产的独立劳动者，不是小农，也不是小手工业者，而是不直接从事劳动的资本家了；要不然，就是离开他们的原有的生产手段，或被剥夺去原有的生产手段，让他们以前取得那些生产手段的资金，被集中到他人手中，成就他们的资本生产，而使自己失去原有独立生产者的社会地位，变为自由得一无所有的劳动者。在这种社会的转变过程中，每个人的社会地位，每个人由一定的社会制度所规定的社会地位，都不能也不是照着他自己的意志变更的。要是照着各人自己的意志作去，我想社会一定全是资本家，而没有劳动者了。单讲到这里，已够使我们想到，使原有生产资金，变为现代性的，可以备置新式机具，应用新式技术的生产资金，该是多么不简单的事啊！

此外，我们还得阐明一点：把社会的障碍暂行舍象，要使社会零散的诸种储积，集合为整体的，够备置新式机具的大量资金，那显然不能像派捐募债一样，向各人手中去取得；那除了用赋税，用公债，间接藉助于地租一类原始蓄积方法以外，商业同高利贷业，也是最有效的两个转移并集中社会资财的方式。但商业者、高利贷者，在我们社会制度下，如经常都是做着地主的梦，而不是做着资本家的梦，他们蓄积所得，就显然没有变成机械或引出机械的希望。

四 社会蓄积在官家的资本化

在社会的转化过程中，要那些极容易由当前的直接利害关系所左右的个人，把他们依各种落后方式获得的所得，投用到他们主观认为较不利益的事业上去，原是非常困难的；而且，在经济交往关系日益发达的世界中，要从事一种够竞争得过国外乃至国内日益增大提高其基础资本额的企业，更属谈何容易。于是，创造"国家资本"的口号，便被提出了。

本来，用赋税，用公债，用滥发通货，用其他各种方式，敛集到官府的社会蓄积或财富，官府在其支出上，如其能尽可能节省不生产的浪费性的部分，而把它拿来从事生产建设，那是再简便不过了，也许就因此故，有些学者就设计出提高税收摊派，以便筹集建设基金的"赋税建设的"理想图画。但他们忘记了一件事，赋税可以建设，赋税更便于浪费；且其抉择往往并不是取决于官府的主观意向，而更大的可能是取决于官府所依存的社会经济基础。

中国在近代初期，是有过极创痛的官办产业或官商合办产业的失败经验的。在抗战发生之前，为目前国人咒诅的所谓官僚资本，已经在国外国家资本主义经济形态和国外社会主义经济形态的感染下，开始有了一些萌芽，经过长期抗战及战争结束时的大量接收以后，由各种半原始积蓄方式所造成的"国家资本"，一剖析其本质，却不过是"虚有其表"的东西。即是说，如其我们不承认中国未完全脱却初期的过渡的社会形态，如其我们还无法否认中国私人资本尚在开始形成期间，中国政治上还是表现为专断主义、官僚主义、封建主义的混合形态，那我们在土地方面，在流动资本方面，乃至在其他现代性产业方面，凡以公家名义从事的经营，甚至最大一部分以私人名义从事的经营，都不免与官的特权发生关系；我曾在其他场合，① 把中国官僚资本分解为三个形态：官自己主要藉官权取得的所有资本形态；官依职权直接运用的资本形态；官由运用公家资本，而由是使其他私人企业直接间接受其支配的资本形态。在这三者中，由官僚运用的那一形态的资本，才算是官僚口头上所宣扬的"国家资本"。这以国家名义装饰的资本，在专制官僚政治形态下，显然曾是并将是官僚所有资本形态的大源泉。

然而，现实总是比理论丰富得多的，就把中国的传统诸条件丢开不讲，我们也不能说，我们的官僚资本，与一般近代初期的国家资本，有同一的性质和内容。我们自己的社会，是处在一种过渡阶段，而世界大多数国家，却是处在另一种过渡阶段；当作中国的中国，我们是在资本主义的初期，而当作世界的中国，我们同时又不能避免资本主义末期的一切政治的经济的影响。我们曾在战时尝试的作过国营农场、国营贸易一类苏联型的国家经营，我们又曾继续努力从事国家资本主义下的产业编成。穿着拿

---

① 王亚南：《中国经济原论》附录四"中国官僚资本之理论的分析"。

破仑的服装，虽然不能马上就变成拿破仑，但却显然会使穿着者改变一些形象，而由是增加我们认识上的困难。

本来，在现代欧洲资本主义的幼年期，即在私人资本开始形成的期间，政治上还是表现为专制主义的、官僚主义的、封建主义的混合形态。因而，"夺取寺产，欺诈让渡国有地，盗掠共有地，掠夺封建所有地、氏族所有地，把它在无所顾忌的恐怖主义下，转化为近代私有财产"，就可行所无事的照着意向作去了。而在动产方面，"以国民名义为装饰的大银行，在出生之始，即不外是一个私人投机者的公司，它站在政府方面，藉着政府给予它的特权，而取得以货币贷与政府的地位"，而它由此又是国债的债权者了。"国债的债权者，实际并不曾拿出什么，因为它所贷与的金额，转化为容易转移的公债券了。这种公债券在它的手中，和同额硬币有相同的作用。由是产生了一个无所事事的食利者阶级。"① 再往前去，私人资本逐渐在社会上取得优势，私人资本所有者阶级，早已为了保障他们既经取得了的资本权，强烈要求一种更适合他们权益的政治形态；他们尽管是利用政治特权胡乱取来的，却不愿他人亦利用政治特权再胡乱劫夺去。"侯之门，仁义存"，明辨权利义务，明辨群己权界的法治精神，便被强调和被遵守了。

在我们还允许并且在某种条件下还鼓励私人资本的场合，如其中国官僚资本活动，也如同近代初期欧洲各国以国民或国家名义所形成的那种资本一样，能成为中国资本主义成育发展的一个推动力，我们倒用不着对于官僚资本表示过分的嫌忌或怨愤，因为那正是人家都曾经经历过来的道路，并且接着还会导来一个光明的前途。然而我们引为遗憾的是：我们的官僚资本，我们在这资本主义末期，由中国特定历史及社会条件所形成的官僚资本，决不肯也不能为我们成就这种历史任务。如我在《中国官僚资本之理论的分析》中所指出的，中国官僚资本的作用，依独占资本化、政治资本化、买办资本化的现实逻辑程序，使我们的民族资本迅速趋于枯萎和没落。

五 资本在海外蓄积与向海外蓄积

当资本直接靠民间的社会蓄积，和间接靠官府的国家蓄积，都碰到了大家乃至大经济学家都摸捉不到的社会障碍的时候，他们几乎都一致的把

---

① 马克思：《资本论》（郭大力、王亚南译），以上均见"原始蓄积"章。

希望寄托到国外去，希望把由国外现成蓄积好了的资财，依各种方式，吸收或招引到国内来。利用外资与吸引侨资，就是那种希望的具体化。

且先讲吸引侨资。

将近半世纪来，吸引侨资，企望把侨胞在世界各地，特别是在南洋各地，依勤苦或惨淡经营所蓄积的资产，汇回到本国来，从事各种新兴事业的投资，那早已在当作一个国策来执行了。事实上，国内原先已经创造起来，不久又覆没下去了的，乃至今日还勉强撑持但却时虞破灭的许多只在民族资本史上留下了一些文字印记的新兴事业，殆有不少参加了侨胞的血泪在里面。投资最大的鼓励，是确实而安全的利得。不是其他任何带有心理因素的名词召感。一个人，在国内蓄积的资产，只肯用以购置土地，从事落后的买办商业与高利贷业，甚或作着胡乱的原始迷信的浪费，我们就没有理由劝诱一个远离故国，在国外辛勤积得有财富的人，硬要把他的蓄积，作着新兴生产事业的冒险。该有多少侨胞冒险失败了；该有多少侨胞把他们由国外鼓起回国投资的勇气，临到国门宣泄了；该有多少侨胞，把他们的资产拿到国内胡乱浪费了；结局，在国内的侨胞投资，不得已就只好走买办经营的路。国内各大都市，堂皇标告"广搜各地土产，统办全球货品"的大公司，不有许多是侨胞的投资么？那种性质的投资，究是有助抑是有害于国民经济，生产事业，或产业发展，早经有了定评，用不着词费。站在民族资本的立场上，我们虽然应当阻止买办性商业的扩张，但站在私人资本谋利立场上，我们却没有理由劝告他们改弦更张。一个懂得经济原理的人，多少会明白不利于发展一国国民经济的买办式经营，到头会妨碍他们自己或他们后起同侪的往后投资事业。可是，有利个人而同时又有益社会的投资条件或环境没有创造出来，即基本妨害一般生产事业的社会障碍没有移去，侨胞在海外勤苦积蓄的财产，他们除了从事贩卖业或买办商业外，要就是留在国外，否则就是拿回买田做屋并作着其他一切原始性的浪费。自然，我们在这里是须得指出：拿回国内乃至留在国外的侨胞资产，确有一个颇不小的额数，由政府直接间接用捐输，用汇兑管制等方式，被吸入国库，转化为官僚资本了。

一句话，侨资原是生产建设资金的一个极大的可靠来源，但国内社会经济诸方面的恶劣环境，把它堵塞了，歪曲了，浪费了。

在华侨的资本如此，靠外人投资或利用外资，那虽然也曾同样当作一项国策执行，但惩前毖后，其希望也是极其渺茫的。华侨要把资金用在国内，除了图利外，还有祖国的许多乡土因素在吸引他们；而在外国人，他们向外国投资，就极单纯的是为了利得，为了比用在他们本国还较多较大的利得。一切由外国人依各种不平等特权而自行经营的事业除外，无论他们直接在中国投资生产事业，抑是间接把资金借给中国从事生产事业，所有阻害国内产业资本积累的社会政治条件，也同样，在有些场合，甚至因为多转了一次手，还更会阻害其资本的累积，阻害其合理利得的实现。就因此故，在客观上，尽管中国现代产业的不发达和遭逢无限的坎坷，从对外关系方面讲，是由于国际资本或帝国主义势力在不绝加强加深其破坏作用的结果，可是，当这种结果形成以后，它们向中国的投资，就必须采取自己直接指用的方式，必须要求拥有不平等的特权。而它们那些直接经营，那些特权，就不但无补中国民族产业的发达，且会进一步加重其负荷。

尽管不只100次的铁一般的事实明如观火地在表现着，而我们受了资本毒，着了资本迷的政治家乃至经济学者，一读到中国生产建设资金，就像极其存心忠厚的把注意集中到洋大人那里，以为他们是非常大方慷慨的。但我却要不惮烦的提醒他们：

第一，一个国家要从事生产建设，在现代密切的国际经济交往关系下，不独可以利用外国投资，而且必须利用外国投资；但

第二，利用外国投资的基本前提条件，是国内的社会政治环境，已为生产建设铺好了有利可图的道路，换言之，是一切妨害产业资本蓄积的传统生产关系，乃至由那种关系孳生的诸般经济障碍，都给一种社会变革清除了。所以

第三，必得一国国内的生产资本有利可图，国内生产再生产的蓄积会不绝资本化，那才能够吸引侨胞资本，吸引外国人资本。若

第四，不管自己的社会条件社会环境如何，一味认定国内生产事业不发达是由于生产资金不足，因而就不自揣固陋的妄期利用外资，那简直是把问题的本质先后弄颠倒了。

我们的许多政论家，经济学家，一直在这样颠倒他们的认识。

不仅此也，当我们国内间歇的动乱情势，多年以来，或者近半世纪来，一直在把国内各种原始蓄积的资产，无论是原生物质，是半制品，还是金钱，通过买办商业系统，通过经常入超，通过资金逃避，而不绝向外集中的时候，我们建设上所感到的资金缺乏现象，就愈显得要求侨胞向祖国效劳，要求外国大亨为这贫苦国度"施恩"了。然而我们一把这隐情略加分析，却就有理由认定多方讲求吸引侨汇，讲求利用外资的人，太不恕道了。

在最近，我们已从外国报章杂志，发现大量接济中国的美国人的大鸣

不平了。当他们的援助，依各种方式陆续明号大召的寄运到中国的同一时期，中国的资金，却偷偷地不绝逃避到美国及其他中国官商人等认为较安全的地方了。就因此故，中国政府叫穷呼援到不可终日的生死关头，却正好是中国官人们冒险拼死把资金投向山姆叔怀抱的时候。究竟我们逃去的多，抑是他们运来的多，自然是一笔永久也查不清的混账。我们自然可以说，美国人其所以肯帮助我们，正因为我们已事前送给了他们，或者他此刻"帮助"我们，我们不久还不是会送给他们。"礼尚往来"，再衡量其他政治经济上的利害，工于计较的美国人，无疑是会划算这一笔生意的。但在我们执行利用外资政策的人，如同时就是把国内资金搜运到美国的那一干人，那就除了把利用外资作为一种扩大官僚资本的手段以外，只有天真的经济学者（假使他们没有依各种社会的文化的方式分润这笔进出买卖的油水）才能为他们讲得出一篇道理来的。

至于侨胞，他们是不能获得美国人那种好处的。但"利益往往会使人智慧"，一到风声不好的场合，他们停止对国内的投资，他还会把已经向国内投下的资产，向香港一带转移阵地。

这现象自昔已然，只不过在目前表现得最为严重；在学者们眼光中，也许这更是我们应加紧吸收侨汇，加紧利用外资的理由。

然而，当这像是如往而复的资本问题，正困扰着一般经济学者，使他们难自解脱的时候，他们中间有一些较为聪明的角色，却把逻辑的联系，推进一层，说资本过少的问题要从与其相对照而发生的人口过多的问题，得到说明和解决。我也只好跟从这线索探究下去。

（原载《中国社会经济改造思想研究》，中华书局1951年版）

混合经济制度论批判

一 所谓混合经济制度

"混合经济制度"[①] 在今日尚不是一个很习见的名词。它是在此次大战将趋结束，由中外若干皮相的经济论者所津津乐道的。也如一切其他初见的名词一样，它的涵义，并未十分定著，而正有待于一切对它发生兴趣的研究者观察者去论证。但目前像上述那些人士之所以提论到它，显然是基于以次的，却并不曾经由科学证验的事实。即他们认定：在此次世界大战历程中，世界两个对立的经济体系，即资本主义经济体系与社会主义经济体系，都在发生变化，并且将都在战后发生更大的变化。那变化的明显倾向，就是作为社会主义经济体系看的苏联经济，在战时已有不少向右转的资本主义化的征候，而作为那种征候之征候来看的事实，就是苏联采取了允许宗教信仰自由，提倡爱国主义，解散第三国际组织，以及以较多报酬诱致较高劳动生产效率的许多步骤；同时在资本主义的英美诸国，则又因战争的迫切需要，依统制干涉的程序强制的采行了一些在经济方面的社会化与国有化的步骤。像这样，一方面向右资本主义化，一方面向左社会主义化的正相对照的措施，就给予了留心世界经济演变的人士以一种颇不平凡的印象，使他们像很有根据和理由地断定今后世界经济将走向折衷的混合的路，依我们传统的表现方式，即是走向所谓"中庸"的路。惯于传播这类皮相见解的国内权威的某大报，就曾在其1944年上半年（记不清月日）的桂林版上，强调这种趋势。而根据近一年来的报道，英国似更具体的在计划与提议扩大矿业，交通业诸方面的国有化的程序，美国也常有类似的措施，如最近由政府宣布若干矿产资源地的国有等，即可见一般。此外为法国将沦陷区经敌人转变过所有权的各种大企业，分别由政府

[①] 据夏炎德君在其《战后世界经济之归趋》一文（见《经济汇报》第2卷第4期）所述，混合经济制度，系由美人史泰来（Staley）和蔡思（S. Chase）所强调，其在中国，在形式上，也许夏君是首先表示赞同者。

予以管制和没收，亦不外是这种趋势的具体反映。单从这些事实来讲，我们原不妨有条件的承认资本主义经济社会化的因素存在；但在另一方面，关于苏联战时国内社会经济的真正动态，我们如仅凭上述的一些需要充分鉴别的措施，而断定苏联在战后不但不会进一步社会主义化，且会改变其根本作风，而趋于资本主义化，那想法就诚如一位美国记者所说，是一种不可救药的"愚蠢"。因此，从这一个视野来预断战后世界经济会走向混合制度的可能，就显然是"不可泌而据之"的奇想了（近年美国独占资本主义强化和苏联进行共产主义程序，而证示了那些想法的天真愚蠢了）。

可是，混合制度论者们并不会因此而气馁的。他们有的甚且更进一步，以为整个世界经济，即使不全是倾向于折衷的混合，但它们各别国内在分别进行中的不纯粹的资本主义制度或未完全否定资本主义作用的社会主义制度，那已表明混合经济制度，并不只当作一个倾向而存在，且还当作一个事实而存在。对于客观的事实或客观的可能倾向，人们是有依照他们自己的希望或想象，去编造一种为他们所乐意的词汇的自由。但混合经济论者，却至少需要在理论上克服以次这几种可能引起的混乱：

（一）承认混合经济制度或其可能，首先必定已承认了作为混合因素的诸种体制，如资本主义体制、社会主义体制等等的严格性；而承认了这种混合制度或其可能，又无异在否认那诸种体制的严格性。

（二）社会的发展，贯彻着作用于其中的一定历史法则。各种经济制度，都有它自己的法则；每种经济制度在向着其次一种经济制度推移的历程中，又都分别表现有不同的法则。混合经济制度是不是亦有它的法则，或者亦有其混合各种经济制度法则所形成的混成法则，如其是的，那就不但是对于各别历史的经济制度的法则的否定，亦是对于它们之间的连续推移的法则的否定。

（三）混合经济制度不仅如上面所述，会否定社会经济法则，同时还必然会由其推论而否定历史，或至少不能不在其理论逻辑上，承认历史到此终止了。

如其混合经济论者无法解除这诸般理论上的混乱，他们就必然不可避免的会在实践上引起一些举棋不定的摇摆和踌躇。因为一切经济的措施，都必须是依据客观现实所显示的变动倾向或法则，有目的的予以因势利导或合理规制的结果。如其我们惑于一个社会同时并存着的诸种经济体制的因素，而不理解何者是它的基本经济体制的构成成分，不理解那种体制已变至何种阶段，并将为何种其他较进步的基本社会经济体制所代替，则所谓"有目的的利导"与"合理的规制"均将失所依据。因此混合经济体制这个名称的提出，如其不是号召者为现实的表象所迷惑，就是他们想用这种号召，去迷惑人们。在世界的整个经济大转型中，特别在中国经济的改建过程中，我们需要对这一似是而非的谬见，予以明确的辨正。

二 当作"混合经济"之先行体制看的国家资本主义经济形态与国家社会主义经济形态

一提到混合经济体制，人们很容易联想到为大家所熟悉的、但却曾被应用得非常混淆的两个语词，其一是所谓国家资本主义制，其一则是所谓国家社会主义制。这两个语词，尽管在今日已明确的分别表现着两个性质不同的社会经济形态，而一般人对它们的理解，却仍是非常混同。我们当前的混合经济制度论者，也许还有兴趣把它们用来支持其论点。因为在这任何一种体制之下，都同时存在着资本主义经济因素和社会主义经济因素。

苏联在推行新经济政策的时候，列宁曾在社会斗争的战略上提出"国家资本主义"这个名称，① 揆其用意，无非是在当时生产极度破坏与极度萎缩的情形下，想藉着对私人资本作种种让步的措施，使一般国民产业有一复苏的机会。但当上述目的在开始第一次五年计划期内，得到某种限度的实现时，本来由国家给私人资本以发展机会的政策，就变质为发展国家资本的政策。于是"国家资本主义"这个名称，便随着政策的改变，被代换以"国家社会主义"的称呼。② 此后"国家社会主义经济"云云，遂专门用以表识苏联迄今所实施的经济形态。在这种经济形态里面，仍含有不少的私经济成分。推测苏联社会经济的右倾，是由此出发；如从苏联方面看出混合经济的何等展望，亦似只能由此出发。

在另一方面，当苏联依第一次第二次及第三次五年计划建设"一国社会主义"期间，我们又还发现另一个昌言"国家社会主义"的国家，即希特勒的第三帝国。希特勒德国的"精神抄袭"，当然不止于"国家社会主义"这个名词，它也还有作了"五分之一折扣"的第一次第二次四年计划。但在计划刚开始实行以前不久，在所谓25条党纲中，凡可以比附于"国家社会主义"的诸条目都被"领袖"一笔勾销在"不许乱谈主

---

① 乃特等：《欧洲经济史》（王亚南译），世界书局1935年版，第772页。
② 同上。

义"，"不许作理论试验"的注脚中。结局，由酒窖革命起义到柏林地下室消亡去的希特勒德国，就一直是为大资本所支持，因而一直是在支持着大资本。在备战及从事战争的过程中，领袖希特勒及其党徒，无疑也推行了不少"难尽如资本家意"的经济措施，不少有关军需的大企业，按照战争及维护统治的便利与要求，分别予以合并或重新编配了。即国家对于大资本的所有权虽然"誓忠"保障，并且被宣扬为"国家化身"的领袖希特勒，虽然在扮演着"资本十字军"领导者的大角色，但一切资本的使用权，却无疑被侵夺了。主要的也许就因此之故，希特勒德国的经济的剧烈社会化措施，也遂被设想为或被认定具有社会主义因素。而这种"僭称"为国家社会主义，实是依大资本对国家行使垄断统治的国家资本主义的经济形态，就可能被视为所谓混合经济之又一前身。

显然的，德国式的国家资本主义，从典型的资本主义观点去看，那是颇不纯粹的，正如同苏联式的国家社会主义，从理想的社会主义观点去看，亦是相当不纯粹的一样。但"不纯粹"云云，并不能不加辨别的理解为"混合"。对于苏联型经济，我们只能说它尚残留有资本主义的因素；对于第三帝国型经济，我们也只说它表现了若干社会化倾向，它们分别以社会主义资本主义为其立国精神和基本社会经济指导原则的事实，却并不因为它有那种残余或有那若干倾向，而在认识上引起混同的错觉。

然而，混合经济制度论者，是可能由这类错觉出发的。因此，我们对所谓国家资本主义经济及国家社会主义经济，不能不需要作进一步的说明。我曾这样理解过：① 国家资本主义是资本主义的转型形态，而国家社会主义，则是共产主义的初期的或未成熟的形态。它们不仅在发展历程上是"邻居"，并且前者可视为是对于后者的技术准备阶段。虽然每个资本主义国家的发展，可因其社会的或历史的条件的差异，对于由其转型形态过渡到未成熟的社会主义形态的必然顺序，在规模上，在延续期间上，在表现姿态上不一定相同，但以次两点是非常明白的，即：

（一）已发展到转型阶段的资本主义，决不会再回复到它典型的形态；同时已发展到未成熟阶段的社会主义，更决不会逆行或倒退到任何资本主义形态。因为其中存在着这样的事实：

（二）资本主义即便是在转型阶段，当作这个阶段的社会经济的指导原则或指导精神，仍不能不是资本主义的；同时，社会主义即使是在未成

---

① 我曾有一篇《论国家资本主义经济形态与国家社会主义经济形态》的长文，送交《中山文化》季刊，但桂林沦陷，故未刊发。

熟的阶段，当作这个阶段的社会经济的指导原则或指导精神，也仍不能不是社会主义的。

我们能把握这种关键，就有理由根本否定所谓混合经济制度的"说教"。但其症结，还须得作进一步深入的说明。

三 对于社会经济制度的多重存在的差别理解及其在实践上的一元指导

如其说，作为历史发展阶段看的若干社会经济体制，同时并存于某一特定社会，便被理解为混合经济制度，那我们就有理由相信像这样一种制度，即使是今人所"发明"的，但却并非始自今日。大约自原始共产社会崩溃以后，在一切历史时代或社会阶段，差不多都多少存在着其前一发展阶段的经济制度的残余。我们甚且可以说，纯粹的单一的社会经济制度，即不混合着其前一发展阶段的残余和后一发展阶段的萌芽的经济制度，客观上是根本不曾存在过的。举一个较极端的例吧，列宁在施行新经济政策的时候，曾昌言当时苏联经济里面，包含有原始村落共同体到社会主义这一序列的五种不同的经济因素。这应该说是集混合制度之大成了。然而我们在认识苏维埃经济的时候，却并不把它看作混合经济制度，而竟不顾它的那种"无所不包性"，仅认定它是与资本主义经济形态对立的社会主义经济形态。不论是赞成它的人，或是反对它的人，都一致当作明白的事实这样承认它，正如同我们今日，还可毫不迟疑的承认英美经济为资本主义经济形态一样。我们其所以对于相并存在着的各种社会经济因素的某一社会，只确认其中之一的某种经济形态作为其代表经济形态，那首先最直接的无疑是要看那各种社会制度的经济因素，究竟是由何者在客观现实上占着最大的或较大的数量或比重。然而，这尽管是最普通的看法，却并不是最能避免错误的看法。要彻底了解一个社会的代表经济形态，除了注意其规模或数量外，同时还得就以次三方面去确定其性质。其中之一方面，是要看该社会所由构成的诸基本经济条件，在体现着怎样的社会本质；另一方面，是要看社会和诸基本生产关系，形成了如何的社会阶层构成；最后第三方面，是要看该社会的一般经济活动，在被怎样的指导原则所左右。

这里且先就不十分可靠的数量观察说起。

这所谓数量观察，是看在某一特定社会中，某种性质的经济因素，对其他经济因素占有如何的较大的比重。但这种观察方法，很容易把我们导向下面这种疑团：比方说，苏联实施新经济政策时的经济，资本主义性的经济成分，特别是在农村方面的富农经济成分，无疑对社会主义性经济成分，占了一个相当重要的比重。① 也许因为是单看到这一点，当时资本主义各国的大资产阶级，正确信这个一度"着了社会主义之魔"的国家，快要清醒过来，重新回到他们的怀抱。就是同情苏联的国际人士，亦有不少在担心苏联对国内资本主义势力让步太过，纵容太过，是不是会酿成资本主义"复辟"的危惧。

然而，在苏联自身，它却自信有一些极可靠的保证，就是依着正确的社会科学理论，它知道决定一个社会的性质的经济因素，是它的基本的生产工具。在土地国有，一切其他工矿交通诸方面的生产手段，通通把握在国家手中的情形下，为了刺激生产，活泼国内市场，让一般农民及工商业者，在一定限度下展开自己的谋利活动，那不致发生怎样了不起的反社会主义危机。

无疑的，商工业者农业者，积得了相当的财富，变成了中小资产者，变成了富农，势将不免比照其财富力量，在社会生产关系上，在社会阶级构成上，引起了一些变动。事实上，在新经济政策将要结束的当时，这种变动确已成为苏联当局的注意焦点。但正因为上述社会基本生产手段把握在国家手中，从而，国家的政权把握在无产者大众手中，以往资产阶级所依以存立的一切社会特权、社会便利、社会基础，通通不存在了。所以富农及中小资产者一时虽像来势汹汹，但因为它们扩大其社会权力的基本条件，早被把握在与他们站在对立地位的阶级手中了，等到反富农、反资本主义活动的新措施一开始，它们马上就在几次五年计划中，完全被清算了。

因此，在最后，我们知道，要测验一个社会是由哪种制度的经济成分占着表识它或代表它的地位，与其从静态上去计较它已成就的数量或规模，却不如从形态上，从实践活动上，去觇知它的指导原理。因为，在我们的研究立场上看来，对于一个社会制度的性质的决定，与其说是在它已有的经济的成就，不如说是在它正在发展中的动态。而引导或指点那种动态的实践方针，不但反映着那种社会的生产关系或阶级关系，还反映着那

---

① "在1923年终，中央统计局估计，私人贸易占国内贸易的百分之九十以上"；"在同年，国家独占大工业的政策，亦驰缓下来，私人租借财产，私人特许及混合公司的经营，是三种一般的例外"，"雇工人数在20以下的私人工业被允许了，农民在其保有地上"，"可雇全年长工，并以金付工资"。参见乃特等《欧洲经济史》（王亚南译），世界书局1935年版，第768页以下。

种社会的基本生产手段是把握在谁的手里。

可是，上面的说明，如应用到苏联以外的任一国家，却又需要我们对基本社会科学理论作更灵活、更有差别的运用。比如就典型资本主义国家英国来说罢。它在今日，没有一个人怀疑它不是资本主义国家，但它的资本主义，却显然已脱离典型阶段，而移到了转型阶段。惟其它在这一阶段，它的政治经济动态，就表现了一些令人感到迷糊的外观。今日最有力指导或左右英国社会经济活动的两大政党，一个是保守党，它的政纲极鲜明的在拥护现成的资本主义势力；另一个是工党，它的政纲，虽不像前者那样鲜明，但却昌言要实现社会主义的理想。照我们上面关于苏联政权性质及其经济指导精神的理解，英国政权掌在保守党手中，其经济指导方针，无疑是在向着维护既成资本主义势力方面努力，我们由此很容易看出英国的资本主义性格。但如像目前这样，英国是由保守的反对党工党执政了，工党如"认真实行其"社会主义化的纲领，我们是否可以据此推断英国为社会主义国家呢？我们如对此没有一个明确的解答，势将影响我们上面的整个立论点，而为所谓"混合经济制度"开一方便之门。

但我们知道，英国社会的一切基本生产手段，通通是由大大小小的资本家所把持，照应着这种事实，英国的统治阶级，还是资产阶级。在社会的基本经济结构毫没有动弹的情形下，工党所提出的社会经济纲领，至多只能是改良主义的纲领，它只企图把社会主义作为未来的展望，而不想以激烈的手段求其实现。惟其如此，工党就可能在资产者统治的政治经济基础上，掌握政权；亦正惟其如此，我们就无法由当前掌握英国政权的工党的可能作风，而把英国社会理解为社会主义社会。

不但如此，我们在另一方面还有理由相信，在客观现实的要求下，在"以退为进"的政略运用下，在"廉价"革新步骤可能更有利于"宝贵"社会权力保留的权衡划算下，保守党在某些场合，不但会赞同工党的"廉价"革新，甚至还乐于提出它的"社会主义"。前此保守党内阁的建设大臣伍尔顿勋爵，就曾提出一个"向贫困宣战"的计划，这个计划是曾被答称为"我们的时代的社会主义"。① 真正的社会主义是建立在资本主义的经济基础上的，亦可能是由资本主义被迫逐渐让步，逐渐采取革新步骤，而逐渐接近于实现之旅程的。但基本的社会经济组织没有受到威胁，"突变的生育阵痛"不曾经历，那依旧还是资本家的天下。

把苏联同英国的社会经济本质，从一切乱人视听的表象上，明确体认

---

① 《英国的改良政策》（李译），《国际时事研究》。

出来了，我们就知道所谓的混合经济制度，只不过是在那些辨认不清各种社会经济本质的人们的头脑中存在，或者只是在那些希望复杂的社会经济事象变得适合于其简单想法的人们的头脑中存在。因此，我预想这种在现实上根本不曾存在的混合经济制度，将在中国论坛上，当作一个"时髦"的名词而散布传扬着，形成为转型过程的现实革新认识上的一大障碍。

四 中国经济改建上的"三重混合"问题与"二重混合"问题

被当作世界的一个重要构成来看的中国，无论我们愿不愿意，它已经是处在由资本主义向社会主义推移的世界大转型的过渡阶段了。但在中国自身，又无论我们承不承认，它确还未从前一个转型阶段，即由封建社会向资本主义社会推移的转型过渡阶段，蛹蜕出来。

在资产者及小资产者关于中国现代化，工业化或实现民生主义纲领的诸种见解中，便有意无意地混杂了这里所论及的"混合经济制度"的意识。比如，显而易见的：

（一）在论及中国工业化的时候，大家不约而同在把论点集中到工业化的诸技术条件方面，仿佛落后的封建诸生产关系以及依存或"苟合"于那些生产关系的变态的商业金融形态，对于工业化都无妨碍，又仿佛工业化中的民营国营的措施，不妨与那些关系及那些经济形态共存，"各遂其生"一样。

（二）在把民营事业理解为资本主义经济，国营事业理解为社会主义的场合，大家又不约而同的以为这两者同时推行起来，会水乳交融地达到调和而折衷的圆满结果。"道并行而不相悖"的包容哲学，更大有助于这种意识的发展。

对于前者，我们称之为"三重混合经济制度论"，即有意无意的认为封建主义、资本主义和社会主义可以混为一体。中国土地幅员之大，国内经济发展之不平衡，颇足为他们"持之有故"的论据。不错，他们中间较高明一点的，有时虽也认定有铲除封建势力的必要，但当他们高兴起来，却又以为工业化的过程，同时就是各种封建传统解体的过程，但他们不知道这仅是问题的一面，其最关重要的另一方面，却是各种封建传统正在阻止工业化，歪曲工业化。

对于后者，我们称之为"二重混合经济制度论者"。他们已经认定要工业化，必须从土地改革的程序上，从根掘去各种封建力量生根的地盘。

可是他们没有注意到，土地即使改革了，社会型和资本型的经济，在某种场合，尽管可以像是相互补充，相互促进。但他们彼此间相克相消的作用，却大过封建制与资本制间的矛盾。所以我们如其天真无邪地认定他们在客观现实的演变上，也可以像在我们高论者头脑中那样糊里糊涂的不分界域，那我们一开始各种企业私营国营的程序时，立即就会碰上许多步骤零乱与互相牵制的弊害。

总之，"混合经济制度"在理论上是不存在的，任何社会在任何一个阶段，只允许有一个支配的指导的力量。而且只有在单一的指导原则下，才可能使社会经济的发展，较顺利地达到预期的目的。以当前中国客观现实的情形来看的，非特殊的顽固者，决不会再坚持要保留封建力量，并以为保持封建力量，可能不妨害工业化。他们至多只不过小视了传统封建诸势力，并且对那种势力所依存的社会根基还有些隔膜。这就是说，从所谓"三重混合经济制度"错觉解放，还比较容易；但以同一的当前客观现实看来，要大家从所谓"二重混合经济制度"错觉解放，就比较困难了。因为我们已经有了几十年甚至100年封建毒害的经验，而对于资本制度如何妨碍社会化的教训，则只是漠然得自其他国家。因此我们如其不愿意爽爽快快地走资本主义的路，或者渴切希望避免资本制在各国所造成的弊害，则我们在并行国营与私营的建设程序中，就要明了我们的建设指导原则，必须偏重在哪一方面。它不能是混同的，不能是二重的。二重的经济指导，在实践上所发生的破坏影响，恐怕比二重的军事指挥，在军事行动上所造成的混乱，还要严重得多。然而，建立统一的军事指挥，是较之建立经济的最高指导原则，要容易得多的。因为经济上的单一的指导原理或指挥精神，必须是一定的社会生产关系的产物。

（原载福建省研究院社会科学研究所：《社会科学》第1卷第2、3期合刊，1945年9月）

我们需要怎样一种新的经济学说体系

一

首先得指明：任何经济学说或思想体系，不外是经由以次两种途径形成：一方面，它是就现实经济运动中表现的诸基本倾向，系统的说明其是如何的结果；又一方面，它是就现实经济运动中表现的诸基本倾向，系统的说明其应如何的结果。在科学的立场上，在理论上，前者最关重要；在术学的立场上，在实践上，后者最关重要。如其说科学研究的社会目的，最后还是为了实践，我们的研究要求，就不应停止在学的阶段，可是任何对于经济现实"应如何"的考虑或设想，离开了"是如何"的研究结果，是无法想象的。这是理论与实践的统一的一个基本事实。

我们目前的经济现实，显然在强烈要求一种理想的指导原则。这指导原则的确立，应当是应用我们对于中国经济现实已有的明确认识的结果。但试一考察今日中国经济学界，或考察正流行于中国经济学界的各种各色的经济理论，无论是古典的还是庸俗的，无论是旧的还是新的，似乎都很难保证我们作明确的认知我们当前经济运动的确定规律。

我可以把当前流行于中国经济学界的经济理论，分别就它们对于当前经济的认识关系，概括为两个范畴：一是完全不能说明中国经济现象的，一是实在不够说明中国经济现象的。

属于前一范畴的经济理论，是迄今仍在中国经济学界占着支配地位的奥地利学派的经济学。我已经在《政治经济学在中国》及《中国经济学界的奥地利学派经济学》（见《文集》第一卷政治经济学部分）那两篇论文中，把那种关键极详尽的指明了。因此，我在这里所要着重说到的，却毋宁是属于后一范畴的经济理论，这理论的主体，是由古典学派到批判学派的学说，或者是由亚当·斯密、李嘉图，到马克思、恩格斯、列宁这一学说体系脉络相承的学说系统。本来，依据这几位经济学大师的理论，所有现代的各种经济现象，都不难得到大体的一般的说明。比如就资本主义经济本身立论，它各发展阶段的形象，已完全反映在他们那几部古典著作中，而资本主义经济前身及其后身的诸经济形态，或者目前还逗留在落后诸民族国家的前资本社会经济，和苏联的社会经济，亦至少可以从他们那些著作中，体现到来踪去迹，体认其发展演变的必然倾向。然而，严格讲来，我们不能由那些著作，得到较资本主义经济更为进步的经济现实的充分理解，也同样不可能由那些古典学说，得到较资本主义经济为落后的经济现实的充分理解。因此，我认定，就算是古典的和已有的批判的经济学说，亦还是不能充分说明中国经济现象的。至少，亦是不能完全满足我们对于中国经济研究在理论上与实践上的要求的。我这里只就下面几点来解说我的意见。

第一，现代全部的经济学，原本是资本主义经济作为它探究的对象的。一切较落后的经济形态的被提论到，那只是限于两种场合，其一是当它尚论到现代经济所由形成的原始蓄积的时候，又其一是当它尚论到现代经济所由补强的殖民地的时候，但这任一场合，都未超出附带论及的范围。我们诚然可以从资本主义的原始蓄积上，殖民地活动上，仿佛认识到我们曾经并且还继续对资本主义所作的"贡献"，但由此确认自身的本相，却是太嫌不够的。

第二，我已在其他场合讲过，渊源于古典学派的批判经济理论，到了晚近，已有一显明的研究趋势，就是与经济史学相结合。且为了指证落后社会经济一般发展动态，又曾对所谓广义经济学进行某种程度的探讨。然而所有这些方面的研究成果，却还未脱出一般的粗枝大叶的阶段，那虽大有助于我们对于中国社会经济之科学的理解，但以为涉猎到了那些著作，就算知道了把握了中国社会经济的全般特质，那是不成的。

第三，将近二十年来，中外社会经济史论坛上，依着批判理论系统的指示的基本原则，进一步对中国经济所作的诸般研究，如马扎尔，拉狄克，威特福格，以及国内许多新经济学者有关的著述，无疑是更"鞭辟近里"的接触到了我们当代的经济本身，可是我们得勇敢的承认：

（一）所有这些研究，几乎都未脱却尝试的导论的性质，而当作一个全般的系统说明，则又是失之零碎，有的甚至非常偏颇。

（二）所有这些研究，仿佛有一个共同的缺陷，就是它们研究所用的方法，大都不免流于形式，似乎其研究的旨归，不在说明我们的经济现实，而是在用我们的经济现实，去证示经典中一鳞半爪的有关的提示。

最后第四，根据所有上述的研究成果，即使可以大体无误的，把中国社会经济的半封建半殖民地的性格显示出来，但这所谓半封建半殖民地的内容，不仅在不绝因着国内的国际的一般情势而发生变化，而且一个这样的国度，在当前这样国际关系下面所当采取的有效变革步骤，似乎也是最值得研究的，然而也似乎是研究得最不够的。

二

由上面的说明，我们似可体认到：中国迄今尚不曾出现一种完全为我们所需要的经济学说体系，第一是由于主观主义经济学说即奥地利学派经济学，正还在当作买办的代表经济意识支配着我们的经济学界；其次是由于那已大体为买办经济意识所代替，而尚依附着现实的半封建经济基础的传统经济思想，还在从多方面发生反动作用；又其次是中国经济的科学的研究，只是在批判经济学说在世界各国重新取得广泛传扬的机会的时候，同时也只是在中国社会革命运动，已实际变为一大不可轻侮的社会力量的时候，才被允许，才开始进行的。时间的短促，固然会限制着研究的成果，而最后，革命运动的坎坷，即经济难以走上合理的变革道路，那在一方面尽管强烈要求着正确的实践的指导理论，同时却又未免从另一方面来妨碍那种理论的出现。

在这种理解下，我们目前所需要的经济学说，就应当具有二重的意义：是批判的也是建设的，是理论的更是实践的。批判的意义非常明显，其对象是舶来的买办经济意识与传统的封建经济意识。大家尽管明白这一点，但到今日为止，确实太少人做这一项工作，他们仿佛以为把新的研究理论建立起来，这类意识就可自然而然的归于消灭，这正如许多人认定新的经济建设起来，旧的封建生产关系，就会自然而然的归于消灭一样，这说法是很不健全的。除此两者以外，事实上，我们随时还得留意第三个批判对象，那就是发生于新的研究者阵营内的错误意识，比如说，由治水需要所造成的集权封建制度，由专制政治造成的地主经济形态，依农业雇佣人数判定的农业资本主义深度等等。如其说，现代的买办经济意识，比之传统的封建经济意识，还有害于中国经济的认识，则这些误解新经济科学命题所作出的歪曲结论，就宁可说是更有害于中国经济的认识了。

然而我这里只想特别强调建设那一面的意义。那显然可以从一般理论的观点来看，像中国这样一个有广大幅员，而又有悠久文化历史的社会，它的许多社会经济上的特殊问题，如其有了科学的系统的说明，那对于整个人类经济史学及广义经济学所作的贡献，就是非常明显的了。但我仍想把它建设方面的意义，再进一步，限定在有关我们当前社会经济变革的实践上面，即是说，姑不论配合人类一般经济史学及广义经济学，我们所需研究的经济学说应当是如何的特质和内容；单讲到配合我们社会经济变革的实践，我们所需提倡的新经济学说，该当体认出怎样的基本精神来。

把中国社会的特质与世界一般社会变革的动态综合加以考虑，作为中国社会经济转型期的指导原理看的经济学说，就当把以次三种经济形态，作为其企图实现的指标。

（一）生产经济

任何一个临到转型阶段的社会，差不多总是由两个对敌的社会力量在那里斗争着。保守势力的代表者们，一心一意在设法维持其日益扩大增繁的消费，而新兴势力则是力图挣脱他们为维持消费场面，由捐税，由各种强制性的剥削方式所加于生产力的束缚。近代市民阶级在作为一个新兴势力而勃兴起来的近代初期，他们的"经济行为最高的主旨就是节俭"，①而其对抗的封建僧侣、贵族，则一般是过着腐败的孟浪生活，即如在中国历史上的朝代交替期中，旧的王朝，多半都是在荒淫无度酗糜烂和横征暴敛的场面下倒塌下去的，新的王朝则不约而同的要省刑罚薄税敛，劝工务农。可是时代的进步，连一向被奇技淫巧的享受浸润透了的当代保守的金利生活者阶级，仍不忽略控制产业，培育生产，以保持并扩大其消费来源。尽管当代金利生活者阶级的经济意识，已充分由所谓奥地利学派的消费经济学完全反映出来，而中国保守的胡乱消费的，并多方研丧社会元气的贵介者流，却仍旧不妨依据那种消费经济学而侈谈着"建设"。因此，我这里所揭橥的"生产经济"，除了一般的表示一个求变革的社会，它的任何政治的社会的立法的活动，皆当尽可能的集注到如何使其产业发达及生产扩大而外，同时还得于以次的"民主经济""社会经济"的范畴中，去发现其现阶段的特殊的含义。

（二）民主经济

中国生产经济的扩展道路，在现存世界社会关系下，显然不应也不能采用初期资本主义的方式，为了社会生产力的发展，不惜依种种人为的方法，叫社会一部分人挤出他们最后一滴血，去滋养另一部分人膨大的脂肪，那是应当回避的。今日落后国家最有效赶上先进国家的唯一方法，就是要尽可能动员起它全体人民的智力体力与物力，使它们分途得到充分的利用与发挥，能这样，它在技术上的劣势或生产力上的落后性，就可很快

---

① 《桑巴特现代资本主义》第2卷第1分册（季子译），第31页。

的予以克服。但要使地尽其利，物尽其用，最先就要看人是否能尽其力，而这个关键，又在于经济上是否施行民主作风，是否允许每个人有表现其工作能力的机会与自由。民主经济也正如同民主政治一样，那不是靠着少数有力者的兴趣或志愿，而是靠着一定的社会体制。

（三）社会经济

"社会经济"这一范畴，以往乃表示任何经济形态，都有一定社会生关系作为其组成的枢纽，而我在这里所概念的，却除此以外，更附加有"社会化的经济"的意思。上述"每个人皆有表现其工作能力的机会与自由"的那种"民主经济"，决不是亚当·斯密所描述的所谓每个人皆得"以其劳力与资本，参加对于任何其他人或其他阶级竞争"的"自然的自由制度，因为斯密的"自然的自由制度"，早经现实证示为只有少数人享有自由，大多数人皆失却自由的不自然的制度。所以，当作中国转型期实践指标的社会经济，就全体社会讲，应当是逐渐实现一种新的社会生产关系，而那种社会关系，不但允许而且鼓励各个人的经济活动，都最先有一社会的目标，并使各个人都逐渐明了，他们最大可能的个人利益，只是在或大或小的社会集体利益中才得实现。

到这里，我们就明了，中国转型期的经济实践，必得向着这三大指标前进，它们是相互作用着的，但又有一定的逻辑程序，人人都知道发展产业，发展生产力的重要，可是中国这样的国情及其国际环境，不能把生产经济的展望，一味寄托在对外依存上，而要最先采行一种民主经济政策，使自己人民已有的智力体力物力能充分地予以合理的利用与发扬，而这种性质的执行，显然非有一种允许经济逐渐社会化的新的社会生产关系不可。

三

依据上面的说明，我认定，今日中国所需要的新经济学说，就显然不是一个空洞的名词，不是任意撷拾的若干概念的凑集，而是可以由以次几方面加以明确规定的一个包容的体系。

（一）它的建立，在理论上，应根据古典经济理论，批判经济理论，新的经济史学，以及有关中国当代经济现实各方面的研究。

（二）它在消极方面的批判工作，应当不忽视传统的封建经济意识的清除，但它倾重于现代的买办经济意识，而由摘取或撷拾批判经济理论所作成的不正确结论，亦得加以无情的评正。

（三）它在积极方面的建设工作，应当把"生产经济"、"民主经济"、"社会经济"这几个范畴，作为其全面理论展开的核心或重点。中国经济在转型期的改革实践上，何以必须实现这诸种经济范畴，并如何始得实现这诸种经济范畴，那就是把理论与实践统一起来的研究内容。

像这样一个需要具备许多条件始能进行研究的学说体系，当然不能期之于少数人，而且参加的人愈多，则研究愈能期于完善和切合实际。总之，一种理论是否应受批判或者是否应受鼓舞，最后差不多是可以由它对于"生产经济"，"民主经济"，"社会经济"的态度与认识来评定。当然，以上我只是粗略的指出我们所需的新经济学说体系的一个大体轮廓。

福建经济总论

一

福建经济显然是整个中国社会的经济的一部分，支配着中国全盘社会经济的一般法则，仍旧支配着福建社会的经济全体。但虽如此，我们却没有理由说，理解了中国全社会的经济轮廓，就无须再个别地去寻求对福建经济的理解。在一个社会的通体经济法则及其所作用的一般倾向，是就构成这个社会整体的各政治区域或各省区的相互参差的经济实况，舍象去其特异点，而抽象其共同点的结果的限度内，把各别省区的经济特异性指明出来，而就我们这里研究的对象说，把福建经济的特异性指明出来，那就不但有理论上的必要，且更有实践上的必要。因为一个健全的有概括性的经济政策或经济实践方案，一定不能以一般的抽象理解为依据的共同条规为满足，而必须根据各地区的具体的经济实况，作较为伸缩性的规定。因此，把福建全省经济当为研究对象，指出其对于全国经济所具有的的特征的地方，究明其虽在全国整个经济动态范围之下，但却多少带有特异性的大体演变倾向，那对于全国经济政策，对于福建今后的经济设施，都应当是非常重要的。

福建经济对于全中国一般经济显示出的特殊，当从其本身所具的较特异的自然条件，特别是与那些自然条件相关联的社会历史条件而得到理解。自然条件原包含有气候、土壤、地势、特产和人种等等，但在社会生产力极低的初期阶段，对经济活动展开较有决定影响的，却毋宁是在于地势，在于山脉河流的分布状态。福建为沿海山地，境内山岭交错盘结；武夷山脉斜贯于其西北部，更迤延向东南斜倾，致使河流大体局限在省境以内，短促而湍急，加大了对省内省外交通的天然限制，这种自然条件的梗阻，论者往往以此为福建较迟接受中原封建文化的原因；但他们还不曾注意到：一旦中原封建文化在这种环境下生起根来，这同一自然条件的梗阻，却又会成为那种文化顽执地陷在锢蔽状态中，使它不容易振拔起来，洗脱蜕化出来的一个相当有力的原因。

不错，福建是一个海岸线颇长，而又有不少天然良港的省份。这无疑多少可以补救它的上述的缺陷。并且，正赖于此，它才在近代取得了加入海洋文化系统或买办商业文化系统的资格。福建在过去的对外贸易活动上，它曾以泉州与广州、杭州、扬州等地方，并立于相当重要地位。唐代中叶以后，宋、元、明、清诸代，均曾重视福建所属泉州、长乐等口岸在对外交通上的地位。南宋偏安临安的时候，因领土日蹙，亟需发展对外贸易以助政费，乃特别设法扩展较为接近的泉州的贸易。以至一时泉州的繁盛超过广州、扬州而上之。明初三保太监七下西洋，差不多都曾以长乐等地方为出入寄碇港口。不过，以往的，乃至三保太监所兼营的贸易，大抵是限于奢侈珍异品方面，以现代经济眼光看来，那一类对外贸易的进行或者海港贸易机构的设置，其影响并不在乎一般经济，而宁在于财政上，也许对人民向海外移植，尽了一些促进作用。降及近代，福州在南京条约中，便被"荣选"为被迫开辟的五大通商口岸之一。这显然是福建跨进所谓海洋商业文化系统的第一步。但毕竟因为它的自然条件，尤其是关联于那种自然条件的社会条件的限制，它始终在这个文化系统里面，不能够表现出何等重要的地位，我们经常只听到人们谈论江浙文化系统，金融系统，广东文化系统，金融系统，却不大有人讲到福建的这些方面。这是毫不足怪的。现代中国的海洋商业文化系统，既如我们前面所说，带有买办的特质，它的经济活动圈的扩大，一方面是靠广布各地土产，另一方面又靠统办全球制品。这种集散的大事业，单靠着省境以内的活动范围，已经是不行的，而省内的广搜土产与推销洋货，复又受到自然地理条件，及与其相关联的生产与消费方面的限制，这就必然注定福州这个通商口岸，无法同上海广州等地较量其繁华。就因此故，福建虽然是海岸线极长的沿海省区，它在经济的成就上，就不得不屈降为中国海洋商业文化系统中最弱的一环。

经济科学告诉我们：商业对于封建文化，对于封建经济体制，是能够在某些场合发生腐蚀作用的。在商业能发挥其活力的地方，封建经济总难免受到一些分解性的破坏。这是在中国现代政治经济舞台上，中原封建文化与海洋商业文化其所以表演出激烈斗争场面的基因。如在商业比较繁盛的江浙广东等省区，单凭着商业，虽则不够力量，或者说不够资格，把原有的封建经济体制根本改造过来，但它们那里的封建社会生产关系，却显然被逐渐扩大活动的商业破坏了不少，变形了不少；反之，在那种性质的商业规模比较小，商业活动深入程度比较浅的福建，它的原有封建经济关系，就可能而且必然会多保留一些下来。

不过，这只是问题的一面，而且是把福建放在海洋商业文化系统中，与其他省份比较起来，所看出的相对差异的一面。如单就福建一省来考察，它在沿海东南诸地区，毕竟因为位置在海洋之滨，接近台湾、菲律宾及荷属英属南洋殖民地，使它不但在商业上，较易与这些地带发生交往关系，在劳动力转移上，从而在金融往还上，亦必然会引起相当频繁的流通。赖有这些对外流通活动，一方面使福建仍在海洋商业文化系统中保有一个地位（虽然是最弱的落后的）；另一方面，也使福建全省东南沿海诸地区的经济状况，对其西北部的经济状况，发生相当大的差异，即对于中国中原的封建文化传统，对于原有的封建经济关系，前者已经表现了较大的修正和变形。

上述种种，是我们研究福建经济必须从本质上去把握的诸基本概念。有了这些基本概念，我们对于下面待述及的诸般经济现象形态，始能作科学的解析和说明。

二

论述本省一般的经济现象，为了好从现象引论到它的本质起见，我想从一般并不包括在严格经济范畴中的财政方面讨论起。因为财政虽然是处在经济边缘的地位，它的收支内容，最容易反映出全盘经济的实况。

近三十年来（即从民国三年起），福建的财政，从技术性质上讲，大体尚有一些改进；从社会性质上讲，却并不曾改变它的本质。我们试就民国三年度，抗战前的民国二十四年度，以及今年度（民国三十三年度）的财政收支状况，加以比较的说明。据民国三年七月巡按使许世英向中央政府提出的报告，同年度岁出入概算，岁入计430万元。岁出概数与岁入同，其中，因当时国税省税未明确划分，送往中央者计960000元，行政费1736530元，军政费1861289元，特别费40000元，债款偿付330000元，地方行政费685218元，预备费253683元。到了抗战发动前之民国二十四年，岁出入概算为19337046元，岁入部分有田赋，契税，营业税，盐税，房铺税捐，杂捐，地方财产收入，地方事业收入，中央补助款及公路财产收入等项，就中田赋占岁入百分之一三点三五，营业税占百分之二四点六五，中央补助款占百分之一四点五八……岁出部分有党务费、行政费，司法费，公安费，财务费，教育文化费，建设费，慈善费，协助费，抚恤费，预备费等项，其中行政，司法，公安，财务等统应包括在政务费中，占全岁出百分之七十，若分别开来，，行政费占总岁出百分之一七点六六，公安费占百分之一九点六五，教育文化费占百分之八点六七，建设费占百分之一点七七。其余各项，不必详列。

  由上面民国三年与民国二十四年的财政状况，我们看得出一些很有意义的对比，但我们这里只从经济的视野来考察。就国税与省税的划分，以及税收名目的改变等等方面，我们可以说，福建的财政，也同国内其他省份一样，慢慢具备有现代性财政的外形，这当然是一个进步。但如进一步分析其内情，那只是一种外形的进步而已。就民国三年的岁入岁出来说，岁入主要依靠田赋同厘金，表明这种财政收入，实质上还是原始蓄积形态，具有很浓厚的封建气息；而岁出方面，由行政费和军政费占着五分之三以上的比率，这恰好是那种收入方式所必然要采行的支出方式。民国二十四年度的岁出入概算，比起民国三年来，无疑是加了3倍多，但其岁入以田赋及变形厘金的营业税及特种营业税为主要财源，其岁出以行政费及公安费占最大比例，那同民国三年财政收支内容的差异点，就显得不十分明朗了。要把它们的差别指明出来，恐怕是民国三年岁入方面，田赋收入倍于厘金，民国二十四年岁入方面，营业税收入却差不多倍于田赋。然而这种变异，与其归因于社会经济的实质改变，毋宁是由于当时社会政治的原因。民国二十四年前后，福建农村大都在疮痍未复与治安成问题的状态中。由于田赋受到此种阻害，勉强保持苟安局面的城市，就必得在营业税的名义下，多承受一点财政负担。这并不表示都市方面的经济有何等改进，乃表示农村的困蹙程度在日益增加，民国二十八年度的财政情形，是可以告诉我们这些症结的。

  "七七"抗战以后，农村田赋一项，又成为支持财政预算的中坚。民国二十八年度岁入30284677元中，田赋达4233482元，营业税不过占2600000元，也许因为农村负担增加的缘故，治安费也在同年度岁出中占最大比例，其数字（4267226元）恰好与田赋的收入相当，这是一个有趣的对照。它把我们财政上的原始形态完全显露出来了。民国三十年实行粮食征实征购以后，田赋虽改为中央财政收入，但省财政的岁入，当然主要的仍是靠着赋谷为之挹注。一国的财政基础被建立在农业经济上，由此已可初步窥见它的社会经济的本质。

  与财政较有密切关联的，一般地说就是金融。就福建的经济情况说，两者的关系，就更加密切了。福建财政收支上有一最值得注意的特征，前面不曾指出，须在这里附带提及，那就是岁出岁入当中，临时门对经常门占有极大比例，往往临时门对经常门反而超过许多，如在战前的民国二十四年度，岁入经常、临时合计为19337046元，其中临时门竟占4200000

元，达五分之一以上；岁出经常、临时合计亦为19337046元，其中临时门占4497119元，几及四分之一。延至战后二十八年度，岁出入经临合计均为30284677元，但岁出临时门共占百分之五六强，岁入临时共占百分之五八强。临时岁出入占着如此大的比例，财政的脆弱性及不稳定性，已可概见。为了补强并安定财政，金融不能不担当起特殊的任务。

过去福建金融上的落后情形，毋需在此详述，在抗战发生前后三年即民国二十五、二十六、二十七年，三年间，全省的金融机关，较旧式者在逐渐为较新式者所替代。如钱庄由民国二十五年的131个，至民国二十七年则减为15个，如汇兑庄，由151个，减为67个，如典当，由124个，减为48个；同时外商银行及外埠银行在福建之分支处，亦在逐渐减少，唯福建省银行则逐渐发达。其分行处由20个增至36个。此后数年，增加更速。迄乎今日，省行已确立其全省金融中心机构之地位。原省行系创立于民国二十四年十月，其创立经过，已说明其对于一般经济的关联少，对于财政的关联大。民国二十四年一月呈奉委员长行营，并咨财政部核准，在本省二十四年度福建公债内支拨100万元，创办省银行。两年以来，业务突飞猛进，原有资本复嫌过少，经于民国二十六年一月经该行董事会议决，将资本增为500万元。先收半数250万元，除已收100万元外，其余150万元于同年二月由财政厅拨给。① 从省银行创立的资金看来，它显然像是完全由财政厅所设立，它对于财政上的前述脆弱性和不稳定性，当然负有为其补强和安定的任务，在这种考察下，许多人担心省行发行辅币的权力，难免不用以满足财政上的紧迫需要。但在辅币价值随着法币惨落的情形下，一元以下的辅币的多发，并不是一件很划算的事情，所以，这种顾虑近年已逐渐减少。

福建的商业，就其对外关系言，大体应分为对国外商业与对省外商业两种。在战前，对省外商业的规模，极不足道，而以对国外商业为主体，在战争发动前三数年间，平均每年对国外商业之输出入交易总额，约为9700余万元，而省际商业之输出入交易总额，则不过1000万元左右。战争发生以后，前者因受敌人封锁之限制，其交易额已在逐渐减少，而后者因多方鼓励结果，其交易额则在逐渐加多。例如在民国二十八年度，对国外贸易总额为2600余万元，对国内省际贸易总额却达4700余万元。但不论在战前抑在战时，对外总贸易额都极有限，而且都是入超。为了理解全省一般经济情势，我们所注意的，毋宁是它的输出入的内容或品目。在输

---

① 《福建经济研究》下册，第210页。

入品中，差不多一直是把棉布作为第一位，其次为面粉、肥田粉、谷米、烟叶、棉纱、豆饼、煤油和五金矿砂等；在输出品中，差不多一直是把茶作为第一位，以次则顺序为木材、纸、鲜果、糖、蔬菜和海味等。这个输出入品目对照表，简直把福建全般生产专业的内情暴露得非常明显。由其（一）棉布棉纱的输入，说明福建的基本轻工业的纺织业亦毫无基础；（二）米面的输入，说明它不但在工业上落后，在农业上亦陷于极度衰颓状态中；（三）机械一类现代性生产工具不见于输入品目中，说明它在任何生产事业方面，都未显出改进的迹象；至于输出以茶、木材、纸为大宗，那正好作为其输入方面不能不形成那种不健全状态的补充说明。木材是属于原生采集性质的产品，茶与纸，殆均可视为农业与手工业结合的产品，糖亦大体如此；而果蔬及海味，则分别为农艺及渔业的产品，它与现代产业，简直没有何等因缘。输出输入构成如此，不仅可以说明它的贸易总额为什么那样小，因为一个非实行现代生产规模的地区，它就不但无法有大量的输出，且也无法容许大量的输入；那同时还可说明，它的对外贸易为什么一直都是入超。因为一个农业社会需要输入大宗的大米和面粉，它就不可能不造成经常的入超状态了。

据福建对外贸易统计：自1899年至1933年的35年间，其贸易向为入超，但由1899年至1925年，每年入超常在2000万元左右，然在1926年以后，则逐渐增加，由1926年的3700万元而达到1931年的8100万元，至1932年、1933年，则都在7000万元左右。① 如此大量入超的抵偿，大家都知道是藉助于华侨的汇款。华侨汇款，是否确能抵偿入超，或者除抵偿入超外，还有何种限度的余剩，我们似无详细探索之必要。而我们所当注意的，却宁在我们对于通过商品，输入他国体现在商品中的劳务，而由是引起的货币价值上的入超额，而以我们直接输出海外的劳务所得报酬作为弥补，那除了蒙受不等价交换的损失外，还要看在一般社会经济上引起了哪一些影响。——那是我们在后面谈及农工业时，需要提到的。

由上面输出输入的品目上，我们已预见到了福建是一个太没有现代性工矿业的省区。至少在抗战发生前特别是如此。直到民国二十四年，全省够资格称为手工制造业区的，也只有福州、泉州、厦门，漳州几个地方。当时福州2565家制造工厂，合共只有资本6687575元，其中一半以上的厂家，资本不足1000元，而资本额由1万到10万的，一共不过75家。

---

① 《福建经济研究》下册，第7页。

厦门备有简单新式作业机的动力厂及手工制造业厂，计共21家，资本总额仅达5355000元；泉州73家手工制造厂，资本总额为718200元；漳州28厂家，资本总额为61650元。综计全省手工制造业资本不过一千二三百万元，工业贫弱的情形，自可想见。至于蕴藏甚富，而又散布全省的矿产，除民间以完全旧式方法，作极小规模的零星采掘而外，大多原封未动。

抗战以后，福建省政府曾于民国二十九年成立省营企业公司，投资500万元，开设中心工业的铁工厂，有关民生日用的各种制造厂，有关动力配给的各电厂，以及有关土木工程的营造厂等。这不能不说是福建工业上的一个划时期的创举。这使人联想到：抗战以来的各沿海省区工业，均遭严重破坏，福建反而在这种艰苦过程中，得到复兴机遇了。这最弱的海洋商业文化的一环，是不是会因此逐渐变成为战后这个文化系统中的健者呢？对于这个答案，我有理由采行极拘谨的态度，在一般较新式工业的当前境况不好条件下，姑且不明确指陈上述诸省营工业的可能前途。事实上，我们与其详细解析那些较新式工业经营在战时的实在成就或其实在困厄，就宁不如更基本的探究一下福建环绕着那些工业的一般社会条件，究能在何种限度允许它们的成育。

最后，我要述及福建的农业经济情形了。在工业化的商品社会中，农业无疑要减低其在全体社会经济上的比重，反之，在一个商品经济不发达的社会，农业就不但要成为这个社会的经济重心，同时它还会本质的限制着这个社会的农业范畴以外的其他经济活动的发展。

福建的农业，在某种限度，或在某些地区，也许受了土壤、地形、气候一类自然条件的限制；我们毋宁是承认自然条件对于劳动生产力较微弱的社会的较大的决定影响的。山岳层叠的福建，在农地面积上，在灌溉系统上，在栽培条件上，无疑在在可以发现到自然的作用，但我们把农业归属到社会科学范畴来研究的限内，我们尤当注意的，也许是要看我们的社会制度，究在何种限度，消极的阻制了自然的不利作用，和积极的利用了自然的有利作用。

据民国二十三年统计，福建的农民占全省人口总数百分之七十以上，农户数亦占全体户数的百分之七三点八，计共1690800户。全省耕地为总土地面积的百分之一二。计达21379000市亩。设依平均地权的分配，每户约可耕到水旱田地10亩以上。但现实上的分配，却不是如此。农户经营面积的大小，5亩以下者占百分之三四点三以内，5亩至10亩者，占百分之二七点九，由10亩至15亩者占到百分之十六点二，而15亩以上者，则较为稀少。可是，土地经营面积的分配，虽属如此，而土地所有的分配，却又不同。民国二十四年，全省自耕农占百分之二十七，半自耕农占百分之三二，佃农占百分之四十。耕种田地的，有最大部分人没有土地，而有土地的耕种者，又只有很小面积的土地，所谓"山地多小农"的说法，并不是一个健全的断案，那至多只能说是土地所有与土地使用的分离，把那种属于自然的不利作用加大罢了。而且，一个社会需要土地的人口，既对所需土地形成一种压迫的过剩姿态，使用土地的条件，就必然会依照对于土地的需要程度，而益加苛酷起来，结局，福建的地租，无论就性质讲，就租期讲，就租率讲，一般都是非常落后与非常不利于生产者的，地租的缴纳百分之八十以上为实物形态（其中包括分租部分），仅有百分之十四为货币形态，而这种货币纳租，且还是就实物折纳的结果。至于租期，不定者占百分之五十五点五，永佃者占百分之二十点七，定期者仅占百分之二十三点八，而所定之期，最长者又不过11年，短者仅及一年。此外，关于租额，一般最普通者，平均为总收获物百分之五十七，最高者达百分之七十以上，最低者亦达百分之三十。

全省耕地既有最大部分在此种租佃条件下使用或经营，那显然会发生以次的不利影响：土地自然条件不好，又须负担如此高率地租，耕种者自不可能有改良耕作的余力；即或有余力，或者有意把土地以外收入，用以从事改良耕作者，亦将因土地所有限制，及土地租期限制，而不肯在土地上进行改良耕作，同时较富裕之自耕农及拥有较大面积土地的地主，纵有改良农地意向，亦将因租出土地坐享所得较厚，有钱宁愿再买并再租出土地，而以从事改良经营为不划算。基于这许多原因，本省的农业经营，就不得不靠着人力与自然力，在极狭窄的零碎耕地上，以集约的劳动使用，来代替集约的资本使用，结局，全省耕地面积，虽由稻、薯、小麦三种农产，占有七分之六的比例（总耕地21379000市亩中籼糯稻之栽培面积为13651000市亩，甘薯栽培面积为3327000市亩，小麦栽培面积为274000市亩），但每亩田地平均产稻不及3担，产薯仅及10担，产小麦则不及1担。其他，果树蔬菜之栽培产量，亦无疑遭受了上述社会生产条件的限制。本省每年农产，如米麦豆等的大量输入，一部分固然是由于耕地少，一部分还由于耕地上的产量少。但不拘是耕地少，抑是耕地上的产量少，都会直接间接成为整个农业经济遭受严重打击的原因。

首先，农业生产者在上述诸种不利生产条件下受到的困厄，即如最基本的耕地少，产量少，土地支费多所造成的生产上，乃至生活上的困厄，必然会促使农村的金融活动，采取最残酷的落后的形态。据统计，福建全省大多数农民，均在借债度日，所借对象，有的为物，有的为钱；有许多县份，借谷户对全体户数有占百分之五十以上者，借钱户对全体户数亦有占百分之五十以上者。借钱借物者多，金融的需要迫切，而最需借贷的农民，又是最不能同较新式金融机关如银行钱庄接近的农民，于是农村借贷，乃操在一般乡间的商店，地主，富农的手中。借款的来源，地主占百分之十二点五，富农占百分之五十一点八，商店占百分之十六，其余则出自亲友等方面。而借实物的来源，则地主占百分之十三点五，富农占百分之四十点四，商家占百分之十三点五，其余亦出自亲友等方面。[①] 借贷与商店发生关联，它就必然有采取赊买和预买相连的高利贷剥削方式，与富农和地主发生关联，它也就必然会变成集中兼并土地的一个有力手段。其实，在前资本的落后社会里面，地租，利息及商业利润，正是那种社会资金可能移转的几个通路。除了关系个人的职业及生活兴趣等等外在条件，地租率如高过利息率或商业利润率，社会资金自然会集向土地方面，如利息率过高，亦无疑会把资金从土地及商业上转移过来。不过，在那种社会中，变卖土地来放高利贷或经营商业，毕竟会受许多阻碍：第一，土地不但是社会财富的最实在体现物，且是社会权势最可靠的测度器；第二，商业利润及利息，最后仍需出自土地上，而况第三，土地的移转，又难免要遭受一些宗法社会传统的限制。所以，在一般常态下，高利贷业同商业，总是作用为兼并或获得土地的两个手段。凡此不利于农业生产的因素的作用，正是福建许多熟地变成了荒地的基本原因之一，也是福建的传统封建生产关系，还执拗的存在于一切落后偏僻地区的基本原因之一。

自然，我们已讲到福建是海洋商业文化系统中的一个单位。较新式的商店和较新式的金融机关，已连同上述若干略具现代雏形的制造业，逐渐点缀在它的沿海一带的口岸，也许就因此故，这一带的封建传统社会生产关系，就比较更显著的表现了解体的事实。但在这里，我们需要不过分强调商业与金融对旧社会的解体作用，反之，旧社会生产关系拉住商业金融业，使带有落后特征的那种情形，那也是我们不容忽视的。如其我们要重视福建东南沿海地区的封建解体过程，宁可注意那一带经常有大批的盐民、渔民、特别是向海外移植的侨民，在缓和人口对于土地的压力，自然，福建百分之九十以上的侨民，多半是侨居在与福建沿海相近的英荷属南洋群岛一带，他们不像远离祖国的侨民，对于祖国的习尚和土地不发生兴趣，汇钱回国购买土地，已经是一件很寻常的事了，但虽如此，我们又

---

① 参见《福建省农村经济参考资料汇编》，第224页。

须注意他们既然已从静止的社会游离出来，对于土地的粘着性，就决不会比之对于商业、金融业及各种制造业，更为强烈。而这一带商工业金融业的比较发达，却正是这一带人口对于土地的过剩压力得到和缓的又一原因。

从这里，我们已不难发现商业金融或高利贷业，对于封建社会的腐蚀作用，但同时却也发现他们对于封建社会腐蚀作用的限界。福建东南沿海一带的商工业金融业，不但不会扩大其腐蚀作用于同省西北区乃至中部地区，甚且还不能抗拒那些更落后地区的封建势力，所加于它们的反击作用，以至它们所在地区的封建生产关系，更无法较本质的改变过来。

这是福建农工业、商业、金融业一般陷于支离萎缩的根本症结。我们不应以战争引起的诸种表面现象，来罩饰全盘经济困厄的基因，事实上，战争如其不发生，福建经济也许还会显出更不安的险象。

三

不错，福建经济内在的危机，即使是政府出版的各种刊物或丛书，亦并不曾讳饰。但有一个问题，就是我们对于那种危机的认识，不但不宜采取片面的观点，且也不应采取固定的观点。比如，论买办商业的不利影响，论经常入超的危害，论各式金融的剥削关系，论地租的封建特质，论垦荒毋宁保熟的内情，差不多是谁都会根据事实来申述的，而坊间乃至政府各种出版物上的记载，就能充分证示这一事实。然而这种种社会经济病态，不但应在全面的观点上看出其各别在全体经济演变过程中所扮演的角色，还当在发展的观点上看出其各别在全体经济演变过程中所显示的因果联系。就这一点说，似乎以往有关福建经济的说明、不论是官方的，抑是民间的，都不曾给予我们一个明确的系统的总概念。

比如，第一，一般对于福建经济危机的看法，是把一般对于整个中国经济危机的看法，刻板应用过来的，那是说，经济危机的根本症结，在于国际资本所加于我们的种种妨害和束缚。这看法，在某种限度内是对的，国际资本一方面利用种种不平等条约，使福建每年在对外贸易上造成数千万元的大入超，使福建每年由200万华侨用劳力从海外赢得的数千万汇款，往往还不够抵偿或填补那种入超所造出的漏洞，这对于整个福建经济，无疑是一个非同小可的打击；在另一方面，对外贸易除了入超带来的不利差额的损失外，还有依工农业品不等价交换所造成的损失，但最有破坏性的，恐怕还是国外工业制造品的大量输入，使我们幼稚工业，不能得到成长发育的机会。我们是不妨着重对外贸易的不利影响的，但如其说福建经济危机的根本原因，亦当求之于对外贸易，从而，求之于对外不利贸易差额所由形成的不平等条约上，是不是对外不平等条约一取消，福建经济危机就可解除或缓和下去呢？而战时福建对外贸易愈来愈萎缩，它的经济是不是已因此有好转的征候？

第二，从对外关系上不能发现出福建经济危机的根本原因，自然会反而求诸自身，如地未尽其利哪，货未尽畅其流哪，物未尽其用哪……凡此诸端，确实大有助于福建经济困厄的加深。全省已耕地，仅占总土地面积12%，虽然有不少山瘠地不易利用，但显然还有极多可以利用的土地，甚至曾经利用的土地被荒置着，把战前每年大量输入粮食的事实连考察起来，地未尽其用，不能不说是一件严重的事体。至福建土地其所以未尽其用的原因，凭常识可以想到的，应当是由于货未畅其流。在交通不便，运费过昂的山乡，确曾有不少土地生产物因运销发生问题，致影响其生产，影响其对于土地的利用。而与此相关的，则是福建有许多天然的特产如竹木等，特别是地下蕴藏相当丰富的矿产如煤铁等，又因为产业和交通不发达的关系，或则未致其用，或则根本未使其发生作用，那对于一个贫弱的地区，应该可以说是致命的缺憾。然而，所有这些方面的缺憾，当作全般经济困厄中的表象或至为因果的因素则可，若当作其危机的根本症结，我们马上就会为以次诸般问题所窘迫：垦荒工作在奖励与多方促进中，但许多熟地在荒地化；交通网的建设，一面固然会便利土产畅其流，同时还更会使洋货畅其流，洋货得畅其流，使物致其用，人尽其力的产业，又不一定能得到保育，我们被陷在循环论中了。

第三，根据第一点第二点的说明，我们似有理由主张今日福建经济的坎坷问题，是它在现代化过程中必然要遭遇到的资本困难问题。因为如其说现代化经济是资本经济，而发展对外贸易，发展产业，发展交通，乃致开垦荒地，都是要发生资本问题的。从这一个观点，我们很容易引出这样的结论，即要解救福建经济危机，非利用外资不可，或只有靠先进国家在虚拟资本上变把戏的经验，依赖印刷机，通过有强制性的金融活动，来尽量发展上述贸易，交通，工矿，农林诸方面的实业。可是，在真正的生产过程中，并不会包含一张法币或一个铜元，而印刷机的有限制的利用，也只限定在利用它的社会金融诸方面的健全条件，已由资本经济充量发达而相当造出了之后，始有可能。且不论利用外资有哪些政治技术上的困难，一切利用外资的国家，都必定在国内已经造出了有利用外资的背景，否则，哪怕就是国外华侨乃至省外的有钱者，他们一看到资本被利用下去不可能得到厚利，他们至少是不会继续投资的。过去本省侨胞不曾把资本大量投用在各种新型企业上，即可充分说明此点。论到这里，我们似乎要迫着触到较基本的社会生产关系的问题。

第四，当我们把上述诸点，综括的看为发展生产力的时候，即认为要解救福建经济困难，须从多方面来发展福建的社会生产力的时候，我们当然应问到：前述土地所有关系，租佃制度，金融形态，商业特质，以及其他所有关联于社会生产关系的种种因素，种种形成全福建社会经济结构的条件，是否适合或允许新社会生产力的发展呢？不错，许多人曾分别在半封建或前资本的用语下，解说了我们福建社会条件对于新的经济活动的排斥作用。不过，他们有一个共同认识，就是把那种不合时宜的总的社会生产关系的作用看落了，只注意其个别的作用，例如讲到发展金融时，才感到旧式高利贷在如何发生妨阻；讲到发展商业时，才感到传统商业形态或近代买办商业形态，在如何障害新产业所要求的正常商工业关系的建立；讲到发展农业时，才感到农业经济上顽固的存在着阻碍其现代化的社会体制。如其这样去看，只算是接触到了福建经济困难的根本原因，还不够把握住那种根本原因。因为那在理解问题上虽然前进了一步，在解决问题上，却仍无多大的帮助。我们在这场合，必须明确认识：一切落后的社会生产关系，是把土地关系作为其整个社会关系建立的基础和枢纽，落后的商业形态，金融形态，落后的政治形态，都是在落后的土地所有形态与使用形态上取得其存在的基础。土地关系愈落后，它对于现代性的经济活动的妨阻作用愈大。所以，每个社会现代性的建设，尽管是发轫在都市方面，而它为了适应那种商工业建设所须作到的破坏工作，却须预先开始于农村方面，特别是原始于农村的土地生产关系方面。

所以我认为，也如中国经济整体一样，福建经济病态的症结，在自恕的立场上，仿佛可以推说是吃了"新"的亏，吃了国际资本的亏，而在自责的立场上，却当承认是吃了"旧"的亏，吃了我们社会封建传统的亏。

我在上面其所以要反复指明福建经济病态的根本原因，当然主要是为了想由确定那种病态救治的方针。

本来我们经济的改进，约有三个途经可循，其一是改进自然条件，如在森林，水利，土壤，虫害等方面努力的是；其二是改良技术条件，如在交通工具，劳动工具，流通手段等方面的努力是；其三是改革社会条件，如在有关经济的种种社会制度方面的努力是。一个社会的基本生产条件如已逐渐改革过来，即如像资本主义社会的生产制度，如已对原来的封建生产制度，取得了代替的地位，则在自然条件与技术条件上之任何努力，皆将按照其努力的程度，而大有造于其社会经济全般状况的改进。反之，如其一个社会的根本生产条件不曾改变过来则它在自然条件上，在技术条件上的努力，就不一定或者不可能按照其努力程度，而有助于其社会经济全般状况的改进，往往，在自然与技术上的努力，可能是白费了的。

对于福建经济的困难情形，无论是中央抑是地方政府，多年以来，似都在交通，金融，水利，以及其他有关全省特产生产运销等等方面，求其自然条件与技术条件的改进，迄乎今日，在种种方面努力的热忱，并不会完全减退，但一查究其成果，至少是远不如始愿所期，或者远不如努力所费——然而，我们似还在以飞蛾扑灯的勇气来支撑着这些方面的努力。

我们并不否认在自然与技术上的努力，对于社会生产关系变革上可能发生的影响，我们毋宁非常着重变革社会生产关系过程中，同时致力于自然条件与技术条件的协同动作的效果。但如把努力的重点倒转过来，以为让旧社会生产关系原封不动，就可以凭我们在技术和自然方面的努力，把它逐渐改变过来，或者以为单靠着科学家，技术家，大量机械，过于充分的新式交通工具，就可以把旧社会关系铲除去，且不问那些新式的人力物力从何而来。即使凭什么奇迹，使那些人的因素、物的因素突然呈现出来，那亦将变成"不适者不得生存"的累赘。

临到战争结束的前夜，关心福建经济前景的政府机关或研究机关，都在如何发展对外贸易，如何诱致侨胞回国投资，如何改良特产，如何建立金融流通网，如何振兴水利，乃至如何准备这些方面所需人才上大用工夫或大做文章，但我觉得，在这些方面努力的同时，如能比较多分一点注意力来研究讨论一下它们那些努力所需配合的社会条件；使我们的对外贸易，不再具有买办特质；使我们侨胞回国投资，不怀有戒心；使我们的特产不完全依赖国外不易竞争和不易捉摸的市场；使我们的交通网金融网，不成为流通外货外资的工具，使我们已开辟的或新开垦的土地，不再荒置；使我已经大量培养出来了的科学技术人才，不再挤塞在教育界和仕途，那也许是不无益处的。

经济事业是具体而基本的，对于它的努力，我们尽管需要找寻捷径，但却恐无法得到超越的坦途。当作全中国经济较弱的较特殊的一环的福建经济，对于它的危机的补救，对于它的建设方式，无疑可以按照其较弱与较特殊的性质，而大有伸缩余地，但在它当作中国经济之一环的限内，它一开始就需要碰碰中国封建社会关系的强韧之壁。

（原载《福建省银行季刊》创刊号）

中国新民主主义经济形态研究

由半封建半殖民地经济到新民主主义经济

一 两个反历史的经济变革运动

现代中国经济之带有半封建半殖民地的特质，已经有半世纪以上的历史。而我们把它这种特质发现出来，说它是半封建半殖民地形态，并科学地论证它当作一个确定的形态所显示的内在诸法则，则是当它这种形态，已大体近于完成的时候，是在国民党统治或"蒋王朝"建立起来的时候，是在抗战发生的时候；直到这时乃至现在为止，中国统治阶层——由清末以至"蒋王朝"——对于我们这带有半封建半殖民地的经济，不但不曾设法改造它，并且在努力加强它，成就它。我们很可以说，中国半封建半殖民地的经济，是由清末统治者的错误经济变革政策开其端绪，而由"蒋王朝"的倒行逆施的诸经济建设方案予以完成的。

本来在现代的所谓落后国家，都是一些封建的或更古旧的原始的国家。当这类国家已经不由自主的被迫与先进资本主义国家发生经济交往关系的时候，它们如其不曾变为那些先进国家的殖民地，便会依种种不平等条约或不等价的交往关系，而带有半殖民地的性质。它的半殖民性格，是由它们以落后国家的资格，与先进诸资本主义国家交往所必然要发生的。同时，它愈同这些先进国家建立起了不平等的经济交往关系，它的原来的封建生产方式，便愈不易维持。中国的封建生产方式，在与欧西诸国正式交手的鸦片战役当时，特别是在太平天国农民革命运动出现的当时，原已在动摇分解中。按照历史发展的必然道路，和社会改革的必然顺序，这时要步武先进资本主义国家，先得破除封建生产关系，破除原有的土地制度，以开拓资本发展的道路。但清末王朝乃至"蒋王朝"的统治阶层，却反其道而行之，"蒋王朝"所大吹大擂所谓国民经济建设运动，在本质上是清末变法图强的洋务运动的继续。它们的共同点：第一，通是由专制封建的官僚发动，企图在他们所寄生的原有社会基础上，在已经动摇而未崩溃的封建秩序中，建立起现代性产业；第二，它们都不但要求牺牲农村来建设都市，并且企图藉都市的军需性工业和军事交通网的扩展，以镇压农村，以保障其依各种原始蓄积方式对农村的剥削；第三，它们都是直接间接进行在帝国主义国家的支援与策划下，因为帝国主义国家愈到后来，愈需要维持落后国家的封建组织，特别是当那里已经发生了反封建反帝国主义的统一革命运动的时候。

可是，同是歪曲历史发展的措施，国民党统治下的国民经济建设运动，无论从执行者的动机之中，抑从施行的作用与效果讲，都要比初期洋务运动，恶劣得多，有害得多。比如，不问社会政治如何，社会基础如何，见到外国的坚甲利兵，图强致富，就来开始模仿，那是大革命前法国诸路易王朝的做法；未改革农村，遽然从事都市建设的法国失败教训，虽对后来较落后的日俄诸国的现代化，发生了极大的鉴戒影响，因而在19世纪初，德国有农奴解放法令，在同世纪六七十年代，日俄两国分别施行了温和土地改革，但对于甫经平定的太平天国农民叛乱且还继续受着捻回叛乱威胁的清末封建官僚，他们因为自身都是地主，他们因此就不敢正视现实，接受各国现代化历史教训，就贸然采行"不变旧而维新"的洋务运动途径了。在洋务运动维新运动失败过程中，国际资本势力，已依着一连串的侵略战役和由是签订的不平条约而深入了；对外的隶属性增大了，已在动摇中的封建生产组织，更加不易支持了。然而，如我们前面所指明了的，中国社会的半封建半殖民地经济形态，究还只是由这些醉心洋务运动的旧官僚们的错误政策开了一个端绪，而那种经济形态的发展与完成，则当归咎于此后提倡国民经济建设运动的，以四大家族为首的新官僚们。

所谓国民经济建设运动，系开于"蒋王朝""定鼎"于南京的1928年前后，在当时他们不但有了清末旧官僚洋务运动失败的教训，不但有了他们所口头维护的民生主义遗教，不但有了民国十三年国民党改组后执行三大政策，发动北伐的胜利经验，且还有了苏联出现后的国际新形势和逐渐普及于世界各国的马列革命理论和革命实践潮流，然而，这一切，却反而促使他们更无保留的走向反革命的道路。初期国民革命运动发展到宁沪一带以后，蒋家班的买办、地主、军阀、官僚们，就开始利用江浙商业金融巨头，结托帝国主义，一面在农村内地加紧镇压围剿人民革命势力，一面则在都市号召以军需工业，军事交通网和消费性为中心的国民经济建设运动。伴随着或假托着这种运动而获有的搜刮勒索效果，鼓励他们在抗战期中还要"抗战同时建国"，在大发过了"劫收财"之后，还要"勘乱同时建国"，他们更加强制勒索工农大众、知识分子、小生产者、民族资本家，他们就更须结托帝国主义。他们一面在经济上通过各种聚敛榨取方式，破坏生产机构，一面又在政治上通过基层保甲组织和特务系统，以维系旧有的统治基础。然而在结局，就在他们像是很得策的完成了半封建半殖民地经济体系，完成了与帝国主义结托的四大家族统治的同一瞬间，飞跃发展起来的人民革命力量，已对他们违反历史法则，违反人民大众利益的倒行逆施的暴虐统治，给予以彻底毁灭性的清算。

二　在长期艰苦革命斗争中发现的新道路

由清王朝、"蒋王朝"的没落过程中，我们非常明确的知道了，对于一个半封建半殖民地的社会经济形态，要改革它，就不单纯是一个变革农村封建社会生产关系——封建性的土地占有与使用——的问题，在国际资本和与国际资本勾结的买办官僚系统，是寄存在这种封建剥削基础之上的限内，那同时必然是一个反帝国主义，反专制的买办官僚统治的问题。

然则叫谁来进行这个历史的革命任务呢？被压迫被残酷剥削的广大贫苦农民么？他们在中国历史上不知多少次"铤而走险"的起来反叛过封建专制官僚统治。太平天国的革命运动，大体也属于这种农民自发的叛变。但由于他们在本质上是分散的，没有组织的，叛变即使成功，也不过是抛掉一个旧主人，而发掘起来一个新主人；推翻一个旧王朝，而建立起来一个新王朝。而在现代，在反动阶级凭藉着外援和新的支配组织与技术，以加强其统治的现代，要单靠农民来发动一个全面性的叛变，也是很少可能的。

被多方压制与束缚的民族资产者阶层么？一切反封建主义反专制主义的历史任务，一般原是由他们来担当。但中国民族资产阶级的发生与成长，是先就受到传统专制官僚统治的限制；帝国主义势力侵入以后，他们一部分被迫转到买办资本的活动上了，而到抗战发生前后，四大家族又用种种手段来侵凌削弱乃至吞并他们，他们的孱弱无力，他们的分化，就命定了他们无法担当起那种反封建的历史任务，同时也说明了中国为什么不能建立起资产阶级的旧民主政权。

寄希望于一般知识分子和小资产者么？中国现代的知识分子，不但在数量上受了国民教育不发达，更基本的说，受了国民经济不发达的限制，而在质量上还有旧的封建士大夫意识和新的买办市侩意识在捉弄他们，他们能由这新旧泥坑中振拔起来，已经是难能可贵了；但许多人一时奋勇跳出泥坑，不久又陷溺其中了。五四运动当时的许多启蒙运动英雄，有些不是分别做了"蒋王朝"的封建买办官僚么？革命的知识分子，是必须依托革命的社会阶级才能成就其历史任务的。

最后，我们不是要期望于无产阶级么？就一般常例说来，产业落后的国家，它的无产阶级的量与质，也是要受到相应的限制的，这就是现代先进各国无产阶级，其所以要在现代民主革命运动中，帮助资产阶级推翻封建专制统治的原因。但中国历史的发展，把这个程序改变了。在一方面，民族资产阶级的脆弱性，既已没有可能组织领导起反封建反专制且反帝国主义的资产者的民主革命，同时，在无产阶级方面，却因有以次几个有利的条件，把它在量与质上的限制减少了；首先，任何一个陷在长期过渡阶段的社会，那里就是酝酿阶级斗争情绪的温床。受着封建主义、资本主义、帝国主义三重压迫的产业工人，他们的阶级情绪与战斗意志，是最容易诱导培育起来的，而在事实上，在任何一次革命斗争运动中，都有他们在积极参加或领导；其次，我们的新式产业工人，虽只300万至250万这样少的数目，可是，我们得明白，在我们这种经常慢性恐慌与失业洪水弥漫的社会，每个就业者的旁边，经常有多个无业者或失业者在候补着，而都市2000万左右旧式手工业上的雇佣劳动者，和农村3000万左右的农业雇佣劳动者，乃至更多数量的贫苦自耕农，他们或是准无产阶级，（列宁曾称俄国的贫苦农民为村落无产阶级（Darfprotetarier）或半无产阶级（Halbpraletarier），那都可以在一定条件下，成为真正产业无产阶级的同志或联盟者；又其次，在俄国十月革命胜利以后，世界任何一个国家的无产阶级的革命运动，是经常在受着极大的鼓舞和声援的，连带着马列主义的革命学说的普及与渗透，特别是共产党的领导，哪怕是一个落后国家的无产阶级，他们的认识社会，他们对于其前途的展望，比较起先进国家无产阶级来，也许还要进步，还要充满乐观气氛的。

由上面的说明，我们知道，在中国半封建半殖民地社会经济基础上，要从事革命：

第一，必须把封建主义、帝国主义势力、豪门资本，连同当作革命的对象；

第二，必须由这些被压迫阶级中的最有革命性的无产阶级，通过共产党把其余的阶层组织领导起来，来完成那种革命任务。

可是，这在今日像是明如观火的途径，把它发现出来，却是付出了极大的社会代价，或者是经历过了长期的艰苦奋斗与惨痛的牺牲。

为了探索出这一条尽可能减少社会阻力，尽可能增大革命队伍的正确道路，国民党的创建者孙中山先生，曾提出了三民主义，特别是有关社会经济改革的民生主义，如其我们不妨把民族主义理解为反帝国主义的，民生主义中之平均地权——"耕者有其田"理解为反封建的，那么他的三民主义留下来的最大漏洞，就是民权主义一部分，讲得非常含混，对于革命对象，虽然揭示了帝国主义不平等条约，和封建的土地所有与使用关系，可是谁是革命主体呢？由谁组织领导那种革命斗争呢？他不曾给我们一个清晰的概念，而我们从他那含糊的说明中，倒可认知他的民权主义在本质上，仍是资产者的。这一缺陷就给他自己的不肖的党徒们，利用来实施军政训政，并伪造宪法，把一般买办官僚地主捧上了政治舞台，干脆的取消去民族主义的民生主义的纲领。不错，在国民党 1924 年改组发表的第一次全国代表大会宣言中，孙中山先生的许多讲得不够明确的意见，是有了进一步发展的，特别是当时联俄联共扶助农工三大政策的确定，对于此后初期国民革命运动的胜利，可以说是一个最关重要的关键，然而，这同时也正好是一个革命与反革命分道扬镳的重要关键。

中国共产党自 1921 年建党以来，反帝反封建一开始就成为它的革命中心任务。为了达成这一任务，它也自始就认定把知识分子，把小资产者，团结在无产者工农大众的周围，是非常必要的。只有对于资产者阶层，它是到了抗战快要结束的期间，到了经过无数次联络，无数次破裂，最后才真正认清了所谓中国资产阶级的真面目或特殊性的期间，即到了资产阶级内部明确分化为反动的大资产者豪门与被压迫的民族资产阶级的期间，才逐渐确定的完成了新民主主义的革命理论体系。新民主主义创论者毛主席在 1939 年 10 月 4 日的《共产党人》发刊词中，已经很明白讲述到这一点。他说："我们党的历史，从 1921 年 6 月第一次全国代表大会那个时候起，到现在，已整整 18 年了。18 年中，党经历了许多伟大的斗争。党员，党的干部，党的组织，在这些伟大斗争中，锻炼了自己。他们经历过伟大的革命胜利，也经历过严重的革命失败。经历过同资产阶级建立民族统一战线，又经历过这统一战线遭受分裂，并同资产阶级及其同盟者进行严重的武装斗争，最近 3 年则又处于同资产阶级建立民族统一战线的期间中。中国革命与中国共产党的发展道路，是在这样同中国资产阶级的复杂关系中走过的。这是一个历史的特点，殖民地半殖民地革命过程中的特点，而为任何资本主义国家的革命史中所没有的。"在次年，即 1940 年 1 月，他又指出："由于中国资产阶级是殖民地半殖民地的资产阶级，是受帝国主义压迫的。所以，虽然处在帝国主义时代，他们也还是在一定时期中一定程度上，保存着反对外国帝国主义与反对本国官僚军阀（这后者，例如在辛亥革命时期与北伐战争时期，即资产阶级还没有当政的时期）的革命性，可以同无产阶级、小资产阶级联合起来，反对他们所愿意反对的敌人……但同时也由于他们是殖民地半殖民地的资产阶级，他们在经济上与政治上是异常软弱的，他们又保存了另一种性质，即对革命敌人的妥协性。中国的资产阶级，特别是大资产阶级，即是在革命时期，也不愿意与帝国主义分裂的，并且，他们同农村中的土地剥削有密切联系，因此，他们就不愿与不能彻底推翻帝国主义，更加不愿与不能彻底推翻封建势力。这样，中国资产阶级民主革命的两个基本问题，两大基本任务，中国资产阶级都不能解决。"① 不仅如此，到抗战快临到结束的1945年4月，那时，反动统治阶层所实行的消极抗日政策与反人民的国内政策，已使得全国领土丧失大半，国民党军丧失战斗力；使得其自己和广大人民之间造成了深刻的裂痕，造成了民生凋敝，民怨沸腾，民变蜂起的严重的危机。针对这种事实，毛主席更明确指出："为什么国民党主要统治集团领导下会产生这种严重情况呢？因为这个集团所代表的利益是中国大地主、大银行家、大买办阶层的利益。这些极端少数人所形成的反动阶层，垄断着国民党政府管辖之下的军事、政治、经济、文化的一切重要的机构。他们将保全自己少数人的利益放在第一位，而把抗日放在第二位，他们也说什么国家至上，但是他们所指的国家是大地主、大银行家、大买办阶层的封建法西斯独裁国家，并不是人民大众的民主国家。因此，他们惧怕人民起来，惧怕民主运动，惧怕认真的动员全民的抗日战争。"② 到这时，不但中国共产党看透了"蒋家王朝"的大资产者，根本不能担当起中国反封建反帝国主义的民主革命任务，就是中国一般的民族资产者，也看透了他们不能成就那种任务；许多民族资产者在抗战结束前后，到过解放区，到过延安以后，他们已心悦诚服的表示，能够解救中国，能够领导他们完成他们所要求的民主革命任务的，已经不是反动的国民党集团，而是无产阶级先锋的共产党了。民主革命的领导权，由资产者阶级移到了无产阶级的手中，那种民主政治形态，就不是传统的，而是崭新的了。换言之，就不是旧民主主义，而是新民主主义了。在新民主主义政治下，处在领导支配地位的，既不是资产阶级，而是无产阶级，资本主义的经济成分，就不可能占着支配地位，而是由那些由敌伪手中接收过来的，由反动的四大家族手中接收过来的资产或厂矿设备等等国家经济成分占在支配地位，结局，整个经济形态，也相应是崭新的了。

　　从上面的说明，我们第一知道了：新民主主义的政治与经济的路，并

---

① 《毛泽东选集》第2卷，人民出版社1966年版，第644—645页。
② 《毛泽东选集》第3卷，人民出版社1967年版，第994—995页。

不是一开始就明明白白的摆在那里，等着我们去发现的，而是由无产阶级政党在长期艰苦斗争中，特别是由它与资产阶级在反封建反帝国主义革命期间的一系列合作，分裂，相互火并的角逐过程中，逐渐使自己领导的力量与自信加强，逐渐使资产阶级弱点暴露和其内部分化，所造出的新形势与新客观条件，即体验出来的。大资产者集团不走到反动的绝路，不做到他们本身就是帝国主义在中国的代理者，是封建势力在都市的庇护者的田地，同时被压迫的民族资产者，不从多方面衷心表示他们相信共产党的领导，并愿意接受共产党领导的地步，纵令那条路已经体验出来了，发现出来了，也还是不容易像目前那样顺利走通的。其次，我们又知道了：由半封建半殖民地社会经济条件所规定了的，不可能是资本主义的，也不可能是社会主义的，而必得是新民主主义的经济道路，并不是直接从经济本身作"格物致知"工夫考验出来的结果，对经济本身病象所作的直接救治，即不根究到它的社会生产关系，不问它的政治统治形态而施行的"临时诊断"，那是今日资产者社会所惯于采用的改良主义的手法。我们由半封建半殖民地社会经济条件所规定的革命对象，革命任务，要求我们在无产阶级的领导下，团结一切被压迫的社会阶层——农民、知识分子、中小资产者——从事反封建、反帝国主义、反豪门统治的革命斗争；而这种尽可能团结革命队伍，以期加速完成革命任务的要求，便相应规定了新民主主义的经济内容或其诸构成因素。

可是，不管我们怎样理解新民主主义经济被发现的顺序，当作一个过渡性的社会阶段来看，它恰好是半封建半殖民地的社会经济，最可能的，最顺理成章的，最符合历史发展规律的转型形态。

三　历史发展的必然

由封建转型变质到资本主义制，再由资本主义转型变质到社会主义制，这是历史发展的一般顺序。依照马列主义，由前一社会形态到后一社会形态的推移转化，都是由其内在发展条件所规定了的，新社会劳动生产力，新社会生产所需的技术的物质的条件，是在旧社会生产关系内准备安排好了的。而且，正因为那种劳动生产力，那种技术的物质的条件发展起来，发展到使原来的社会生产关系不能容许，这才要求改变或打破那种生产关系，采取一个更高级的形态，把那已经受到拘束的生产力解放出来，好让它继续发展下去。

这就是所谓历史发展的必然。

然则我们将怎样理解我们这由半封建半殖民地经济向着新民主主义经济的转化呢？如其认定它也是出于历史的必然，也符合历史的发展规律，那将如何去说明呢？

马列主义所指示的社会历史发展阶段，是就社会正常状况发展的，是"化验室的"标准变化，是舍象了实际上千千万万的不同经验事实和特殊遭遇而言的。对于我们，这种科学的历史阶段论的指示，与其说是在叫我们知道如何理解特定社会的常态发展趋势，就宁不如说是在叫我们如何理解并处理特定社会的变态发展问题。

由于中国的特殊封建传统，由于我们在开始现代化当时，不懂得或不愿意懂得社会发展的必然倾向，及其进行改革所应采行的自然顺序，再加以愈来愈陷入国际资本包围圈中的特殊环境，我们的社会，已经转化到半封建半殖民地的岔路了！这个在帝国主义时代的落后社会的特殊产物，不但在马恩的遗教中，就在列宁遗教中，也还不曾当作一个确定的形态指出来，而其发展转化的确定途径，自然更不能指示得很清楚。走资本主义的路吧？那决定行不通；走社会主义的路吧？就把其他外在的妨碍丢开不讲，单从本身的技术的物质的条件和基础说，现阶段也是太不够的。这问题，确曾苦恼过，而且在某种程度还在继续苦恼着当代求改进求变革的许多落后国家。

然而在事实上，只要我们知道灵活运用马列主义的革命理论与策略，我们就不难在它那有关社会正常发展规律的指示中，体认到社会特殊发展的必要途径。比如说，社会劳动生产力发展，到了一定限度，便必然要受到既成的生产关系，既成的统治形态的束缚的基本原则，不已明确的告诉我们，落后社会的封建的和帝国主义支配下的买办豪门统治，早已成为一切生产事业，一般社会劳动生产力发展障碍么？同时，新的社会生产关系，必须在它所适应的生产力，已经在旧社会母胎孕育好了，才能创立起来的基本原则，不已明确告诉我们，落后社会要顺应潮流，建立起社会主义的生产关系，必须藉着多方努力增进它的社会劳动生产力，而就过去的社会讲，资本主义生产方式，又被认定是最能促进那种生产力的，结局，在消极方面，能够铲除封建势力，帝国主义势力，买办豪门统治，而在积极方面，能够容允资本主义经济因素，同时并加强增进社会主义经济因素的一种适合现存生产力的新社会生产关系，即包容各种阶层，但却是由无产阶级领导的新民主主义政权，就成为必要了。所以，毛主席的新民主主义理论，是把马列主义灵活运用到现阶段国际关系下的中国这种特殊社会的革命运动中的产物。它的最基本特征，就在于他明白透彻地看到，只有新民主主义的社会政治形态，才能最有效的最迅速的解放，并发展现存的社会劳动生产力。

如其我们对一种社会经济改革，是就它是否能解放社会劳动生产力，来测定它是否符合于社会发展的规律，又是就它是否符合社会发展的规律，来测定它是否出于历史的必然，那么，对于混合着封建主义与帝国主义势力的国民党的统治形态或者如他们自己所夸称的国民革命，就因为它在从多方面妨碍一般社会劳动生产力的发展，我们有理由断定它是违反社会发展规律，违反历史必然的。反之，对于新民主主义革命或其所采取的社会经济形态，就因为它不论在都市方面抑在农村方面，都是尽可能的设法增进个别生产者资本家的，乃至国家形态的生产，那就保证它是符合于社会发展规律的，是出于历史的必然。

由是我们可以明了：当一个资本主义发达的国家，是把社会主义社会当作它的正常发展途径；一个资本主义经济不发达或落后的国家，特别是在现代国际关系下，就必得把新民主主义社会经济形态，当作它的正常发展途径。这就是为什么在中国特殊社会变革条件下产生的新民主主义，已经在今日世界落后而求变革的一切国家中，变成了一般的世界的革命运动形态。

自然，本文所论，仅止于从原则上说明半封建半殖民地经济转型到新民主主义社会经济，是顺理成章的，是最能解放并发展社会劳动生产力的必由途径。至若何以要这样才能达成那种解放并发展社会劳动生产力的效果的问题，那是须得就我们农村土地改革与都市工商业改造诸方面的实际状况去分别加以详细解说的。

（原载《新中华》第 12 卷第 15 期）

旧社会生产关系与土地改革中表示的诸规律

一 中国地权的封建性的揭露

土地改革被认定或被历史条件规定是当前人民革命运动的最基本任务，是实现新民主主义经济的最先决条件。

一切落后社会人民的被奴役与被剥削——无论这奴役剥削他们的势力，是来自国内或国外——一般是通过带有封建性的土地所有与使用所形成的社会生产关系。但这关系，在该落后社会与先进国家发生经济交往以后，已经起了一些变化，致使我们对于它的本质或它的封建特质的认识，会相应引起迷糊之感。特别像中国社会的封建制，如我在一切有关场合强调过的，它原本就和欧洲社会的典型封建制不同：后者是领主经济的，由领主贵族与农奴结成相当固定的或带有严格拘束性的封建身份关系，而前者则大体是地主经济的，土地在相当限度内可以自由买卖，佃耕土地的农民，在相当限度内，可以自由转移。尽管在实际上，不论是采取领主形态，抑是采取地主形态，都是把土地当作榨取直接生产者的重要手段，把土地占有的广狭程度，当作社会支配势力的测量尺度，但因土地能相当自由买卖，劳动力能相当自由移动，取得了资本主义的外观，于是有意避讳或曲解中国封建土地制的人，就多了一个可资利用的口实。结局，在中国社会改造的出发点上，他们就只昌言资本主义式的建设，而不肯触到对于封建制的革命，就只强调资本问题，而把土地问题看得极不重要。自然哪，当中国共产党自始就宣传土地革命，而这种革命又会从根挖去他们存在的社会基础的时候，他们的阶级利害关系，无疑会驱使他们，把注意集中到反面去。而况他们的代言人——市侩学者，买办学者——所研究的经济学中，也实在是把老早解决了或清除了封建土地关系的经济——末期资本主义经济——为研究对象咧！依据上述的这些理由，他们尽管不时也嚷着中国社会的落后性，但那似乎只是指着资本主义不曾发达，而不是意味着封建生产关系没有革除。然而各种有关农民生活及土地分配状况的个别的、分区的、乃至综合的统计数字，却几乎大体一致的证示：

（一）在中国农村人口中，仅占百分之四的地主，拥有总耕地面积的百分之五十一（据马扎尔：西南诸省地主，占有土地百分之六十至百分之七十，扬子江流域占有百分之五十至百分之六十，河南、陕西占有百分之五十，山东占有百分之三十至百分之四十，东北诸省占有百分之五十至百分之七十；据拉西曼：自耕农在中国南部12省只占百分之二十三，半自耕农占百分之二十五，而纯粹佃农却占有百分之四十三），仅占百分之六的富农，却拥有总耕地面积百分之十八，即合计百分之十的地主富农，占有总耕地面积百分之六十八；另一方面，即农村人口中百分之九十的中小农，却仅占总耕地面积的百分之三十二。这是比较保守的数字。毛主席是亲自在湖南江西等地作过调查的，他曾综合的说："地主富农在乡村人口所占比例，虽然有多有少，但按一般情形来说，大约只占百分之八左右（以户为单位计算），而他们所占土地，按照一般情况，则达全部土地百分之七十至八十"。同时，占人口百分之九十以上的中小农，所占土地不过总耕地中的百分之二十至百分之三十。

（二）佃农向地主租地所付代价，各地情形，互有不同，但除租地押金，劳动义务和各种动植物产品的贡纳外，一般定规租额，总要占土地生产物百分之五十以上，有高利百分之七八十的。设以租率计，或以购买年数换算，把土地年租额拿来除它的总价格，就可以得出若干年度始可收回购买价格的"购买年数"，购买年数愈少，即租率愈高。德国一位研究农业经济的专家，曾实地考察山东农村经济状况，说佃农要缴出合地价百分之十八的地租，并表示这在中国还不算是最高的。就把租额以外课加的义务与苛杂抛开不说，试比较一下现代各国的租率，我们农民的非常重的负担，也是一目了然的。英国在产业革命期的租率，仅百分之四至百分之五，第一次战后仅百分之三左右。德国原是一个有浓厚封建残余的国家，但在俾斯麦克时代的租率，曾低到百分之三左右，第一次大战后增加了，也不过百分之五。

可是对于这样明如观火的事实，怕面对事实的国民党统治阶层，是用"中国没有大地主"，"中国农民中，自耕农占多数"这类向壁虚构的呓语来搪塞的。他们即使有时也不得不承认土地问题的存在，但却认为那是起于人口在土地上的分布不平衡，或耕地根本不敷人口的分配，而不是由于土地集中，不是由于地租率太高，反之，地租率高，正好是耕地不敷人口分配的结果。一句话，他们是不承认中国土地制的封建性的。

不错，我也曾这样强调过：中国土地其所以成为全面的社会问题，不能单从土地分配不均和租率太高两件事得到说明，那两者，不过是最具体、最直接显现在土地问题上的表象，而隐藏在后面的以次一系列社会经济关系，才真是中国土地问题的症结所在，例如：

（一）土地所有仍确实表现为一种社会特权；土地拥有面积的大小，在所在社会，显示为一种社会权的指标。

（二）租赁土地除约定地租外，一般还依照惯例，有实物及劳务的报效；此外，地主或其关系人、代理人，并还无形的具有支配佃农及其家属之人格的权力。

（三）土地所有因系社会权势所寄托，一般较大的地主，特别是文武官员的地主，一般皆或明或暗免除输纳及其他公民义务。

（四）一切摊派徭役，兵役，皆被转嫁或课加到没有土地或仅有少量土地的贫农、佃农、中小自耕农乃至善良的小地主身上；他们除去公家负担外，还成为地主阶层或大小权势者见机或制造机会侵渔剥削的对象。

（五）作为权势者爪牙的土棍、流氓、地痞，即使自己并无土地，亦大抵是以欺压、敲榨农民为生，而晚近由农村动乱而增多的，或由商人、官吏、军人等转成的所谓"不在地主"，又正好是藉着这帮人为他们作着强制性的聚敛。

（六）土地所有者大体同时是高利贷者或者变相的或正式的商人，而在赋税徭役、摊派、高地租压榨之余的农民，势不能不变成高利贷业者及各式欺榨商人的俘虏。

单就上面这几项为每个略悉农村疾苦的人，可以从经验上认知的事实，就不难明确理解到我们的封建主义，在怎样把土地制为核心而作用者，那就是说：

第一，中国土地上的严重问题，并不单在地权如何集中，而在地权因何集中，在何种条件下集中；不在地权本身是一种经济榨取手段，而在它同时还是经济外的社会政治压迫手段；就因此故，一个佃农，并不止于受直接地主的高地租率剥削，在所在地的一切地方权势者，都会压迫剥削他，那正如同一个地主，并不止于剥削其直接的佃农，所在社会的一切佃农、雇农、贫农乃至中农及小地主，也都可能而且实在常受到他们的剥削。因此，

第二，中国土地问题，就不能单纯理解为从土地所有与土地使用所直接发生的问题，而更关重要的，宁是那些比较间接的问题，即是那种把土地所有与使用形态为基础而构成的落后社会关系，政治文化关系下所发生的剥削与迫害的问题。人权毫无保障，动乱没有止境，产业难期发展，一

句话，我们现代化途中的无穷无尽坎坷，归根结底，殆莫不有封建的土地制度问题，横梗于其中。于是

第三，我们的土地问题，就不仅是关系地主与佃农的利害的问题，而是整个大小势力者、地主、豪商、高利贷业者以及与他们保持着极密切关系的官吏，和那些为他们所支配宰割的所谓"小民"或"下民"之间的社会的经济的问题。更深入一点看，在买办官僚政权乃至帝国主义势力，在一个产业不发达的国家，通是直接间接依存于农村，依存于农村的封建剥削的限内，那同时不是关系到国内外一切有关权势者的利害或死活的问题么？

二　一序列破坏性经济倾向或规律的总回顾

在上面的说明中，我们已可粗枝大叶的知道：一切国内外压迫势力所加于中国人民大众的无情剥削，不是直接在以土地制为核心的封建生产关系中进行，就是通过一些曲折的联系，最后还大体是利用或依靠那种封建生产关系来进行，所以即使是非常崭新的剥削方式，一到落后社会，就不免带有一些原始的性质。特别我在这里要解说明白的，毋宁是在我们这种半封建的殖民地经济整体中，究竟在其当作存在形式的运动当中，表现了那些妨阻一般经济发展，否定其自身生存的一系列破坏性的倾向或规律。因为，从经济发展的观点来看，新民主主义革命运动，一方面是当作那种半封建半殖民地经济总运动中的对立物而必然要产生的，同时也是由于明确把握了那种社会经济辩证发展的必然趋势，才能有效的组织领导并迅速展开的。

关于我们半封建半殖民地经济内在发展的一般倾向，或体现在那一般倾向中的诸规律，在拙著《中国经济原论》中，特别是在其中论"中国资本形态"、"中国地租形态"、"中国经济恐慌形态"诸篇中，已分别解述得很多，但为了在这里加强表现封建性土地制度必须彻底摧毁，始能从根挖去一切恶势力寄存基础的内在关联起见，特把那些倾向或规律，综合的系统的作一回顾。

那可以从以次三方面来说：首先，看看原始性的剥削，表现在农业生产诸条件上的破坏倾向是怎样；其次，看看表现在农村诸原始性资本间的恶劣倾向是怎样；再次，看看表现在农村与都市经济交互间的不利倾向是怎样；然后再总合起来，看看整个半封建半殖民地经济，究在其运动过程中，造出了怎样自行否定的诸条件和倾向。现在分别来说明：

（一）表现在农业生产诸条件上的破坏倾向

一切社会的劳动条件或生活条件都不外是劳动力、劳动工具、劳动对象。但这三者的重要性，是依各社会经济发展的阶段，而互不相同的。在落后社会的农业生产条件中，土地这一条件当然占着非常重要的地位，而包括畜力在内的农业设备及农具愈形简陋，劳动力的相对重要性就愈形增加。

现在先来看我们这在农业生产条件中占着重要地位的土地，在它同时被当作封建剥削手段的限内，究造出了那些不利于它自己的倾向或影响。耕作土地要付出极高的代价，即是说，佃农要提供异常高额的有形无形地租，始能耕种土地，那已表示，佃农可能用在其他农业生产条件上的费用，是相对的缩减了；特别是在租赁土地条件未现代化，地主得随时退佃加租的场合，他们慢说没有资力改进农场设备，及以肥料和休耕方式增进地力，即使勉能筹办，也不能引起他们改良培植的兴趣。于是，地力日益枯竭，便成了农村租地的一个极自然趋势。其实，那趋势，并还不只表现在租耕地方面，即在贫农中农乃至富农的自耕地方面，亦是不难明显看出来的，因为佃耕土地所负代价太高，同时等着租佃土地耕种的人又是那么多，每个耕种自己土地的人，必然会把他将土地出租可能得到的报酬，与将土地自己耕种可能付出的代价，比较划算一番：在没有资力的贫农中农，耕种土地所付代价太大，自不免妨阻他们改良土地的支出；在较有资力的富农，租出土地所得报酬既多，更不免要抑制他们改良土地的兴趣。所以我们就把腐败贪污统治，根本谈不上讲求水利，致使全国各地农田大量砂砾化、荒瘠化的事实抛开不讲，一般在耕地愈来愈益贫瘠化或不生产化的现象，是稍知今日农村疾苦的人所能明白证实的。自然，这情形，若和农业上其他生产条件，如农具日益简陋，劳力日益枯竭的情形连同考察起来，其严重性就更大多了。

谈到劳动工具，中国就在富农的生产资本（姑且称作资本）构成中，也不曾占到过一个像样的比重（依据马扎尔：即在中国1927年大革命当时，一般仅及包括有土地价格在内的农业资本的百分之四或更少一些）。对于小农或佃农，他们在劳动工具乃至畜力上的支出，当然更是少得可怜的（据毛主席在瑞金石水乡、上杭才溪乡的调查，农民中完全无牛的，平均要占百分之二十五）。① 造成这种现象的基本原因，当然是一般农民

---

① 《毛泽东选集》，第135页。

太穷了，但要仔细分析一下，连富农也不肯在这方面投资的理由，却可包括的说是有以次三种事实在作用着：第一，那是前面已经触到了的，耕作土地所支付的代价太高了，在一定的生产资金中，不能不用在土地本身的费用太大，可能用在劳动工具上的支出，就无法不太小。事实上，今日中国一般农民，根本就不易筹得或准备好一笔可以维持全生产过程的生活资金，他们一遇到摊派一类全非意外的开支，致使他们的生活资料发生影响，他们在极端困苦，拉借无门的情形下最可能做的，就是压缩或恶化他们的生产条件，就是变卖耕牛，吃掉种子，抵押转卖犁耙等器具。这在经济科学上称为生活资料压迫生产条件的法则，而我们农民经济生活中，显然有这一法则在发生极广泛的作用。第二，经济上的常识告诉我们，无论是农具也好，畜力也好，愈是从事较大规模的生产，愈是从事较多样的经营，它们闲置呆放着的时间也比较愈少，从而，它们被使用起来也比较经济，反之，它们所费就相对愈大了。中国贫农佃农都是从事较零碎的小经营，在租佃土地或保持住自己小有土地的困难愈来愈大的情形下，要他们做着较长期的打算，拉债备置起耐久的劳动工具来，那不但非事实所许可，就是他们体味得到的经济常识，也是不许可的。最后，第三，促使他们不许在劳动工具上花费，或听任劳动工具恶化的第三个理由，就是农村不曾保有土地的大批待雇的无产劳动者的存在，他们是农村中最穷苦的人，最没有生活依靠的人，从而，也都是可以提供最廉价劳动力的人。当我们农村中造出这种人来的条件愈来愈多，他们所提供的劳动力愈来愈廉，其结局，除了少数富农而外，雇佣劳力的人，差不多连必须简单农具都不齐备，生活一直在困难中的中小农及佃农，他们并不是因为备了较好的农具，备有得力牲口，才雇佣劳动，反之，却正因为是备不起这些劳动条件，才以劳力来补充代替的。这说明，劳动力的价格，平均要低在畜力以下，低在农具备置费以下，才有被雇可能。同时这也从反面说明，用劳动力比用农具畜力划算，谁都愿意雇佣可以任意驱使会"说话的劳动工具"了。在经济科学上，由古典经济学者们，发现了一个"机械驱逐劳动"的法则，而在我们这种反常社会中，却竟存在着"劳动驱逐工具"的法则。

可是，我们农村尽管经常存在着"劳动驱逐工具"，驱逐畜力的反常规律或事实，但因都市产业始终陷在坎坷不振中，依各种原由——兵役徭役摊派，兵灾水旱，疾病死亡，手工副业破产，豪绅横夺兼并……或者其他偶发事故——被迫离开原有土地，或不能保持住原来租得的土地的农民，不转化为乞丐，流氓或土匪，就只好变成候补的雇佣劳动者；当吃不饱，饿不死的农村雇佣劳动条件，因上述各种原因继续连同作用，而造出更多的无产者，而其生活变得更加恶劣时，他们所加于农具畜力的压力，固然是更大了，可是同时所加于他们自身体力智力的有害影响，也是相应更大了。我们知道，农村劳动雇佣条件，往往是会变成土地租赁条件的有力依据的；当雇佣劳动者把租得有几亩土地的佃农，当作是幸运者的时候，当小农佃农保有或租有若干亩土地，就是等于获有了剥削雇佣劳动的把柄的时候，出租土地的地主，是会抓住每一征粮征兵或其他口实，而提高他们的土地租赁条件的。地租率提高了，又会反过来在雇佣劳动条件上发生不利影响。于是这里就存在着一个可怕的循环。

　　从上面的说明，我们大体可以理解到，我们农村的一般生产，其所以日益恶化，实在有其"事有必至"的基因在。以形容枯槁的瘦削劳动者，使用极其简陋的农具，在日益枯竭贫瘠的土地上，从事耕作，我们能够期望有很好的收获么？这情形，这可怕的趋势，是不能单由战乱来说明的。战乱本身甚且还是由这种恶劣趋势引出的结果。

　　可是，农村生产内部尽管在不断扩增这种惨象和险象，那并不曾因此就阻止外面通过商业高利贷业及其他剥削方式，所加于它的压力。

（二）表现在农村诸原始性资本问题的恶劣倾向

　　事实上，使农业诸生产条件日形恶化的，并不仅是它们内部相互形成的上述那种破坏性的循环，在那种循环过程中，随时都有外面的破坏加进来，以加强它的恶劣趋势。

　　在这里，我们且把各种由政治社会方面招致的剥削事实，留在后面说明，单看农村间流转的诸种原始性资本，是在怎样显示其破坏影响。

　　一般所称的原始性资本，是就对生产立在独立地位乃至支配地位的商业资本和高利贷资本而言的。我们这里不妨把购买土地那一部分资本也包括在内，因为在领主经济型的欧洲封建制度下，土地是不容许买卖的，从而，用以购买土地的原始性资本，就不会产生；而在中国地主经济型的封建制度下，土地移转变卖既成为家常便饭，我们的原始性资本里面，就必须把购买土地，购买一种社会特权，购买一种最有效剥削手段的资本，即土地资本，也添加进去了。而且，在这几种原始性资本在农村社会的流转过程中，就是到了现代，到了最近的蒋管区，土地资本不仅是那种资本流转过程或循环圈中的一个出发点，并还是在某种限度的归着点。

　　我们社会的土地，既有如上面所述的那些经济的乃至经济外的特殊权益，无论是哪一种人，或操哪一种行业的人，只要有钱在手，他是不会忘记把它挪去购买土地，取得地权的。农民不必说，手工业者、商人、高利贷业者、官，都不约而同地对土地感到特殊兴趣。到晚近，这情形，虽局部的有些改变，但一般还是不妨这样说的。

可是，地权的特殊利得，虽然在从多方面阻止农村社会资金流用到改进生产条件上去，但那同时在不绝为独立性商业高利贷业资本活动，造出前提。因为农民耕种土地，在土地本身所付代价太高了，他们的艰难困苦状况，就是使他们同时不得不供奉商（无论是买办的、土著的、抑是官营的）及高利贷业者任意的敲诈与剥削，尽管在现实上，土地所有者、商人、高利贷业者往往兼备于一人，或者一人至少具有两重剥削者的资格，但从资本运动立场来看，他们都是在分别显示着不同的作用。

当土地成为一种社会权势的表征，利得又大，而购买土地又不一定会发生困难的时候，有钱从事商业或高利贷业，就可能要求比土地收入还大的报酬，因为在一般情形之下，投资土地比较没有风险，而做一个商人或高利贷业者，毕竟在农村没有做一个地主那样威风，那样受人尊敬。这事实，很可说明：为什么当我们农村的一般地租率尚在百分之二十左右的时候，而利息率一般已高到了百分之三四十以上。自然，其中在借贷关系上，还有一个为一般人所不大注意到的理由，即"中农不要借钱，雇农不能借钱，要借钱而又有抵押品能借钱的，只有贫农。"① 贫农不是为生产谋利借钱，一般是为了生存急需借钱，只要能借得钱，渡过眼前的生死难关，利息率的高低，是无暇计及的。我们战前的高利贷，竟有高到百分之二三百的。即在目前的蒋管区，由农村到都市，还正风行着一种高得可怕的高利贷。但我们这里所注意的，宁在那种高利或那种与高利上下相符或相互吸引的商业利润，怎样会回过头来拉着地租上升。农村的有钱人，是比都市的经济学家，还懂得地租是"土地利息"，而利息是"货币地租"的道理的。最先是高率地租吸引着高利率，从而吸引着高额商业利润，往后则是后面两者或两者之一回过头来，在地租率上发生反作用。而像在有战时各种苛捐附加乃至通货不断膨胀着的情形下，它们通过各种巧妙方式，相互吸引着上升的循环，就被刺激得更快了。我们农业生产条件的加速恶劣化，这一原始性资本间的循环，实在发生了莫大的破坏作用。

然则，像上面所述的那样，用各种带有原始性的剥削方式，所累积起来的资财，是否一直都逗留在农村呢？恰恰相反，我们农村的资金枯竭情形，战前已经够严重了，在抗战期间以及在目前的新解放区，那已经成了

---

① 《毛泽东选集》，第68页。

一个不可终日的问题。

为什么呢？我们是要进一步去找得解答的。

(三) 表现在农村与都市经济交互间的诸不利倾向

在讨论农村与都市的经济关系的时候，我们只要把以次几点有关的事实弄明白，就不难看出一个梗概。中国原是一个有集权封建传统的国家，到现代，特别到"蒋王朝"建立的晚近，那种传统不但没有完全破坏，甚且在某些方面还将它在不同姿态上强化了。官僚的，专制的，封建的，再糅合以买办的政体，遂使中国的都市，具有三种有连带关系的性质，一是政治的，一是消费的，一是商业的，其中如上海、天津以及其他少数都市，虽然点缀有现代性的产业，但其比重，不但不足以改变其他一般都市的性质，甚至也不曾完全改变那少数拥有现代产业的都市本身的性质。惟其如此，第二，我们的都市，一般就不得不由农村取得其营养：赋税、公债、各种方式的摊派，特别是在战时普遍推行的征实征购，以及无情而毒辣的通货膨胀，都是都市方面通过政治权力，向农村强制索取的，但与此同时，或因缘这些榨取方式，在农村造成的动乱，又在极有效的把农村可能挣出的资财，驱集到都市，而经由买办商业，带进农村的舶来品或经过都市加工了的半舶来品，势必要由农村付出大得多的代价；而况第三，都市愈需向农村取得营养，或者需要依赖农村，它就需得加强其对于农村的统治，而为要确保对于农村经济榨取所集中强化并扩大化的政治机构与庞大军事组织，又反过来加深了都市消费化与商业化的特质。我们都市于是主要变成了输入外国武器与奢侈品，和向国外输出各种农产品或农村半制品的总枢纽。我们对农村虽用原始的半原始的蓄积方式，曲尽了竭泽而渔的搜刮本领，但仍不足以填补大量的入超；农村可能的生产能力愈来愈缩减，都市对于农村的要索，却愈来愈需要增大；结局，第四，我们又发现一种离奇现象，即农村的破产与动乱，从某一方面看，竟成了买办都市变态繁荣的有利条件：一批一批的农村大小势力者，相率把他们原始半原始的积蓄，向他们认为安稳的都市集中的结果，中外银行的存款，因此大大的增多；茶楼、酒店、旅馆、戏院、舞台的生意，因此大大的繁荣，地产、公债、标金、外汇的投机，因此大大的活跃。游资拥塞在流通界，在十里洋场踢球似的滚来滚去，在这场合，不但是一般无头无脑的商人，就是那些呱呱叫的经济学家，也像着了魔似的，以为农村的没落与荒废，并无碍于都市的"繁荣"，直到愈来愈大额数的入超，把国内的黄金白银，都被外国轮船飞机或明或暗的弄走了，而贫弱的农村，对于都市各种各色的消费场面，再也不易弥缝供应，而用死亡、破产、叛乱来表示反抗的时候，以"发国难财"起家的官僚买办金融资本家，始高嚷着"要复兴农村"，以农贷及美国专家代为设计的技术改良，来"复兴农村"，以为可以藉此继续其对于农村的剥削。

在上述这一列事实中，我们又见到了，在农村经济与都市经济间，也还存在着一种循环。在都市是依存于农村，一般是由农村取得其生存依据的限内，都市就得从政治军事诸方面，加强对于农村的支配。而这种政治军事方面的加强，实际上又等于对于农村的经济剥削的加重。而由此导来的长期内战，就采取了农村反对包围都市的形势。内战的扩大与发展，都市方面仅有一点生产事业，又在直接间接受着战争及藉战争发财的豪门与军阀的摧残；更大规模的战费及政治文化费用的来源，既然只好期之于区域益形缩小，生产规模益形缩小的农村，而农村由征实，征购，征兵摊派被迫游离到都市的大批农民，又相率由农村生产者变为都市寄生者，于是，都市的消费性更增大了，农村的生产性更缩小了。农村与都市经济运动中显然又存在着一种极不合理的，但却是无可抗拒的，向着毁灭之路迈进的循环。

（四）综合的说明

由上面的叙述，我们知道了：（1）我们为了叙述上的便利，或者为了社会事象的研究，必须用抽象分析法，因而在考察农业诸生产条件间形成的破坏倾向的时候，姑且先把农村诸原始资本间的破坏倾向乃至农村与都市之经济交往间存在的破坏倾向舍象着，等到考察农村诸原始性资本的破坏倾向的时候，仍旧把农村与都市经济间存在的破坏倾向舍象着。实则它们是在同时交互作用着的。正惟其农村依种种原始半原始榨取方式，所蓄积起来的资财，不肯投用到生产事业上去，而依旧分别当作原始资本转流着，并当作都市买办商业，官僚资本的活动器官而作用着，它就不但不能变为农业生产资本，变为农具、畜力以及其他农场设备和技术改良的准备金，却反而变成破坏这一切的压力。（2）惟其它们这三种范围大小不同的运动，有为上面所说的内在条件纲维着，连贯着，它们就能形成一种整体运动，使我们有根据把它当作一个半封建半殖民地的社会经济形态来理解。我一再讲过，一个社会的半殖民地性格，是由它的落后的封建生产关系引出的，是通过它的各种封建剥削造成的。而一切原始性剥削，又是把封建土地制作为其骨干或核心。这就是为什么土地这一生产条件所付太高封建代价，竟成为破坏其他生产条件（农具、畜力、劳动力），甚至地力本身的根本症结。诸种原始资本不能流用到农村乃至都市生产事业上去，最先亦是由于购买土地太有"权""利"可图，而整个都市的中外大小权势者的寄生基础，即使是通过了买办商业资本、高利贷资本一类中间剥削榨取环节，最后终归是"斧打凿，凿入木"的要落在土地上，可是，(3) 正因为封建的土地剥削关系，成了半封建半殖民地经济的基础，而一切对土地生产所加的压力，所造出的不利倾向，又无异在不绝破坏那个基础，在不绝把农村社会劳动生产力束傅，压缩乃至肢解在其可怕的衰弱境地，那就显示出：一种对封建专制官僚统治者意志独立的，无可抗拒的。事物的辩证的发展，正在教促他们向着"自我否定"的前途迈进。

三　土地改革的诸阶段

然而，一切腐朽的，在向着灭亡之路迈进的既成社会生产关系或统治形态，是从来不肯"知价"死去的，尤其是我们在前面直接间接提论到的：中国以土地制为核心的封建主义，是帝国主义和官僚资本主义的同盟者及其统治的基础，那在一方面固然表示：从封建土地关系挖去帝国主义和官僚资本主义的存在基础的重要，同时也说明：被看作"新民主主义之革命主要内容"的土地制度的改革，是必然要因为它牵涉到帝国主义及官僚资本主义的寄存基础，而受到一切反动势力的阻挠的。

所以，中国的土地革命，并不是一件单纯反封建剥削，反地主富农的问题，那同时还必然是要关系到国际资本及买办资本的反帝国主义势力的问题。惟其如此，中国的土地革命运动，差不多都是在反帝、反军阀、反官僚统治的过程中进行。在大革命时期，在十年内战时期，在抗战时期，以及由抗战后直到当前的解放战争时期，都充分的证示了这一点。在所有这些时期的革命战争，一方面是藉土地改革的号召，藉土地改革所动员起来的农民大众，去保证那种革命战争的持续与进展，但同时也因各该时期的革命战争的性质及其实际的演变情形不同，而相应制约了土地改革的性质、内容、方法和范围。

(一) 大革命时期，可以说是中国在现代最初把土地改革主张见诸实践的时期。孙中山先生在清末同盟会时代就提出了"平均地权"的号召；1918年前后，更把平均地权扩大为包括节制资本在内的民生主义；但他对实行主义，系期之于民权主义实现后的资产阶级的政府，于是，他的民生主义，就显出了两个不切实的，行不通的缺点：其一是，他把摧毁原来封建政权的任务，与土地改革的任务分开了，没有理解到：只有在土地改革过程中，才能摧毁封建官僚统治，建立民权的密切关联；其二是，资产阶级的政权，固然不能成就节制资本的任务，资产阶级的补偏救弊的改良方式，更自无从实行彻底的土地改革。所以，一直等到国民党改组后，联俄联共扶助农工三大政策采行了，中国共产党把土地改革当作反封建反帝革命运动的基础任务的主张，才第一次被明确的带到革命实践中去。特别在大革命那几年当中，因为领导权是把握在国民党手中，所以主要在广东两湖各地所推行了的，仍止于土地改革初步，即在农村建立起各级农会或农民协会，从政治、经济、文化各方面摧毁地主土豪们的封建权力，并厉行减租减息。然而就是这样迁就现实的和缓主张，国民党动摇分子仍觉得太过火了，太可怕了，正如毛主席在当时所说的："嘴里天天说唤起民众，民众起来了又害怕得要死。"等到上海南京被北伐军占领了，帝国主义就伙同买办金融资本势力，制造宁汉分裂，使革大业归于顿挫。

（二）十年内战时期，是起于国共正式武装冲突的1927年到抗战发生的1937年。在这一个时期，国民党统治完全变成了帝国主义、买办资本与地主阶级的利益保障者，从此，反帝反封建的革命任务，就完全由共产党担当起来。他们在不绝受围剿的江西、福建等地区，建立起了苏维埃政权，并彻底平分了土地。区域以乡为分配单位。在苏区，乡中无论男女老幼一律平分，以后改为依照劳动力的标准来分。突围二万五千里长征以后，在苏区土地改革所留下的最宝贵的痛苦经验，就是因为当时没有好好注意到中农的利益，因而造出了革命进展中的极大阻碍。毛主席曾一再提论到此点："没收一切土地重新分配，是能够得到大多数人拥护的，但农村中略分为三个阶级，即大地主中地主的豪绅阶级，小地主、自耕农的中间阶级，此外为贫农阶级。中间阶级中自耕农部分往往与小地主部分联合在一起。自耕农部分在土地总额中占少数，但与地主部分之土地合计，则数额颇大。……中间阶级表面上投降贫农阶级，实际则怀阴谋，利用他们从前的社会地位及家族主义，造谣恐吓贫农，延长分田的时间……""全国革命低潮时，最困难的问题，就在拿不住中间阶级。……现在全国是反革命高潮时期，被打击的中间阶级在白色区域内几乎完全附属于豪绅阶级了，贫农阶级成了孤军，此问题实在严重得很。"① 上面的话，是1928年讲的，到了1933年，中共中央就颁布了两个文件，一是《怎样分析阶级》，一是《土地斗争中的一些问题的决定》，其中关于地主、富农、中农、贫农、雇农等都有明确的规定，以免定阶级时发生错误，混淆敌我界

---

① 《毛泽东选集》第2卷，第530—531页。

限，孤立了自己，帮助了敌人。这个从痛苦经验中得出的教训，对此后的土地改革乃至整个革命运动，发生了莫大的有利影响。

（三）抗战时期，是指着1937年到1945年这八九年期间。本来在陕北的边区政权建立过程中，那里的140万人口，就有一半以上分过了土地，其余像绥米警备区，陇东、鹿县及三边一带地方，则只实行减租减息法令，并帮助农民建立自己的组织，以推翻过去地方豪霸的政治社会特权。迨抗战发生，游击区分别在全国各地拓展。但在团结社会各阶层，一致从事民族革命战争的大前提下，除了没收汉奸土地外，一般只是在为了便于发展生产，动员农村人力物力，以支援前方的紧迫要求下，施行了一些有关减租减息和建立农民组织的土地改革初步。可是，这一时期的土地改革，虽然在彻底性上，受了民族革命战争的性质的限制，受了民族统一战线要求的限制，但由于战争时期的延长和战争范围的推广，在所有沦陷区，在所有敌伪占领区，差不多都有八路军或新四军游击的根据地，进行了初步的土地改革，而为此后全面解放或进一步的彻底的土改，铺平了道路。

（四）解放战争时期，是指抗日战争结束后直到现在的这几年反蒋反美帝的革命战争期间。这差不多可以说是中国革命斗争的总结期。同时亦是中国土地改革的全面展开期。而具有划时期意义的《中国土地法大纲》，也是在这个期间制定公布的。毛主席曾在《目前形势和我们的任务》中，明确指示了当前这一阶段与前此各期土改不同的症结："在抗日战争期间，为着和国民党建立抗日统一战线及团结当时尚能反对日本的人们起见，我党主动地由抗日以前的没收地主土地公平分配给农民的政策，改变为减租减息的政策，这是完全必需的。日本投降以后，农民迫切要求土地，我们就即时作出决定，改变土地政策，由减租减息改为没收地主阶级的土地分配给农民。我党中央1946年5月4日发出的指示，就是表现这种改变。1947年9月，我党召集了全国土地会议，制定了《中国土地法大纲》，并立即在各地普遍实行。这个步骤，不但肯定了去年五四指示的方针，而且对于去年五四指示中的某些不彻底性（把地主得到较农民为多的土地财产，富农的土地财产原则上不动），作了明确的改正。《中国土地法大纲》规定：在消灭封建性及半封建性剥削的土地制度，实行耕者有其田的土地制度的原则下，按人口平均分配土地。这是消灭封建制度的最彻底的办法，这是完全适合中国广大农民群众的要求的。为了坚决地彻底地进行土地改革，乡村中不但必须组织包括雇农贫农中农在内的最广泛群众性的农会及其选出的委员会，而且必须首先组织包括贫农雇农群众的贫农团及其选出的委员会，以为执行土地改革的合法机关，而贫农团须成为一切农村斗争的领导骨干。我们的方针，是依靠贫农，巩固地联合中农，消灭地主阶级及旧式富农的封建的半封建的剥削制度。地主富农应得的土地及财产，不能超过农民群众，但是，曾经在1931年至1934年期间实行的所谓'地主不分田，富农分坏田'的过左的错误的政策，也不应重复"。这段指示把当前实行土地改革的精神及其方针，都极明白的规定了：

它的目标，是消灭封建半封建剥削的土地制度；一切非封建的地权财权，一律保护。

它的实施方针，是依靠贫农，巩固地联合中农，彻底地消灭封建的地主阶级。

它的方法，是通过富农地主除外的一切农民所组织的农会和只包括贫农雇农在内的贫农团，并以后者为领导斗争的主体；以自下而上的发动农民，来与自上而下的党的政府的决定和法令相配合。

从此，我们可以知道：《土地法大纲》和毛主席有关土地法的指示，显然贯彻了一个彻底的精神，即封建性的地权与财权，必须彻底铲除，非封建性的地权与财权，必须彻底保护。在今日中国的社会经济条件下，非彻底保护非封建的个人私有地权与财权，就不能完成彻底铲除封建的地权与财权的任务。一般人乃至许多资产学者搞不通这种道理，以为中共一方面把地主及其资财拿来分给贫农和雇农，同时又由土地法第十一条规定："承认其自由经营，买卖及在特定条件下的出租的权利"，仿佛有些矛盾，或者说是把他们改革取消了。但他们不明白：封建是一种私有，非封建的资产者的是又一种私有；当前革命性质，仅止于铲除封建剥削，并没有规定铲除一般；仅止于推翻封建的私有，并不曾主张推翻私有一般。假使容许非封建的个人私有，同时又不容许其把那种私有物拿来自己处置，拿来雇人经营，拿来变卖或在特定条件下出租，那不是矛盾么？至对于那些兼营商业的地主，即使当作封建的地主来看，他的土地要拿出来均分给农民，而当作资产者的商工业者来看，他却依据土地法十二条："保护商工业者的财产及其合法经营，不受侵犯。"这也是由彻底保障非封建的私人资产的原则贯彻下来的。而在总方针上，"巩固地团结中农"，把打击面限定在只占全农村人口百分之几的地主身上，那也无非是要贯彻彻底保护非封建的私人土地所有的精神。所以，以往老解区，半老区，在土地改革斗争中，把打击面扩得太大，损及中农利益，并使地主富农走头无路的过左行动，以后都依据公布的《土地法大纲》，予以制止：如"大中地主恶霸富农在没收其土地财产后，应按平分原则，分给其同样的一份，给予生活出路。小地主及旧富农，只征收其多余的土地、耕畜、农具和粮食，一律不挖底财，不赶出大院。"① "甚至对于老区半老区以往做错了，还来得及纠正的地方，也设法补救。如对于分配错了的中农土地财产，进行补偿。已经补过的……立即宣布地权，财产不再变动；未补偿的，最好能由贫雇农自愿帮助，合理解决，或由国家用减收公粮及其他办法加以解决。"② 又如"取消某些农会或贫农团、换工队等各种形式的财产公有制，恢复农民财产私有制。"③ 但无论是对于老区半老区已经改革过了的地权财权的补偏救弊的纠正，抑是对于新区的着手改革，因为现实情况极其错综复杂，怎样详密规定，也不易毫无遗漏的包括，所以实行起来，对于领导干部的要求，就不能不较为严格：他们不但对于现阶段只限于铲除封建剥削土地制的根本任务，要弄得清楚，对于农村各阶级的精密分析，要弄得清楚，而同时在执行政策法令当中，尤其要有勇气，有耐性，有不受一切恶势力引诱，不利用权势地位以谋利的坚贞性格。因此，土地改革的彻底性，就同革命党员党干部的健全性有极密切的关系，这就是土改为什么要与整党工作同时并进的原因。而今日在长江南北的新解放区，乃至将解放的华南地区，其所以还只决定实行减租减息，扶植农民建立政治社会组织的初步土地改革，也大体是为了宁可暂缓发动，不要急躁误事的理由。但虽如此，由于解放战争发展过于顺利，农民大众要求过于迫切，所以，土地改革在这短短几年中的成就，无论是就分得土地的人数讲，就改革过了的土地面积讲，都是空前的。我们始可以说，这是中国土地革命的全面展开期。

然则由上面这几个时期的土地改革过程的概括叙述，究竟告诉了我们一些什么呢？究竟指出了中国土地改革过程的哪一些特殊规律呢？

四　土地改革过程中显示的诸规律

第一，中国的土地改革，始终是同中国的武装革命斗争密切关联着的。武装革命斗争胜利，土地改革范围也随着扩展，武装革命斗争失败，土地改革范围也随着缩小或消失；大革命的失败，江西一带苏维埃的丧

---

① 见《中共东北局对新区土改指示》，《群众》第3卷第2期。
② 见《中共东北中央局关于东北1948年农业生产任务的决定》，《群众》第3卷第2期。
③ 同上。

失，为我们说明了后一点；抗日战争的发展以及当前解放战争的胜利，为我们说明了前一点。这表示：只有革命武装，才能保障土地改革；也只有拥有革命武装的政党，才能要求土地改革。

第二，惟其我们的土地改革，同我们的革命武装斗争，由农民大众参加斗争的事实密切关联着，所以在某种场合，显示为土改推动革命战争，在其他场合，又显示为革命战争推动土改。比如在抗日战争期间，只有在沦陷区或敌伪占领区，由土改动员起农民大众来，才能支持战争，发动战争；又如在当前解放战争期中，又只有把战争带到蒋管区中，才能实行初步土地改革。不过土改初步发动了，革命战争就较能顺利展开；战争展开了，又必然会造出一些便于土改的有利条件，它们是相互作用着、关联着，表现为同一革命运动过程中的两面。

第三，当国民党反动集团，破坏大革命统一战线，破坏联俄联共扶助农工三大政策以后，他们内部就更多人蜕变为买办官僚，同时也更多人变为豪霸地主，所以，他们后来即使有一部分人觉悟到了：革命的武装力量，是分别由初步的或彻底的土改运动的支援与推动，把原来对他们反动武装的劣势转为优势，而喧嚷着要"总体战"，要"二五减租"，但他们的阶级利益，愈来愈不允许他们接近真理，愈来愈使他们讳言土改了。正惟其革命者愈来愈成为土地改革的主体，他们就要愈来愈成为土地改革的对象。

第四，中国的土地改革，虽然始终是反帝反封建革命任务的主要而基本内容，但因革命内在外在的条件，尚未十分成熟，革命斗争的对象或打击面，不免有些出入，因而对于最基本的土地改革范围和程度，也不能不相应设定一些限制。我们已讲到大革命期间的土地改革性质，为了团结对外，亦只限于初步的了，就在解放战争全面展开的今天，我们还因为改革主观条件的限制，不能不在各解放地区间设定一些差别，设定一些波动式的推进的步骤。可是，

第五，不管我们在土地改革上采取如何慎重的措施或政策，革命的斗争，愈接近它的基本任务了，愈把全面改革土地的可能性造出了，就愈要招致国内外反动势力的阶级怨愤与惊恐，它们愈来愈明白了，席卷全国的革命战争的胜利并还不一定就是它们在中国的历史命运的终结，只有伴随战争胜利或在胜利战争掩护下的即将在全国全面展开的土地改革，把中国社会从根翻造过来的土地改革，才是它们寄存基础的最后崩解。

当我们已经明确认清了：中国封建土地制以及围绕着那种土地制的各种剥削，是帝国主义，买办豪门及土豪阶层的榨取的来源，同时又认清

了：中国由农村到都市的劳动生产力，是受着那种剥削榨取关系的破坏与摧残，那么，封建的土地制的崩溃，那种剥削榨取体系的覆亡，就显然不止意味着中国农村社会生产力的解放，并还意味着全社会一般生产力的解放与发展。

（原载《新中华》第 12 卷第 19 期）

三大经济纲领与社会劳动生产力的解放与发展

一 "一切方面从保护生产和发展生产出发"

正因为在帝国主义时代,一个落后国家反封建剥削的土地改革运动,必然要触犯到帝国主义权益,必然要触犯到作为封建势力与帝国主义势力之结合桥梁的专制官僚统治的生存,所以那种土地改革运动,便无法在和平状况下进行,也就是说,便不能不扩展为反帝反封建反官僚资本的武装革命斗争。从而,武装革命斗争的胜利,不仅意味着封建土地关系的革除,同时还意味着帝国主义在中国的特殊权益的中止和买办官僚资本及其统治的否定。同时,所有这些成就,通是限于消极上的破除既成社会生产关系,而革命的根本要求,则宁是在积极方面创造一种新的生产关系,或者新民主主义的生产关系,由是解放并发展社会劳动生产力。事实上,任何一种社会革命的历史意义,不是取决于它所企图实现的理想,新到了什么程度,进步到了什么程度,而是取决于它在现实社会经济条件允可范围内,能如何有效而迅速的发展社会劳动生产力。社会主义特别是共产主义,一般是能容许更大的社会劳动生产力的发展的。但如其现实的社会经济条件不允许,它就不但不能解放发展生产力,且还可能成为生产力发展的阻碍。所以,在中国人民的任务,还是反对民族压迫与封建压迫,在中国社会经济的必要条件,还不具备时,中国人民也不可能,因此就不应该企图实现社会主义国家制度,① 也就是说,"中国一切政党的政策及其实践,在中国人民中所表现的作用的好、坏、大、小,归根到底,看其对于中国人民的生产力的发展是否有帮助及其帮助的大小。它是束缚生产力的,还是解放生产力的?"②

我们由此方更明确的知道:由无产阶级,由中国共产党所领导的人民

---

① 《毛泽东选集》第 3 卷,人民出版社 1966 年版,第 1004 页。
② 同上书,第 1028 页。

革命运动，其所以在现阶段不把共产主义，也不把社会主义，却只把新民主主义，作为努力实现的目标和号召，那与其说是由于新民主主义的革命方式，在革命运动过程中，便于团结反帝的反封建的反买办官僚的人民力量，毋宁说是在完成了摧毁一切反动势力所依托的统治以后，便于或易于解放发展长期被拘束压制着的一般社会劳动生产力。

生产力的解放和发展，决定了革命的要求，从而也决定了革命的性质。

我们在这里还应注意一点，即发展社会劳动生产力，在一方面是要社会全般的人力物力，都能适时适所的人尽其材，物尽其利的发挥其最大的功能，不管是对工业或农业，不管是对个人经济或国家经济，都要使它有尽可能迅速发展的机会。

现在且来分别检讨一下，看土地改革以后，看官僚资本打倒以后，看帝国主义特权推翻以后，我们一般社会劳动生产力如何显示它的发展前途。

二 "'耕者有其田'使农业生产力获得发展"

中国当前土地改革的基本任务，是从根铲除封建的剥削制度，使"耕者有其田"。"耕者有其田"不是如学者所设计的，依立法程序，土地债券方式，从地主富农那里购来；也不是依照社会主义的章法，由国家没收一切土地，发交农民使用或耕作，而只是由国家，由人民政权，毫无补偿的，把一切属于地主富农的封建土地所有，毫无代价的转变为贫农雇农佃农的个人所有。而中农的土地，是尽可能的不予变动的，地主也可以均分一份。这一来，土地虽然还是私有的，但经过这种转移再分配以后，已再不能当作一种社会权势的表征，已再不能被利用作支配佃农人格，并任意勒索其劳动与劳动生产物的手段，已再不能成为整个地主阶层伙同高利贷业者奸商官吏鱼肉一般农民，并在意识形态上多方欺骗捉弄他们的物质凭藉。换言之，封建的榨取，封建的精神锁链，是会随着土地改革而解除掉的。

但实现以"耕者有其田"为旨归的土地改革，是否就可保证农业生产力的增加呢？对于这个问题，约有以次三种代表性的不同看法。

第一是根本怀疑"耕者有其田"会提高生产效率。十足的地主利益代言者董时进先生，就曾在确断"平均分配土地为不可能的事情，同时也并不合理"以后，接着表示："佃农的生产，并不一定低于自耕农"。

为了补足他那种高见，他说："就我所有的一点知识说：中国的佃农，和所谓资本主义国家的佃农，并无根本性质上的不同，资本主义国家的佃农能够发展生产，我们的佃农同样也能够发展生产，所以许多关于租佃制度妨碍农业生产的理论，都没有事实的根据"，"这都过度被夸大了。一句话，租佃制度不曾妨碍生产，要由增加农业生产的目的，把土地由地主富农手中，转移到贫农雇农佃农手中，是没有意义的。而现在事实上，中国农民有半数是自耕农，其余半数又约有一半是半自耕农，他们的土地问题是全部或一部分已经解决了，然而他们的生产依旧不能改进，困苦依旧不能解除。"①

第二是认定"耕者有其田"，虽不会直接减少生产，也不会增加生产，但就蓄积资本来促进技术上来说，却大有不利影响。一位冯苏先生在评《中共土地法大纲》的文章②中，就表示了这样的顾虑："今日中国的生产大部分系由中农担任（？）《土地法大纲》对于中农利益没有妨碍，所以中国的农产品在土地分配以前和在土地分配以后，我们很难有理由想着它会减少。但单凭土地平均分配法自己，而不改良生产技术，我们亦很难有理由想着它会急剧的增加。固然我们亦不否认土地平均分配之后，农人的生活程度会提高，同时工作的志愿亦要更强烈些。这虽亦可增加农人的工作效率，但因在土地平均分配之后，在土地上增加了从未有过耕作经验的成分，这会把农人平均工作效率往下降低。二者大约可以相互抵销。"本来土地改革的本意，是为了要廓清农业技术改良的障碍，但技术改良，非有蓄积不行，非有蓄积起来的资本不行。这位冯先生紧接着就提出了"土地平均之后，自然的蓄积将会减少。在土地分配以前，所得的分配较不平均。小所得者，如佃农，固然生活程度极低，但大所得者如地主，他们在其所得之中，除了消费之外，尚有若干剩余，这一部剩余可以移交工业家，作为他所雇佣的工人的工资与原料，工业因而促进，……可是土地平均分配之后，大所得者减少或消灭，小所得者增加了，这些小所得者均是（以前的）佃农，他们大半是要用来消费的。剩余的农业产品少了，当然工业的资本亦要少了。"由此看来，前述董先生尚只承认"耕者有其田"不会增加生产，孙先生却进一步认定那即使不直接减少农业生产，却会间接减少工业生产。假使他不把圈子兜得太大，认定农民少消费或少吃少穿所蓄积到地主手中的剩余，也会用来从事农业投资，那就显

---

① 《经济评论》第3卷第24期。
② 《经济评论》第2卷第22期。

然要在这种限度内减少农业生产了。

由上面的说明，我们知道第一种意见，虽然是从最保守的立场出发，但他还只说"耕者有其田"不一定会增加生产；第二种意见说得较为开明，但却认定减产的可能性同增产的可能性一样大，并还兜一个圈子，说均分土地会减少蓄积，减少剩余，从而减少增进技术改良的机会。不过，所有这些意见，都是发表在对解放区土地改革隔膜的蒋管区或国外，目下一切都摆在面前了，大家的认识不同，想法也许会是两样，但因全国大部分面积的土地，还待改革，诸如此类的原则上的怀疑见解，须得分别简括的交代。

首先，对于把中国的租佃制与资本主义国家的租佃制看成一样的见解，只要略微归纳一下，就会引出以次两个为一般皮相学者所坚持而又最易混淆听视的意见，其一必然归结到：资本主义国家的租佃制，可以容许农业生产的发展，中国的租佃制，当然也可以，可见中国发展农业生产的问题，不在土地上，而在土地以外；其二是《中国土地法大纲》，既主张"踢去地主"，消除原有租佃制，但同时又容许"有其田"了的"耕者"，得将其田地出让或出租，即是容许新地主，新租佃制，仿佛太出尔反尔，太矛盾了。这两种反对意见，尽管最庸俗，但正惟其庸俗，就最易于传播；尽管最庸俗的想法，只要有了一点社会发展史的 ABC 知识，就可纠正过来，但最顽固保守的大学者和一般头脑简单的人，却就正好缺少这一点知识。所以，我在这里，只想提醒一句：我们现阶段土地改革的目的，只是要铲除妨碍生产技术发展的封建剥削或封建租佃制，它不是要铲除土地私有，从而也并不是禁阻可以促进新生产力的租佃形态的发生，虽然那在土地改革后的一般新社会经济条件下，是很不容易发展成为一个具有社会规模的形态的。

其次，认定那些原为"耕者有其田"，固可以提高生产热情，增加生产，但在土地按人口均分的情况下，那些原非"耕者有其田"，就不免相应把耕作效率降低，减少生产，两相较量，差可相抵，所以土地改革不伴以技术改良，是难望增产的。这样提出问题，原较前说高明，可是一个研究政治经济学的人，至少应该清楚土地改革的最本质要求，就是要为改良农业生产技术，廓清历史的障碍。土地与技改，虽是两件事，但土地改革了，封建剥削铲除了，生产技术改良便会当作一种必然的结果表现出来。以往农民增产努力的障碍，是对耕作土地所付代价太高，由各种原始剥削（包括徭役、摊派、高利贷等）所课加的负担太大，他们现在不但由土改获了土地，且伴随着土改消失去了一切社会压力，消失去了长期积压在肩上的债务，此外，特别是消失去了改良土地会被他人囊括去增产所得的顾忌。至于当心土地由均分分散了，所得也分散了，农民食料消费加多了，剩余储蓄减少了，那是太过片面的观察。增加生产，增进生产力，原需要物质的储备，但构成生产力的最基本因素或动力，毕竟是劳动力，把一般农民从饥饿线上拯救出来，把广大的劳动力，从各种社会经济压迫中解放出来，那已经说明了社会生产力会有如何大的增进。何况伴随土地改革而来的人民政权，随时都会以一切可能的有效方式，帮同解除农业生产的困难，帮同增进农业生产的效率呢？至少一般农民总不会像过去那样，把种子吃完，把耕牛变卖，把简陋工具抵押，仅仅这一点实效，就可在农业生产上造出大的转机。我们即使退一步承认新获得土地的农民，单靠分浮财不能解决土地以外的生产条件问题，要有一个时期才周转得来，才有余资用在改进生产上去，但我得提醒这样提出问题的学者，我们以往由地主由富农获有的大所得，大剩余，真如他们从外国经济学教科书上所习知的，投用于购买工业股票债券么？不是在胡乱消费之余，购买土地、放高利贷或经营破坏性商业么？

在目前土改快遍及半个中国，一切土改区所增加的生产成果（此处请参阅毛主席在1942年陕甘宁边区高干会上报告的《经济问题与财政问题》中有关陕北农业增产报告，于毅夫等关于东北土改后农民组织春耕生产的《春耕视察记》，以及其他散见各报章杂志的各增产文献。）证明了一件事实，就是土改的实行，"耕者有其田"了，并不单是由获得土地或分取浮财直接鼓励了他们的生产热，而同时还由整个社会关系改变了，无论在哪一方面，在社会地位上，在社会秩序上，在农业及文化知识普及上，在技术改进上，在劳动情绪上，在信用便利上……都在不断受着党和各级政府以及人民团体的鼓励和援助。毛主席在1948年4月晋绥干部会议上的指示，就充分说明了这一点，他说："在任何地区，一经消灭了封建制度，完成了土地改革任务，党和民主政府，就必须立即提出恢复和发展农业生产的任务，将农村中一切可能的力量，转移到恢复和发展农业生产的方面去，组织合作社，改良农业技术，改良种子，兴办水利，务使增产成为可能。农村党的精神的最大部分，必须放在恢复和发展农业生产及市镇上的工业生产上面。"① 看到了这些指示，再证以政府用全部力量支助民众增加生产的事实：如动员几十万几百万人集体从事防水防旱扑蝗的工作，如创设临时性的灵活的小型生产组织，如普遍设立合作社，如多方

---

① 《毛泽东选集》第4卷，人民出版社1966年版，第1258页。

组织补救经营分散和农具不足的换工队和犁耕社……等等，就知道一个处在新社会生产关系下的小农，并不像我们依以往社会条件所设想的那样："可能减产"或"不能增加生产"；事实上，他们就在开始土改的那天，已经在逐渐被导向集体社会生活社会意识里面。如其我们忽略了这整个的新场面，新社会生产关系，就极可能从各别窄狭的视野，去疑虑它发展的前途。

三 "取消帝国主义在中国的特权"、"保护并发展商工业"

当我们把考察视野由农村移到都市的时候，我们就更明了在新民主主义经济总体下的农业或农民经济，还有着许多不能从农村社会孤立看出的便利条件，在帮同促成他的生产力的发展的。

在一方面，农村出产的粮食原料手工业制品，会把在都市发展起来的商工业作为它们的市场，同时农业生产技术改良上所要求的较新型农具、肥料、防虫药物以及衣着一类的用品，又可由适应它们的都市商工业得到供给。

不过，经过土地改革以后的农村的任何方面的需要，显然是不能由原来的半殖民地的商工业得到满足的，幸而中国革命的性质，在反封建斗争过程中，必然要归结到反帝国主义，或者说反封建地主，实际就在直接间接反帝国主义，因为"地主阶级是封建残余的代表，是帝国主义统治中国的社会基础"。① 于买办阶级之外，帝国主义还需要一个更大的力量，作为它统治中国的支柱。这种社会力量，就是中国封建的残余。它们"首先和以前社会构造的统治阶级——封建地主、高利贷资产阶级结成了联盟，以进攻大多数的民众。帝国主义到处企图保持资本主义前的榨取形式（尤其在乡村）用作反动联盟的基础"。② "帝国主义及其全部军阀官僚的上层建筑物，使它欧化，又使它成为守旧的力量。"③ （1927年斯大林在共产国际执委会的演说）所以当我们实行土地改革，把"帝国主义统治中国的支柱"，把帝国主义在中国维护的"守旧的力量"予以铲除，

---

① 《毛泽东选集》，第220页。
② 共产党国际六次大会《殖民地与半殖民地运动大纲》。
③ 《毛泽东选集》，第221—212页。

帝国主义就不但无法通过由它"造成的买办的商业高利贷阶级，以便利其剥削广大的中国农民"，同时也因帝国主义所维护的守旧力量，即执行它的政策与命令的军阀官僚统治，在土地改革中，在革命解放战争中的溃灭，使它也不再能依据一切不平等条约，由控制中国通商口岸，控制中国交通事业，控制中国对外贸易，以压制中国民族资本主义，破坏中国的工商业了。

所以，在长期被压迫剥削的农村广大农民被解放的同一瞬间，近一世纪来被窒息被歪曲着的商工业，也得到一个新生的机会。从此，中国的工商业，不但有了即将全面展开的国内广大农村来滋养它，激励它，还有一个真正代表民族利益的人民政权，在从多方面照顾它，辅导它。就在与商工业比较没有多大关联的《中国土地法大纲》中，我们就发现了这样的条款（第21条），"保护商工业的财产及合法的营业，不受侵犯。"农村土地改革，很周到的顾虑到了这个问题，显然对于都市的改革，和对于农村不是取一个步骤。城市中社会改革的任务和方法，与农村中反封建的土地改革完全不同，其所应采取的步骤，也应当更为慎重。"城市中的革命对象，今天一般的只限于国民党反动派统治机构和真正的官僚资本家，对于民族资产阶级，我们的任务不是革命，而是联合和改良。对于城市中的生产资料，除了确被官僚资本所强占，并可能发还的民间工商业财产，仍应发还，以利生产的发展以外，其他一律不得分散，并应尽一切力量保证其继续生产或恢复生产。"①

像这样周到体恤商工业的办法，与其说是革命经济政策所规定了的，毋宁说是由中国社会经济性质与革命任务所本质的规定了的。"由于中国经济的落后性，广大的小资产阶级与中等资产阶级所代表的资本主义经济，即使革命在全国胜利以后，在一个长时期内，还是必须允许他们存在；并且按照国民经济的分工，还需要他们一切有益于国民经济的部分，有一个发展。"②

四 "国家垄断资本主义替新民主主义准备了充分的物质基础"

当我们分别说明，土地改革后，帝国主义特权取消后的农业与商工业

---

① 1948年7月新华社社论：《人民解放战争两周年的总结和第三年的任务》。
② 《毛泽东选集》第4卷，人民出版社1966年版，第1198页。

发展时，还不曾从反面把一个介在封建主义与帝国主义之间并糅合两者所构成的垄断官僚资本主义对它们所加的压力加入考虑，同时，当那种垄断官僚资本主义伴随封建主义、帝国主义的没落，转型为国家经济部门了，我也还不曾把这个领导它们农业、工商业发展的经济部门加入考虑。

事实上，正因为这个国家经济部门的存在，新民主政权才更有理由，更有把握让那些私人的农业商工业好好努力去求发展，同时，我们在质上，还不够成为全面社会主义化之物质基础的国家经济部门，也必得藉着私营农业商工业的补充与辅助，始能好好迅速发挥增大它的劳动生产力量。

一切被看作新社会之物质基础的生产力，一般是在旧社会生产关系准备着的。新民主政权由无产阶级所领导和支配，它显然不能单靠土地改革后的私人农业经济和帝国主义买办主义"去势"后的私人商工业，作为它的物质基础。正如同一个典型资本主义国家的大资产阶级，用一切可能榨取方式，增积起高度生产技术和庞大物质设备，并造出经济各部门社会化条件，为社会主义准备好物质基础一样，我们半封建半殖民地的统治阶级，也照应它的落后形态，用各种落后经济外的聚敛掠夺手段，造成功一个可观的国家垄断资本体系，造成功一些亘及交通、金融、轻重工业，乃至商业方面的相当庞大的集中的组织，在那种统治没落过程中，直接转变为人民国家的公共财产。毛主席曾用极明快的词句，讲述到了这种关键：

"没收封建阶级的土地归农民所有，没收蒋介石、宋子文、孔祥熙、陈立夫为首的垄断资本，归新民主主义的国家所有；保护民族工商业，这就是新民主主义革命的三大纲领。蒋宋孔陈四大家族，在他们当权的20年中，已经集中了100万万美元的巨大资本，垄断全国的经济命脉，这个垄断资本，与国家政权结合在一起，成为国家垄断资本主义。这个垄断资本主义与外国帝国主义，与本国地主阶级及旧式富农密切地结合着，成为买办的封建的国家垄断资本主义，这就是蒋介石反动政权的经济基础。这个国家垄断资本主义，不但压迫工人农民，且压迫小资产阶级，损害中等资产阶级。这个垄断资本主义，在抗日战争期间及日本投降以后，达到了最高峰。它为新民主主义革命准备了充分的物质基础。"①

对于这段透彻的文字，应就我们此刻所论及的发展生产的问题，作以次几种理解：

首先，在我们的国家垄断资本，或官僚资本中，有一大部分是"四

---

① 《毛泽东选集》第4卷，人民出版社1966年版，第1197页。

大家族的"国家，由敌伪手中接收过来的。那些由敌人日本，或由敌人日本领导创立乃至改编的产业组织，有许多不但是非常基本的，且还是具有相当高度的资本技术构成的。然我们同时也不应忽视美帝国主义在抗战期间及战后对于它所卵翼的那种官僚资本扩大组织改良技术所"参与"的"功绩"。

其次，那种国家垄断资本（如我在其他场合所谈到的——见拙作《中国官僚资本之理论的分析》），无论是由"蒋王朝"的官僚军阀们直接所有，或者如资源委员会所属各单位以及中纺、中茶等组织，带上国家的名义，又或者是还保留在普通私人手中，但却实在是受着他们的控制与参与，那都是看他们的意图，特别是他们诸大家族间的分配比例如何；除了前述帝国主义在中国依各种勒索抢夺的那一大部分外，其余也并不是发展生产增积剩余价值的结果，而是利用内战利用抗战所强暴敛来的。因此，

又其次，这种国家垄断资本的存在，不但不能笼统的说是社会劳动生产力的增加，同时，它即使取得存在了，我们也很难期待它有一些发展社会生产力的前途。因为这种资本在本质上，即在贪污腐败无能的官僚把持下，必然要靠各种独占方式来维系，而最先使它表现为独占资本，但独占如其单靠政治权力维持，独占资本如其单是把握政治权力的结果，它就必然不可避免的反过来被用作争取政权的手段，即被用作为政治资本，更进一步，资本一经变成为政治资本，不惜多方去结托最强有力的外国资本，把它原来的买办属性加强。四大家族资本与美帝国主义结托的事实，充分证示了这种真理。所以，

最后，中国国家垄断资本，尽管由反动的国民党统治者利用机会、制造机会、增积到了 100 万万乃至 200 万万美元的庞大数量，但因它在本质上主要不是由于现代性的产业蓄积，而是由于经济外的掠夺，由于用政治压力，用各种强制方式，掠夺生产人民，特别是农民大众，并吞并中小工商业者的结果，所以它就先天的不能发挥资本的作用，却发挥反资本的作用，不能防阻外国资本的侵略，却反招致外国资本的侵略，不能藉以发展社会劳动生产力，却反要破坏社会劳动生产力。

可是，当这种国家垄断资本，由四大家族及其血缘关系者们的手中，移到了人民的手中，移到了人民政权的手中，一切就要改观了；尽管这一大宗"逆产"接收过来，还需要一个时期，把反动派所蓄意破坏的加以恢复；把反动派不合理的经营管理方式加以调整和再组织，把渗透在那种产业或资本构成中原有的生产关系，逐渐从根改造过来，当它既经再组织

好了，改造成了人民的财产，人民的产业，人民的资本，它就可能很快的依照人民政权的合理指导，和预定计划大踏步的向前发展；只要一般的社会文化技术水准能配合得上来，同时，只要一般农业和私人商工业的进步，能相辅而成的跟得上它各方面的需要，这个国家经济部门，就会领头把社会一般劳动生产力迅速向前发展。在东北乃至华北今日公营事业对一般经济活动所起的积极领导作用和模范作用，已经为我们证示了这种光明的前途。

问题是在我们该怎样明透彻底的把新民主经济各部门的性质、作用及其内部关系，弄个明白，以便决定在这一切方面有步骤的有计划的正确指导。

（原载《新中华》第 12 卷第 20 期）

新经济的构成与性质

一 两个有关的问题

当旧的封建势力，帝国主义势力和国家垄断资本主义势力被消除以后，我们新社会的劳动生产力，是会由原有压迫下解放出来，而获得一般发展的。但那种发展不是自流的，不是听其盲目的自然演变的。换言之，是科学意识的，在事先设定的目标下进行的。然则我们究应依照如何的目标，并怎样才可使它向一定预期的轨道内去发展呢？这就必从其构成讲起。

包括在新民主主义经济构成中的诸成分，大体是由人民革命运动过程中所要求实现的三大经济纲领所造成的。三大纲领是：土地归农民所有，没收以四大家族为首的国家垄断资本归国家所有，以及废止帝国主义在中国特权，保护民族工商业。

毛主席曾一再提示的新中国经济的内容，是：（一）"在中国的条件下在新民主主义的国家统治下，除了国家自己的经济，与劳动人民的个体经济及合作经济之外，一定要让私人资本主义获得广大发展的便利，才能有益于全体人民，有益于社会向前的发展。"[①]

（二）"总起来说，新中国经济的构成是：（1）国营经济，这是领导的成分；（2）由个体逐步地向着集体方向发展的农业经济；（3）独立小工商业者的经济和小的中等的私人资本经济。这些，就是新民主主义的全部国民经济。"[②]

这两种提示，是今日大家论究中国新经济的理论与事实的依据。在把新经济构成当作问题来探究时，或者在新经济构成上看出问题时，以次两点是应当为我们所注意到的。

（一）新经济构成所包括的诸成分，是由我们在达成新民主革命任务

---

① 《毛泽东选集》第3卷，人民出版社1966年版，第1009页。
② 《毛泽东选集》第4卷，人民出版社1966年版，第1199页。

的政治要求所引起，还是因为我们在经济上原来就需要这么作，然后才在政治上采取联合的形式。

（二）新经济构成是就它最初开始的出发点讲，还是就它最后达成目标的终极点讲，又还是就它由始点到终点的过程讲。先来解答前一个问题。

从马列主义的研究观点来说，我们对于前一个问题，似乎是自然的，毋庸多解说的，我们是在半封建半殖民地的社会经济条件下，才提出新民主主义的任务，才提出反封建反帝国主义反国家垄断资本主义（但并不反对资本主义）的任务；在达成这个任务时，我们在政治上为了增强革命力量，就可能而且必需包括民族资本家阶级在内的各社会阶层及其代表的民主党派参加；惟其在达成革命任务上，在摧毁各种统治的政治斗争过程上，容许并要求工农大众以外的小资产者，自由职业者，乃至民族资产者，分别贡献其物质的、精神的力量，他们在革命运动完成以后的经济建设当中，就自然而然的期望各有一个发展的前途，我们甚至可以说，他们是看准了或者被允许了有这一个前途，才热烈参加革命运动的。单从这一方面看来，民主革命政权中的诸阶级组成，又反过来限定了新民主主义经济中的诸构成成分。至少，新民主主义经济中所包含的那些性质不同的经济成分，大体是由新政权的性质确认了的。比如说，有资产阶级的人物，参加在新政权里，就当然显示有资本主义经济成分参加在新经济的构成里。这就是说，原本是由我们半封建半殖民地社会经济条件所规定了的，新经济构成诸成分，通过新政权的组织形态和联合方式，益把它明确化了。我们正好是在这种关系当中，更明白的看出了新民主主义政治与新民主主义经济的统一。

再来解答后一个问题，即我们当作对象来探究的新经济构成，究是就它形成过程中那一个阶段讲的问题。

新经济构成，即使是被当作一个通过它达到更高级社会的准备形态来理解，它也同其他社会经济形态或体制一样，有它不同程度的未成熟阶段，也还有它达到成熟之境的典型阶段，其差别是相当大的。忽略了这一点，或把这一点没有交待清楚，就无法科学的确定我们的研究对象。比如，新经济构成中的五个重要成分，国家经济，个体经济及合作经济，再加资本主义经济，及国家与私人资本合作的国家资本主义经济，在最初开始的出发点上，合作经济在构成中的比重是极小的，在最后达成目标的终点上，它在构成中可能达到的，或我们期待它达到的比重，却是比较大的；又如个体经济，在出发点上，它在构成中所占比重极大，而在终点，我们却期望它的比重较小。这一切，都说明经济构成在出发点上和在完成点上，有了极大的分野。它是以私经济成分占着极大的比重开始，而以社会化成分占着极大的比重告终，在始点与终点，不但构成不同，相应性质也不同了。如其说，我们在始点来确定它的构成与性质，固不妥当，且非新经济的目的，就终点来确定它的构成与性质，又像是把将待形成，将待10年或20年来形成的形态，当作已经形成了的形态来讨论，那是很不实际的。然则我们将怎样解决这个难题呢？只有从发展的研究观点，或从它由始点到终点的发展过程来研究，就比较能使我们的说明，不致远离事实。而新民主主义经济之科学的意识设定，和依照一定计划来使其逐渐完成理想的要求，更无疑会增加保证这种说明的正确。在前述毛主席关于新经济构成的第二项提示中，他明确指出国家经济是领导成分以后，紧接着不是讲个体经济，也不是讲集体经济，而是讲由个体向着集体发展的倾向，这说明我们在研究中国经济构成的时候，不应形式的机械的考察其静态，而必须灵活的辩证的研究其动态。

二 由构成论到性质

有关新经济的性质，一般是从其构成看出的。但单在经济构成本身，实在不够使我们明确认清它的性质，于是在我们目下有关中国新经济性质的见解中，就有不少相异相反的意见流行着。总括起来，约有四种说法：

（一）认定新经济的性质是资本主义的

其所持的论据，大约有以次两点：第一，在新经济构成中，除了资本主义经济成分是被确认其存在和发展外，独立手工业和占着绝大比重的农业或实现了"耕者有其田"的个体农业，固然有向资本主义发展的前途，就是以个体经济为基础的合作集体经济形态，也并不排斥资本主义化，甚且在某种限度内是资本主义性的结合，这一来，新经济的资本主义性，已就非常明白了。而况第二，在新经济下的一切活动，无论在农村在都市，抑在农村与都市之间，都是靠着私人谋利或追求利得要求而展开，政府对于它们的鼓励或限制，亦都是参照它们在市场上的活动情形，依价格工资金融等政策来予以干预或指导。换言之，资本主义式的商品货币运动倾向或法则，仍被看作是新经济活动因以推进的准绳。即在国家经济部门，在经营企业化的口号下，在以合理工资激发起劳动生产积极性的号召下，似都不难见到资本主义的作用和影响，特别是它这个部门，要与围绕在它周围的其他各种经济成分发生流通交往关系，也不免要在某种限制内，被强制着采取资本主义的做法。

(二) 认定新经济的性质是社会主义的

其所持的论据，基本的当然是强调国家经济处在领导地位，而个体经济合作集体化的可能或倾向，更使这种看法受到鼓励。关于这点，下面还有谈到的机会，这里暂且带住。

(三) 认定新经济的性质，是既非资本主义的，亦非社会主义的

这可以说是在相当范围内，承认上述两种意见，而又不完全赞同那两种意见的必然结果。从新经济构成中的资本主义成分，断定其非社会主义的，又从那构成中的国家经济成分，断定其非资本主义的。在抗战期间，早有一部分国民党的信徒，"两面开弓"似的不承认民生主义是资本主义的，也不承认它是社会主义的，而说它仅是不多也不少的民生主义。这就等于说民生主义的性质是民生主义的，"室之为言室也"，"人就是人"，一点没有解答问题。于是进一步有一个当作这种见解所引出之结果来看的意见，那就是

(四) 认定新经济的性质是混合着多种性质的

这种讲法的人，在中外论坛上很多。新经济构成中有资本主义经济成分，有社会主义经济成分，还有个体经济以及个体经济为基础的集体经济成分，各种成分混合在一起，说它是混合形态，或混合制度 (Mixed System)，仿佛非常言之有据。但在所有这些见解中，这是最有毛病，最有毒害的一种。一切改良主义的人物，就是拿着这一"高见"，来从理论上否定历史唯物论的社会发展阶段说，同时并从实际来强调当前世界上无所谓纯粹资本主义国家，许多资本主义国家中的社会主义成分在增长着；亦无所谓纯粹的社会主义国家，苏联经济结构中，还有不少的资本主义成分在。结果，世界先进国家乃至后进新民主主义国家，彼此间的经济结构中，只不过是资本主义成分与社会主义成分混合程度不同罢了。

也许说，有关新经济的性质，我们只可能得出这几种看法来。不论是谁，他必得支持其中任何一种看法。我有条件认定新经济是属于社会主义性质的，但不以上面有关的说明为满足。上面第二项关于把新经济看成社会主义性质的说法，与其他三种说明同样失之拘泥于形式，拘泥于构成上

各别个体，而把各别个体构成后的总体意义忽略了；拘泥于已经是什么的形态而将其将变成什么的或发展成什么形态的意义忽略了，拘泥于经济本身的具体事象，而把那些隐在具体事象后面的新社会生产关系忽略了；这些都关系到经济科学或社会科学的一些基本问题的认识，所以我想移在下面一节来讨论。

三 怎样把新民主社会经济理解为是属于社会主义的范畴

我们仍不妨从经济的构成说起。

在历史上，社会划成了各种发展阶段，但没有哪一个阶段的经济构成，只单纯包含一种性质的成分。就在苏联开始新经济政策的1921年，列宁曾指称苏联社会形态，包括有以次五种要素：

（一）家长的，即大部分自给自足的农民经济。

（二）小规模的商品生产（变卖其谷物的农民的生产，属于此范畴）。

（三）私经济的资本主义成分。

（四）国家资本主义成分。

（五）社会主义成分。

现在你如叫英国工党中的任一代言人来解析英国社会经济的构成，他将毫不迟疑的把上述苏联初期经济构成中的后面四个部分列出来，证示它已"社会主义化"到了什么程度。显然的，单就一种社会经济构成中包含有那些因素或成分，固然不够说明它的总体性质，就是那些因素分别在总体中所占比重，比如说，苏联初期经济构成中的社会主义成分，尽管占着极大的比重，也不够用以确定苏联社会经济的总体性质。然则对于那些总体性质，我们将怎样予以确定呢？那除了看它的构成要素以及经济构成要素所占比重以外，特别是像苏联这类国家，把它的总体当作集中形态来看的社会生产关系或政权的性质加入考虑，那可以说是一个极关重要的理论关节。

对我这一看法，也许任何一个有新社会科学 ABC 常识的朋友，都可以拿经济基本结构与上层建筑的主从关系来诘难我，说我不从社会经济的基本结构来看问题，却还乞怜于其上层建筑的政权性质。

这是需要加以分析的。

一般对生产问题的应用，也如同对于其他有关社会科学词语应用一样，往往没有仔细辨识到它在实际上的确定范围。社会的基本生产关系，无疑是存在于经济结构中，表现于主要生产手段所有者与劳动者所结成的联系中。一般的说来，由于他们在生产上结成这种关系，而在这种关系中，立在主人地位的生产手段所有者，为了完成或实现他利用那种生产手段来榨取劳动者，他就必须有一套为他或他们的利益而设置的法律政治秩序，那就是所谓统治权或政权。我们通常也把这统治权或政权，理解为生产关系。但第一不曾把这种只算是基本生产关系之集中表现的政权，与基本生产关系本身明确加以区别；惟其如此，第二，它们两者在实际上显示的距离，即如在一个以资本家作主人与劳动者结成生产关系的社会，往往在其政权中，也在某种限度容许劳动者参加政权所显示的那种距离，不大有人注意到；于是第三，在社会变革或转型过程中，往往一个原被当作基本生产关系之集中表现形态看的政治权力起来了，或者上层的新社会生产关系建立起来了，而作为基本生产关系，还不曾改变过来，或者还有待于这种新政权或新的上层生产关系去加以改造或变革，如其稍微改变一个表现方式，就是生产关系原来是要去适应生产力的，在这种场合，倒反而要努力使旧有的生产力，旧有的劳动对象、劳动工具与劳动力的结合，改变转型，以适合新的生产关系。这情形，如我在上面提到的，特别是在苏联及中国一类国家的变革过程中容易发生。为什么呢？

且先在这种限度内，来考察一下资产阶级革命与无产阶级革命的分歧点。近代资产阶级的革命运动，是在资产者的经济力量，已够强大，因而要求出现一种适合于其经济的利益或使其经济利益能无阻碍的扩展的要求下产生的。反之，无产阶级的革命运动，则是在无产阶级的政治觉悟，团结组织力量增强，而其经济上，反因恐慌失业愈益陷于贫困的境况下产生的。就因这个缘故，如其说，资产阶级建立起来的政权，是为要维护并发展已经把握在他们自己手中的经济力量，而无产阶级建立起来的政权，却是要维护并发展他们从资产阶级手中夺来或没收来的经济力量。在这种比照下，我们就明了：在资产者阶级是由于他们的"财政的产业的及商业的经济利益在当时已经充分强大，终于决定了国家一般的政治。"① 反之，在无产阶级，当资产阶级便于动员社会一切可能动员的物质的精神的力量，来巩固国家机器，压制他们的时候，他们就不得不被迫"集中自己的一切破坏力量"去反对国家政权，他们"如果不先夺得政权，不取得政治统治，不把国家变为'组织成为统治阶级的无产阶级'，它就不能推

---

① 恩格斯：《费尔巴哈论》（彭译），第165页。

翻资产阶级。"① 就无从"调整社会主义经济"。②

在中国无产阶级领导的人民革命的全过程中，无论是由边区到中区，由农村到都市，都是先把旧有的政治权力破坏了，把新的政治权力建立起来了，然后再着手调整改造经济，即是没收封建阶级的土地归农民所有，没收大豪门的资本归国家所有，消除帝国主义特权，使商工业在新的政治权力保护下再生，因此我们考察中国新经济的性质，单单强调国家经济处在领导地位这一点是不够的。事实上，从它的构成上去看，国家经济处在领导地位之成为可能，正是由于无产阶级所领导的政权在随时予以保证，这个政权得斟酌实际情形，按照经济的，经济以外的一般政治文化社会条件发展改变的状况，把整个经济带到或导向它所期望到达的理想境地。反过来看，如其英国的政权，还是把握在资产阶级手里，它的国营范围不论如何扩大，就说扩大到德国希特勒发动第二次战争当时的那个程度吧，那也会因为它的国家，还是资产阶级的国家，而把所有社会化国家化的部分，转变成为便于大资产阶级御用的东西。

从这种意义上讲，不管英国经济构成中，包括有哪些成分，也不管那些成分实际所占比重如何，资产阶级的政权，没有受到决定性的改变，它的经济性质，仍旧是资本主义的。反之，中国新经济的构成中，即使还包括有国家经济以外的各种成分，但因为支配领导一般经济发展的，是无产阶级所领导的政权，我们就没有理由不承认它的性质是准社会主义的。

因此，从理论上讲，如其我们不否认一位外国政论者，对新民主主义政权所下的定义，说它是无产阶级专政的特殊形态，我们就似乎可以为我们的新经济加一考语，说它是社会主义的特殊形态或低级形态。

我们要有了这种认识，才可进而论到国家在新经济诸范畴或其法则上的作用。

（原载《中国社会经济改造思想研究》，中华书局1951年版）

---

① 《列宁选集》第2卷，第196页。
② 同上书，第194页。

新经济的诸范畴、其法则及其作用

一 前提认识

表现在资本主义社会的各种经济范畴，差不多都可以在我们新民主主义经济中找到。商品、价值、价格、货币、资本、利润，工资、地租……我们是应有尽有的。但这任一经济范畴，不但同资本主义社会的同一名称的东西，具有极其不同的本质，尤其重要的是，它们还会在全经济中，发生极其不同的作用。

所以，在论述我们的新经济诸范畴及其作用之前，有几个前提性的认识，是必须讲到的。

（一）理想与实际的结合

首先得指明，我们的新民主主义经济，是在人民政权领导下的。这个政权虽然采取了联合形式，却是受着无产阶级政党所领导和支配。因此，在这个政权的一切经济措施，即使需要在可能范围内，照顾到各社会阶层的利益，但却不能不被要求符合无产阶级或其政党的理想的要求或愿望。它对于一般经济问题和措施，尽管是从现实的情况出发，可是随时有一个待实现的较远大的理想摆在前面。比如，为了全面发展生产力，虽然它很实际的容许并鼓励私人经济，及至私人资本经济，可是尽管如此，它丝毫也不讳言，并且一刻也不忘记，那是为着对集体经济，对社会主义经济，造出前提条件；是为着要这样，在全经济构成中的国家经济部门，才可能更迅速的向前发展。在这种要求下，个体经济也好，资本主义经济也好，就必然会在它们的经济活动中，随时随地都感到有一个较各别活动目标为大的理想在制约着。可是同时就在国家经济方面，它的活动，并不比私人个体经济或资本经济有更大的任意性或自由性；我们甚至可以说，它因为处在领导地位，就更需要照顾到全局，照顾到较远的将来。

（二）产生矛盾与解消矛盾的辩证发展

单从新经济的构成上看，它的内部，并不是怎样和谐的。或是说，那是包含有多方面的矛盾的。主要包括：

1. 公经济与私经济间的矛盾。
2. 城市经济与农村经济间的矛盾。
3. 大企业经营与个体小经营间的矛盾。
4. 劳动者与资本家间的矛盾。
5. 劳动在个体与集体间，在私营组织与公营组织间的矛盾。

所有这些矛盾，有的是原先已经存在的，有的则是在改造过程中新产生的。不论如何，当我们的新社会，还不可能否定私有资本关系，甚至还在一定限度内，保护并鼓励私有资本活动的时候，对于那些矛盾，虽不认为一下子可以消除掉，但却不是像以往一样，听其自由发展的。以往是公经济（事实上是特权者的经济）压迫私经济；是城市剥削农村；是大企业经营吞并小企业经营；特别是各式资本家无情的榨取劳动者，而在劳动者间，又被统治者制造出种种行帮派属，使其相互排斥倾轧。新政权对于这些不合理的现象，并不仅是不让其自由发展，也还不是一面倒的把以往压迫者剥削者与被压迫者被剥削者的关系，完全倒转过来，叫后者来压迫剥削者，而是依"城乡互助"，"劳资两利"，"公私兼顾"的原则与政策，叫各方面都有尽可能发展生产力的机会。生产力从各方面发展起来了，有的矛盾，就会逐渐无形减除。

由以上两点说明，我们知道，新民主主义经济的设施，是依据两个基本原则：一是就已有的社会经济条件，因势利导，这就是为什么要容许个体经济资本主义经济存在并发展的原因；一是就政权领导支配的社会经济理想，调整改造，这就是为什么对各种经济成分，都只容许在一定轨道内一定限制下活动发展的原因。这两个基本原则，对于新经济固然赋予了它一种科学意识的计划性格，从而包括在这个经济总体下的各种经济范畴，以及体现在它们之间诸经济法则，也就不能同以往资本社会或我们半封建半殖民地社会的诸经济范畴和法则混为一谈了。

二 商品价值、价格

把生产物，把农工业品变成买卖的对象，变成商品，在我们新民主社会，是会在数量上，在流通速度上，随着一般生产力的提高，随着各种流通障碍的撤除，随着城乡关系的被促进与加速，而逐渐变得极具规模和极其频繁的。在农村实行土改后不久，而都市私人商工业又待恢复改造的初期调整阶段，尽管一般农民的生产品的最大部分，是留着自己消费，或者说，他们最大部分是自己消费自己所生产的东西（单一栽培化了的农业，又当别论）。但投到流通界去的，仍是他们这种当作小商品生产出来的农产品（包括农村副业品）占着最大的比重（据估计，都市工业制品，只占全部生产品的百分之十）；而同时一向大都是满足都市或城集需要的公私工业制品，虽然相对说来，数量极其有限，但因为都市原来需要突然减缩或改变了。一时还找不到销路，这样也反过来影响到农产品的流通。在这场合，由政府担当的供销合作组织，就在促进都市与农村经济的交流上，连带负担了改造生产形态，开辟产品销场，辅助消费合作组织的任务。它通过农村各地的供销合作网，购集外销内销的农产品，同时又在都市购集起大量可能适应农村消费或生产需要的工业品，配销到各地农村。所以，在这种情形下，尽管我们社会的商品类型，还没有多大的改变，即主要还是小商品性质的，再加上若干近代性的工厂出品，但除了近代性工厂出品中的大部分，已经不是当作豪门官僚所有，而是当作国家所有，当作人民所有以外，其余全部通过国家供销机构，或由国家供销机构所引导着投向流通界，变成商品的过程，是大不相同了。在初期调整改造阶段以后，农村富农经济成分，也许会逐渐从个体农民经济中发展出来；同时都市的私人商工业，亦将因广大农村市场的开拓，而相当活跃发展，在这种限度内，小商品对资本主义性的商品的比例，无疑会有不少的改变；但就在这时候，随着国家经济成分和国家通过合作所引导起的集体经济成分的更迅速的增长，那又表示，由国家生产机构及由那些组织在国家经济部门周围的各种生产机构所生产的商品，以及通过国家供销机构买卖的商品，势将在全商品额中，占着更大的比重。这事实，显然是会深刻影响到商品所由生产与流通的价值价格关系的。

　　本来，一谈到商品，我们是会联想到它的价值价格关系或价值法则的。价值是生产物其所以能转化为商品的根本依据。生产物不变为商品则已，一成为商品，就已经表示是把它的价值在转移，或者已经表示它在依着价值法则的作用，依着市场价格对于价值的变动关系而转移着。但是，在新民主社会，商品的价值价格关系，不仅和听任盲目价值法则支配的资本主义社会的自由竞争阶段不同，和少数大独占组织控制着价格变动关系的资本主义社会的垄断阶段不同，也和我们以往半封建半殖民地社会的价值价格关系不同。在社会一般生产力未发展起来的时候，占着我们新民主社会流通界最大比重的商品，前面讲过，仍不免是属于农民及独立手工业者生产的小商品，其中仍不免是在较小量的生产物中，包含着较多量价值（即生产时费去较多量劳动），拿它来与都市工厂工业制品交换，仍不免是要以较多量价值去换得较少量价值，即仍不免是不等价的交换。不过，从消极方面来说，在中国的帝国主义特权不存在了，国家垄断资本不存在了，新旧封建主义不存在了，原来这些在城乡与内外交换中造成的种种人为障碍和中间剥削，是会相应减少那种不等价的悬殊距离的。而在积极方面，新民主的四面八方都要照顾到的经济政策，特别与这里有关的城乡互助与公私兼顾的经济政策，在计划经济条件还没有成熟，国家经济还不够全面的或多面的把小生产者组织在它周围的情形下，与其说它要破坏市场的供需关系，就毋宁说它要用一切可能刺激商品自由流通的方法，以恢复市场的正常的供需关系，使城乡的工农业品间，使公私企业的产品间，能比较接近于价值的水准，进行交换。这就是说，价值法则还是自由商品市场活跃的依据。但第一，对于经济主体，至少是对于新民主社会经济政策的执行者，它已不是盲目的作用着，而是在科学意识的被应用着或利用着；惟其如此，第二，那所谓自由商品，就不尽是自流的自发的，而大体是被设定的，那不是容许有优厚经营条件者压倒没有优厚经营条件者的大鱼吃小鱼的修罗场，而被要求是相互扶助补充的共存共荣场所；所以，第三，拥有许多优厚便利条件的国营事业或国家经济部门，它的生产活动或商业活动，不仅极力避免利用那些优厚便利条件，获取价值或生产价格以上垄断利益，反之，却为了发展一般生产，繁荣一般经济，往往不惜使它的生产品或购销品，在那种价值或生产价格以下发卖。

由是就可以有这样的一般理解：

（一）商品价值价格关系，在新民主经济下，还是存在着的，但它的本质变了，一开始，就在一定社会要求限制下使它的自然的必然倾向，逐渐带有社会的必然倾向性质。

（二）大体被国家限定或被国家领导变动的商品市场价格，不论那商品的来源如何，仍须把它的生产成本（就简单商品说）或生产成本加普通利润（就资本性的商品生产的商品说），作为调节伸缩的准绳。有时，政府为了扶助农村小生产者，往往高价收买他们的农产品，同时为要缓和都市工业产品的滞销，又往往用高价从工业者手中购来，用低价向农村抛售出去，这似乎是使市场完全对它的价值脱节，但当它这样做的时候，仍得把商品价值作为据以确定它的市价究竟高到什么程度或低到什么程度，才有助于促进生产而不是鼓励懒惰的标准。

（三）这种在价值价格变动当中，介入国家作用的事实，会随着新民主经济的发展，新经济中的国家经济集体经济比重的增大，随着新民主国家对经济管理的加强，而变得更加显著；也就是说，价值法则的盲目性的"自然"作用，将愈来愈被科学意识管理的社会作用所代替。

三 货币、资本、工资

商品的价值，用货币表现出来，便是价格。货币其所以能作这种表现，就是由它本身原来也是一种劳动生产物，是一种商品，一种价值。它与一般商品表示区别的地方，就是它依种种理由，取得了作为社会一般财富体现物或代表物，或作为一般商品之等价物的资格。它由是才能用以购买，用以贮存，用以支付。而归根结底的讲起来，货币所具有的这许多机能，都不外是生产物在当作商品生产流通，都不外在把劳动生产物作为私有，来与其他私有者相对立。

我们要这样一般的理解了货币的性质与作用，然后始能认清新民主社会的货币，究竟具有怎样的特质与特殊作用。

我们已知道我们新经济中的商品及其价值价格关系。当盲目的自发的价值法则，被科学意识的管理的价值关系所代替的时候，货币不仅在消极上被随着限制了它在资本家社会的那些机能，且还在积极方面，因着它的社会化性格，因着它的发行一般都由政府或国家处理的历史基础，而被新国家运用作调节商品市价，活泼资本流通，并累积社会资金来促进生产力的有力工具。

当我们企图发挥货币之积极作用或社会化功能的时候，最先决的条件，无疑是要使货币对一般商品的比价，能在有限度的变动幅内稳定下来。这就要涉论到货币的社会基础问题或货币发行的保障的问题。

当人民国家由革命战争阶段逐渐转到了和平建设阶段，国家全部支出，就将慢慢要求是直接间接为了全面展开建设的用途。在这种限度内，货币或人民币，就不是也无须用金币或外币作为它的保障，因为就是根据资产学者的考察，无论是直接用金银流通，或把金银贮存在一旁，用其代表物纸币来流通，都表明全社会需要一大批的人力物力损耗在货币上。可是，资产者尽管知道这一点，在资产者的私有社会，却又不可能避免这个大损耗，因为一遇到他们每10年8年爆发的恐慌状况，纸币的持有者，就将因要求把纸币变成硬币，而使那些硬币存底不丰的发行机构陷在破产或瘫痪的混乱状况中。反之，在我们人民国家中，货币却在受着几种内部密切关联着的多重保障：

第一是为国家拥有的属于国民经济部门的大量资产；

第二是国家合理运用那大量直属于国家的和社会一般的财富，所可能贮备在国家手中的庞大物资；

第三是作为人民国家之基本动力的，在人民政权下最可能发挥积极性与创造力的广大人民的劳动。这道理，古典的资产学者是有些懂得的，如亚当·斯密就说："一国国民每年的劳动，就是提供该国这一年以生活必需品便利品的资源。"但有一点他不大懂得，特别是经后主张"货币国定说"的德国学者们不大懂得：在资本主义社会，那种"资源"，那些资产，是分别控制在私人资本家手中，并不能成为"国定"货币的保障。

然而，我们必须特别注意的，就是在人民国家中，有了这多重保障保证的货币或人民币，在其运用过程中，且还可能不绝把它自己位置在最少波动的境地。比如，

（一）当它被当作价值尺度来作用时，它已经不是当作金银的代表，而是当作生活基本实物的代表，从而，货币价值的变动，不是金银价值变动的反映，而是基本生活实物价值变动的反映。当有谁觉到实物在市场的供需关系过于敏感多变的时候，他应当明了，金银被投机操纵的可能性，是比实物要大得多的。所以确认劳动为价值尺度的古典资产学者（庸俗经济学是不足以语此的），同时还表示谷物也是价值的真正尺度。然而，在私有制的资本社会，以谷物，特别是以劳动为价值尺度，是受很多条件限制，而不像金银那样特别适合于资本家的迅速增殖价值的欲求的。

（二）如其说，以纸币代表金银为价值尺度，更适合于私有资本社会，那么，以纸币代表劳动，代表实物作为价值尺度，就更适合非私有的社会或私有在逐渐被扬弃过程中的社会。因为在后一种社会中，商品的性质，商品的流通过程，如我们在前面指出的，与资本主义社会大不相同。当作流通手段看来，我们人民币的用途，即使随着以往种种妨碍自由的各种障碍的撤除，和城乡间交换关系的发达而大为拓展，但除了国家经济部门内的流通，在逐渐全面采行划拨核算方式，实际无须大量货币周转以来，就在一般流通关系上，它也在依着种种鼓励禁制办法，被导向有利于社会经济的活动范围内。正惟其流通被约束在基本生活实物或基本生产资料正当移转的领域（奢侈品交易在被限制，金银外币交易在被禁止，生活生产资料囤积居奇在被取缔），人民币就不仅代表实物作为价值尺度的现实性增大了，它由其在被限制的有利活动范围内的流通手段机能的发挥，即对于生产的促进，而连带把它的作为价值尺度的稳定性也增大了。

（三）当货币的流通，采取了上述这种特定形态，它的支付机能，也要跟着发生极大的变化。我们知道，国家经济内部的流通，愈来愈会采行拨划调配的方式，即是实物对实物的支偿；国家财政方面的支出，已差不多大部分是经由供给制或把实物作为支给公教人员薪金和工资的依据；供给制即使有所限制，支付薪资即使主要采用货币，那依旧是依实物折成货币，而不是反过来依货币去折实物。在公家与私人间的经济交往关系中，银行向商工业者，向农民或者向他们的合作组织出贷，不论采取货币形态，抑是采取实物形态，它向农工业者收回的，也多是他们的生产品。至若在私人经济组织内部或它们之间的债权债务的清偿，亦是最可能愈来愈必须把实物作为基础的。最后，

（四）货币当作贮存手段的机能，是由它当作流通手段和支付手段的机能引出的。流通和支付的内容和范围受了限制，贮存也就要显出一种新的特质。折实储蓄已变成了全国最普遍通行的公私两利的方式。而一切公教军事机关，不得以公款存入私人银行，必须存入国家银行。那不但加深了国家进行灵活运用资金的便利与实力，且杜绝了一切私人商业金融机关利用公款投机倒把的积弊。

总之，无论从货币的哪种机能看，都表示，它在新民主经济下，第一，会愈向社会的基本生活资料与生产资料相结合，使它自己成为这些资料的价值的直接反映（自然，在这里我们并不否认这种以实物作为本位的币制，在技术运用上，也有许多不便地方）；第二，它将由它的一切活动，逐渐成为促进社会生产和增积社会生产资金的有效手段。至若在解放战争尚未结束，社会生产力尚来发展起来的现阶段，由发行较多引起的膨胀情形，那不是这里必须论到的。

在典型的资本主义社会，货币被假定是不当作、至少主要不当作货币使用，而当作资本使用。货币是资本增殖价值运动的始点和终点。终点对始点的有利差额愈大，即表示获利愈多或剩余价值愈大。在我们新民主社会，为了克服经济的落后性，使工业化全面展开，使农业逐渐采取集体的经营方式，当然需要资本大量而迅速的累积。保护并促进私人商工业的意义在此，积极要求国家一切经济部门精简节约提高生产效率的意义亦在此。我们对于各种公私企业经营，无论用多少数量货币或由实物折成多少数量货币开始，经过一定生产时期或流通时期的周转，总期在终点的货币额或把货币折回的实物额，比始点能大许多，并且越多越好。在这种限度内，我们新民主社会的资本及资本增殖价值运动，同资本主义社会的资本及资本增殖价值运动，似乎看不出有什么区别。

然而，它们的区别，不在表象上，而在其社会的实质上。

为人民国家所拥有的资本价值，虽然在运营当中，还是分解为两个部门，即由生产手段所体现的不变资本价值，和用以购买劳动力的可变资本价值。但生产手段的所有者不是私人资本家，而是人民的国家；作为人民国家的主人的劳动阶级，对国家提供劳动力，在某种限度内，就是一种"对自的关系"，就是为自己效劳了。明白了这个道理，就不但把我们的资本特质显露出来了，也连带把我们的工资特质显露出来了。不错，在我们社会的国家资本旁边，还被容许并被奖助有相当的私人的商工资本家存在。他们的资本及其资本活动，固然还维持着一个资本主义的形象，但我们只指出这一点，即使阶级分野上讲，向他们出卖劳动力的，已经是国家的主人，而那些购买他们的劳动力的，倒反而处在那种主人支配领导之下的这一点，就够说明他们和资本主义社会的资本家，该有怎样的区别。

不过，我们在这里特别留意的，毋宁是我们社会的资本增殖价值运动，究由刚才所讲的那种资本本质区别，引起了怎样的变化。资本家社会的资本价值增殖，基本上是由于资本家购买劳动力所支付的价值，较小于劳动者为他所生产的价值；换言之，即他的剩余价值，是出自他对劳动者没有支付的那一部分劳动，即所谓的无偿劳动。个别资本家要增大他的剩余价值，都是在压低或减少对劳动力的支付上用工夫。他或者是由采用新式机械或发明，提高资本构成，以减少劳动者人数，即减少对一定资本比例中的有偿劳动的支出；或者是由这样造出的机械驱逐劳动引起失业人数加多，引起劳动者间竞争的结果，径直降低工资。不论是由哪个方式所增积起来的剩余价值，都是被利用来作为进一步以物质手段加强剥削劳动者的工具。这就是说，资本主义的资本累积运动，显示出了专门发挥物的功能来制服人——直接生产者——的特征。而在我们的新社会，则恰好相反，是要尽量发挥出人的——直接生产者的——积极性来驾驭物。所以，在国家经济部门的经营中，国家固然要运用合理而有效的劳工政策，改善劳工的待遇，保障他们的职业，并于严格执行劳动报酬等级规定，以刺激其金钱欲望外，复依集体的政治教育，以启发他们自觉自动的积极性和创造性。这一来，他们的智慧能力就可充分发挥出来，使工作的效率或劳动的组织技术，不绝有所改进。这种政策在公营企业机关实行的效果，会很快把它的影响或领导作用，传到私营企业机关去。虽然在后者的场合，也许还不免要碰到一些由私有制引起的障碍。

无论如何，在我们的新社会，在我们由直接生产者无产阶级领导并把握着政权的社会，对于累积资本的指导原理，显然是不容许物质变为生产者的精神压力，反之，却是要他们由物质压力下解放出来，用他们的智力体力去有效运用物质的。

四　剩余价值的分割及其转化倾向

论到这里，有两个问题须得说明：

（一）资本主义社会的资本价值运动，有一个显明的目标，就是要增大原来的资本价值，也就是说，要获取剩余价值。在我们新民主社会，投用资本，是否也含有那个目标？由投用资本所得的超过原资本价值部分，是否也可称为剩余价值？

（二）资本主义社会的价值增殖运动，因为其中包含有不绝改进劳动工具，改进技术，以加强劳动榨取，以竞胜同业的要求存在。所以，剩余价值资本化，乃资本家在不发展便不易维持生存的客观条件下的必然倾向，也可说是资本主义经济向前迅速发展的推动力。然则在我们新民主社会，如其投用资本获有剩余，是否也有一种推动力，使那种剩余的可能的大部分，继续投用下去，以扩大再生产规模呢？

关于前一个问题，是比较容易解答的。新民主经济的基本特征，就在它能动员社会一切力量发展生产。生产诸力中最重要而又最能发挥弹性的是劳动力；劳动力能被诱导激励起来充分发挥它的力量，与劳动结合，为劳动力技术所运用的物质的生产诸力，也就可能更有效的更有组织的发挥它的力量。单从这方面看来，即把运销信用等方面的有机配合，可以帮助资本周转速度的情形抛开不讲，我们新社会即使对直接生产的劳动者给予了较资本主义社会为合理的照顾和报酬，那并不会因此就比之资本主义社会要减低剩余价值的增殖率，或减少剩余劳动生产物量。反之，在苏联，在东南欧各国，乃至在中国东北各地所已有的实际生产经验，都表示同一种类和规模的经营，都要比在资本主义社会，能挣得更多得多的剩余价值或剩余价值的生产物。那很显明的，在一方面，是依劳动竞赛等方式，充分发挥劳动能力，同时更由劳动者去发挥物力；而在另一方面，则是只须改进技术设备，以压制劳动者，使他们不肯或不愿去发挥物力，那在生产效率上，是大有区别的。不仅如此，在资本主义社会，因为个别资本家都不顾死活的改进技术条件，备置新式机具，使不变资本对可变资本的比率，愈来愈加大了，他们的制造品，便将因可变资本支出的减少，即劳动者阶级收入或购买力的相对减少而没有销路，而引起10年8年一次的周期恐慌，引起社会资本蓄积的停顿。而在社会主义社会或我们新民主社会，劳动者阶级的生活水准，在随着资本蓄积的增进而不绝提高，即生产物加多加繁了，对于生产物的需要，也在以同比例增加，自然就没有恐慌停顿的事发生。要之，在我们新民主社会，不但我们的整个政策，在要求增加生产，迅速增加社会资本蓄积，而且我们已有足够的经验，足够的理由，来保证那种社会资本蓄积会迅速大量累积起来。至若那种累积，是否可以称为剩余价值或剩余价值生产物，那可以和前面谈及的诸经济范畴一同看待，即名词尽管相同，实质是两样的，那已无庸多所解释，我们还可从下面第二个问题的解答中，得到一些说明。

第二个问题是说，新民主社会由公私经营所累积的剩余价值或其生产物，如果不照资本社会那样的逐利图存动机，使其资本化，究有何保证，使它不致浪费掉或转化到非生产的用途呢？这个问题，笼统一点解答，原来提出人民国家由无产阶级领导支配的政权性质及其基本的经济政策，就行了。但特别因为这关系到私人商工业经营，所以这里需要就剩余价值的分割及其转化趋势加以解析。

剩余价值一般是分成几个部分：产业利润、商业利润、利息以及地租。在资本比较发达的社会，商业利润与利息，是由产业资本利润中分出，而地租则是在农业上，由农业利润对工业利润的超过额，或即所谓剩余利润或超额利润所转化而来。而在我们过去的半封建半殖民地社会中，社会的产业，并不会像资本主义社会那样，约制着商业和利贷业，反而是受约制于后两者，结局，商业利润及利贷业资本，并非由产业利润分出，倒反而是后者由前者分出，特别是由前者中的商业利润分出。这一来，资本每度周转结果所能挣积的剩余价值，就不是先把产业资本的平均合理利润扣除下来之后，再以其余部分分配到商业资本及到贷业资本，也不是按照各种资本投下的百分比分配利得；而是把商业资本利贷业资本强要占最大可能分额所残下的部分，分配到产业资本。于是，产业资本往往就只能挣得很少利润或全没有利润，而由是造出一种社会游资不用在产业上而用到商业利贷业上的规律，并造出产业资本不逐渐由商业资本利贷业资本增积过来，而反逐渐逆化成商业资本利贷业资本的规律。这就意味着，不是再生产规模的逐渐扩大，而是它逐渐缩小。在我们新民主社会，最要禁制的，就是商业资本利贷业资本控制侵蚀产业资本的情形。尽管在国家经济部门中，也还有商业资本银行资本形态存在，从而，也还有商业利润银行资本利息存在。似这两种资本形态的最大任务，就在帮同活泼或加速生产资本的循环与周转，就在帮同促成社会的游资、社会的零碎资金，累积转化到生产事业上。属于国家经济部门的资本剩余价值，在各种资本形态间的分配，只发生资金调度上，业务处理上的技术计算安排是否恰到好处的问题；或银行利息是否定得过高过低，商业经营范围是否过于扩张或太不扩张，阻碍商业资金流通，影响生产的问题，而不会有其他社会性的障碍存在，因为各种分配形态所得者都是国家。至若关于私人资本经营方面，我在前面已经讲到了，一切投机取巧囤积居奇的活动，是被限制和禁止的。只有产业资本或生产资本或确实有助于它们的商业利贷业，才受到国家的保护和奖助。不仅如此，随着集体性的经济的发展，各种商业的金融的合作组织，将普遍设立起来。在那种情况下，一切居间投机操纵的商业利贷业，便更不易有非法牟利的余地。而商业资本利贷业资本所合理分得的剩余价值或利得，除了因应社会生产事业扩张，在这些流通资本上亦须有所增加外，其余便自然会被导向生产的用途。

讲到这里，我们需要就土地地租这个形态加以交代了。在土地未改革以前，地租差不多是我们落后社会的基本剩余价值形态。以往土地上的乃至其他方面的社会所得，有最大一部分是用来购置土地，坐食地租。地租被认为是"土地利息"，利息又被认为是不大费经营的"货币地租"，再加商业介乎其间，三者互相吸引，对生产事业发生决定性的破坏作用。土地改革后，封建地主阶级或者已被打倒，或者快要被打倒，坐食地租的阶级不存在了。土地虽然不曾国有，土地上的地租大体已转型变质成为土地税或国税形态。在目前，这种性质的国税，虽然还不能按照都市营业所得的比率征收，但因为涓滴归公了，公家正在一切方面帮助恢复生产。所以，在某种限度内，这种土地剩余，这种赋税，将逐渐成为保障农业生产发展的基金。

五　向着社会主义经济坦途迈进

要之，人民国家的社会剩余价值或剩余生产物，不论是从分割的比例上看，抑是从转化的用途上看，均将由其内在外在的社会经济条件规制着，敦促着，使其不绝生产资本化，不绝成为扩大再生产规模的社会保证准备，而我们也只能从这种关键，这种保证上，看出新民主经济逐渐走上社会主义经济的光明坦途。

（原载《中国社会经济改造思想研究》，中华书局 1951 年版）

当作一种社会革命思想体系来看的新民主主义

一　一个完整的革命思想体系

关于新民主主义，它的创论人毛主席，原在所著《新民主主义论》中，有了精辟而系统的概括解析；他那有关新民主主义的基本概念与原则的提示，早经成为扩大人民革命运动的实践指南，成为把人民革命运动推向一切政治、经济、文化领域的指导力量。这事实，一方面说明我们需要就各别革命实践领域的体验，去丰富它的内容，并由此进一步拓展它的应用范围；同时也需要把它理解为或高扬为亘及全社会生活的一个完整的社会思想体系，并由是明白确定这个整体，对于包含在它里面的各构成部分的关联。

从时论上，我们很不难发现，有些人有意无意的在把新民主主义当作一个政治的意识形态来理解；还有些人在把它当作一个经济的意识形态来理解。这是很不妥当的，这是会妨碍我们对于新民主主义的本质的认识的；而这也正是我想写这篇文章的主要动机。在下面，我想先从正面来解述它如何被确认为一个完整的社会思想体系，再分别就政治经济两方面来解述它如何当作一个整体，来规定这两方面的内容与属性的方法论。

二　是怎样创建出来的

依照我现时的认识，我可以比较一般的把新民主主义定义为：在苏联社会出现后，第二次世界大战前后，为一切落后国家求得解放的社会革命思想体系。为什么要做着这样严格的时空规定呢？因为它在思想的渊源和本质上，可以说是马列主义在这样特定时空的社会关系下的应用与发展。

马列主义的最根本指示：物质生活的生产方式，决定着社会的、政治的和一般思想的生活过程，必得社会经济基础变革，然后始能引起法律、政治和思想的全部上层建筑的改变。一切落后国家的社会经济基础，大体还是以长期陷在分解动摇状况中的封建生产方法为核心，从而，大体还是把封建的土地所有关系与使用关系，即把地主阶层对于农民的剥削，作为其存在的依据。现代性的产业不容易发展起来，国际资本控制的强化与深入，买办商业金融的全面展开。以及依托国际资本买办资本所建立起来的法律政治关系，或新的专制官僚统治，乃至生活意识形态，归根结底，都得从那种最有基础性的封建生产方法与生产关系中去加以说明。这样一种科学认识方法，必定引导我们去作着这样的革命程序：即要从根掘去帝国主义、专制官僚统治的存在基础，要使产业发展的桎梏得到解脱，须把封建的土地所有与使用关系，全面加以清除。然而革命的实践，是不能像革命的认识那样直截了当的。当专制的买办官僚统治，是把农村的封建剥削关系作为其物质存在基础的限内；当帝国主义——国际资本对中国的支配，是通过那种买办官僚统治来施行的限内；反封建的革命任务的达成，就必然要碰到买办官僚统治和帝国主义的阻碍。结局，反封建、反买办官僚统治，反帝国主义的这种革命三重奏，就要求改变以往的革命章法：革命的性质变得不单纯了，革命的阵线变得复杂了，整个革命的内容是多方面的了。于是，亘及这一切方面，但同时却明确限定其主从关系的革命思想体系，就在这种社会被提出了，新民主主义被提出了。

这样一种社会的革命思想体系，不是在任何时期，在任何落后社会都可以提出的。为帝国主义、买办官僚统治、封建主义所压抑迫害着的各落后国家人民，直到苏联社会主义形态出现，直到苏联劳动人民从封建的、军国主义的、专制官僚统治下解放出来，他们始第一次受到鼓舞，始相信他们的命运，不是被掌握在上帝或老天爷或"代天行道"的统治者手里，而是掌握在他们自己手里。由是，他们始确认马克思主义、列宁主义是他们争取解放的犀利精神武器；他们此后斗争的方向，斗争的步骤，也更符合科学的革命实践要求了。然而我们同时还得明了，苏联对于他们的模范作用，马列主义对于他们的感召影响，是要他们有了更多的解放机会，更大的便于解放的客观条件，才能更深刻的更广泛的显示出来的。第一次世界大战的结果，不仅苏联出现了，若干帝国主义国家削弱灭亡了，整个资本主义的世界统治动摇了，各资本主义国家间的不平衡发展增大了，同时还使被广泛动员到帝国主义战争中的落后地域的人民，由战争的负担与磨折，在不同的程度上觉醒了。他们是在这种种有利的客观条件下，在自己自觉自动的进到争取解放的实践过程中，去接受苏联的模范作用和马列主义的感召影响的。并且，他们也还是在那种革命实践过程中，才知道何是灵活运用马列主义，去发现他们不尽同于苏联的革命道路和革命方式的。

在第二次世界大战前后，各落后国家人民，已经分途在依着斗争的实践，和斗争经验的累积，去尝试"走出"或"找出"一种适合于他们自己的革命道路和革命方式的包括的主义或思想体系。中国人民依据许多理由，特别是依据长期陷在封建势力、帝国主义与买办官僚统治下的被奴役地位，和自第一次世界大战以来即进入连续不断的再接再厉的反帝反封建的长期斗争中的理由，首先提出了这个主义，这个思想体系。在新民主主义已经成为一种世界的思潮或有力号召的今日，我们原是无庸计较它的"发明权"的；但当作一种历史事实来说，只有在长期革命斗争中的中国，才不但更可能率先提出它，同时还更必须率先提出它。

我们且由此进而解述到一般人所不时疏忽了的新民主主义的政治属性和经济属性的问题。

三　理论与实践的结合

首先，在被看做一个落后国家人民求得解放的社会革命思想体系的限内，新民主主义尽管是比照着旧民主或资产者的民主提出来的，但旧民主大体是属于政治的范畴；在现代化运动中，民主政治是当作资本主义的经济的要求提出的；但新民主主义扩大了它的意义，它包括有政治以外的经济的、文化的和民族的诸范畴在内。但虽如此，我们却得承认它的政治性的表现非常强烈，这就是为什么许多人不知不觉的单把它看作是一种政治范畴的原因。至若它的政治表现强烈的道理，第一，可以说是由于任何一种革命运动，最初都会表现为一种对既成政权或既成法律秩序表示反抗的行动，或者表现为一种争取政权的行动；但第二，新民主主义的革命口号，是和社会主义的号召有些相似的，它有两点不同于资产者的民主号召的地方：其一是，资产者的民主革命，对于旧社会的法律秩序及其有关的各种意识形态，特别是关于私有财产的法律同思想，并不要求破坏，甚至曲加保留；新民主主义对于那一些，虽然不像社会主义那样要求彻底变革，同资本主义者的民主革命比较起来，是会显得更加激越的。其二是，资产者的民主革命，用恩格斯的话说，① 是由于资本主义经济已经发达起来了，是由于"产业的及商业的中等阶级之经济利益，在当时已经充分的强大，它终于决定了国家的一般政治"；反之，社会主义革命，或新民主主义革命，却正好是因为社会的财富，社会的经济力量，被大资产者豪

---

① 见《费尔巴哈论》。

门帝国主义者垄断去了，无产者劳动人民，乃至一般被压迫剥夺的中小资产者、知识分子，需要团结成一种强有力的政治力量，去作着酷烈的政治斗争。所以，当代表着独占资本豪门资本利益的法西斯，在若干资本主义国家乃至落后国家出现的时候，反抗它的人民阵线也在这些国家以不同的步调发展起来了。然而，利害不同的各阶层人民，如何才能叫他们好好团结在一个政治组织中呢？如何才能叫他们相信参加那种政治组织才是为他们自己也为整个社会的利益呢？单是着眼在政治团结斗争上的人民阵线不能解答这些问题，而把变革要求扩展到全社会各方面，特别是扩展到经济方面的新民主主义，才给这些问题一个明确的解答了。

新民主主义科学的表明：当落后国家封建土地关系固执的存在，现代性产业资本不易发达起来的时候，被奴役的广大农民层，是要团结在有长期斗争经验与斗争热情的无产劳动阶级及其政党周围，并把受尽了坎坷痛苦的普通商工业者、自由职业者联合在一条阵线内的，但要这阵线坚实而有力量，就得确定一种兼顾到他们各方面利益的经济体制，或经济实施步骤，使他们都清楚明白的知道，他们能在那种政治斗争中"各尽所能"，同时就能在社会经济上"各得所需"，或各有前途。农民由土地改革，解除封建剥削，获有自己的地权；工商业者由帝国主义势力与垄断豪门被打倒，而预期到资本发达的展望；一般无产者劳动大众，由国家经济国家事业的扩展保证，看清了他们摆在眼前的光明地位，他们就会好好发挥他们各别的斗争情绪，而使革命大业迅速完成。

四　几点基本认识

尽管篇幅限制了意义的发挥，甚至拘束了措辞的通畅，但幸而是处在可以自由发表意见的环境下，至少总可使我们由上面简括的说明，达到以次几点也许不是不很重要的认识：

第一，新民主主义应被理解为一个有包括性的，十分接近社会主义那一广博概念的社会革命思想体系，它不是政治、经济、文化……任一方面的单独表现，从而，也不能单由这任一方面来说明。

第二，因为新民主主义是20世纪三四十年代的落后国家人民，为了争取解放所依据的理论与实践指挥的科学说明，是把马列主义灵活运用在那种特定社会状况下的结果，所以，从它的渊源和本质上讲，它不能不是马列主义的运用与发展。

第三，这种主义由中国人民革命运动的领导者创论出来，那并不能形而上学的看为是完全天才的产物,而必须认清那是在中国特殊环境下,在中国工农革命人民长期实践斗争过程中,在不知多少次尝试失败牺牲的痛苦体验中,所迫切要求天才启发与创造性发挥的成果。

(原载《中国社会经济改造思想研究》,中华书局1951年版)

马列主义与新民主主义社会经济形态

一 三个看法、三个问题

现在，新民主革命运动，已经表现为一个方兴未艾的世界潮流了。一切民主革命运动的基本问题，是政权问题；一切民主革命政权建立起来之后的基本任务，则是完成社会经济的变革或改造。① 旷观今日世界诸落后国家，有的还在加速酝酿着新民主革命运动，有的已经建立起了新民主革命政权，有的并还由那种政权，在创建，或者已大体创建好了新型的社会经济体制。这情势，为我们指示出了两点意义：其一是，不论我们把哪种新型的社会经济形态，理解为一个阶段，一个步骤，还是一个体制，它早已不是存在于理想中和宣传中，而是当着俨然的事实存在着，当作惹人注意或耸人听闻的具有世界性的重大事件，而为人所研究讨论着；其二是，这种社会经济形态，同苏联型以外的一切社会经济体制不同，它的形态与其说是由于客观社会经济事象依着盲目法则作用而展开的结果，无宁说是由于革命主体，科学意识的运用客观社会经济条件而计划出来的结果。换言之，它是新民主政权灵活应用新社会科学乃至晚近革命实践经验的创作物。

这里所谓新社会科学及其实践，显然是包含在马列主义全体系中的。

但当我们这样来解述新民主社会经济形态与马列主义的关联的时候，一些皮相的机械的理解马列主义的人，或者如所谓不是站在马列主义立场，而是躺在马列主义立场②的人，一定会凭着他们"生硬"、"死板"

---

① 在这里，资产者的民主政权和苏联及新民主政权之间，表示了极大的分别：资产者政权所企图实现的经济形态，差不多在它争取得政权的瞬间，就已大体近于完成。反之，苏联及新民主主义政权，则要在它确实建立起来以后，才开始其所理想的社会经济的改造的。

② 斯大林认为俄国的孟什维克不懂得马克思的实质，把马克思的革命的生动原理，变成毫无意思的死硬公式，因而说它不站在马列主义的立场，而是躺在马列主义的立场（参见《列宁选集》第 1 卷，第 32 页）。

的机械想法，以为新民主社会经济形态的产生，似乎无法解作是依据马列主义的。他们的高见，大体可以概括在以次三种看法，及由此提起的三个问题中。

第一是，就马列主义的社会形式发展理论，看出新民主社会发展形态与那种理论似有所抵触或脱节的问题。

关于社会形式发展理论，马克思在1847年出版的《工资劳动与资本》著作中，就根据奴隶农奴工资劳动者的劳动的形态发展迹象，这样提出了："太古的社会，封建的社会，今日的社会，在人类历史发展上，各划一重要的时代。"但他把这种区分更基本的依生产方法来证明，却是见于1859年出版的《政治经济学批判》中，那里的古典表现是："亚细亚的、古代的、封建的与现代资产阶级的生产方法，就一般的轮廓说来，可以看作依次累进的社会经济发展的诸时代。"关于资本主义时代以后的历史阶段，他在一切场合是表示由社会主义阶段来接续下去的。对于马克思这种意见，列宁在其有关社会经济发展的说明中，是当作无可置疑的既定真理，当作唯物史观之具体而正确的表现形态来接受着的。例如：恩格斯在《家庭、私有制和国家的起源》一书（1884年出版）中，依据马克思上述的社会形式发展论，而表示："古代的国家是以压制奴隶为目的的奴隶所有者的国家；封建的国家是为压制农奴及隶属农民的贵族机关；近代代议制的国家，则是资本榨取工资劳动的工具。"① 列宁在其所著《国家与革命》（1917年问世）中，就曾据以全面展开其阶级国家观。一句话，包括原始共产社会、奴隶社会、封建社会、资本社会，乃至社会主义社会的这种累进发展着的历史阶段论，是当作马列主义体系之一个重要构成部分而为一般所公认的。现在世界各落后国家之新民主革命运动所企图实现的那种社会经济形态，如依照各该国所已经大体形成，或在宣传计划中所要形成的经济结构的组织来看，即从它包括有资本主义的社会主义的各种因素来看，似乎根本不能列在上述任一历史阶段中。

这个问题将如何说明呢？

第二是，就马列主义的生产力理论，看出新民主社会经济形态的创建，与那种理论似有所抵触或脱节的问题。

马列主义的社会形式发展或历史阶段理论，是把唯物史观作为其认识的基础，而唯物史观又是依据社会生产力与生产关系的以次辩证发展关系证明的：社会生产力发展到一定阶段，它就跟该社会中原来适应它并帮助

---

① 恩格斯：《家庭、私有制和国家的起源》（明华社译），第241页。

它发展的生产关系，表现出矛盾。到这时，这种关系，就由帮助生产力发展的形式，变成了它发展的障碍物，于是便导来了一种社会革命。不过，当生产力还有发展余地时，旧的社会生产关系，并不会事先消灭，而在旧社会胎内没有具备新的较高级的生产关系的物质条件以前，那种旧社会就不会为新的较高级的生产关系所代替。看作唯物史观公式的这一段经典，列宁在他的整个革命理论体系中，是一直都把握的牢紧，但同时也是运用得灵活的。在苏联政权施行新经济政策的当时，国内外人士揣测列宁的做法，似对马克思主义表示了一些距离；斯大林在1927年9月9日对第一届美国工人代表团的谈话中，就曾被提出了这样的问题："列宁和共产党在实际上给马克思主义补充了什么原则呢？如果说列宁相信'创造性的革命'，而马克思却较为趋向于等待经济力登峰造极的发展，那是否正确呢？"① 和这同样的疑问，显然是会移到我们这里有关的论题上来，而认为新民主革命者主张由新政治权力去创造新社会经济形态，像和他们认定的马克思"较为趋向等待经济力登峰造极的发展"，有些抵触。

这问题又将如何说明呢？

第三是，就马列主义的阶级斗争理论，看出新民主政权对私人资本主义采行的温和保育纲领，似与那种理论有所抵触或脱节的问题。

一提到阶级斗争，大家很容易想到，这是马克思主义体系中的一个最生动同时也最激越的一部分。列宁曾在所著《国家与革命》一书中，引述马克思自己关于其阶级斗争说的特点："……无论是说现代社会中有阶级存在，或发现各阶级彼此斗争，都不是我的功劳，在我以前，资产阶级的历史家，早已叙述过阶级斗争的历史发展，而资产阶级的经济学家，则早已作过各阶级的经济解剖；我所作出的新工作，就在于说明下列几点：（一）阶级存在仅仅是与生产发展过程所固有的一定历史发展阶段相联系着的；（二）阶级斗争必然引起无产阶级专政；（三）这个阶级专政，本身不过是进到根本消灭阶级，进到无阶级社会的过渡。"② 列宁显然是对马克思这种阶级斗争指示的忠实履行者，他毕生在为着消灭资产阶级、消灭阶级而作着艰苦的斗争；而他及他所领导的党，在斗争过程中，为应付旧统治压制，抗拒所采行的种种严峻手段或强有力行动，以至在因此受着严重威胁的整个资产阶级及其所支配的舆论界，竟把马列主义者理解为是只知道破坏，不能建设；只知道战斗，不会通融和不能打和平交道的人。

---

① 《列宁选集》第2卷，第48页。
② 同上书，第201页。

由是，他们对于新民主政权采行容允并保育资本主义发展的经济措施，或包含有私人商品经济成分的新社会经济形态，要就是采取怀疑态度，否则就认定那是对于马列主义的脱节行动。

所有这些疑难问题，无论发生于各种反动分子或集团的恶意曲解，抑是由于大家对马列主义理解的不够，都会在新民主体制创建的实践上，引起一些不利的影响。为要廓清诸如此类的似是而非的见解，为要把新民主社会经济体制安置在明确而健全的理论依据上，最好是由马列主义学说本身就上面提起的三个问题，分别予以解答。

二　马列主义对于第一个问题：即由社会形式发展阶段理论引起的疑难的解答

马列所提示的社会形式发展阶段说，是依据唯物史观，依据科学分析，通体研究人类历史累进诸时代之社会经济状态而达出的结果；是由特定诸国诸民族之历史而一般化而抽象化的共同序列。它虽然可以大体由抽象回到具体的通用于各个别国家民族的历史发展方面，但因人类社会经济的历史发展，会因其所禀赋的自然条件与所遭遇的历史条件而表现出种种差异，故某民族或国家在特定发展阶段所显示的社会生产规模，所延续的时间以及对照该发展阶段之经济结构中所呈现的各种上层建筑形态，都不一定能与其他民族或国家在同一阶段所经历所表现者相同，这种社会经济结构中所具有的个别差特性，当然会依照其差别程度的大小，而影响到其由前一历史阶段移到后一历史阶段的转型过程。虽然如此，我们不但不会因此减少一般社会发展形式及一般社会演变程序之科学提示的重要性，却反而要靠着这一般社会发展形式，来判定特定国家或民族，探讨在其特定社会发展阶段对一般表示了多大的特殊性；并要靠着这一般社会演变程序，来推知特定国家或民族，究由其前一历史阶段推移到次一历史阶段的过程中，究应依其特殊社会结构，采行如何不同的转型方式。

我们甚至可以说，社会史上的一般阶段认识，和一般发展法则的提示，并不是为了最符合或最接近一般发展水准和对演变规律的社会，反而是为了那些对一般发展水准，对一般演变规律，显示了较多差别的社会。

当我们这样去理解、去重视马列主义社会发展阶段学说的时候，就是表示，我们人类对于社会历史的发展，对于经济结构的变革，不再像过去一样，采取旁观的无为的态度，由客观社会经济事象自发的盲目的演变，即是如我在其他场合所讲的"……以往的，在19世纪中叶以前的社会转形,差不多都表现为半自觉的或不自觉的一任自然的必然的摆布的偶发变动,自从新的历史科学,即看作社会发展之方法论的科学,在19世纪中叶大体完成以后,一切社会变革运动,一切社会转形,就开始依照我们对于那种新历史科学、那种新社会学理解的程度,而变为较能自觉的,变为'知而后能'的,变为非一任'自然的必然'支配,同时且能科学的意识的支配运用'自然的必然'过程的社会行动了。"① 我之所谓新历史科学、新社会学,正好是从上面提论到的社会形式发展阶段理论,作为其重要的具体内容的。自19世纪中叶以来,这一科学的历史提示,就明确指示了欧洲各国革命运动的光明前途,及其可能采行的缩短社会生育痛苦的策略。苏联十月革命的成功,当前东南欧及中国的新民主革命运动的成就,恰好是灵活运用了马列主义的最大收获。

马列主义指出:由资本主义制推移到社会主义制,是一种历史的必然,如何由前者转型到后者,可以全面的周密的审查一国资本主义发展的程度,其社会阶级构成的变化,其周围国际关系的演变,而定下可能较快完成那种转型的各种必要步骤或过渡阶段。我们仔细考察人类历史上各基本社会发展阶段出现的前后,差不多都参差不齐的产生了作为其准备的或过渡性的阶段。比如资本主义制在其典型形态完成的前期,就有所谓商业资本阶段,其后又有所谓独占资本阶段,或国家资本主义阶段。但当作典型社会主义实现之准备步骤看的苏联型的国家社会主义经济形态或东南欧的新民主主义社会经济形态,它同资产者社会的国家资本主义经济形态,不但从所有权本质上显出了极大的分野,就产生的过程说,更是根本不同的。所谓国家资本主义经济形态,是资本主义产业发展到产业革命第二期,到固定资本愈来愈增大其比重,到产业资本家愈来愈须依赖于金融资本的情形下,必然要自发的产生的。换言之,它是依照资本累积与扩张法则的盲目作用而形成的;反之,苏联的国家社会主义经济形态,东南欧乃至新中国的新民主主义社会经济形态。却是对照着现实社会经济条件,而科学意识的计划安排创建出来的。

要之,为马克思所创立,又为列宁、斯大林依实践予以充实了的科学的社会形式发展阶段理论,对于那些处在正常发展社会状态下,尤其是对于那些处在不正常发展社会下的被压迫的人民,第一,明确指出了他们所在社会的必然的发展途径;第二,又明确指示了他们为了缩短达到那条道路的痛苦过程,不能被动的等待着客观环境自发的演变,而必须多方加强

---

① 王亚南:《论社会转形中的科学研究者》,1949年3月6日香港《大公报》星期论文。

主观的努力；最后第三，又还明确指示了，他们应该运用一切可资利用的客观主观条件，科学的设定一个容易集中力量避免阻力的转型步骤或阶段，使之成为达到理想的典型社会阶段或社会主义阶段的"便桥"。

三 马列主义对于第二个问题，即由社会生产力论引起的疑难的解答

马列主义的社会形式发展阶段理论，在实质上，是依着社会生产力与生产关系之辩证发展关系来说明的。在任何一种社会经济形态中，一般是把生产力状况和生产关系形式，作为其社会生产总机体的构成。因此，我们上面关于社会形式发展理论在应用上的说明，至少应该算是部分的解答了由社会生产力论所引起的疑难。但即使经过了这种把理论与实践关联起来的说明，围绕在社会生产力论上的以次论点，仍然是需要解释的。即在资本主义经济较不发达，也可以说是，在社会生产力较不发达的国家，由新民主政权来推行一种适合于它的"社会性格"的经济制度，来培育出一种被视为它的物质基础的新生产力，那不是表示：（一）体现着旧社会生产关系的政治权力之被推翻，并非由于生产力发展起来的结果，反倒像是生产力不易发展起来的结果；（二）新社会生产力，并非旧社会生产关系里面育成，倒反像是要在新政治权力下面去创建。这两个论点，显然是从一个问题或一种疑难的正反面去看出来的，一般是对马列主义的认识，还停留在形式的条文字句上，而不曾彻底的从实践关联上去辩证的理解的结果。

特定社会生产力的发展，一达到原来适合它的生产关系，阻碍它，桎梏它，使它不能复能向前发展的时候，就引起一种社会革命，那是从过去社会史实演变中得出的一般的抽象化了的"化验室的"大法则，对于这个大法则，我们第一要明确，现实社会的发展演变史，真不知道比它那个法则本身所表现的，要丰富多少。要曲折错综多少。但虽如此，我们决不应当因为现实表象上的前后错合参差，而怀疑到那种法则本身的贯彻作用，反之，正是由于社会现象过于错杂了，我们才更要求那种作为认识依据的历史法则。第二要明确在这种历史发展法则没有发现出来之前，我们一直是让社会生产力"自发的"发展到使那原来适合它的生产关系破裂，或使那体现着那种生产关系的政治权力的崩溃。可是，当我们已经由那种社会发展法则，知道任一国家民族的必然发展前途，而又知道听任其"自发的"发展，必须支付极可怕的历史代价的时候，我们是否还应该作

那种"等待"呢？而且，

第三还要明确，处在现代资本主义支配下的落后国家，它就是甘愿忍辱负重的作着那种"等待"，也极不容易实现它的现代化的社会化的发展前途。它的传统封建生产的残余，大都在为国际资本或帝国主义势力所利用，致使其社会生产力长期陷在坎坷困顿中不可能发展起来。正因为这种缘故，

第四个要明确，我们在20世纪考察一个国家的社会生产力与生产关系的辨证发展问题，就不应单就该国国内的社会经济发展水平来衡定它，同时必须考虑到国际资本在该国发生的阻击作用，和看该国体现着新旧生产关系的半封建统治形态，在国际资本统治阵线中所处的地位。换言之，即同一的社会生产力与生产关系乃至其上层的政治形态，却因此赋予了一种"世界的"性质，旧生产关系从而旧统治势力是顽强还是脆弱，一方面要看它在整个国际资本统治中扮演的是怎样的角色，同时也要看，排斥它的社会生产力，是在怎样受着国际资本统治磨折和国际革命激荡的影响。为了补强这种意见，

最后第五，我们还要明确，所谓社会生产力，归根结底的分析起来，无非是人的因素的劳动力与物的因素的生产手段，在一定社会形式下结合作用起来所表示出的一种劳动生产力量。落后社会生产关系，落后政治统治（事实上往往是与国际资本的统治结合着）妨碍那种结合，就是使社会可能变为生产手段的物的因素，不容易现实的当作生产力的构成而作用，使社会可能变为劳动力的人的因素，也不容易现实当作生产力的构成而作用。一个社会长期陷在既被国际资本控制剥削，又受封建传统压抑摧残的状态下，它不绝由农村游离出来的大量劳动力，虽不能变为现实的社会生产力要素，却不失为可能社会生产要素。那些在都市在农村经常处在失业或半失业状态中的大批劳动者，他们即使不曾取得现代产业工人的头衔，却因为在长期民族主义运动，民主主义运动乃至农民运动的感召下，很可能并且实际上具有现代产业工人的战斗精神，至少是现代意义的无产阶级的"后备力量"。因此，以他们这类生产人民为主体而展开的新民主革命势力，我们不但不应专从国内经济发展状况去判断它的社会基础，就是就国内设想，也不应专从它的社会生产力发展水准的量的方面去考虑，同时更当从那种生产力发展水准的质的方面去说明。

也许可以说，上面这几点意见，只释明了生产力未在旧统治生产关系下发展起来，却竟发生了摧毁那种统治那种生产关系的革命运动的一面，而新的生产力并未在旧生产关系下成长，须由新政权来培育的这一面，仍

得加以解释。但这是比较容易解释的。任何旧社会的生产力，都是被看作新社会的生产力的"原料"，即原有的劳动力，原有的生产手段，都被重新组织编配在新的生产关系中。落后社会蓄积为生产手段因素的"原料"虽颇不够，但作为新社会新生产力之劳动力因素的"原料"，却大可由长期现代化坎坷磨折所造出的具有浓厚民族意识与阶级意识的大量劳动者，得到极其"充裕"的供给。一个新社会，没有旧社会遗下的诸生产力条件，它是无法取得存在的，资本主义经济不发达的落后社会，较之资本主义比较发达的社会，通体说来，当然只会对新社会——或社会主义社会，移转下较为贫弱的新生产力的"原料"，但那并不意味它完全没有旧的"蓄积"，只不过说明，它的旧的"蓄积"不充分，因而更需采行一种过渡性的准备步骤的新民主的社会经济体制罢了。

四 马列主义对于第三个问题，即由阶级斗争理论引起的疑难的解答

由前面提论的第一个疑难的解答，我们已明了社会形式发展阶段理论，正好是表示以后的革命运动，并无须采取等待主义，等待客观社会条件成熟才自发的爆发。为缩减自然生育痛苦，而科学意识的提前发动。于是，由第二个疑难的解答，我们又进一层的知道，社会生产力与生产关系辩证的发展理论，正好是表示革命运动并不一定要"等待"一国社会生产力发展到如何高的水准，才可展开；其生产力量上的缺点，可由其质上的优点得到补充；其国内经济基础的薄弱，可由其在国际关系中的对比地位相对予以增强；社会蓄积在革命前或在革命过程中的过度浪费，只好在革命完成后合理有计划的加以培育。以上这两种疑难的解答，已经大体为我们这里要解答的第三个疑难，即社会阶级斗争理论为什么允许对资本家阶级妥协的新民主社会经济形态的疑难提出了前提的理解。

因为为了减少"生育"痛苦要提前发动革命，因为发动革命时的经济基础不够坚实，需要设法培育，因为在落后社会内培育新生产力，仍得藉助于资本主义的生产方式，于是，就有容许私人资本活动的新民主社会经济形态的创建。这一列逻辑顺序原是非常明白的，但由无产阶级领导的政权，居然容允资产阶级参加，那怎样同马列主义的阶级斗争理论相协调呢？

这种疑难，主要是由于抽象的去理解马列主义和望文生义的去理解它的阶级斗争理论的结果。实现社会主义，尽可能迅速的实现社会主义，无

疑是马列主义在实践上的最根本目标，同时，它也明确指示了：非经过激烈的彻底的理论与实践上的斗争，一切阶级的敌人是不肯较易认错认输的。但我们应明了，马列主义是把唯物论作为它的哲学基础的，对于一切社会问题的处理，它首先探究那解决问题的现实物质条件，已具备到了怎样的程度。马克思在19世纪后期，即在资本主义开始其"和平发展"的阶段，已经天才的提示了有关斗争策略的根本问题，等到同世纪末乃至20世纪初，列宁依据他在当时社会斗争过程中的丰富而切实的体验，进一步把革命学说的实践策略，作了许多科学的规定。依据那种规定，

第一，它告诉我们，当革命的斗争，已带有世界的或国际的性质的时候，即世界已由资本统治集团与反资本统治集团对垒起来，作着正面搏斗的时候，斗争的舞台，就应由革命集团自动的有计划的移到国际资本统治比较脆弱的地域或国家，那是回避攻坚或抓住弱点痛击的战略。因此，

第二，它又告诉我们，在资本主义比俄国还要落后的国家从事革命运动，那种运动当中，必然掺杂有民族问题与农民问题的性质，从而革命的对象，革命的阵线，乃至革命的步骤，就得审慎斟酌考虑明白确定；如果一开始便笼统的把一切非无产者当作敌人，那就犯了"树敌"的错误，而使自己陷在孤立的地位。所以落后国家的革命运动，必须对照其落后的程度，而区辨出最先要革除的对象；如其那对象是帝国主义与封建势力，就不妨团结一切受帝国主义封建势力压迫的各社会阶层去毫不容情的反对它，打倒它，消灭它。

第三，它还告诉我们，哪怕对于一个已确定要打倒、要歼灭的对象，在必要的场合，还不妨采取妥协、缓和和融通的策略，那或者是为了利用国际敌人的矛盾，或者是为了使自己更有喘息休整的机会，或者是为了使自己由此确立起较为坚实的社会经济基础。不管为了什么，都可以说是在施行一种革命的"改良主义"；革命者是不仅要知道如何勇敢的进攻，同时还得知道如何勇敢的后退。列宁在军事共产主义时期以后，断然实行的新经济政策，就是运用这种以退为进的革命策略的结果。在《联共党史》上，我们见到了这样一项有关新经济政策的说明："战时共产主义是用冲击手段，用正面进攻手段攻破城乡资本主义成分的尝试。在实行这种进攻时，党向前面跑得太远，有脱离自己根据地的危险。列宁现在主张稍许后退一点，暂时退到更接近于自己后方的地方去……以便蓄积力量后再去开始进攻。"①

---

① 《联共（布）党史》，1948年译本，第316页。

对革命者实行改良主义方策的问题，列宁自己曾有这样一种解说："只有马克思主义者才确切的正确的决定了改良对于革命的关系，但马克思当时只能从一方面，即是只能在无产阶级甚至在一个国家中都还没有获得多少稳固，多少长久的初次胜利的环境里看见这种关系。在这样的环境里，正确关系的基础，就是把改良看成无产阶级所作革命阶级斗争的副产品……当无产阶级即令只是在一个国家内获得胜利时，于是改革对于革命的关系上便有一种新东西出现了。在原则上事情仍如以前一样，但在形式上却已有一个为马克思本人所不能预察到的变化，虽然这个变化仍只有根据马克思主义的哲学和政治观点才能理解的。"① 这段话是表示，革命者采取改良的步骤，是要在革命政权确立起来之后，或者是要在世界中某一个国家已经由无产阶级革命取得胜利以后，才能看出它的积极意义。显言之，苏联对资本者妥协让步的新经济政策，是十月革命建立起了苏维埃政权，可以保证那种政策更有助于社会主义经济的成长，今日，东南欧各国及中国的革命运动一开始就由容允或联合资产阶级的政权，来推行保育资本主义商品成分的经济步骤，从世界观点去看，乃因无产阶级的政权，已经在苏联建立起来了，它可以支助或示范这些国家，使它们由无产阶级领导的联合政权，能把较温和的经济措施，当作革命进程中的必要的过渡步骤。革命者在特定场合的让步，都不是消极的，而是更积极的；毛主席曾把抗日当时对国民党反动派的让步，有过极其精辟的说明。他说："……没有红军的改编，苏区的改制，暴动政策的取消，就不能实现全国的抗日战争，让了前者就得了后者，消极的步骤达到了积极的目的。'为了更好的一跃而后退'，正是列宁主义把让步当作纯消极的东西，不是马列主义所许可的。……我们的让步，退守，防御或停顿，不论是向同盟者或向敌人，都是当作整个革命政策的一部分看的，是联系于总的革命路线而当作不可缺少的一环看的，是当作曲线运动的一个片断看的，一句话，是积极的。"② 从这段指示里，我们可以深长的体察到马列主义者科学意识的采行新民主主义社会经济措施的根本意义。

五　结语

我想把上面的说明，简括结论在以次三点意见中：

---

① 《列宁全集》第27卷，第84—85页。
② 《毛泽东选集》，第180页。

第一，任何一个新民主国家所实行的新经济措施，即以国家经济为领导，容许私经济存在与相当发展的过渡性的步骤，不但不是违反马列主义的，并且完全是依据马列主义的。

第二，马列主义的社会形式发展阶段理论，社会生产力理论，社会阶级斗争理论，是马列主义体系中的相互密切关联的序列。由这一序列理论所赋予革命运动的科学性格，所赋予革命运动的更大更多的自觉的计划的属性，把各种革命实践活动上显出的表象形态，提高到了像是同那些理论本身有所抵触的样子。但依我在上面仔细的考察，马列主义所提示教导我们的，并不是要在一定的固着的条件下，我们该如何刻板划一去做，而是在任何变动不居的情形下，我们皆能把握革命原则，因时制宜的去做。

第三，摆在我们眼前的新民主主义政权，和为这政权所计划实现的新民主主义经济形态，就不但是灵活运用马列主义革命理论之科学意识的产物，同时，这种形态的政治与经济，也只能在马列主义这一大社会发展的镜面中，才比较容易反映出它的革命本质，和取得它的科学依据。

（原载《新中华》第 13 卷第 6 期）

中国经济史法则及方法论问题

中国古代文学史
研究的方法

中国社会经济史纲·绪论

一 一般社会经济发展阶段论

(一) 序言

中国早被视为是一块"科学的新国土"。①

中国一般的社会经济状况,在过去固然极度耐人摸索,即摆在我们目前者,亦还是叫人弄不清楚。1921年,李炳华(Ping Hau Lee)女士曾用英文撰刊了一部《中国经济史》(The Economic History of China with Special Reference to Agriculture),在同书的序文中,她力言中国现在经济状态之所以被西欧经济学者看为一个"谜",且看为经济法则与经济发达研究上的显著例外,就因为关于中国经济发达的一切事实,欧美科学过于无知。②这位女士的议论,我是相当承认其正确的。但她忽略了一件事实,就是:把中国现在社会经济状态看为"谜",看为经济发达研究上之"例外"的,并不限于西欧学者,即我们生于此时此地的中国人,又何尝有几个人不是把中国当前的社会经济事象,当作"谜"来猜度呢?以中国人而不理解中国社会经济的实相,那在许多原因之中,至少有一个重要原因,是正如李女士所说的,对于过去中国社会经济发达的事实,过于无知。

其实社会意识过程,是以社会生活过程或生产过程为前提。我们所有的意识,都是由现实生活的物质基础所规定,且随生产力的增大与生产样式的变化而发达。中国过去言讳利,或反复昌言"形上之道"的儒家思想,要不外数千年封建社会之物质基础的反映。在此重精神,轻物质的空气中,对于社会经济的历史,不但无人过问,且实在也无从过问,因为我们祖先的意识形态,被他们当时社会的物质环境所限定了。

五口通商而后,中国传统旧思想的堡垒,无疑是受了西人致富政策与物质文明所摧毁,但要那种思想根本变革,即要使一般人对于过去乃至现

---
① 威特福格:《支那经济史研究》(横光次郎编译),第3页。
② 同上。

在中国社会经济状态，能有正当的认识，究还有待于我们当前社会之物质环境的改造。

不过，依着当前世界文化交通工具的异常发达，和环绕着我们的世界其他国家之社会经济事象的急遽改变，致使我们在意识过程的默化潜移的转变上，得到了不少的便利。所以中国当前社会尽管还残留着相当浓厚封建主义的实质，但近几年来关于中国社会经济史的研究工作，却还能显露几分进步的有希望的曙光。

然而从大体上说来，中国社会经济史的研究，究还是一个新辟的园地。一切关于这方面的学问努力，一方面固然要注意我们既有的史料的搜寻与整理，同时尤其要知道利用各国先进的社会经济史学者，已经在这门学问上所发现的诸般搜集史料、制取史料的方法，换言之，就是我们必得了解关于一般社会经济变动的演化法则。

（二）社会经济变动法则

一切现实的社会，都是不能与它本身所由建立的经济基础分别考察的。社会必得以经济为其存立基础的事实，我们由社会本身赖以构成的现实前提即可征知。

据社会科学者告诉我们，[1] 社会构成的现实前提，计有以次三项：

1. 人类；
2. 人类的行为；
3. 物质的生活条件。

这里所谓人类，不是从幻想的孤立的固定的方面去解释的，而是从社会意义上去解释的，所以他的特征有三：（1）是现实的活动的，即他要在现实生活过程上取得生存，即非有所活动不可；（2）是依着他的活动与自然发生联系的，即他一面施作用于自然，同时受自然的影响；（3）是依着他的活动，与其他人类发生作用的，即当他活动，当他施作用于自然时，他不能不与其他人类通力合作。

至表现于上述活动上的人类行为，在实际上虽有许多类别，但其中最原始的最根本的最重要的，却是生产。因为维持人类这种"活动体"的现实生活条件中，包含着饮食、衣服、居住以及其他事项。最初的历史行为，即在为着满足这些欲望的手段的生产。

在此生产过程上，自然要关联到社会构成的第三项前提，即物质的生

---

[1]《社会科学理论之体系》（张粟原编译），第213页以下。

活条件。这种物质的生活条件，大体包含有既存条件与人类的生产物两端。前者所指，就是广义的自然条件，包括有人口人种等人类的自然，与外界的自然（或即狭义的自然条件）；后者所指为生产手段的范围，劳力，劳动者熟练的手段程度，科学上及科学技术上的实用性的发展阶段，生产过程之社会的组织等等。

由是可知，现实社会的基础，即不外经济过程或物质的生产过程。因为"当生产的时候，人类不但施工于自然上面，且系彼此通力合作。他们用一种特定的方法，共同劳动，且须互相交换他们的劳动，方才能够生产。他们为着生产，加入于一定的关联及关系里，而且必须在这些社会的关联及关系里面，他们的劳力才能施于自然之上，才能够生产。"

此处所谓"社会的关联及关系"，即一般所说的社会生产关系，这些"生产关系的总和，构成社会之经济的构造"。一切社会形式，即随此经济构造的改变而发生变动。至若经济构造如何变动，或者依照怎样的法则变动，那当由此生产关系内部表现出来的劳动力或生产力的发展而说明。

劳动的生产力，系由社会的自然的诸要素所决定，换言之，即由劳动者之熟练的平均程度，科学及技术学科的实用性的发展阶段，生产过程之社会组织，生产手段之范围作用能力以及种种自然关系所规定。社会的生产关系，原来系与此种受社会自然条件规定的生产力的一定发展阶段相适应，并且生产力在一定发展阶段，还会蒙受其所关联的生产关系的保育与促进。但在一定生产关系或别的所有关系下，得到保育与促进的生产力，势必要求改变生产样式，即改变获得生活资料的方法，从而要求改变以前所有的社会关系。至此，生产关系与生产力之适应联系破坏，即前者对于后者的保育功能，乃转化为其发展的桎梏。新的生产力，必然由其不可抵抗的新的生产关系的要求，而使既成的社会关系，既成的法律政治以及其他上层建筑，或急或徐的趋于倒坏。

过去一切社会经济关系的推移演变，虽然都是遵循这种法则，但这种法则的发现都还不过是晚近数十年的事。

（三）社会经济发展过程上的历史阶段

上述社会进化法则的发现，诚然是人类知识进步的极大收获，但晚近社会学者和经济学者关于人类社会史或经济史的一般范畴，却分途提出了一些与现实社会经济发展过程漠不相关的阶段法式。我们在这里没有批评这些"阶段理论"的余地，我们所要知道的，只是根据今日一般进步学者公认的上述的社会进化法则，所谓经济的社会结构，或社会的经济构造，究竟在历史的过程上，通过哪些累进的阶段。照《工资劳动与资本》的著者所说："各个人所借以生产的社会关系，即社会的生产关系，随着生产手段，从而也就是随着生产力的变化而变化。这个生产关系的总和，构成我们所称呼的社会。太古的社会，封建的社会，今日的社会，都不过是生产复杂关系所形成的结果之一种，而在人类历史的发展上，各划一个重要的时代。"①

在这段话里面，我们要有以次几种认识：

第一，我们上面所说的社会经济变动法则，是通体研究这些历史累进时代之实际社会经济状态而达出的结果，而并非预先凭空"制成"此种法则，然后再用此法则去硬行区划或发现各历史阶段。

第二，这位著者所分划的"重要的时代"，显然表明是从"人类历史的发展"考察出发，即是所谓"太古的、封建的、今日（资本主义）的社会"，虽系因适应社会劳动生产力，而不绝由低级进于高级之经济的社会结构的序列，但这所指述的，是关于世界史范畴上之人类社会经济结构的种类，和此诸种结构的层叠与累积。换言之，即这种累进的历史序列，乃由特定诸国诸民族之历史而独立而抽象化的一般方式，所以此种方式，可以抽象的一般的通用于各个国家各个民族的历史方面。不过：

第三，人类社会历史的发展，与前述物质的自然条件有密切的关联，各民族在相互不同的自然条件，乃至历史条件的影响下，其社会经济发展行程，必然不免要表现出种种差异。如某民族在某一社会发展阶段所显示的生产规模，所延续的时间，以及在其经济基础结构上所呈现的各种上层建筑姿态，都不一定能与其他民族在同一阶段所经历表现者相同。前述那位著者所说的："太古的社会，封建的社会，今日的社会……在人类历史的发展上，各划一个重要的时代"云云，一方面虽表明此三者为"重要的时代"，为各民族必经的时代，但同时在言外还表明有次于此等社会区划的次要时代，或者一切民族不必都要经过，或者即令经过，但因自然条件与历史条件的复杂作用，致使其表现于社会形式和经济结构上者，其时期甚骤，其范围甚狭，其程度甚浅。所以古代希腊罗马社会的奴隶制度，在西方的日耳曼民族间，在东洋若干民族间，并不曾显著的存在。

第四，各民族所遭值的自然条件，乃至其所蒙受的历史条件的影响

---

① 《社会科学理论之体系》（张粟原编译），第290页。

不同，他们在社会经济发展的过程上，当然不能并驾齐驱。所以在资本主义势力坠落一部分到社会主义领域的今日世界中，不但封建体制，就是最原始的生活形态的残余，我们尚不难在世界各落后民族的社会中发现。不但此也，哪怕在同一国度，同一民族间，亦往往并存着各历史时代的社会经济体制。然而我们不能因此就否认社会进化的历史法则。最近有位名为特列夫斯基（I. Delevsky）的学者，居然发出这样的议论，"……奴隶制农奴制和自由工作同时并存，有时调和到他们难得决定主要职责是属于某种劳动形态。在古代社会里，当希腊罗马的奴隶制度达到其发展的最高峰时代，自由劳工在数目上常占着很多。依梅伊耶（Edonard Meyer）所说，自由劳动和奴隶的存在，其时间同样的久远。中古时代，奴隶在这个术语的狭义之下，乃与农奴甚至城市中的自由劳动存在得一样长久，在美洲，奴隶制与自由工作同时并存。历史并不承认有法则。……"① 其实这是根本不懂得历史法则如何构成的呓语。谁都知道古代希腊罗马社会与奴隶并存的有自由市民，但问题是要看当时的生产样式，以及由那种生产样式所规定的生产关系，究竟呈现怎样的姿态。换言之，即当时供应统治贵族及自由市民诸君之豪华放纵生活的，究是少数偶尔勉强从事生产作业的市民的"自由工作"，抑还是那些广大奴隶群的"污秽不洁"的劳动。历史在本身上无所谓承认不承认法则，我们为研究历史的方便计，却不能不依据它在发展过程上所表现出的内在的合则性与规律性，及由此等性质所显示的诸般要键，而区划为几个"重要的时代。"

根据上述四点，我们知道：

1. 一切民族之社会经济史的发展，大体都不能飞跃的或突然的超越人类进化必然遵循的历史阶段。但

2. 在一般超越特定诸民族诸国家的世界史范畴中，我们因为不能否认不同的自然条件乃至历史条件所加于特定民族国家的不同影响，所以对于这一般的历史法则，还得多少承认其伸缩的弹性。即某种特定民族的社会经济之史的发展，也许不免要经过比较曲折的阶段。如像古希腊罗马在封建社会以前，还经历过奴隶社会阶段，即其一例。

凡此种种，都是我们在论述中国社会经济的发展当中，所应当具备的认识。

---

① 参照《时事类编》第 3 卷第 14 期，第 62 页。

二 中国社会经济史上的方法论问题

（一）亚细亚生产方法论争

关于亚细亚生产方法的性质问题，即主要关于中国社会生产方法的性质问题，最近在苏联、日本乃至中国本土，都引起了颇激烈的论争。这种论争是根据纯粹理论的立场，抑是由于实践上的要求，我们用不着去管，我们所知道的，只是在这种论争的过程中，对于中国社会经济史的论证，一方面虽然不免引起许多议论上的波澜，但同时却也大可给予我们种种有益的暗示。

所以我在这里想把这种论争的经纬，划出一个轮廓。

理论上论争的根据，是发因于前述《工资劳动与资本》的著者。这位著者在此小著中，原主张"在人类历史的发展上"，"太古的社会，封建的社会，今日的（即资本主义的）社会"，"各划一个重要的时代"。但他在1859年所发刊的大著《政治经济学批判·序言》中，却略微改变了他的表现方式，他的说法是这样：

"……在大体的轮廓上，亚细亚的，古代的，封建的及近代有产者的生产方法，是可以表识为经济的社会结构之进展的各个时代。"①

这种说明与前者不同之点，只是在时代的区划上，把封建的生产方法以前的社会由"太古的"分成为"亚细亚的，古代的"，或者是在"古代的"前面，更增添一项"亚细亚的"。

著者在社会进化阶段论上的这种修正的表现，绝非对于其原来的主张有所变更，反之，却是更加推进一层的认识。原来著者在著述《工资劳动与资本》时，尚不充分明了人类史上之氏族秩序的位置；即在其撰著《政治经济学批判》时，亦还只注意到亚洲特别是印度残存的原始共产制，此种事实，就在其挚友恩格斯亦不否认。他曾就摩尔根（Morgan）于1877年出版的《古代社会》说："摩尔根的伟大功绩，他就他于北美印第安人的氏族结合中，发现了希腊罗马及日耳曼的古代的迄今尚未解决的最重要之谜的键。"② 这就是说，在1859年《政治经济学批判》问世时，这"最重要之谜键"，尚不曾为著者把握着，但由他在1853年发表的《中国印度论》，已经知道东方或亚洲的原始共产制的残余，同时又因

---

① 《政治经济学批判·序言》（郭沫若译），第4页。
② 《亚细亚生产方式论》（早川二郎译），第38页。

他确认古代的社会，一定要由此种原始共产制所导出，故他在尚未充分觅得其他一切社会全都经过此种历史阶段的证迹以前，姑先将大体已经知道的中国印度或亚细亚的原始体制，作为古代社会所由导出的前一阶段，因之，他这里所谓"亚细亚的"涵义，显然是一般的指着原始共产社会。

但今日一般研究东方社会的社会学者，为了支持各自提出的主张，遂对于此种"亚细亚的"字句，分别作机械的"望文生义"的解释，以为"亚细亚的"云云，乃专就亚洲的生产方法而言，即把亚洲的社会发展法则，从一般社会的发展法则"放逐"出来，换言之，就是在承认亚洲社会的特殊性的前提下，把亚洲的生产方法，看为一般生产方法的例外。主张此说的，有许多鼎鼎大名的学者，如普列汉诺夫（Plechanov），如柯金（M. Kokin），如马扎尔（Madjar）等，但仅就这三位的说法就各各不同。

普列汉诺夫是高唱地理的唯物论的，所以他认为亚细亚的古代的及封建的生产方法，可视为同时存在的经济的结构，而非继起的经济的结构，照这样解释，就恰好投合他的地理的唯物论的倾向，因为这一切社会的结构的独自性，可以说是发生于地理的条件的独自性，① 但无奈著者紧接前述那句话之后，还说"有产者的生产诸关系，是社会的生产过程中最后的对抗形态……"况那句话中所谓"……表识为经济的社会结构之进展各个时代"，不已显然表示那是继起的而非并存的现象么？

次就柯金的主张来说。柯金是承认亚细亚生产方法之特殊性或例外性的，他以为中国在纪元前15世纪至20世纪，乃过着氏族社会生活，此后至纪元前二三世纪即至战国末期为止，即像从事亚细亚生产方法；降及秦汉以后，则为封建主义当道，这是把亚细亚生产方法硬插在封建社会与氏族社会之间。

然而主张亚细亚生产方法之特殊性最力的，要算马扎尔，他是今日研究东方问题特别是中国问题之世界的权威，他的主张，差不多可以代表一切承认中国社会之特殊的学者的意见。他和他的一派学者，都以为东方社会特别是中国社会，有以次四种特征：

1. 土地国有——非私有；
2. 人工灌溉及因此而引起的大规模公共事业组织之必要；
3. 农村共同体；
4. 在国家形态上表示的专制政治。

据他所说，大规模灌溉组织之必要，就是中国中央集权的专制主义政

---

① 《亚细亚生产方式论》（早川二郎译），第33页。

治的前提条件，但马扎尔知道政治组织是由一生产秩序构造导出的结果，所以他把土地国有——非私有，看为是理解亚细亚特殊生产方法之键。本来大土地所有是欧洲封建制度之一种显著特征，东方堵国土地既归国有，当然不能与欧洲封建的生产方法相提并论。但马扎尔在这里犯了两种很大的错误：

第一，他忽视了以次的事实，即封建的土地所有关系的本质，就是由主要生产条件即土地的所有者，对直接生产者强制榨取其剩余劳动，并结成农奴的主从关系，至若土地所有者为私人抑为国家，那是无关大体的。

第二，即使退一万步承认土地国有和私有，为亚细亚生产方法与封建的生产方法的一大分野，但马扎尔认定中国的亚细亚生产方法，是延至西方资本主义侵入中国以后，才开始破坏的，然则中国土地私有的现象，也是延到这时候才发生的么？

马扎尔的主张，在理论上事实上都说不通。

但无论马扎尔也好，以及前面述过的普列汉诺夫或柯金也好，他们有一个共同之点，就是认定东方或中国社会演变法则，不能依一般社会或欧洲社会的演变法则去解释，从而对于前面所说的"亚细亚的，古代的，封建的及近代有产者的生产方法"云云，在普列汉诺夫，其解式当如次：

（A）$\begin{cases}亚细亚的生产方法 \\ 古代的生产方法 \\ 封建社会的生产方法\end{cases}$

照柯金的主张，其解式如次：

（B）氏族生活 $\begin{matrix}\nearrow 亚细亚的生产方法 \searrow \\ \searrow 古代的生产方法 \nearrow\end{matrix}$ 封建的生产方法→资本主义的生产方法

最后，在马扎尔立论，其解式当如：

（C）$\begin{cases}中国特殊的（亚细亚的）生产方法 \searrow \\ 古代的生产方法→封建的生产方法 \nearrow\end{cases}$ 资本主义的生产方法

而事实上则是：

（D）亚细亚的生产方法→古代的生产方法→封建的生产方法→资本主义的生产方法

在承认这四者之继起性的前提认识下，所谓"亚细亚的生产方法"，无疑是一般的指着原始共产社会的生产方法。至同一著者在其他著述中所具体论及的亚洲或中国印度诸邦之社会经济状况，那当与这里所说的"亚细亚的"云云，不能相提并论了。

总之，中国社会经济的发展，并不曾逸出人类世界史的一般范畴，而在中国以外的其他东方国家，亦属于此。所以被看着特殊的"亚细亚的生产方法"，实际并不存在。

(二) 中国奴隶制度问题的着落

不过，否认特殊的"亚细亚的生产方法"为一事，在相当范围内，肯定特定民族之自然条件与历史条件的差异，从而肯定特定民族之经济的社会体制及其发展过程上的不同姿态，为又一事。上述四个阶段，虽为世界最大多数民族所曾经历过来的重要历史时期，但各特定民族经历此等时期的方式与步骤，却并不尽相同。例如依照上述四阶段的演进程序，在称为"亚细亚的"原始共产体制而后，接着就是被称为"古代的"奴隶制，以次是封建制、资本主义制；在彼此不尽相同的自然条件与历史条件的作用下，某特定民族经历封建阶段的时期特别短，某民族逗留于资本主义阶段的时期特别长，而其他民族尽管在封建阶段长久停滞下来，但其前于封建制的奴隶制，却因为在实施的范围与程度上，都不够形成一个历史阶段，于是关于这个民族之历史的叙述，就用不着定要按照公式，对它"凿孔裁须"的插入一个奴隶制度时期。

中国在封建制的阶段是逗留得极其长久的，但其"划时期"的奴隶制却不曾在中国历史上呈现过，事实尽管如此，然而迁就公式的中国社会史研究者，却硬替中国"制造"出一个奴隶制时期。不过各家所说不一：

照郭沫若所说，"西周时代，是奴隶制度时代。"

照吕振羽所说，"周代的封建国家，是建筑在殷代奴隶所有者国家的废墟之上。"

照王宜昌所说，"不仅从秦汉两代中广大的奴隶存在，可以证明秦汉之为奴隶制度，而且从周代以至春秋战国的奴隶城邑，亦可证明他们为奴隶制度"；"经过了秦汉魏晋各代的政治变革，奴隶中心地的转移及奴隶制的变化以后，最后才由以氏族生产方法和奴隶生产方法而产生新的封建生产方法的五胡底征服，将它推进于封建制度。"

照王礼锡所说，"奴隶制度自金已然，不过元朝的集权大帝国成立，才更加扩大其基础，而发展有作用而已。"

此外还有陶希圣等的说法，不欲多引了。若仅把上列名家所主张的奴隶制度时期，加以综合的系列，我们便发现一种有趣的结论，就是中国自夏商周三代以后，直至金元二代以前，差不多都是奴隶制度社会了。

关于中国社会发展史上奴隶制阶段意见之如此分歧，在一方面固然说明了中国历史上没有一个显明的，成为"划时期"的奴隶制的存在，同时却又表明历代都有役使奴隶的事实存在。然而问题的焦点，不在中国历代有无奴隶，而在那些散漫的零碎的存在的奴隶的数量与性质，是否根本的关联到一般所谓奴隶生产方法。

如其我们不否认奴隶制度是奴隶所有者与奴隶结成的社会关系，并且这种社会关系，是以奴隶所有者榨取奴隶之全部生产物（除了仅够维系奴隶生命者而外）为其经济基础，那上述诸家关于中国社会史上之奴隶制的认识，就根本忽视了以次两命题：

第一，典型的奴隶制度上的奴隶，是实际从事生产活动的奴隶，而非家内役使的仆婢，也非在贵人要人车前马后驰驱的奴隶。然而上说诸家举证的奴隶实例中，差不多有百分之九十九是限于这类性质的奴隶。

第二，中国历史上虽然间或可以发现奴隶从事实际生产活动的实例，但我们要注意的，是看那种生产形态，对于当时相并存在的其他生产形态，是占着怎样的地位，换言之，即奴隶的生产方法，是否曾在社会某一时期立于主要地位。

诸家在迁就公式的前提上，虽然颇像是注重历史法则，但当其论证起来，却又把法则抛在脑后了。

（三）中国社会经济发展的途径

由上面的说明，我们知道在中国社会之史的发展上，并不曾经历一个奴隶制的阶段；更确切的说，就是奴隶所有关系，从而，奴隶的生产方法，从不曾在中国社会经济的结构上，形成一个可观的，够占一个历史时期的场面。

就因此故，中国社会经济发展的全过程，就是由原始社会或原始氏族社会过渡到封建社会，而现在则还在封建制度的解体过程中。

在这种前提认识下，我们似乎应当把以次三点略加说明：

第一，由氏族社会过渡到封建社会的可能性。

第二，中国长期停滞于封建社会的实相。

第三，中国当前社会的特质。

先言第一点。据一位有名的社会科学者指示我们："没有奴隶制，没有希腊国家，就没有希腊的艺术与科学；没有奴隶制，没有罗马帝国，就没有希腊文化与罗马帝国的基础，也不会有近代的欧洲。"这表明奴隶制在近代欧洲的发展上，演了怎样重要的角色，但主张此说的同一著者，却并不一定要强使一切社会，都套上此种理论公式，他关于德意志的发展形成说:"日耳曼人依马克共同体的形态,把纯粹氏族制度的片断,移到封建国家……"从世界史观察起来,封建制度的形成,大抵有以次两个过程:其一是在许多国家,奴隶制度于其发展过程中,转化为农奴制度,如十五六世纪间的俄国和古代的日本是,其一则是日耳曼封建制形成的过程:它一方面有其自身的前一时期的氏族社会的结构,一方面有被征服者的前一时代的商品关系的残余,由这两种原素合流而形成了封建制度。①中国封建制的形成显然不是采行前一过程,但也不尽是采行后一过程,不过,我们可以断言的,是孕育中国封建制的胎盘,不是奴隶制,而是原始的氏族共同体。由商到周,是氏族社会转化到封建社会的重要关键。但周代特别是西周的封建制度里面,还满含着极浓厚的氏族共同体制的成分。周代以后,官僚主义的中央集权的封建机构,乃逐渐由发展而进于成熟。以次,我们当述及前面提示的第二点,即中国长期停滞于封建社会的原因了。

在赞成亚细亚生产方法的权威学者如前述普列汉诺夫与马扎尔一流人物看来,亚细亚生产方法下之生产力发展受到停滞阻止的要因,就是因为社会分化之高度发展前提的奴隶制度没有发展,②但依照此种说法,我们将无从理解亚洲另一个国家(日本)社会停滞的情形,因为日本是在古代经历过奴隶制度阶段的。中国社会的停滞,我们可以从两方面来说明:其一是"停滞"本身的意义,其一是二千余年封建组织"再生产"的实相。由前者而论,停滞是一个颇滋误会的语词,诚如德国一位"中国通"学者威特福格所说:"……一旦被形成的生产及社会体制内部的成熟,曾在这个长时期内,把经济的中国并精神的中国,置于极活泼的活动及发展的状态下。"③他并说,"这经过非常长期的时代的诸事件与诸变化,对于中国由秦代革命所定下基础的经济原理,曾加以显然的修正,并使其完成与深化。但在本质上一个新的经济体制,至19世纪即至欧洲资本主义侵入的当时,是还不曾显现的。"④——我们由此知道,所谓"停滞"云云,并非长期不发生"变化",或没有"活泼的活动",而只是不曾出现一种"新的经济体制",从而,要解释中国社会的"停滞",亦只能限于此种范围。中国封建制的特征,是官僚主义的中央集权化,中央集权化的物质基

---

① 《中山文化教育馆季刊》第2卷第1期,第116页。
② 《中国农村共同体及其遗制》,见日本《经济评论》第2卷第7号,第10页。
③ 威特福格:《支那经济史研究》(横光次郎编译),第56页。
④ 同上书,第55页。

础，主要虽为大规模的治水组织与灌溉制度，但防御外敌的要求，亦颇有关系。在中央集权化的政治形式下，必然要产生与此政治形式相适应的封建的官僚阶级。此官僚阶级在既存的商业资本及货币关系的相对发展条件下，由吞并小农民的土地，而发生所谓大土地所有者的特殊阶级层，由是官僚阶级的世袭的地方割据的倾向，乃与国家的中央集权的倾向相对立；在此种对立关系中，所谓"壮者散而之四方，老者转溺乎沟壑"的现象发生，接着是破坏生产力的大战乱。在对内对外的要求上，"弟民伐罪"的"真命天子"出现，由是中央集权的封建机构"再生产"出来。但这种意义上的"再生产"，是所谓"扩大再生产"，而非"单纯再生产"，因为那种集权的机构，是愈来愈完密，愈来愈扩大的。不过，自然的条件与历史的条件，无论使中国封建制度备有怎样特殊的政治形态，或经历过怎样的变动程序，但在原则上，中国封建制度究与其他国家的封建制度，没有何等根本的不同。

最后，我要略略提到前述第三点，即我们当前社会的特质了。中国官僚主义的封建机构，本来至有清一代而更臻完密，但自欧洲资本主义势力于80年前侵入以后，这封建的机构即开始进于分解。时至今日，中外的社会经济学者，虽依各各不同的立场，断定中国目前还是封建社会，或者已是资本主义社会，或者折衷而论，说是半封建社会或商业资本主义社会，但这种种不同意见的产生，正表示中国当前社会是一种过渡性质。在资本主义势力透到社会底层的现况下，过去依土地榨取关系所维系的封建组织，当然无法保持，但在各帝国主义要以中国为其制品销纳地和原料供给地的桎梏之下，中国决计不能变成资本主义国家。这种进退失据的情形，正好形成我们当前过渡期中的半殖民地的社会经济的姿态。

（录自王渔邨（即王亚南——编者）《中国社会经济史纲》，
生活书店 1937 年 3 月版，第 1—26 页）

中国社会经济史上的法则问题

一 社会经济发展的一般法则

到现在为止,我们已有理由,已有根据,把历史看作一个统一的,有规律的,异常多方面的和矛盾性极复杂的过程。

但在过去,在一般史学家眼光上,历史即使不是太单纯的,不是没有矛盾的,但其不单纯与矛盾,却正好被看为没有规律,和不能统一来说明的症结。

18世纪19世纪上半期的有名著作家,罕有注意历史的因果关系者。

"到1860年之初,历史学这一科,还是受着摩西十诫的影响"。① 其实,这并不是哲学者,社会科学家的私见,一位权威历史家就曾这样告诉我们:

"人类史最不幸的特点,即,虽然各部分皆已片断的备悉无遗,但未有能将其集合成整,而确定其彼此关联者。在其他知识领域中,综合的需要,已普遍的认为重要。且曾努力由各种单独之事实,发现支配这些事实之定律。可是历史家不常采用此法,且流行一种特异的思想以为他们的责任不过是叙述事实。……由是,任何一个著作,不论其思想如何落后,天资如何鲁钝……只须在数年中,稍事涉猎相当的书籍,即可妄列于史家之林,他便能胜任撰作一部伟大民族的历史,且其著作可被论坛上誉之为权威。"②

这段话指明了两件事实,其一是:在19世纪上半期以前的历史著述,通是叙述事实,而不曾去发现支配事实的规律〔因为巴克尔(H. T. Buckle)的《英国文化史》大著,是于1851年着笔,1857年问世的〕;其二是:要撰著一部历史,如只以叙述为能事,则是一件极容易的事,如想在史实中发现规律,发现出各别单独事实之内在的因果联系,那

---

① 恩格斯:《家庭、私有制和国家的起源》(英译本),第12页。
② 巴克尔:《英国文化史》上册(胡译),第3页。

就比较困难了。

以前的历史著述，其所以都不能不停留在史料的阶段，这也许是一个重要的原因，但却不是基本的原因。

我们说19世纪上半期以前没有史学，没有依据一定历史发展规律写出的历史，那并不意味着，当时根本就没有一个历史家作过此种尝试。事实上，以往的历史家，无论他是受着摩西十诫的影响，抑是"忠实于修昔的底斯（Thueyolicles）李维（Livy）塔西陀（Jacilus）波庐塔克（Plutarch）所定下的原则，描写战争，联盟，朝代，政治阴谋并特别注重有关系的人物"。① 他总企图依那种教义，或那些原则，去搜集并处理史料。历史就这样变成了可由历史家任意编造，任意雕塑的东西。大约对于某种教义或某种道德信条愈加认真坚持的历史撰述，它对于历史本身，就愈显得乖离。结局，就如黑格尔（Hegel）所说，"主观的幻想，代替了历史的纪录"，② 本来，"在历史上，'思想'似是隶属于已存的事物和实际的事实，并以这种事实为其基础与南针"，③ 现在却反过来，使历史的实际事实，去迁就或隶属于"思想"，且把思想作为历史事实的基础与南针了。在这种情形下，我们倒宁愿去接触片断的个别的但却是相当存真的史料，而对那些以"垂训"或"资鉴"为目的而矫作杜撰的东西，采取保留与警戒的态度。

一切过去的"垂训性"与"资鉴性"的历史，有一个共同缺点，就是以为历史是由人类中极少数的特殊人物或人格化了的上帝，预先设定一个真理或道德的目标来造成的，即以为历史是属于主观的东西。因之历史演变中的任何重大事件，都被诠释为是要求贯彻那个目标或者不肯去接近那个目标的结果，他们其所以有这样的认识，所谓新史学论者班兹（Barnes）曾告诉了我们这一症结。

"过去历史家陷入了空想与神祇之领域，以为此种玄想弥于社会，产生文化中之确定动向。若辈绝不愿接近人类日常生活之具体现实，并研究社会动进之特种因素与法则"。④ 其实，不肯"研究社会动进之特种因素与法则"的，并不限于旧的历史家，即强调实证主义的社会历史学者如孔德（A. Comte）一流人物，并不免过于看重文化现象，看重思想因素。

---

① 班兹：《新史学与社会科学》下册（董译），第459页。
② 黑格尔：《历史哲学》（王、谢合译），第11页。
③ 同上书，第13页。
④ 班兹：《新史学与社会科学》下册（董译），第465页。

而不知道：

"一切社会变革或政治变革的基本原因，不应该求之于人的头脑之中，不是在于人们经过某个时期后更正确地了解永恒的真理及正义，而应该求之于生产方式及交换方式的变更；这些原因，不应求之于哲学，而应求之于经济。"①

不过，对于历史的认识，要使人们由形上的玄想，转移到形下的经济，那并不是一件能够完全"自主"的事。换言之，那是历史的发展，已经达到了使人们对于经济不得不另眼相觑以后的事。

产业革命以后，现代商品经济始以压倒一切的社会优势，呈现在人们眼前，现代经济学就是商品经济成长过程的产物。经济学上的诸般法则被发现出来，人们始明确的认识到社会事象的法则的严存性，亦就因此之故，前述那位新史学论者班兹便认为不懂得经济学不足以治史。他说：

"传统派史学家只注重政治阴谋中上等人物之活动，外交之欺诈，与战争之整个屠杀，而不肯降心研究日常生活中事务之发展，尤其鄙视普通人民之活动与成绩，即使他们偶尔离开政治史之大道，而探险经济活动之歧路，亦不能有若何之成就，盖其于经济学为门外汉故也。"②

可是，不懂得经济学何以就不能治史的原因，他却不曾明白指点出来。

经济学是以商品经济或资本主义经济为研究对象，资本主义经济在其演变过程中表露的发生发展及其趋向衰落的法则，就正好暗示出经济历史的法则。因此，经济史学就是经济学研究而成立的一门学问。经济史学上的诸般法则被确立起来了，或者更正确的讲，被发现出来了以后，一般史学，或一般历史法则，就有了着落，这时我们才能谈到，一切社会的政治的变革原因，"不应求之于哲学，而应求之于经济"了，我们还可由此知道，19世纪上半期的有名历史著作，其所以极少谈到历史的因果法则的，就因为当时的经济学，尚是局限在狭义的范围内，从而，当时的经济史学，尚不曾确立起来。

经济史是人类社会生活演变的基本史，而经济史学上的法则，就成了一切社会生活变动的基本法则，……现实社会的基础，即不外经济过程或物质的生产过程。……人们为着生产，加之于一定的关联及关系里，而且必须在这些社会的关联及关系里面，他们的劳力才能施于自然之上，才能

---

① 恩格斯：《反杜林论》（吴译），第361页。
② 班兹：《新史学与社会科学》（董译），下册，第464页。

够生产。

此处所谓"社会的关联及关系",即一般所说的社会生产关系。……社会的生产关系,原来系与此种受社会自然条件规定的生产力的一定发展阶段相适应,并且生产力在一定发展阶段,还会蒙受其所关联的生产关系的保育与促进。但在一定生产关系下,得到保育与促进的生产力,势必要求改变生产样式,即改变获得生活资料的方法,从而要求改变以前所有的社会关系,至此,生产关系与生产之适应联系破坏,即前者于后者的保育功能,乃转化为其发展的桎梏。新的生产力,必然由其不可抵抗的新的生产关系的要求,而使既成的社会关系,既成的法律政治以及其他上层建筑,或急或徐的趋于倒坏。

这是过去一切社会经济关系推移演变的基本事实,对于这种具体事实的抽象理解,就成功为历史的基本法则。而在这种基本历史法则作用下,作着新陈代谢的诸社会经济形态,或所谓社会经济结构,曾被这样的予以确定:

"各个人所借以生产的社会关系,即社会的生产关系,随着生产手段,从而也就是随着生产力的变化而变化。这个生产关系的总和,构成我们所讲叫的社会。太古的社会,封建的社会,今日的社会,都不过是生产复杂关系所形成的结果之一种,而在人类历史的发展上,各划一个重要的时代。"①

如其说,"太古的社会",是被理解为奴隶社会,而在这种社会以前是怎样呢?依着此后若干年间对于原始社会的研究与发现,同一著者在另一场合,又曾作着以次的说明:

"大体说来,亚细亚的,古代的,封建的及现代资产阶级的生产方法,区分为社会经济构成的前进诸阶段。"②

到今日,对于任何特定社会之历史的经济的研究,殆莫不视这种科学的阶段说为不得不遵循的准则。

二 历史法则应用到中国社会何以会发生问题

上述的社会发展法则或历史法则虽被发现出来,但要好好认识它,却并不是一件容易的事。认识不能透彻,应用就更有问题了。因此,在历史

---

① 马克思:《工资、劳动与资本》。
② 见《政治经济学批判》(郭译)。

法则应用到中国社会而发生的诸般问题中，我首先得把历史法则本身认识的困难指明，以证示我们对于中国社会史性质论争中的许多不必要的误解，泰半是起于以次这些方面的理解不够：

第一，体现在上述历史阶段论的社会经济发展法则，是通体研究这些历史累进时代之实际社会经济状况而达出的结果，而并非依据什么"文化价值状态"或为了"思维经济"，而观念的预先"制成"此种法则，然后再用此法则去硬行区划或比附出各历史阶段。

第二，由历史自身发展过程中表现出的法则，或在那种法则作用下形成的各历史阶段，它们并不很显著的很完整的呈现于任何一个国家或民族的历史过程中。我们是在希腊罗马社会看奴隶制度的来踪去迹；我们是由现代英法德诸国看到由封建制转移到资本主义制的历程，我们是由俄国看到资本制如何必然走到社会主义制度的法则，我们并还是由许多落后国家或民族之原始风习与体制，看到原始共同体移向奴隶社会的内在因果关联。换言之，即我们所发现的累进的历史序列或历史阶段，并不是由任何一个民族发展史单独提供出了一个完整的标本，而是由特定诸国家诸民族之历史而独立化而抽象化的一般的公式。

第三，人类社会历史的发展，与前述物质的自然条件有密切的关联，各民族在相互不同的自然条件，乃至历史条件的影响下，其社会经济发展行程，必然不免要表现出种种差异。如某民族在某一社会发展阶段所显示的生产规模，所延续的时间，以及在其经济基础结构上所呈现的各种上层建筑姿态，都不一定能与其他民族在同一阶段所经历所表现者相同。社会科学者告诉我们："……同一的——就主要的经济条件说是同一的——经济基础，仍可由无数种互不相同的经济上的事情，例如自然条件，种族条件，外来的历史影响等等，而在现象上显示出无穷无尽的变异和差别来，不分析这经验上给予的事情，是不能理解这一点的。"①

第四，在各历史阶段发展转变过程中体现着的法则，当然是作用在一定社会经济基础之上的。但任何一个民族或国家，经历无论哪一个历史阶段，很少有一个单纯的或同一社会性质的经济结构或经济形态，让它那种法则"很爽快的"或不受阻碍的表现出来，反之，法则的严存性与贯彻性，却正好是由通过种种阻力，或克服那些阻力，而被认识着，理解着。在一种新社会经济形态取得存在的过程中，我们会看到，阻碍它的是旧的传统的经济制度，但当它已取得了社会支配形态的地位，它本身又必然要

---

① 见《政治经济学批判》（郭译）。

孕育出一种代替它的更新的社会经济形态的因素，而使它自身变为被克服的阻力，这正是历史法则的表现。但在两种或两种以上的社会经济形态，同时以各种不同的程度，参合作用在一个社会的时候，很容易使我们在法则的认识上发生一些错觉。最近有位名为特列夫斯基（I Delevsky）的学者，就有这样的议论："……奴隶制农奴制和自由工作同时并存，有时调和到他们难得决定主要职责是属于某种劳动形态。在古代社会里，当希腊罗马的奴隶制度达到其发展的最高峰时代，自由劳工在数目上常占着很多。依梅伊耶（Edonard Mayer）所说，自由劳动和奴隶的存在，其时间同样的久远。中古时代，奴隶在这个术语狭义之下，乃与农奴甚至城市中的自由劳动存在得一样长久，在美洲，奴隶制与自由工作同时并存。历史并不承认有法则……"其实这是根本不懂得历史法则如何构成的呓语。谁都知道古代希腊罗马社会与奴隶并存的有自由市民，但问题是要看当时的生产式样，以及由那种生产式样所规定的生产关系，究竟呈现怎样的姿态，换言之，即当时供应统治贵族及自由市民诸君之豪华放纵生活，究是少数偶尔勉强从事生产作业的市民"自由工作"，抑还是那些广大奴隶群的"污秽不洁"的劳动。历史在本身上无所谓承认不承认法则，我们为研究历史的方便计，却不能不依据它在发展过程上所表现出的内在的合则性与规律性，及由此等性质所显示的诸般要键，而区划为几个"重要的时代"。

最后第五，我还得就历史法则提出这样一个还不大有人谈到的意见，我们是公认各民族所遭遇的自然条件与历史条件不同的；且不讲在最先，历史条件的不同，是如何受着自然条件的影响，单就自然条件来说，它对于社会的发展，愈往过去，是愈有着拘束限制作用的，也就是说，社会劳动生产力对于自然力的克服作用，是愈来愈大的。如其说，人类社会在愈早的历史阶段，他们为维持生存，克服其所遭遇的自然，所表现的社会劳动生产力，愈益薄弱，因而，哪怕在同一历史阶段，比如说，在同一原始社会阶段，它们各别的社会经济形态，彼此间可能发现出较大特殊性；反之，如其在一个发达的社会，比如说，临到资本主义社会这个历史阶段，它的社会劳动力便相对的愈来愈大，愈有克服气候、地形、人种以及其他种种自然因素的力量，因而，由自然因素作用而形成的社会特殊性，就相对愈少了。如果这种说明不失为健全，我们似乎有理由作出这样的结论：说社会劳动生产力较大的甲国资本主义社会与乙国资本主义社会彼此之间所表现的差殊性，要比社会劳动生产力较小的甲国封建社会与乙国封建社会间所表现的差殊性为小；或者说，两资本主义国家间所表现的一致性或一般性,要比两封建制国家间所表现的一致性或一般性为大;更具体的说,美国的资本主义,英国的资本主义乃至远东日本的资本主义间的差殊性,是没有欧洲封建制与东方封建制间的差殊性那样大的。在另一方面,希腊罗马社会的奴隶经济形态,依据我的推论,在本质上,与东方奴隶经济形态的差殊性,是可能较之东西封建经济形态间的差殊性更大的。总括言之,即在社会劳动生产力对社会生产关系不绝发生适应,抵触与突破的作用的过程中,同时还在一旁存在着社会劳动生产力在不绝增大其对自然力或自然条件的克制作用。所以较进步社会的法则,不但在种类上较以往社会法则为多,其明确程度较以往社会法则为著,其一致性,亦较以往社会法则为大。许多流俗的经济史论者,就惯拿此点来否认资本社会以前的社会经济形态,即否认历史法则。[①] 其实,在同一历史阶段诸社会彼此间所表现的差殊性,虽愈往过去愈大,但作为它们构成一个历史阶段的根本共同点,却并不因此受到影响。

其次起于我们的传统的历史认识及我们历史本身显示的诸社会变象。

我们前面述及的,由社会经济变动中显示的历史阶段或历史法则,其发现固然是困难,但发现出来了,如其对于法则本身,没有在上面论及的五点认识,那就根本不能算是有了理解,更自无从谈到应用了。然而,这还是就一般立论,若根据一般历史法则来研究中国社会,我们在主观上,在客观上,都会引起不少的问题。

就主观方面引起的问题来说。

这里所谓主观方面,是就研究主体而言。

凡属有志于接近中国历史文献或研究中国历史文献的人,都或深或浅的对于中国传统的历史认识或历史观,有了一些感染。与欧洲的正统派历史家比较,中国史家也许可以说是宗教的色彩,不甚浓厚,但如其像英国历史家佛里曼(Freeman)所说,把历史解作是"过去的政治",我想中国历史家大抵是理应首肯的。马端临是一位公认为中国典型的正统派历史家,他就把历史上的事实,分为两大类,一是理乱兴亡,一是典章经制。"一部二十五史,拆开来,所谓纪传,大部分是记载理乱兴亡一类事实的,志则以记载典章经制为主"。这两方面都是属于政治范畴的。在政治范畴内兜圈子的历史记载,无论其采取分类的叙述方法,抑是采取分朝或分期叙述方法,都不能不显出两个特点:

一是随处都不忘怀于"垂训""资鉴"的主旨。

---

① 马克思:《资本论》第3卷(郭大力、王亚南译),第676页。

一是加意渲染政治上上层人物的个人活动。

这两个特点,都是使历史的客观性在主观意象里,完全解消或模糊的根本原因。这种传统历史习性的造成,致使一些有志于"整理国故"的人们,都无形"陷溺"而不能自拔。梁启超式的中国历史研究法的大著,原是企图矫正传统历史家的作风而问世的,但他下笔写来,就露出了传统的马脚:

"人类为生存而活动,亦为活动而生存。活动休止,则人道或几乎息矣。凡活动,以能活动者为体,以所活动者为相。史也者,综合彼参与活动之种种体,与其活动所表现的种种相,而成为一有结构的叙述者也。是故非活动的事项——例如天象,地形等等,属于自然界现象者,皆非史的范围,反之,凡活动的事——人类感情,理智,意志所产生者,皆活动之相,即皆史的范围也。"

这段话说得非常含糊,以历史为人类知、情、意的产物,即无异说历史为人类精神的产物。人类的活动,本来都渗透有精神作用于其中,但如说历史要寄托在人类精神活动上,其结果,所谓人类,就不过是意味着人类中极少数的特殊人物,特别是政治上的英雄们。梁氏在他那部大作中,已再三明白表现出来了:

"历史劈头之一大问题,则英雄造时势耶?时势造英雄耶?换言之,则所谓'历史为少数伟大人物之产儿','英雄传即历史'者,其说然耶否耶?罗素曾言:'一部世界史,试将其中十数人抽出,恐局面或全变'。此论吾人不能不认为颇含有一部分真理。……吾以为历史之一大秘密,乃在一个人之个性,何以能扩大为一时代一集团之共性?与夫一时代一集团之共性,何以能寄现于一个人之个性?申言之,则有所谓民族心理,社会心理者,其物实为个人心理之扩大化合品,而复借人之行为以为表现。……由人类心理本身,有突变的可能性。心理之发动,极自由不可方物。无论若何固定之社会,殊不能预料或限制其中之任何时任何人忽然起一奇异之感想。此感想一度暴发,视其人心力之强度如何,可以延蔓及于全社会。"(第170—174页)

这段话完全表现了中国传统历史家的态度,至少,可以说是对于传统历史撰著精神的侧面支持。梁氏不必说,我们再看以"科学""民主",以"实验主义"相号召的胡适之氏,他对于历史是这样理解的:

"历史好比'100个大钱,你可以摆成2座50的,也可以摆成4座25的,也可以摆成10座10个'。因为作为历史来看的实在,是我们自己改过来的。这个实在里含有无数人造的分子,实在是一个很服从的女孩子,他百依百顺的由我们替他涂抹起来，装扮起来。实在好比一块大理石到了我们手里，由我们雕成什么像。宇宙是经过我们自己的创造工夫的。无论知识的生活或行为的生活，我们都是创造的。实在的名的一部分，和实在的一部分，都有我们增加的一分子。"①

历史就这样像一堆"大钱"让我们任意"摆"；像一块大理石，让我们任意"雕刻"；像一个顺从的女孩子，让我们任意"打扮"。然则去"摆"，去"雕刻"，去"打扮"的我们，照提倡"民主"的胡适之看来，应该是指着"人类"，指着"大家"，可是他是这样告诉我们的：

"个人吐一口痰在地上，也许可以毁灭一村一族；他起一个念头，也许可以起几十年的血战；他也许'一言可以兴邦，一言可以丧邦'。"

"吐一口痰在地上"，是任何人都能做的。但胡适显然是把这作为一个陪衬，而说明创造实在，改变历史的，毕竟是那些"一言可以兴邦，一言可以丧邦"，一动念可以惹起"几十年血战"来的大人物，英雄，圣帝，昏君之类，"吾侪小民"，仿佛是无此心力的。

我在这里，并不是想批评胡氏的什么实验主义的历史研究法，那已经是毋须再费笔墨去批评的。我不过要借此表明：他标榜实验主义，并不曾掩盖他从中国传统历史家受到的不良影响。

对于中国有志于"整理国故"，而终不免为"国故"所捉弄的历史家，我们与其说他们是过于浸沉于旧的历史传统，宁不如说他们是太缺乏新的史学的修养。

这是很难怪的，照我们前面所说，新史学的研究，是不到 100 年的事，是在现代经济学已经被当作一种既成科学来处理，来批判以后的事。慢说在中国，就是欧美社会，新史学在历史研究的领域内，虽然业已脱了被视为"异端"的阶段，但显然还不会达到完全代替正统派历史学的阶段。利用科学方法来整理旧史料，在国外，在欧美，一般还是盛行着归纳主义，实验主义，而当作舶来品，从外国，从欧美输入的历史科学，也当然还是"未能免俗"的那一套。

自然，20 世纪以来的世界社会经济的变动，一切正统社会科学理论的藩篱，已逐渐被破除了，在前世纪末，一般还被视为"异端"的新社会科学，新历史学，到本世纪初，特别是到了最近二十余年来，已经照应着世界经济的变动，与社会阶层势力的消长关系，在每一资本主义国家，甚至在一些落后地带，不胫而走的风行起来。但新的社会科学或新的史

---

① 《胡适文存》卷 2，第 440 页。

学，一般是采取反资本社会的立场，对于正统的各种社会科学予以批判。单在这种限度内，所谓新的社会科学或史学，就完全不是一般俗见所理解的那样，以为那是一种"时尚"，那是学会几个公式就行了的，再容易不过的事体。恰恰相反，那显然是比所谓正统社会科学，更深更进一步的东西：凡属一种批判性的理论或学说，它首先就要求对被批判的对象，有一种明确的理解；不能站在较广阔的较深远的前进一层的境界，根本就不能希望把被批判的对象的不健全的症结指证出来。

然而这对于中国的学术界或社会科学界，实在是一件失之太奢的要求。在一个产业落后，从而，科学落后的社会里面，一般人对于科学因果法则的基本知识修养是一般缺如的。如其说，历史的因果法则的学问，或者所谓史学，在一般社会科学当中，是更有综合性，更需要科学修养才得理解的科学，那么，我们自认为拔出旧历史传统，而以"整理国故"自命的历史家，即使他们是太实验主义一点了，不也难能可贵么？

可是，"近来实验主义者倡为点点滴滴研究中国史之议，实际上，这是乾嘉学派的旧方法，并不是实验主义的新方法。所谓点点滴滴，不过是对于史料的疏通辨正，训释补辑而已……我们不是说，这种琐碎的研究工作，对于研究中国史是不必要的，反之，我们正觉得这正是研究历史的一个前提工作。但是如果没有正确的方法，就是点点滴滴的历史研究，也是不能得到正确的结论的。"①

从上面的说明，我们知道一般史学界，其所以还不能不逗留在目前这个点点滴滴的研究阶段，其所以还不肯去接近新的史学的研究方法，那除了传统历史精神作祟，与一般科学修养缺如外，最基本的原因，也许应当求之于客观现实的限制。但我在这里，不想对我们的客观社会现实，还在如何便于传统历史精神的发挥，和点滴研究兴趣的昂扬，作进一步的解说，我只想表明：单是这两种态度，就大可苟合起来，使一般历史研究者"作迷自障"的不肯去过问上述的社会变动的基本法则，他们有时对于这种历史基本法则所表露的幼稚理解，与一般但凭直观的常识论者，完全没有两样。

第一，他们以为新史学只注重公式，忽视具体事实。然而恰恰相反，它正好是要一切根据具体事实的。不过，它所注意的具体事实，是具体事实的全体，是它们全体的内在关联，是每件事实在全体中的关系。惟其如此，它在接近事实，接近史料以前，必须把握着将近一世纪以来新历史科

---

① 吕著：《中国通史》上册，第7页。

学研究的成果，即社会一般的发展法则，它是要带着这种法则，去同具体的历史事实接触，并由此去辨释论证一般史料的真实性的。自然，我们并不否认晚近想用这种新方法治史的人，有的往往"矫枉过正"的太强调法则，以致流于公式主义，但那种过错，并非由于新史学本身，我们不能据此予以非难。

第二，他们以为新史学只注重物质，忽视精神作用，这种指责，与前一项指责，正相矛盾。物质不就是具体事实么？即使说，他们所非难的是新史学坚持历史的发展定律，系从社会经济方面发现出来，而没有考虑到人类精神活动的作用。然而新史学在任何场合，总不会忘记每种社会经济制度，都是有其相伴而发生的意识形态的。不过，它认为，而且事实已分明显示：精神作用或意识形态尽管在不绝予社会经济制度以影响，归根结底，总在以社会经济作为基础，并在随时皆受着社会经济条件的限制。这就是说，新史学对于历史的演化过程，从未忽视人类精神活动的应得地位。而就其发现的社会发展法则的应用言，却宁在过分高扬人类的精神活动，以为人类把握历史发展法则的关键，就可不致如过去之盲目的让社会经济发展动向所拖着前进，或者作出一些反社会发展趋势的事，而得自觉的有意识的使一切社会经济活动，都遵循着科学的合理的指导。事实上，使人类"由必然的王国飞跃到自由的王国"，正是我们研究新史学的最后目的。请参考下面这段对话罢：

经济宿命论者说："各别的个人，不过是大波表面的一点泡沫，人类是从属于铁则的；人类只能够知道这个铁则，但不能够使它从属于他的意志。"

社会科学者说："不是的。我们一度知道这个铁则，则这个铁则之羁绊的撤去与否就依存于我们，使必然变成理性的从顺的奴隶，也依存于我们。"

第三，他们以为新史学只注重社会，忽视个人。这种非难，乃是由于他们传统的想法，总以为历史是由少数特殊个人或大智大能、全智全能者造成的。其实，新史学决不忽视特殊个人对于社会的可能特殊成就，它并且也在一定限度内，承认前述罗素氏所说，"一部世界史，试将其中10余人抽出，恐局面或将全变"，就说这十余人中包括有孔子、耶稣、亚历山大、恺撒、拿破仑、成吉斯汗、希特勒罢，把他们这几位通统由历史抽出，历史无疑会有一些变化，但有几点应明确予以辨别：（一）产生耶稣的社会不能产生孔子，产生恺撒的社会也并不能产生希特勒。耶稣、孔子、恺撒、希特勒，都是他们各别所在社会的产物；并且（二）他们的成就，他们对于各该社会所发生的作用与影响，亦只是在他们那些社会的客观条件允许下，才有可能。比如，在农业的，半封建的社会，孔子学说，仍不患没有支持者，社会局面改观了，它就马上成了与现实不发生关系的古董。把个人从规定他，限制他，成就他的社会条件抽象出来，他便变成了非社会的非人的神奇东西，个人的伟大处，个人的历史价值，在在是要从他所属的社会关系中去看的。

所有上面这一些对于新史学的误解，都是妨阻我们用一般历史法则来说明中国社会经济变动的主观上的原因。但我们还得从客观上去考察一下。

这里所讲的客观方面，主要是就中国历史本身立论，至若我们借以认识中国历史本身的史料，那已带有很浓厚的主观性质，不过，在我们把它作为研究对象的限度内，也可说是客观的了，至少是第二次的客观的了。中国的史料，愈往过去，愈病于贫乏；愈到近世，愈失之庞杂。贫乏固然会不完全，会引起真伪难辨的困难；但庞杂亦不见得就能完全，且更多看以伪乱真与张冠李戴的毛病。往往，残缺的"原始的历史"，比之后来造作的"反省的历史"，还较能给人以清晰的观念哩。这是大家倒能道之的，我们还是就中国历史本身来说罢。

首先，最惹人注意，而又最易使人发生错觉的，中国是一个二千数百年的封建国家。这样长期停滞在封建阶段，遂使大思想家黑格尔（Hegel）那样的人物，亦认定中国是一个没有历史的"空间的国家"而认定中国历史是循环的妙论，亦是就这长期停滞的封建社会的历史王朝新陈代谢的事实来说的，不但如此，作为中国社会长期停滞之内在原因的中国封建制对西欧封建制的诸般特质，更使一些不能明确把握历史法则之真髓的人，难免不因为误解中国的封建体制，更进而误解中国社会的全盘发展历程。

由于中国文化史最大一部分被封建阶段所占去了，只剩下短短几百年间，被算作是奴隶社会时期，这已会给人以非常的印象了。而况这被视为奴隶社会阶段的中国奴隶制，又如中国封建制一样，对一般表现了一些特殊，于是中国社会认识上的错觉，又因此无形加强起来。

但是，应用一般历史法则来说明中国社会，除了长期停滞的封建社会阶段外，其困难，与其说是在封建前一阶段的奴隶社会时期的短骤，和奴隶制形态表现的特殊，宁不如说是在封建制向着现代推移所引起的一些复杂而变态的现象。由于中国现代化的特别坎坷遭遇，致使若干中外人士由关心而怀疑到中国社会的原有基础，是不是也能像欧美或日本一样，发展转化成为一个现代型的社会或国家。这种怀疑论的展开，使整个中国社会发展的历程，受到了一种"另眼相觑"的"特殊"遭遇。

最近 20 年中的中国社会史的研究，虽然使中外经济史学者关于中国社会的理解，有了一些根本的改变，即不再把中国社会看成需要另制一套历史理论或法则，始能加以说明的东西，但中国社会史上的许多特殊表象，毕竟不是硬套现成公式所能解释的。

中国仍尚是"一块科学的新的国土。"（黑格尔语）

（福建省研究院《社会科学》1945 年第 1 卷第 4 期）

中国经济史研究的现阶段

一

科学的经济史的研究，到现在，还没有 100 年的历史。

在有关经济的诸科学的成立顺序上，经济史学一般是要落在经济学之后的。特我们这里所论及的经济学，是指着以资本主义经济为研究对象的狭义经济学；必须由这狭义的经济学的研究，理解了资本主义经济运动法则，理解了资本主义经济的来踪和去迹，然后始能引导我们去探究前资本主义社会的（乃至后于资本主义社会的）经济发展法则。经济史学是在这种情形下成立起来的。如其说，资本主义现实经济的发展程度和转型程度，会限制着经济学的认识，从而，会限制着经济史学的认识，那么，在一个经济落后的国家，其经济学的研究与理解，既都不易直接由本身社会的经济事象予以证验，其对于世界的乃至它自身社会的经济史的研究，就必然要在认识上受到客观条件与主观条件的限制。在一般经济史学必须借世界各国的经济史实及其经济史实之科学的鉴定与处理，始能得到全面的充实，而成功为世界范畴的、科学的限内，我们相信：在今日，一般经济史的研究，并不曾达到完全成熟的境地，而我们应用一般经济史所提示的诸般范畴，来研究中国经济史，就必然而且实在没有脱却"开步走"的阶段。

二

中国经济史的研究，迄今尚不到 20 年的时光。

在这短短的岁月中，世界经济之历史的变动，大体证验了一般经济史学所提示的发展程序。我们处在这一个时代，即历史科学正在以铁一般的法则，贯彻其作用的大转型时代，对于中国经济史之科学的研究，自然能得到不少的启示和便利。本来，以中国经济的落后程度，以中国经济学界对于经济学的认识程度，根本是不能进一步谈到经济史学特别是本国经济史之科学的研究的。上述世界大动境所给予我们的启示和便利，无疑是我们在这种落后经济与落后经济意识条件下，居然像超越一般研究程序似的注意到了本国经济史论究的主要原因，但这种原因尽管能敦促我们提早向这方面努力，却并不能保证我们努力的成果。

因为第一，世界经济史发展的轮廓与阶段，对于特定社会的经济发展，虽然明示了总的动向，但各别社会之自然条件与历史条件的特殊性，却不允许我们硬套现成公式。科学的研究，并不是要我们把各历史时代可能搜得的史料按照一定的阶段论，分类编录，而是要我们依据一定总的原则，把各种史实加以科学的鉴定和系统的说明。

第二，经济史的研究，其最困难之点，与其说是在史实过于繁杂的现代，却毋宁是在史实过于简单贫乏的古代以至现代以前的社会，而现代以前诸社会的认识，又会妨碍其对于当前社会的理解。

前一点是方法论应用上的困难，后一点是史料搜集上的困难，把这种两方面的困难综合起来，也许更会感到不易克服，但它们显然是不能单独克服的。在目前，我们旧式点的经济史家，仍不大注意方法论，其研究必然失之支离；新式点的经济史家，即使已明了史料的重要，却多半是在维持其方法论的特定立场上予以注意，故常失之武断。

这 20 年来研究中国经济史的历史，似可大体称之为不失之支离，即失之武断的历史。科学怕支离，科学亦深忌武断。

本来在研究的领域内，每个人都不妨有他自己的见解。他并可借此引导出与他这种见解相关联的一系列的意见，而充实丰富全般研究的内容。但他尽可有假定的自由，却不宜出之以凝固的排他的独断。对于中国经济史的研究，在我个人，是愈来愈觉得需要谦德了。我过去关于中国封建制度的问题，曾在开始研究时，就作个"霸道式"的结论，[①] 后来我发现错了。自是有关一切经济史上的诸种大问题的处理，我都采取极其谨慎的态度。经济史上待发现待掘发的史实史料是太多了，而我们去从事发现或掘发的工作，就不仅需要研究的准备，且还需要研究的促成因素与机会。比如，中国经济发展过程中的商业资本的作用，不到这次抗战期间商业资本活动的特别突出，特别惹人注意，就似乎不易充分理解出来，而以前忽视了这一作用所研究的诸般结论，显然要因此受到不少修正。

总之，我们关于中国经济史的研究，因其尚在"开步走"的阶段，也就必然还是在"尝试错误"的阶段。

---

① 见拙作《中国封建制度论》，《读书杂志》创刊号。

三

在"尝试错误"阶段的研究方式,旁取兼收各方面的不同意见,是非常必要的。我们这个特辑里面,关于中国奴隶制度问题,就有几种不同的说法。就是对一般的合理的经济发展阶段论,亦不惜把反对方面的意见,揭载出来。

正确的理解,是能折服一切反对意见的理论。惧怕反对意见,根本就是怀疑自身理论的正确。

一般的经济史学,特别需要在幅员大,历史悠久,经济内涵特殊的中国,测验它的正确性,也就是说,我们今日在这个研究领域,特别需要开明的自由的研究精神。

在研究上,从反对者得到自由,予反对者以自由。

1943 年 7 月 7 日于坪石野马轩

(原载国立中山大学出版《经济科学》第 5 期,1943 年 4 月)

中国公经济研究

一 引言

我先得指出，这里作为研究对象的中国公经济，主要是指着由中央、地方政府所经营的，有关经济的国营、省营事业。这种公经济的利弊如何？经营方针如何？它与一般私经济的关系如何？读者可以从经济论坛上，去听取专家们的说明。而我准备在这里从长讨论的，是一般专家都不大十分留意，而在实际上却是有关这方面最重要的诸基本问题。

把公经济当作一个社会事业的范畴来讨论，首先须得改变或纠正一般对于这类事业的许多不健全的考察方法。

第一，凡属经济的经营，惯常是就那种经营在货币数字上的盈亏或利得的大小，来决定其失败或成功程度的准则。这种狭隘的利得观念，如应用到公营事业方面，那不但忽略了公经济的立场，且会歪曲公经济的真正社会作用。公经济的真正利得，不是就这种经济本身的货币价值的大小来衡量，而宁是就它在全般社会经济中所发生的积极的促进的作用来衡量。依此判断，一种公家经营，如其由它的活动，在全般社会经济中造出了不良的影响，或有害的作用，它在其资本的货币价值上，即使大有增加，那并不意味着这种经营的成功，而宁可说是这种经营的失败。反之，如其这种经营，在适应社会紧急需要上，在成就其他公私经济活动的任务上，切实收到了莫大的效果，则它的资本货币价值，即使无所增殖，甚至有所亏折，亦不妨说是成功的事业——我们对公经济或公营事业，如其不采取这种公的社会的观点，势必驱使那些从事公营事业的活动者，走歪路，急近功，图小利，根本失去其所以要建树公经济的立场。

第二，社会一般人对于公经济的看法，从事公经济活动者自己对于公经济的看法，固然会影响公经济的前途，但至足限制公经济前途的，却宁是公经济所由建树的历史的社会的条件。公经济差不多是在一切历史时代都有过的，但任一历史时代的公经济，与其他任一历史时代的公经济，差不多在内容，范围，和性质上都不相同。我们处在多重过渡转型的大时代，很容易看到各种形态的公经济，而忘怀其社会历史基础，以为公经济的建树，全是技术问题，是人的问题，可以随意创建出自己理想的模样。一般常拿技术条件，人的条件，来评定公经济的成败关键，就是一个显明例证。我们原极重视技术条件与人的条件，在一切公私经营上的重要性，但即使是这些条件，亦当从社会的立场去说明。技术的高下，人的健全或不长进，都不是偶然的。

以上两点，前一点是就公经济活动的社会价值立论，后一点是就公经济本身存在的社会前提立论。能把握这两个认识的关键，我们对于当前国营、省营一类公经济的评价，乃不致流于枝节，偏颇；而对于公经济的强调，也不致太超出现实许可的范围。但是提出这个认识基点，虽不算怎样困难，要把它们，特别是要把后者加以科学的说明，而由是结论出中国公经济可能的展望，却就很不简单了。我希望本文能在某种限度达成这种任务。

二 现代公经济发展的历程

今日中国已有的和将待创建的公经济，显然对现代先进诸国家的公有经济形态，作了某种限度的模拟或仿行，或者至少受了它们那种公有经济形态的影响。所以要本质的理解我们的公经济的现实及其发展限界，把它们的具有经济形态的发展动态加以解析，是有其必要的。

所谓现代经济，一般是指着资本主义的个人经济或国民经济。由18世纪末至19世纪末这一个世纪间，资本主义的经济活动，差不多有意无意是把亚当·斯密定立的经济原则作为定则。依照那种原则，国家或政府对于社会经济活动，只有三件事情可做：其一是保障经济活动的国防工作；其二是维持经济秩序的司法工作；其三是便利经济设施的交通、教育及其他社会工作。过此以往，则完全听人民自动。这就是所谓个人主义的自由放任政策。而在这种政策作用下发展起来的经济，显然是属于私经济的范畴。

但这种私经济发展到19世纪最后四分之一世纪的期间，由于它本身表露的缺陷，必然走上修正或逐渐否定那种经济形态的路，结局，前此被限制在极窄狭范围的公经济，乃有在全体国民经济当中，逐渐增大其比重的可能。但那种可能，不是由于谁的天才设计，而是由于客观经济现实必然发展的结果。现代的公经济，大体是把以次这几种私经济社会的实际，作为其逐渐拓展的前提：

首先，即自由经济的统制经济化。

自由经济是个人主义经济的别称。由各别个人自利打算造成的无政府状态，每个经济主体自然会感到自由竞争对于自己的不利结果。由是，缓和或化除内部竞争的各种组合经济形态出现了。卡特尔、托拉斯、辛迪加一类企业形态之勃兴，尽管在一方面讲，是加强了每个竞争单位的规模和实力，即把零碎的散漫的竞争，转化成集结的组织的竞争，但在另一方面讲，通过了这诸般化零为整的组织和结合，毕竟在其组织或结合以内，消除了竞争。而且，由于这种种结合经济形态的产生，遂使政府在许多场合，得到了干涉统制个人自由经济的口实与便利：其一，此类纵横结合型的新企业出现以后，那些未参加，或不便参加新结合的企业，便处在极其不利地位，而演出破产失业的悲剧；其二，新结合企业的内部组织化，资本构成高度化，必然使有关方面的劳动就业机会相对减少下来。这诸般制造社会经济危机的因素，增大了政府出面来救济来保护的要求；而其三，各种企业各自分门别类的结合起来，那又无异为政府安排了便于干涉统制的基础。事实上，就在这种自由经济的统制经济化过程中，我们又还看到：

其次，产业支配经济的金融支配经济化。

照着资本主义内在的发展法则，现代企业组织的规模是愈来愈集中愈扩大的，那种集中和扩大，并不仅是如上面所说，曾招来政府的统制和干涉，同时也因其在集中扩大过程中，其资本有机构成的高度化，不但所需资本量愈来愈大，同时，也因资本中可变部分愈来相对愈小，不变部分愈来相对愈大，资本转移其全价值的时间也愈来愈长。这一来，任何一个有雄厚资产的产业家，都不能不逐渐加深其对于银行资本的依赖；在业务上资金的周转，要靠银行；其为适应扩大的规模，而采行普遍募集的股份公司方式，亦须通过银行。银行既把握有产业的金融命脉，并与产业发生了休戚与共的关系，自不得不进一步设法监督并干预产业的活动。银行资本与产业资本结合的结果，原来在国民经济上的产业支配形态，遂逐渐移转为金融支配形态。这种转变，更进一步加强加大了各种企业间的结合，而由是奠定了所谓金融寡头支配的基础。就产业支配经济向着金融支配经济移转过程中，我们又必然会看到另一种变化，即：

再其次，国民经济的国防经济化。

原来所谓国民经济，与国防经济对待来说，就是指着平时的经常的经济体系，国防经济则是指着非常的应变的经济体系。一国国民经济，如其一方面需要政府来参加干涉统制，同时金融的寡头支配，又使那种干涉统制更有强化的可能，于是，每个国民经济单位，不管其内部还存在着如何的矛盾和不调和的现象，其对外关系上，显然逐渐变成了一个大托拉斯的形态。即每个国民经济体系与其他国民经济体系之间，变成了正面对敌的竞争主体。各种形式的保护关税，各种姿态的货币斗争，对于各自殖民地的加强控制，对于次殖民地带的拼命争取，奥太基经济形态与布洛克经济形态的分别形成，都促使一国与他国间之对敌关系。由经济方面引延到政治方面，更反过来由国际政治关系的恶化，而益形加深各国之间的，从而加深各国国内的经济情形的恶化。在这当中，每个为国内经济恐慌，从而，为社会危机所苦恼的国家，都需要（一）把国内失业劳动大众的视线，由国内转移到国外；（二）把不能充分利用的产业机构和产业预备军，转用到军需品的生产上。这两种趋势，这两种要求，本来是在每个资本主义国家都存在的，不过因它们各别产业基础的强弱程度不同，愈形脆弱者愈先迫切要求采取备战化或国防化的程序。但等到某些国家或明或暗的采取了这种程序，其他国家又非步其后尘不可，结局，国民经济的国防经济化，便成为一般的现象了。

在现代经济发展上的这几种趋势，即自由经济的统制经济化，产业支配经济的金融支配经济化，国民经济的国防经济化：一方面在显示私有制的强化，但在这种性质的强化过程中，却又同时辩证的造出了私经济社会化或公有化的后果。政府对私人经济活动，即出面干涉统制，它已经可以由救济、补助、参加资本或增建公共事业等方式，扩大公有的范围，而为了建立国防经济体系，为了适应紧急的需要，它更不得不把许多有关军需军运的重工业交通业，加以进一步的控制，或者如芒克（Munk）所谓保留其所有权，而暂时取得其使用权。① 这一切，是现代私经济社会化或公经济化的必然过程。在一切资本主义国家中，不管这种公经济成分，在整个国民经济中占有如何的比重，并且与国家社会主义下的公经济比较起来，它具有如何不纯的特殊的或暂时的性质，但却显然表示了以次诸特征：

（一）它是高度发达的私经济的转化物。

（二）它是建树在私经济之社会的技术的基础上。

（三）它是向着更有组织的经济发展之过渡的或前哨的形态。

---

① 见武力《经济学》。

三 中国传统经济形态中之公经济的性质

这里所谓中国传统经济,实意味着中国传统的封建经济。

一般的封建经济,原是以孤立的,各领地各庄园自给的形态为其特征。但在中国典型的封建体制下,却不但一般的破除了那种孤立,并且很特别的很早就产生了各种形式的公经济。远在西汉时代,除了铸币的铸造,已统于三官,表示这一"官钱局"连同"造币厂"的公有经营,达到了相当规模(到了汉平帝之世,五铢钱的铸造,计达"280亿万余"枚)外,还有以次这一些公营事业:

(一)兴盐铁——"山海,天地之藏也,皆宜属少府……愿募民自给费,因官器作煮盐,官与牢盆……敢私铸铁器煮盐者,钛左趾,没入其器物,郡不出铁者,置小铁官,便属在所县。"①

(二)设均输平准——"……乃请置大农部丞数十人,分部主郡国,各往往县置均输盐铁官,令远方各以其物贵时商贾所转贩者为赋,而相灌输,置平准于京师,都受天下委输。召工官治车诸器,皆仰给大农。大农诸官尽笼天下之货物,贵则卖之,贱则买之。……故抑天下物,名曰平准。"

(三)设常平仓——"令边郡皆筑仓,以物贱时增其贾而籴,以利农;贵时减贾而粜,名曰常平仓。"

汉武之世,除以上设施外,还有酒榷之设。降及王莽时期,更设六筦五均制,不仅由国家独占主要制造业部门,统制市场,并开赊贷,即"民欲祭祀表纪而无用者,钱府以所入工商之贡但赊之。……民或乏绝,欲贷以治产业者,均受之,除其费,计所得受息,毋过岁什一。"②

对于以上诸种公营事业,往后各朝代,大率相沿,但有损益,而经营对外贸易一项,则系降及宋、明始正式成为国家一大收入源泉。

关于中国这类公经济形态,外人是这样看法:

"中国官僚制度,不仅和地主联系着,而且它已是地主的化身。它不仅和商业资本联系着,而且它自己已成为最大商人,把铁的丝的贸易垄断着,并控制盐铁经营,直至最近时期,在帝国主义侵入以前,更保持着对外贸易的垄断,和支配粮食市场。……这个官僚制度,不仅和借贷资本联

---

① 《史记·平准书》。
② 《汉书·食货志》。

系着，而且本身是一个最大的高利贷者；利用着仓库制度、土著的银行（钱庄）制度、和典当制度，使商业、手工业、运输业、与其他一切经济活动皆服从它自己。"①

这段话虽然可以利用来说明过去中国政府经营经济事业的本质，但却十分不够。中国封建体制其所以能产生这类公经济形态，基本的是由于它的经济基础，是地主经济，而不是领主经济；惟其在地主经济基础上，天下之赋，皆集中到中央政府，各地方的官吏，皆仰给于中央，故中央集权的官僚主义的封建体制能够建立起来；惟其政府手中，以赋税贡纳的方式，取得有大量的农工业生产品，又因为它有支配全国的力量，它就能从事各种大规模的公营事业；更又因为任何形态的封建体制，对于农业，对于土地有密切的依存关系，所以，中国这种封建官僚政府，一方面尽管与商业高利贷业发生联系；在另一方面，却宁是由于它怕商业高利贷业剧烈活动，危及其所依存的农业的土地经济的基础，至少想在主观上，借政府的直接经济活动，来缓和那种趋势，但在客观上，由于这种公经济方式的活动，却进一步加强了官商的联系，加深了对于直接生产者的榨取，而使每一个朝代，都必然蹈袭其前一朝代没落之路。总之，中国传统的公经济，为我们显示了以次诸特质：

（一）它是作为中央集权封建制下的特产物而出现的。

（二）它因其是作为中央集权封建制下的特产物，故它显示为全国性的国家经济形态。

（三）它与官僚制度有密切联系，往往是官僚假公济私的一个"政治副业"。

（四）它和近代初期各国君主专制局面下所采行的限制经济措施，有某种程度的类似，但后者是作为走向现在个人主义经济的过渡形态，而前者则是附丽在中国特殊封建制上的"正常设施"。

四 在现代化过程中的中国公经济活动的成果

一般的讲，在中国产业现代化过程中，曾被理解有一个国营或官办阶段，大体是指着由 1895 年中日战争以前，返数到 1862 年太平天国变乱结束以后的几十年间。就在 1862 年，曾国藩、李鸿章看到攻打太平军期中的新式武器的效果，便开始在安庆、上海等地创建有关机器修理及制造的

---

① 马扎尔：《中国农业经济研究》（陈、彭合译），第 70—71 页。

工业。江南造船厂和福建马尾造船厂是此后相继设立的。1872年，有名的招商局创立。最大规模的汉冶萍公司虽然是在1908年正式成立，但其筹办，却是于1890年着手。在同年，李鸿章又在上海创办机器织布局及纺纱新局。越3年，张之洞于武昌创办机器织布局。——上面这一切新式国营或省营事业，就是在中国产业现代化过程中，被分划出这个官办阶段的具体内容。

其实，自中日战争以后，一直至此次战争发动以前，中国的国营、省营事业，并不是没有继续兴办的，但与这一阶段比较起来，民营的比重，愈来愈较官营的为大；这原因，一部分也许可以说是马关条约丧失工业权以后，外人在中国开设工厂的越来越多，给予了中国民营一大刺激，但我们同时也不应忽视公营或官办事业的毫无结果。

上述官办事业，有的是关于机械制造的，有的是关于纺织的，有的是关于矿冶的，有的是关于运输的，其部门尽管各异，而失败则彼此相同。我们这里没有详细分析其失败原因的余裕，但为了便于说明我们这种公营事业或公经济的性质起见，且就吴景超先生分析汉冶萍公司失败的几个理由，① 借悉其梗概。

第一个理由，他以为是计划不周。张之洞在两广总督任内，为了创办铁厂，向国外订购机炉，迨机炉由外国运到，彼已调督两湖，后任不肯接受，乃将机炉运至湖北汉阳，为了原料，才觅到大冶铁矿；为了燃料，才又找到萍乡煤矿，于是将就凑合，开始已极草率之能事。后来盛宣怀接办，其奏章中有谓："盖东亚创局，素未经见。而由煤炼焦，由焦炼铁，由铁炼钢，机炉名目繁多，工夫层累曲折，如盲觅针，茫无头绪，及至事已入手，欲罢不能。"

第二个理由，他以为是用人不当。"公司中人，率皆闲散官绅，夤缘张之洞，盛宣怀而来，希图一己之分肥，与公司无利害之关系"。"职员技师，类无学识经验，暗中摸索。即实力经营，已不免多所贻误。况再加以有心蒙混，任意开销，其流弊故不可胜纪。"

第三个理由，他以为是管理不善。其中有两点值得注意：一是人事管理茫无头绪，一是账目一蹋糊涂。"公司亏损之数，已逾千万，问诸股东，无一知者"。"而就其帐略、通收、支存三项计之，往往有盈无绌。"

第四个理由，他以为是环境不良。湘、赣、鄂三省历次军事，皆使公司在交通、劳工、供应种种方面遭受损失。交通部订购铁轨，不肯给价。

---

① 见所著《中国经济建设之路》第15页以下。

而地方政府复多方掣肘，并要索捐款。

这四种失败的理由，明如观火，恐为中国一切公营事业共有的缺陷，不独汉冶萍公司为然。但我们如其要由此进一步去了解其基本性质，就知道我们这种公经济形态，显然表现了以次两个特征：

（一）形式上模仿先进国家在资本主义后期所采行的统制的或直接国营的方式。

（二）实质上仍沿袭中国数千年来进行公营事业的传统的办法。

这就是说，用落后的官僚政府，去经营那些需要运用更高度科学技术的公营事业。未曾经历过自由经济，而遽然施行统制经济；未曾经历过商品经济，而遽然施行配给经济；未曾经历过发达的私经济，而遽然施行公经济，自然是一切毫无基础，毫无凭借，主其事者，既坦白自承"如盲觅针，茫无头绪"，而"类无学识经验"的"职员技师"，又复"暗中摸索"，无怪大家"有心蒙混，任意开销"，把公司看作位置"闲散官绅"的"衙门"了。一位把中国国营事业失败，归咎于政治传统的经济研究者曾这样告诉我们："汉代以后，工矿事业的国营与管制，所以没有能促进生产事业与组织的进步，原因固在政府目的重在征敛，尤在于主持者任意诛求，营私舞弊。……以至于到了现在，有严密的稽察簿记制度，专卖事业与关卡征收，一般仍认为是肥差美差，风气染习如此，到了头绪较繁职责较重的国营事业，便弊端更多，以至于不可收拾。清末李鸿章、张之洞的洋务运动其所以失败，招商局、纺织新局、汉冶萍公司之所以亏累，固与整个朝政不无关系，主要是受这种积重难返的传统政治习惯的影响。"①

从传统政治习惯，来说明中国公营事业的失败，与前面吴景超先生所提的四个理由比较，算是更进一层，但却不宜就此完事，任何政治传统，都是要在社会上生根的。所以我们得把问题作更深入的探讨。

五 在战时公经济措施上显出的诸般特质

前面讲过，由第一次中日战争以后，到此次中日战争以前，是中国公营事业的停顿期，而到了"七七"战争爆发以后，由于适应战争的紧迫需要，公营事业的活动又勃兴起来。国营省营金融事业的过分"繁昌"，是不在话下的。其在工业方面，至31年度止，"仅以经济部所属资源委

---

① 见陈振汉《中国政治传统与经济建设政策》，《东方杂志》第39卷第13号。

员会而论，就占 78 个单位，在资本上几 2 倍于现有民营工业。省营事业近两年中发展得最快，如贵州企业公司、川康兴业公司、滇西企业公司、广西企业公司、湖北企业公司、江西兴业公司、皖南实业公司、福建企业公司、陕西企业公司、甘肃水利林牧公司等，几无省无之。而且这些公司的组织，都包含有'公司之公司'的性质，在其母公司之下，复包括有若干子公司，贵州企业公司就是一个最典型的例子。"① 在金融、工业方面如此，至关于农业、运输业，特别是商业，统制化或直接由国营或省营的机构，几乎月有设立，俨然表示我们在向着否定私经济的旅途迈进。

战时勃兴起来的这些国营、省营事业，就量上讲，固然是比过去多得多，并且也普遍得多，即就质上讲，亦比之于前述的国营或官办阶段，有不少的改进，不过，这改进，与其说是具有社会的性质，不如说是只具有技术的性质，技术性质上的改进，自然是近几十年来科学技术水准相当提高的结果，但更本质的，却应说是近几十年来民营事业略有一点基础，略有一点发展的结果。但惟其那种改进，是属于技术性，而不是属于社会性的，它的改进程度，显然就要受到社会条件的限制。在近年的报章杂志上，大家对于公营或半公营的统制部门，听到了以次这一类批评。

先从半公营的统制部门看下去：

"由于政治上，我们始终未能肃清贪污及其他不良的作风，致令一切平价的办法，都落了空，而一切的统制，反而变成了贪官污吏发国难财的机会！"②

而作为这种议论的注脚的事实，则是四川煤炭及盐受统制，湖南桐油受统制所引起的弊端。就前者言："自流井的盐水及燃料受统制的结果，煮盐者买水买煤亦不得自由，久大盐精公司不得不缩减其产量，……又有开煤矿的，因燃料统制局不卖煤给他们，甚至到处托人情，行贿赂。"③

又"湖南桐油自统制后，贸易委员会之附设公司与省贸易局争夺省内收购权，互相牵制，致商运半年时可外销 15 万担之桐油，现仅运出 7000 担。如津市一带，旧历年关，贸易局停不收油，商人自运，到处碰壁，油行以资金有限，无力收买。桐农以年关需款，迫以极廉之价售与囤积居奇者，于是相率传语各桐农，将桐树砍掉，改植其他树木。"④

---

① 见大公报资料室辑：《我国战时工业鸟瞰》。
② 见《泛论战时经济财政政策》，《建设研究》第 5 卷第 3 期。
③ 同上。
④ 见 1932 年 6 月 12 日《大公报》。

事实上，这里所指出的弊端，正是存在于一切统制部门的。

次就公营工业方面来说：

"国营工业如果存在着官僚主义，则这些企业无法办得好，不容讳言，当前有不少的人以做官的态度去办理国营工业的。纯洁一点的人，则因为不娴熟企业，不针对客观需要而任意提出办法；今天下命令，限令某部门在一定时间之内，完成某项工作；明天又下命令，限令在一定时期之内，拆迁或结束。举棋莫定，使厂中的工作人员，疲于奔命而无所成。这样，便使一个工厂创立二、三年而尚未完成；一个熔炼钢铁的锅炉，树立了二、三年而尚未树好。……黑暗一点的人，则利用企业为一己发财的捷径，扣回佣，造假账，他们是无微不入的，这么一来，工厂尚未出品的时候，主事者早已'腰缠万贯'了。"

"在中国特殊情形之下，经营国营工业的人，每每充满着官僚习气，常有贪赃枉法，舞弊营私，排除异己，盗名欺世等恶习，以这种中古时代的人来控制现代的企业，没有不失败的。"①

以上这段话是樊弘先生讲的，但更概括，更没有火气的徐柏园先生在《财政评论》（第7卷第2期）的评论，则是说："国营和规模较大的公营事业，多不免成本高，效率低，人事繁杂，工作弛懈等毛病。"

再次，且看看金融财政方面：

"国家的金融机关的金融政策，长此不改变，本身已是商业资本的集团根本没有方法限制社会的商业资本的畸形发展，当然也没有方法利用或诱导私人和地方的金融机关，走上产业金融之路……"

"中国的金融与财政，构成畸形的联合体，所以金融政策要改变，财政政策也要改变。……"②

在目前，像上述这种种公经济上显出的弊端，有的或已有所改进，有的或尚在改进中，但为了要明确把握中国公经济可能发展的前途，这里是需要就上述各方面关于公营事业的批评，借以理解其症结所在的：

（一）官僚主义的作风，是各方攻击的重心或焦点。

（二）商业活动在领导着、支配着全国公私产业，使产业有逐渐变成商业的俘虏或附庸的趋势。

（三）一切公营金融机关，都不与产业联系，却与商业联系，成为所谓"商业资本的集团。"

---

① 见《当代评论》第3卷第15、16期合刊。
② 见高叔康《畸形发展的商业资本》，《新经济半月刊》第11期。

（四）中央公营机关与省级公营机关间，以及各省公营机关间互相牵制摩擦。

把这几方面的情形，和前面官办阶段公营事业显示的诸特点比较起来，大家定然会看得出：最不同的地方，也许就是公经济在商业和金融上的势焰，是愈来愈大了。它对全国国民经济的比重确在增大，而本质则似乎没有了不起的改变。至少，根据事实的逻辑是必然会如此的。

六　中国公经济的可能展望

由上面的说明，我们知道：中国的国营省营事业，或者中国的公经济的发展前途，似还满布着荆棘。我们亦希望中国公经济的病态，是与整个战时经济的病态关联着，战争结束了，这些病态也随着清除掉。但如其我们设想到：

（一）公经济并不能孤立的成长起来，它的成长，不但须与全般国民经济采取密切有机的步调，且须全般社会条件能允许它，与它相配合。

（二）公经济感受极大威胁的官僚主义与商业优势乃至地方主义，都有其取得存在的社会基础，那种社会基础，仿佛并没有随着战争的终结而自行消失的理由。

在中国公经济发展前途的问题上，假如能加入上述这两种考虑，我们就会明白：即使我们在主观上，鉴于世界各资本主义国家的私有经济制引起的种种弊端，又鉴于这些国家的自由经济在不绝统制经济化，私经济或个人主义经济，在不绝社会化，公有化，因而想迎头赶上，把这当作一个重要国策来推行，那一定要进一步研究它们的经济的社会化、公有化的现实前提条件，我们采行公经济的现实社会基础。否则一方面尽管努力公经济的建树，另一方面却恐无法阻止"假公济私"或"化公为私"的反离现象继续发生。

论到这里，我们似可明了，我前面之所以提述到中国传统的公经济形态，乃因我们今日的公经济，至少在本质上，与它保有相当历史的社会的渊源。传统的官僚制度官僚主义，也许随时代的演变，改变了一些外形，但作为这制度依存并活动的基地的土地所有关系，迄今仍发现不出何等本质的变动。我曾在其他场合①讲过：今日国内专家学者之谈工业化，类皆在工业化应注重民生，抑注重国防；应注重轻工业；抑注重重工业；应集

---

① 见拙著《社会科学论纲》第 4 部《论中国战后农村工业化》。

中在都市，抑分布在农村；应采取民营，抑采行公营这一些属于技术性的问题上着眼，而不肯率先探问到我们今日的社会条件，是否宜于任何方式的工业化。大家对于任何施行方式，任何内容的工业化，都得依据民生主义的原则，都无异议，但民生主义第一步就要求实施平均地权，改变传统的土地关系，以便根本铲除妨碍工业化的官僚主义，铲除一切掣阻着新经济形态或公有经济形态成长的落后的社会根源，然而关于这点，大家似乎都不肯费神去研究研究，这实在是令人大感不解的。

浅见者以为土地问题与工业化问题，仿佛没有何等了不起的联系，而高明一点的新旧经济学者，亦不过认定原有土地关系之妨碍工业化，就在于土地上吸去了原可移用到工业上的资金，但问题如果是如此简单，真是厉行征实征购，就可以解决土地问题。而事实上，一切落后关系，不良风习，过时意识形态，以及其他逆乎时代潮流的许多社会现象，都是把旧有土地关系作为寄生的依据。而旧有土地关系之直接妨碍一般经济发展的，则是它助成传统商业资本的买办化；促成国际资本对中国金融与货币的控制，使其不能发挥民族资本的机能；妨碍工农业上新的技术条件的采用；此外，并阻碍中国社会资本的蓄积及其向生产事业上转化。①

凡属阻碍一般国民经济发达的传统土地所有关系，当然也或更阻碍公经济形态的成长。

设把论点从消极方面转到积极方面，我个人对于中国公经济的看法，有两点私见：

其一是，中国的公经济，应从土地的公有作起。

其二是，中国的公经济，只能在土地公有的基础上，才能有所成就。

对于前一点的简括解释是：

我们的国策，向着国营省营一类公经济上努力，无疑是鉴于世界各国经济发展的一般趋势和它们给予我们的社会变革经验，使我们认定：中国现代化如还从头做起，即先尽量发展私人经济，再依序顺导到公经济阶段，那不但太迂回，太跟不上时代，且恐日新月异的世界大经济环境，亦不容许我们从容作去，所以，今日着重公经济的建树，殆寓有"亡羊补牢"与"迎头赶上"两种企图，而要使我们对于任何新的经济上的努力，不像以往之歪曲到传统的那种公经济的道路上去，首先就得从根改变我们的传统土地所有关系。但中国传统土地所有关系，以前资本社会的性质来尺度，是有着它的进步性和强韧性的。如果我们采行各国在现代初期所施

---

① 王亚南：《中国经济论丛》，第181页以下。

行的那种土地改革办法,那不独会视为无此需要(因为原来土地所有关系在形式上允许土地及劳动之自由移转,遂使许多人觉得中国没有经历他国那种解放农奴及解放土地的改革的必要,这是现代化了100年,到今日还不曾触到土地变革的重要原因之一),且亦不易彻底革除我们因缘落后土地关系而存在的一切落后社会风习与制度,更自无从配合一切崭新的公有经济设施。

对于后一点的概括解释是:

我们的公营事业,既不像晚近所谓国家资本主义国家所采行的那种形态,它们的经济的公有化,社会化,是把已经发达起来集中起来的私人资本作为基础,我们显然不可能有这种基础,因之,我们就不得不另有所凭借。我们当然不能全希望外国人为我们负起建设资金的责任。我们要自力更生,计惟有在土地上多多努力;诚能由土地的合理分配方式,导出土地的合理使用或经营方式,那在一方面固可阻绝一切妨碍现在经济成长的传统,加强我们全般国民经济的活力,同时又可极有效的保障着一般公经济的开展。

在目前,平均地权的国策,究应采取民有方式,抑采行国有方式,尚为时贤专家们论争的问题,我以如何发展中国公经济的研究者的立场,提出土地国有的"私见",如其大家觉得这有值得注意的价值,我是打算予以从长讨论的。

(福建省研究院《研究汇报》1945年12月第1号)